21世纪全国高等院校旅游管理系列实用规划教材

旅游资源学

郑耀星　主编

中国林业出版社

内容提要

本书是高等院校旅游管理专业系列教材之一。全书共分 14 章,分别介绍了旅游资源学绪论、地文景观类旅游资源、水域风光类旅游资源、生物景观类旅游资源、天象与气候景观类旅游资源、遗址遗迹类旅游资源、建筑设施类旅游资源、旅游商品类旅游资源、人文活动类旅游资源、旅游资源调查与评价、旅游资源开发与规划、旅游资源信息系统、旅游地图的编制和旅游资源保护与可持续发展。每一章设置本章概要、学习目标、关键性术语、章首案例、章尾案例、复习题、经验性练习、案例分析、本章推荐阅读书目等栏目。全书采用《旅游资源分类、调查与评价》国家标准,阐述各旅游资源类型、成因、开发与保护,并突出介绍旅游资源管理的现代技术——旅游资源信息系统和旅游资源开发与规划,既注重与国际旅游研究新趋势相融合,又紧扣我国旅游资源开发与研究的实际,逻辑性强,体系完整,体例新颖,内容翔实,应用性强。可供高等学校旅游管理、地理科学、环境科学、城市规划等专业做教材使用,也可作为旅游、管理、经济、环境、规划等行业部门的管理人员和科技工作者的参考书,并能作为区域旅游资源调查、普查的培训用书。

图书在版编目(CIP)数据

旅游资源学/郑耀星主编. —北京:中国林业出版社;北京大学出版社,2009.1(2020.8重印)

(21 世纪全国高等院校旅游管理系列实用规划教材)

ISBN 978-7-5038-5375-3

Ⅰ.旅… Ⅱ.郑… Ⅲ.旅游资源-高等学校-教材 Ⅳ.F590

中国版本图书馆 CIP 数据核字(2008)第 199935 号

书　　　名:	旅游资源学
著作责任人:	郑耀星　主编
总　策　划:	牛玉莲　林章波
策 划 编 辑:	郑铁志
责 任 编 辑:	郑铁志　翟　源
出　版　者:	中国林业出版社(地址:北京市西城区德内大街刘海胡同 7 号　邮编:100009)
	网址:http://lycb.forestry.gov.cn　E-mail:jiaocaipublic.@163.com
	电话:编辑部 83143559　营销中心 83223120
	北京大学出版社(地址:北京市海淀区成府路 205 号　邮编:100871)
	网址:http://www.pup.cn　http://www.pup6.com　E-mail:pup_6@163.com
	电话:邮购部 62752015　发行部 62750672　编辑部 62750667　出版部 62754962
印　刷　者:	三河市祥达印刷包装有限公司
发　行　者:	中国林业出版社　北京大学出版社
经　销　者:	新华书店
版次印次:	2009 年 1 月第 1 版　2020 年 8 月第 6 次印刷
开　　　本:	850mm×1168mm　16 开本　16 印张　372 千字
定　　　价:	40.00 元

未经许可,不得以任何方式复制或抄袭本书之部分或全部内容。

版权所有　侵权必究

21世纪全国高等院校旅游管理系列实用规划教材
编写指导委员会

顾　问：吴必虎（北京大学）
　　　　马　波（青岛大学旅游学院）

主　任：程道品（桂林理工大学旅游学院）

副主任：王明星（肇庆学院旅游学院）
　　　　曹诗图（武汉科技大学管理学院）
　　　　赵恒德（渤海大学旅游学院）
　　　　黄远水（华侨大学旅游学院）
　　　　吴忠军（桂林理工大学旅游学院）

委　员：（按姓氏笔画排序）
　　　　尹华光（吉首大学旅游学院）
　　　　龙京红（郑州大学旅游管理学院）
　　　　叶　文（西南林学院旅游学院）
　　　　朱孔山（山东临沂师范学院环境与旅游学院）
　　　　孙丽坤（大连民族学院旅游管理系）
　　　　李珍刚（广西民族大学管理学院）
　　　　张利民（渤海大学旅游学院）
　　　　张淑贤（长春师范学院历史学院）
　　　　郑耀星（福建师范大学旅游学院）
　　　　胡碧芳（重庆三峡学院工商管理系）
　　　　钟永德（中南林业科技大学旅游学院）
　　　　耿莉萍（河南理工大学经济管理学院）
　　　　郭淑梅（湖州师范学院法商学院旅游管理系）
　　　　黄羊山（东南大学旅游学系）
　　　　黄解宇（山西运城学院经济管理系）
　　　　蒋长春（福建莆田学院旅游学院）
　　　　曾明华（福建漳州师范学院管理科学系）
　　　　潘贤丽（海南大学应用科技学院）

秘书长：吴忠军（桂林理工大学旅游学院）
　　　　牛玉莲（中国林业出版社教材中心）
　　　　林章波（北京大学出版社第6事业部）

编写人员名单

主　编：郑耀星
副主编：林明太
编　委：（按姓氏笔画排序）
　　　　朱立巍（福建师范大学旅游学院）
　　　　周丽君（东北师范大学城市与环境科学学院）
　　　　林　东（福州职业技术学院管理系）
　　　　林明太（莆田学院管理学院）
　　　　林绍华（福建师范大学旅游学院）
　　　　郑耀星（福建师范大学旅游学院）
　　　　赖良杰（成都理工大学应用技术学院）

序

1845年，托马斯·库克成立世界上第一家旅行社，标志着世界旅游业的出现。但是作为真正意义上的现代旅游业，则始于20世纪50年代的欧美。从那时至今，旅游从为少数上层阶层所能享受的活动发展到现今大众旅游和社会旅游时代，仅经历了50多年的时间。在这短短50多年的历程中，世界旅游业发展大大超出世界经济总体发展速度，成为世界上最大的产业之一。世界旅游组织的统计数字显示，2005年国际旅游人数首次突破8亿人次，全球平均增长率高达5.5%；2006年国际旅游人数达到8.42亿人次，同比增长4.5%，超出了旅游业的发展预期。世界旅游组织预测，到2010年，全世界每年将有10亿多人出国旅游。旅游不仅对世界各国的经济发展产生积极而深远的影响，同时它已成为人们生活中的一部分，还是影响人们生活方式和生活观念的一个重要因子。

中国是一个旅游资源大国，有着得天独厚的自然旅游资源和人文景观优势。上下几千年的文明积淀，方圆960万km^2的国土，使中国的旅游资源在世界上无与伦比。尽管我国旅游业起步于20世纪80年代初，但经过30余年的发展，中国正从一个旅游资源大国走向旅游接待大国，旅游业在国民经济中的地位和作用日益凸显，其强劲的发展势头为世界所关注。2006年，我国国内旅游人数13.94亿人次，入境旅游人数12 494万人次，全国旅游外汇收入339.49亿美元，出境旅游总人数为3452.36万人次。世界旅游组织预测，到2015年，中国将成为世界上第一大入境旅游接待国和第四大出境旅游客源国。届时中国入境旅游人数可达2亿人次，国内旅游人数可达26亿人次以上，出境旅游人数可达1亿人次左右，游客市场总量可达30亿人次左右，居民人均出游可达2次，旅游业总收入可达2万亿元人民币左右。"十一五"期间，中国旅游业将每年新增直接就业70万人、带动间接就业350万人。到2015年，中国旅游直接拉动和间接就业总量将达1亿人左右。

蓬勃发展、无限生机的旅游业，给旅游教育，尤其是高等旅游教育带来了巨大的机遇和挑战。旅游管理是工商管理下面的一个小学科，却面向的是大产业，如何使旅游学科做大做强，更好地为旅游产业服务，为21世纪旅游业发展培养所需各类人才，是每一个旅游教育工作者所要思考的问题。做大做强旅游学科，使旅游教育与旅游产业的发展同步，就必须加大旅游学科建设的力度，其中之一就是要搞好旅游教材的建设。因为，教材是体现教学内容和教学方法的知识载体，是进行教学的基本工具，也是深化教育教学改革，全面推进素质教育，培养创新人才的重要保证。中国林业出版社、北京大学出版社组织全国部分高校编写"21世纪全国高等院校旅游管理系列实用规划教材"就是推动旅游教学改革与教材建设的一项重要举措。

在本套教材的编写过程中，我们力求系统地、科学地介绍旅游管理专业的基本理论、基本知识和基本技能（"三基"），同时也力求将以下理念融入教材的编写中：一是教育创新理念。即把培养创新意识、创新精神、创新思维、创造力或创新人格等创新素质以及创新人才为目的的教育活动融入其中。二是现代教材观理念。传统的教材观以师、生对教材的"服从"为特征，由此而生成的对教学矛盾的解决方式表现为"灌输式"的教学关系。现代教材观是以教材"服务"师生，即将教材定义为"文本"和"材料"，提供了编者、教师、学生与知识、技能之间的跨越时空的对话，为师生创新提供了舞台。三是培养大学生"四种能力"的理念。教材的编写充分体现强化学生的实践能力、创造能力、就业能力和创业能力的需要，以适应旅游业的快速发展对旅游人才的新要求。四是教材建设服从于精品课程建设的理念。精品课程是具有一流教师队伍、一流教学内容、一流教学方法、一流教材、一流教学管理等特点的示范性课程。精品课程建设是高等学校教学质量与教学改革工程的重要组成部分。本套教材的编写力求为精品课程建设服务，能够催生出一批旅游精品课程。

本套教材不仅是全国高等院校旅游管理专业教育教学的专业教材，而且也可作为旅游管理部门、旅游企业专业人员培训及参考用书。我们希望本套教材能够为培养21世纪旅游创新人才做出贡献。

最后，借此机会感谢北京大学吴必虎教授、青岛大学旅游学院马波教授对本套教材的指导，感谢中国林业出版社和北京大学出版社对本套教材所付出的辛勤劳动以及各位参与编写的专家和学者对本套教材所付出的心血！

编委会

2007 年 10 月

前 言

旅游资源作为旅游业赖以发展的物质基础，必须对旅游资源的概念、分类、成因、开发、管理、保护等进行认真研究。随着社会的发展，当前，之所以有必要对旅游资源进行认真研究是因为旅游业在城市经济发展中的产业地位、经济作用逐步增强，对城市经济的拉动性、社会就业的带动力，以及对文化与环境的促进作用日益显现。围绕旅游资源，目前已出版了一些同类教材，各有优点，也有缺陷。

本书从教学实际需要出发，充分吸收有关的研究成果，扬长补短，同时结合旅游业的发展趋势和编者多年旅游资源调查、开发、规划与保护的实践获得的一些新观点、新方法，将其融为一体，进行系统整理，力求在一些问题上，特别是在实践训练上有所创新。基于此，本书依据《旅游资源分类、调查与评价》（GB/T 18972—2003）国家标准，介绍旅游资源学研究对象和旅游资源概念、分类，以及地文景观、水域风光、生物景观、天象气候4类自然旅游资源和遗址遗迹、建筑设施、旅游商品、人文活动4类人文旅游资源的旅游功能与特征。在地理学、社会学、经济学、管理学等理论指导下，探讨旅游资源调查、评价、开发、保护等相关方面的理论与技术问题，同时突出探讨旅游资源管理的现代技术——旅游资源信息系统和旅游资源开发与规划以及旅游地图的编制等问题。

为便于学习者、管理者和培训者使用，本书在中国林业出版社设计下就编写体例做了一定的创新。每一章都配有本章概要、学习目标、关键性术语、章首案例、章尾案例、复习题、经验性练习栏目，以及推荐书目，同时每一章中还配有大量的补充阅读材料。这种体例是目前已出版的旅游资源学教材所没有的，因此形成了本书的特色，即教材内容上既符合旅游管理专业学生培养目标和课程教学的基本要求，又有别于其他已经出版的同类教材；知识结构上既紧密联系旅游业的实际进行旅游资源基础知识的讲解，又与相应的旅游资源调查、分类与评价的国家标准相一致；既考虑学习者的心理特征和认知、技能养成规律，又注意用新观点、新思想和大量案例、阅读材料来阐述旅游资源学的经典内容，以适应旅游业发展和教学实践的需要。

本书由郑耀星担任主编，林明太担任副主编，负责设计编写教材大纲和全书的修订与统稿工作。各章执笔人员如下：郑耀星编写第1章、第6章、第10章、第11章；林东编写第2章、第3章；林明太编写第4章、第5章、第7章；周丽君编写第8章、第9章；朱立巍编写第12章；林绍华编写第13章；赖良杰编写第14章。

本书在编写过程中参阅了许多同仁的论著、文献、资料、消息报道，除本书后开列的参考书目外，还有其他许多参阅的文献、资料，在此，我们向所有这些论著的作者表示真诚的谢意。同时，本书在编写过程中，福建师范大学研究生李炳宽、刘少艾、张驾宇、杨梧恒、李秋芳、陈剑宇在资料收集、格式整理等方面提供了帮助，谨此一并致谢。限于我们的学术水平和实践经验，书中的错漏之外在所难免，恳请各位同仁批评赐教。

编　者
2008年10月

目 录

序
前 言

第1章　绪论 …………………………… 1
  1.1　旅游资源学的学科研究 …………… 2
    1.1.1　旅游资源学的研究对象和内容 … 2
    1.1.2　旅游资源学的学科特点与研究
        方法 ……………………………… 3
  1.2　旅游资源概念 ……………………… 5
    1.2.1　旅游资源的概念及内涵 ……… 5
    1.2.2　旅游资源的特征 ……………… 7
    1.2.3　旅游资源和旅游业的关系 …… 11
  1.3　旅游资源的分类 …………………… 11
    1.3.1　传统分类法 …………………… 12
    1.3.2　国家标准《旅游资源分类、调查
        与评价》分类法 ……………… 13

第2章　地文景观类旅游资源 ………… 18
  2.1　地文景观类旅游资源概述 ………… 18
    2.1.1　地文景观类旅游资源的概念 … 19
    2.1.2　地文景观类旅游资源对旅游
        活动的影响 …………………… 19
    2.1.3　地文景观类旅游资源的特点 … 19
    2.1.4　地文景观类旅游资源的功能 … 20
  2.2　地文景观类旅游资源类型 ………… 21
    2.2.1　综合自然旅游地 ……………… 21
    2.2.2　沉积与构造 …………………… 26
    2.2.3　地质地貌过程形迹 …………… 29
    2.2.4　自然变动遗迹 ………………… 34
    2.2.5　岛礁 …………………………… 37

第3章　水域风光类旅游资源 ………… 40
  3.1　水域风光类旅游资源概述 ………… 41
    3.1.1　水域风光旅游资源的概念 …… 41
    3.1.2　水域风光旅游资源对旅游
        活动的影响 …………………… 41
    3.1.3　水域风光旅游资源的特点 …… 41
    3.1.4　水域风光的旅游功能 ………… 42
  3.2　水域风光类旅游资源类型 ………… 43
    3.2.1　河段 …………………………… 43
    3.2.2　天然湖泊与池沼 ……………… 45
    3.2.3　瀑布 …………………………… 47
    3.2.4　泉 ……………………………… 47
    3.2.5　河口与海面 …………………… 49
    3.2.6　冰雪地 ………………………… 49

第4章　生物景观类旅游资源 ………… 53
  4.1　生物景观旅游资源的概述 ………… 54
    4.1.1　生物景观的概念 ……………… 54
    4.1.2　生物景观对旅游活动的影响 … 54
    4.1.3　生物景观旅游资源的特点 …… 55
    4.1.4　生物景观旅游资源的旅游
        功能 …………………………… 56
  4.2　生物景观类旅游资源类型 ………… 59
    4.2.1　树木 …………………………… 59
    4.2.2　草原与草地 …………………… 61
    4.2.3　花卉地 ………………………… 61
    4.2.4　野生动物栖息地 ……………… 62

第5章　天象与气候景观类旅游资源 … 65
  5.1　天象与气候类旅游资源概述 ……… 66
    5.1.1　天象与气候的概念 …………… 66
    5.1.2　天象、气候资源与旅游的
        关系 …………………………… 66
    5.1.3　天象与气候景观类旅游资源
        特点 …………………………… 67

5.1.4 天象与气候景观类旅游资源的
　　　　 旅游功能 ………………………… 68
5.2 天象与气候景观类旅游资源类型 …… 69
　　5.2.1 光现象 ………………………… 69
　　5.2.2 天气与气候现象 ……………… 71

第6章　遗址遗迹类旅游资源 ………… 75
6.1 遗址遗迹类旅游资源概述 ………… 76
　　6.1.1 遗址遗迹类旅游资源的概念 … 76
　　6.1.2 遗址遗迹景观与旅游活动的
　　　　 关系 ……………………………… 76
　　6.1.3 遗址遗迹类旅游资源的特点 … 77
　　6.1.4 遗址遗迹类旅游资源的旅游
　　　　 功能 ……………………………… 77
6.2 遗址遗迹类旅游资源类型 ………… 78
　　6.2.1 史前人类活动场所 …………… 78
　　6.2.2 社会经济文化活动遗址遗迹 … 80

第7章　建筑设施类旅游资源 ………… 85
7.1 建筑设施类旅游资源概述 ………… 86
　　7.1.1 建筑设施旅游资源的概念 …… 86
　　7.1.2 建筑设施景观对旅游活动的
　　　　 影响 ……………………………… 86
　　7.1.3 建筑设施类旅游资源的特点 … 87
　　7.1.4 建筑设施的旅游功能 ………… 88
7.2 建筑设施旅游资源类型 …………… 89
　　7.2.1 综合人文旅游地 ……………… 89
　　7.2.2 单体活动场馆 ………………… 92
　　7.2.3 景观建筑与附属型建筑 ……… 94
　　7.2.4 居住地与社区 ………………… 97
　　7.2.5 归葬地 ………………………… 100
　　7.2.6 交通建筑 ……………………… 100
　　7.2.7 水工建筑 ……………………… 102

第8章　旅游商品类旅游资源 ………… 105
8.1 旅游商品类旅游资源概述 ………… 106
　　8.1.1 旅游商品的概念 ……………… 106
　　8.1.2 旅游商品与旅游活动的
　　　　 关系 ……………………………… 107
　　8.1.3 旅游商品的特征 ……………… 107
　　8.1.4 旅游商品的功能 ……………… 108
8.2 旅游商品类旅游资源类型 ………… 109

　　8.2.1 地方旅游商品 ………………… 109
　　8.2.2 日用工业品旅游资源 ………… 119

第9章　人文活动旅游资源 …………… 121
9.1 人文活动类旅游资源概述 ………… 122
　　9.1.1 人文活动的概念 ……………… 122
　　9.1.2 人文活动与旅游的关系 ……… 122
　　9.1.3 人文活动类旅游资源的
　　　　 特点 ……………………………… 123
　　9.1.4 人文活动类旅游资源的旅游
　　　　 功能 ……………………………… 123
9.2 人文活动类旅游资源类型 ………… 124
　　9.2.1 人事记录 ……………………… 124
　　9.2.2 艺术 …………………………… 127
　　9.2.3 民间习俗 ……………………… 127
　　9.2.4 现代节庆 ……………………… 135

第10章　旅游资源调查与评价 ………… 139
10.1 旅游资源调查 ……………………… 140
　　10.1.1 调查的意义 ………………… 141
　　10.1.2 调查的原则 ………………… 141
　　10.1.3 调查的内容 ………………… 142
　　10.1.4 调查的形式 ………………… 143
　　10.1.5 调查的步骤 ………………… 144
　　10.1.6 调查的方法 ………………… 148
10.2 旅游资源评价 ……………………… 149
　　10.2.1 旅游资源评价的意义 ……… 149
　　10.2.2 旅游资源评价的原则 ……… 150
　　10.2.3 旅游资源评价的理论依据 … 150
　　10.2.4 旅游资源评价的内容 ……… 151
　　10.2.5 旅游资源评价的方法 ……… 154

第11章　旅游资源开发与规划 ………… 164
11.1 旅游资源开发 ……………………… 165
　　11.1.1 旅游资源开发概述 ………… 165
　　11.1.2 旅游资源开发的理论依据 … 166
　　11.1.3 旅游资源开发的原则 ……… 168
　　11.1.4 旅游资源开发的模式 ……… 169
　　11.1.5 旅游资源开发的程序 ……… 174
11.2 旅游资源开发规划 ………………… 177
　　11.2.1 旅游资源开发规划的目的和
　　　　　意义 …………………………… 177

11.2.2 旅游资源开发规划的特点和要求 …… 177
11.2.3 旅游资源开发规划的类型和内容 …… 178

第12章 旅游资源信息系统 …… 184
12.1 旅游资源信息系统概述 …… 184
12.1.1 数据与信息 …… 185
12.1.2 信息系统 …… 185
12.1.3 旅游资源信息系统概念 …… 185
12.2 旅游资源信息系统的组成 …… 185
12.2.1 计算机系统 …… 185
12.2.2 数据库系统 …… 187
12.2.3 系统使用和管理人员 …… 189
12.3 旅游资源信息系统的设计 …… 189
12.3.1 旅游资源信息系统的框架结构 …… 189
12.3.2 旅游资源信息系统的功能 …… 190
12.3.3 旅游资源信息系统数据库的设计 …… 191
12.3.4 旅游资源信息系统应用模块的设计 …… 192
12.4 旅游资源信息系统的应用和发展 …… 193
12.4.1 旅游资源信息系统的应用 …… 193
12.4.2 我国旅游资源信息系统的应用情况 …… 194

第13章 旅游地图的编制 …… 197
13.1 旅游地图的定义、特征、功能和作用 …… 198
13.1.1 旅游地图的定义与特征 …… 198
13.1.2 旅游地图的功能与作用 …… 199
13.2 旅游地图的要素 …… 202
13.2.1 比例尺 …… 202
13.2.2 旅游地图符号的设计 …… 203
13.2.3 旅游地图注记设计 …… 209
13.3 旅游地图的色彩设计 …… 211
13.3.1 色彩的作用 …… 211
13.3.2 色彩设计的基本要求和基本方法 …… 212
13.4 旅游地图编制 …… 213
13.4.1 旅游地图编制的一般过程 …… 213
13.4.2 旅游地图编制的基本原则和思想 …… 214
13.4.3 旅游地图编制方法 …… 217

第14章 旅游资源保护与可持续发展 …… 219
14.1 旅游资源保护 …… 220
14.1.1 旅游资源保护的意义 …… 220
14.1.2 旅游资源破坏的因素 …… 220
14.1.3 旅游资源的保护措施 …… 223
14.2 旅游业可持续发展 …… 226
14.2.1 旅游业可持续发展的内涵 …… 226
14.2.2 旅游业可持续发展的实质 …… 228

参考文献 …… 240

第 1 章 绪 论

【本章概要】

对旅游资源学的研究对象、内容、学科特点和研究方法进行分析。对旅游资源的概念、内涵及特点进行阐述。对旅游资源传统分类方法和国家标准分类方法进行介绍。

【学习目标】

- 理解旅游资源学的研究对象、内容、学科特点和研究方法；
- 掌握旅游资源的概念、内涵和特点；
- 了解旅游资源的传统分类方法，掌握国标分类方法；
- 理解国标分类的重要意义；
- 通过本章学习，对旅游资源有一个初步认识，为以后章节的学习打下基础。

【关键性术语】

旅游资源学、旅游资源、旅游资源分类。

【章首案例】

"泰宁现象"的奇迹

泰宁位于福建省西北部，隶属三明市，全县现辖3镇8乡，总面积1540km²，人口12.7万。过去，泰宁是一个经济落后、交通闭塞的山区小县；而在短短的10年里，泰宁旅游从"无"到"有"，拥有了8个国家级旅游品牌；从取得"国家AAAA级旅游区"，到创建"中国优秀旅游县"到"世界地质公园"，实现了3次大跨越，从国内走向世界，仅用了4年时间。这个奇迹被称为"泰宁现象"。

泰宁旅游业取得成功，与其重视旅游资源的开发密不可分。在旅游开发过程中，泰宁县注重对旅游资源的挖掘和梳理，开展了全县旅游资源普查工作。泰宁县旅游资源普查始于2004年7月。为保证普查成果的准确性，普查活动使用了GPS定位、数码摄影、网络收集、资源单体特征数值实地丈量等科学技术和手段，采用计算机录入、数据库管理等先进方法。通过这次普查，专家们对泰宁旅游资源做出了科学的评价。这次旅游资源普查活动摸清了泰宁旅游资源的家底，不仅为泰宁县旅游业的发展提供完备的基础资料，还为政府出台旅游政策和资源保护管理措施等提供了依据，对泰宁县发展旅游业具有现实意义。通过普查，还使当地群众意识到旅游资源的存在和价值，增强了他们对旅游资源及所处环境保护的自觉性。这为泰宁旅游业的腾飞奠定了良好基础。

1.1 旅游资源学的学科研究

1.1.1 旅游资源学的研究对象和内容

"泰宁现象"让我们认识到，旅游资源学是推动旅游业健康发展的基础性学科。正确地理解旅游资源学的研究对象和内容，是旅游资源学学习的前提和基础。

1.1.1.1 旅游资源学的研究对象

科学研究是根据科学对象所具有的矛盾性区分的，因此，对于某一现象领域所特有的某一矛盾研究，就构成某一门学科的研究对象。我们认为，旅游资源学是研究各种旅游资源及其现象，即研究旅游资源的形成、特点、分类、分布、开发规划和保护措施的学科。简言之，旅游资源学是研究旅游资源及其与旅游社会经济活动关系的学科。

1.1.1.2 旅游资源学的研究内容

(1) 研究旅游资源形成的自然环境、社会条件与历史背景

各类旅游资源都有其自己形成的渊源，自然旅游资源是各种自然因素相互作用、长期演化的结果；人文旅游资源是特定社会环境与历史条件下的产物，也具有自然形成的属性。旅游资源的开发，必须从研究旅游资源的形成机制入手，只有这样，才能充分展现旅游资源的科学价值，深入挖掘旅游资源的文化内涵，深刻认识旅游资源的文化属性，提高旅游资源的艺术与观赏品位，从而最大限度地发挥出旅游资源的效益功能。

(2) 研究旅游资源的特点与分类

在认识各类旅游资源形成机制普遍规律的基础上，要寻找各类旅游资源之间的差异，找出不同旅游资源的特点，注意不同特性资源的互相转化。旅游资源之间差异越大，特点越鲜明，开发价值就越高。所谓旅游资源特点，是指旅游资源的鲜明个性，即"特殊本质"。对旅游资源特点的认识，要做深入的考察、科学的分析、广泛的横向对比才能实现。随着科技的进步、社会的发展、旅游资源内涵的延伸，旅游资源的种类与数量越来越多。对旅游资源做出合理的科学分类，是认识与研究旅游资源的前提与条件。

(3) 研究旅游资源调查和评价的内容及方法

旅游资源调查是旅游资源评价的前期工作，而旅游资源评价是旅游资源调查的进一步深化，旅游资源调查与评价是旅游资源开发利用的重要前提。旅游资源开发与规划是否科学，将影响到旅游业的兴衰存亡。对旅游资源进行全面系统的调查与客观评价，为确定旅游地性质和开发规模、制订旅游开发规划提供科学依据，因此旅游资源学要研究旅游调查的内容与重点、调查的程序和方法。在对旅游资源进行全面系统调查的基础上，研究旅游资源评价的原则、评价的内容与方法。

(4) 旅游资源的开发规划

在旅游业迅速发展、旅游者需求日趋多样化、个性化的今天，只有对现有旅游资源进行深层次开发，或者开发新的旅游资源，才能不断满足旅游者的需求，确保旅游业的持续发展。旅游资源的开发规划是在对各类旅游资源进行客观、科学、全面、系统的评价基础上进行的。制定旅游资源开发规划，有利于旅游资源的合理开发利用和保护，充分体现其社会效益、经济效益和生态效益。因此，旅游资源学要根据旅游资源开发的相关理论，研究旅游资源开发规划的原则、内容、方式、程序和方法。

（5）研究旅游资源的合理保护对策

保护旅游资源，是维系人类生存环境条件、继承和延续人类文明成果的重要方面，是衡量一个国家和民族是否具有远见卓识和文明觉悟程度的重要标志。应当承认，经济开发与资源保护是有一定矛盾的，但如果能正确规划，科学安排，两者之间可以达到完满的统一。一般地说，对资源的合理开发是一种最好的保护。我们既不能脱离国家和地方现有条件、水平和需要，离开经济建设和旅游业发展，单纯强调旅游资源的保护；又不能片面追求经济利益，忽视对旅游资源的保护；更不能以牺牲旅游资源和环境为代价，去换取一时的经济效益。

1.1.2 旅游资源学的学科特点与研究方法

1.1.2.1 旅游资源学的学科特点

（1）综合性、边缘性

旅游资源学涉及资源学、地理学、地质学、宗教学、园林学、建筑学、历史学、社会学、民俗学、考古学、美学、文学、环境学、生态学、规划学等多门学科的知识，因而是一门综合性、边缘性学科。旅游资源学处于多学科的"交界"处，在对其研究和运用过程中，针对不同的旅游资源要素和需要解决的问题，综合运用相关学科的有关原理和方法，总结出适用于旅游资源形成、特点、分类、开发和保护的一系列旅游资源学的理论体系。这对旅游业的健康发展有着很好的推动作用。

（2）实践性、理论性

旅游资源学的理论体系既来源于各个学科理论和方法的综合和运用，更在于对旅游活动规律性的把握和总结。对旅游资源的形成、特点、分类、分区等的理论分析，是为了更好地指导旅游资源的规划、开发和保护。同理，对旅游资源现象（旅游资源要素与社会经济的关系）的研究，才能更好地完善旅游资源学的理论体系。实践是基础，理论是为了更好地指导实践。由此得知，旅游资源学是一门实践性和理论性兼备，实践性和理论性相结合的学科。

（3）发展性、创新性

由于社会的不断发展，科学水平的提高，加上人们旅游需求、旅游理念不断更新，旅游资源的内涵和外延也在不断扩大。当前，旅游资源学的研究已经取得一定成果，但是随着时间的推移和时代的发展，旅游资源学的理论体系在不断完善，人们对旅游资源的认识逐步深入，对旅游资源开发把握的准确性和科学性逐步提高，对旅游资源的保护意识逐步增强，这都表明它具有与时俱进的发展性和创新性。

1.1.2.2 旅游资源学的研究方法

（1）野外考察

旅游资源种类繁多，各自有着与所处环境适应的、特有的演化规律与进程。

要认识旅游资源，掌握旅游资源的形成机制，揭示与比较旅游资源的历史、科学、艺术价值，就必须深入实地考察。尤其是自然旅游资源，它是由地质、地貌、水文、气候、动物、植物等自然条件在内外营力长期作用下形成，是各种自然因子综合影响的结果。因此，对它的认识与了解，更要从资源所在地域自然环境的考察、分析着手。通过考察、分析与比较，才能掌握各种旅游资源的特点与魅力所在，才能提出符合可持续发展要求的利用与保护策略。

（2）社会调查

社会调查是对社会现象的观察、度量及分析研究的活动。它以社会现象及现象之间的关系为研究对象。它采取经验层次的方法，如观察、访问、实验等，直接在现实的社会生活中系统地收集资料，然后依据在调查中所获得的第一手资料来分析和研究社会现象及其内在的规律。对诸如民俗风情、都市文化等人文类旅游资源的认识与利用，对旅游资源开发决策过程中客源市场的定位与分析，对旅游资源开发地区的社会经济、社会环境容量等方面，都必须进行深入的社会调查。社会调查可根据不同目的采用座谈访问、参与观察、社会测量、随机抽样等不同形式进行。

（3）历史分析

研究人类发展的历程，研究人类发展的遗存，了解人类过去的生活环境，判断已经消逝的社会经济形态和社会生活水平，都要采取历史分析的方法。人类及其社会的发展是互相联系而不可分割的整体，在人文旅游资源中，相当部分是人类社会各历史时期生产、生活、宗教、艺术等方面的文化遗产，并且有很强的地方性和民族性。对其研究，只有采用历史分析方法，才能正确判断其历史价值，才能真正了解其产生原因与演化历程。

（4）资料统计

任何旅游区都是由多种景观类型和环境要素组成的，对构成旅游景观的各种要素的研究，除进行定性研究外，还必须对它们进行定量研究。对有关的要素要分别统计其面积、长度、宽度、深度、角度、倾斜度、温度、透明度、盐度、速度、含量、直径、胸径、周长、种数、层数、个数等。通过对这些统计资料的分析，对确定某个旅游区的资源特色、旅游价值、环境容量等都有重要意义。

（5）区域比较

各种不同的旅游资源、不同的风景区，具有不同的美学特征。采用区域比较法可以将2个或多个地区的旅游资源进行比较、分析和评价，从中发现各地区有地域特色的旅游资源，在进行区域旅游开发时，有利于发挥各地的旅游资源优势，扬长避短，防止低水平重复开发，防止形成旅游产品的雷同，避免造成资源和资金的浪费。

（6）利用地图

进行旅游资源开发研究的前提是要进行旅游资源的调查与评价。在进行调查时，应该认真选用合适的等高线地形图、行政区划图、交通图、地质图等专业地图作为底图，将调查区旅游资源的类型、分布、等级、功能、开发现状等填绘在地图上，编制出旅游资源分布图。在此基础上进行旅游资源的评价，编制各种旅游资源评价图。在编制旅游资源开发规划方案时，更要编制旅游资源开发规划设计图。总之，在旅游资源开发研究的每个阶段都离不开地图，旅游资源的研究成果中有不少内容体现在各种类型的地图上。

（7）运用遥感技术

遥感就是感知遥远的物体，即在一定的距离以外感受、识别和量测所需要研究的对象。目前在旅游资源普查、旅游生态环境质量评价等方面，遥感技术都有着广泛的应用。例如，一张航空照片，当比例尺为 1:20 000，片幅为 18cm×18cm 时，它所摄地面的面积（截幅）约 13km^2。而卫星照片所包括的地面截幅为 185km×185km，近 3.4 万 km^2 的面积，它相当于上述航空照片 2600 张所覆盖的面积。由于面积大，视野辽阔，信息丰富、真实、客观，便于了解全面，分清主次，类比研究，从而提高工作效率与工作质量。

1.2 旅游资源概念

旅游资源是旅游资源学的重点研究对象，是旅游业发展必不可少的物质基础和依托条件。因此，必须理解旅游资源的概念、内涵和特点。

1.2.1 旅游资源的概念及内涵

1.2.1.1 旅游资源的概念

旅游资源（tourism resources）是旅游活动的前提和核心，是旅游业产生和发展所必须的物质基础，也是旅游学科理论构建的基础。介于旅游资源的重要性，多年来，许多学者对旅游资源的概念进行了有益的探讨，其中较具代意义的有：

- 旅游资源是在现实条件下，能够吸引人们产生旅游动机并进行旅游活动的各种因素的总和（陈传康，1990）。
- 旅游资源应指凡能激发旅游者旅游动机的，能为旅游业所利用的，并由此而产生经济效益和社会效益的自然和社会的实在物（孙文昌，1989）。
- 凡能为旅游者提供游览、观赏、知识、乐趣、度假、疗养、娱乐、休息、探险猎奇、考察研究，以及友好往来的客体和劳务，均可称为旅游资源（郭来喜，1984）。
- 凡是具有旅游吸引力的自然、社会景象和因素，统称为旅游资源（傅文伟，1994）。
- 凡是自然力和人类社会造成的，有可能被用来规划、开发成旅游消费对象的物质或精神的诸多因素，都可以视作旅游资源（杨时进，1996）。
- 旅游资源是通过开发，具有旅游功能和价值，并对旅游者具有吸引力的事物和因素（黄中伟，2002）。
- 旅游资源是指对旅游者具有吸引力的自然存在和历史文化遗产以及直接用于旅游目的的人工创造物（保继刚，2004）。
- 自然界和人类社会凡能对旅游者产生吸引力，可以为旅游业开发利用，并可产生经济效益、社会效益和环境效益的各种事物和因素（《旅游规划通则 GB/T 18971—2003》）。

以上众多"旅游资源"的定义，反映出我国学术界对"旅游资源"的概念仍有一些不同的认识。尽管如此，有以下几点已经得到众多学者的认可，在学术界中基本达成共识。

第一，旅游资源的吸引功能。具体来说，就是承认旅游资源"对旅游者具有吸引力"或"能激发旅游者旅游动机"。

第二，旅游资源的效益功能。承认旅游资源具有旅游价值，能够被旅游业所利用，并能产生经济效益。

第三，旅游资源的客观存在性。旅游资源是旅游活动的客体，这是旅游资源的基本属性。旅游资源包括物质载体和精神载体。

1.2.1.2 旅游资源的内涵

在认识旅游资源概念的基础上，要全面地理解旅游资源的丰富内涵，可从以下几方面来认识。

（1）吸引力是认定旅游资源的基本特性，吸引性是旅游资源的核心

旅游资源是与旅游者直接联系的，旅游资源的价值和功能主要体现在对旅游者的吸引力上。游客出游的目的，是为了满足好奇心，寻求新的感觉和刺激，获得新的知识和体验，满足身心健康等方面的需要。自然禀赋的、历史遗存的和人工创造的客观实体多种多样，文化的、艺术的和教育的非物质形态的因素更是名目繁多，但并非都是旅游资源，只有那些能给旅游者提供审美和愉悦，对旅游者具有旅游吸引力的事物和现象才算是旅游资源。

（2）旅游资源所指范围十分广泛

它既包括物质的、有形的内容以及形态的、行为的内容；又包括原生的内容以及人造的内容。物质的、有形的旅游资源（例如，名山、秀水、溶洞、瀑布、湖泊、古遗址、古建筑、珍稀动植物等），看得见，摸得着，易被人们所认可。然而，那些无形的、非物质的旅游资源（例如，文化、艺术、文学、科技、技艺、神话故事等），却难以被人们理解和认可。实际上，这些非物质要素，是在物质基础上产生的，并依附于一定的物质而存在，人们可以感受到（例如，历史记载、文学作品等能给人以充分的想象），并通过思维获得快感。不过，这些想象和思维一般需要具有较高的文化修养和宽广的知识面以及丰富的想象力，非一般旅游者所能达到。但是，这种无形的旅游资源一旦转化成有形的旅游资源，就具有更大吸引力。同时，旅游资源的自然存在、历史文化遗存，是旅游资源的重要内容和重要组成部分，是原生的旅游资源。随着社会的进步，经济的发展和人们生活水平的提高，人们已不再满足于原生的旅游资源和旅游产品。为了满足人们不断增长旅游需求，人们依靠资金、智力和现代技术，模拟创造出许多人造景观，甚至把世界上已经存在的知名度很高的旅游资源移到他地，弥补当地旅游资源的不足，充实旅游的内容。因此，这些直接用于旅游目的的人造景观，也是旅游资源。

（3）旅游资源开发产生的"三大效益"

旅游资源"能为旅游业所利用"，表现为旅游资源具有"旅游价值"。旅游资源是资源的一部分，应该具有"资源"的共性，即在旅游业发展中具有可利用的价值，并作为重要的基础。旅游资源必须是现代社会行为旅游活动的关注对象，而非仅供研究的理论产物和个人活动的目的物。发展旅游业就必须要充分发掘历史文化资源、自然资源和休闲娱乐资源等。由于旅游资源具有吸引功能，所以它能为旅游业所利用，并由此带来经济效益，可以推动区域经济的发展，就业人口的增加和人民生活水平的提高，进而推动当地社会的发展，带来社会效益。同时，从资源的角度来看，开发是保护的目的。自然资源的开发也就构成了生态保护的一部分；从旅游地的大环境来看，旅游地优美的环境是吸引旅游者前来旅游的一个重要条件。为此，旅游地管理者为招徕更多的旅游者，必须采取经济的措施保护和改善生态环境。因而旅游资源的开发能促进经济效益、社会效益和生态环境效益的同步发展。

> **"温泉之乡"——林甸县**
>
> 林甸县位于松辽盆地北部,它拥有草原 10 万 hm^2,可利用水面 2.13 万 hm^2,近年又发现了独特的地热资源,借助这些天然优势,规划建设了现代农业生态观光园、地热公园、湿地风光、温泉洗浴休闲园。目前,占地 5.3 万 m^2 的地热公园一期工程已经完工。占地 1.8 万 m^2 的东北地区最大的温泉游泳馆投入使用后,运营态势良好,已初步形成了"一点三线"的旅游地理格局。林甸县从打造适宜人居、吸引投资者的发展硬环境出发,实施城市建设战略,大手笔规划城市,大气魄建设城市,营造优美环境,大力开发旅游项目。优美的环境进一步坚定了外来投资者的信心,一批资源型旅游项目也相继投产,形成了良性循环。目前林甸县正在按照"温泉之乡"命名标准,依托"温泉之乡"建设规划,有条不紊地创建具有北方特色的"中国温泉之乡",实现了因旅游资源的开发而促进经济效益、社会效益和生态环境效益的同步发展局面。

(4) 旅游资源是一个动态概念,它的范畴在不断扩大

随着知识经济的发展,带来了新的社会经济模式,人们的社会生活方式和社会消费方式也在不断更新发展。人们已经不满足于现有的传统旅游方式和传统的旅游消费,而去寻找一些新奇的旅游方式和旅游空间,旅游资源的内容也不断丰富,生态旅游资源、工业旅游资源、农业旅游资源、都市旅游资源、科考旅游资源、探险旅游资源和休闲度假旅游资源得到全面开发。同时,人们对旅游资源的认识也正在不断深入,不断有新的突破。比如,过去我们只知道山水风光、河湖风光、宗教寺庙、文物古迹是旅游资源,想象不到寒冷的北极、深邃的大海在今天也可以成为旅游资源,甚至不少人认为广阔的太空也是一种旅游资源。今后,随着科学技术的发展,原来看似不可能被旅游业开发的许多事物,都将可能成为旅游资源,人们漫步深海、遨游太空、去南北极探险、登上月球旅游的愿望也会成为现实。科技的进步和人们需求的日益丰富,将促进旅游资源的范畴不断扩大。

1.2.2 旅游资源的特征

旅游资源是旅游目的地借以吸引旅游者的重要因素,也是旅游开发的必备条件之一。正确认识旅游资源的特征,理解自然旅游资源与人文旅游资源的不同特点,对合理开发、充分利用资源、旅游业的可持续发展有着促进作用。

1.2.2.1 旅游资源的基本特征

(1) 广域性

旅游资源的广域性可以从 2 个方面理解。一是指旅游资源在空间分布上十分广泛,在地球上不同地域都有旅游资源的分布。在陆地上有各种自然人文景观;在海洋中有汹涌澎湃的海浪、一望无际的海面和奇特的海洋生物;天空中有瞬息万变的天象、气象;在地下有神秘的溶洞、地下河、湖泊;在城市有体现现代建筑、先进科技水平的都市风貌;在乡村有浓郁的民俗风情和优美的田园风光;在人烟稀少的山区、沙漠,有原始、淳朴的自然风光;在赤道地区有热带雨林;在极地有冰天雪地等。几乎地理范围内每个区域都有旅游资源的存在。二是指旅游资源是发展变化的，它的领域在不断扩大。随着时代的发展，科技的进步，增强了人们认识和利用自然界的能力，这就为不断拓宽旅游资源领域创造了条件。许多原来未被认识和未能利用的领域，由于社会经济的发展和科学技术的进步，必将不断地被认识和开发利用，这表现出旅游资源在时间上的广域性。

（2）观赏性

旅游资源与其他资源最主要的区别，就是它有美学特征，具有观赏价值。尽管旅游动机因人而异，旅游内容与形式多种多样，但观赏活动几乎是所有旅游过程不可缺少的。从一定意义上说，缺乏观赏性，也就不构成旅游资源。形形色色的旅游资源，既有雄、秀、险、奇、幽、旷等类型的形象美，又有动与静的形态美；既有蓝天、白云、青山、绿水、碧海、雪原的色彩美，又有惊涛骇浪、叮咚山泉、淙淙溪涧、苍莽松涛等的声色美；既有建筑景观的造型美、气势美、时代美，又有地方特色菜肴的味觉美、嗅觉美和视觉美……它们都给游客以符合生理、心理需求的美的享受，孔子"登泰山而小天下"的哲理悟性，至今仍给人以启示。

（3）区域性

旅游资源存在于特定的地理环境中，不同区域的旅游资源有其自身的区域特色就是旅游资源的区域性。旅游资源的区域性特征可以从自然和人文 2 个视角去观察。从自然的角度看，由于区域上的差异性而引起旅游资源特色的不同，这种现象比比皆是。海滩总是围绕着大海，峻岭总是在群山之中，猎场大多在森林和草原地区，各种各样的花草树木总离不开它们生长的特殊环境；在热带雨林中看不到雪松，而在严寒的地区也看不到椰林……从人文的角度观察，由于人们的生活区域不同，生活所处的环境和条件的不同，使得各地人们的生活习惯、民俗风情也不同。草原上的居民，擅长骑马，喜喝奶茶；而海边的渔民，则擅长驾船，喜吃鱼虾。云南西双版纳的居民住的是竹楼，而内蒙古草原的居民则住的是蒙古包。这些相异的民间习俗是具有强大吸引力的旅游资源，也正是旅游资源具有分布上的区域性，才引发了不同区域旅游者跨地域的旅游活动。

（4）组合性

组合性是指不同种类的旅游资源单体（包括地文、水域、生物、天象与气候等自然旅游资源和遗迹遗址、建筑与设施、旅游商品、人文活动等人文旅游资源），它们在一定区域范围内相互依存、相互衬托，共同形成一个和谐的旅游资源组合体。旅游资源的组合形式是多样的，而且自然旅游资源和人文旅游资源配合越好，自然景观与人文景观的兼容互补性就越强，两者才能融为一体，彼此呼应。地域组合度和类型组合度越好，资源单体的种类越多，比例越协调，联系越紧密，对旅游者的吸引力也就越大。景观要素非常单一的情况很少见，而孤立的景物要素很难形成具有吸引力的旅游资源。旅游资源的组合性，为旅游产品的开发和旅游活动的组织提供了必要而有利的条件。

（5）永续利用与不可再生性

永续利用指旅游资源具有可以重复使用的特点，与矿产、森林等资源随着人类的不断开发利用会不断减少的情况不同，旅游产品是一种无形产品，旅游者付出金钱购买的只是一种经历和感受，而不是旅游资源本身。因此，从理论上讲，旅游资源可以长期甚至永远使用下去。但是除人工可以栽培与繁殖的动植物外，旅游资源是自然界的造化和人类历史的遗存，总是在一定条件下产生，可以说是一种不能再生的资源，一旦破坏将不复拥有。旅游资源的这种不可再生性决定了其保护的重要性。这就要求我们的旅游资源开发工作，必须以科学合理的旅游规划为依据，有序有度地进行。

(6) 吸引力变化性

随着人类物质文明和精神文明的进步，旅游资源的范围和内涵在不断地补充着、发展着。旅游需求的不断变化直接引起旅游资源的吸引程度的改变。名噪一时的旅游胜地可能随着人们的兴趣转移而萧条，鲜为人知的地方却因投旅游者所好而日趋兴旺。虽然各个单体的旅游资源很少有根本变化，但其吸引力却常常随着人们兴趣的转移而改变，从而使整个旅游资源地有明显的生命周期变化。禀赋相同或相近的旅游资源，由于开发时的形象定位和功能策划等方面的因素不同，其吸引力的大小也不同。只有准确定位旅游资源的开发方向，不断丰富旅游活动的内容，才有可能使旅游资源吸引力保持在较高的水平。

1.2.2.2 自然旅游资源的特征

(1) 天然性

天然性即自然性。自然旅游资源是天然赋予的，是自然界的产物，因而它们具有自然属性。自然旅游资源的形成、发展、分布及特点，主要受自然因素的影响和自然规律的制约。地球圈层结构形成了多种类型的自然旅游资源；自然地理要素的地域组合和分异规律决定了旅游资源的形成、演变和分布；地质构造和地质作用是形成自然旅游资源的动力基础；地球水体的水文特征、气候的区域差异以及地球生物的多样性都是自然旅游资源的重要组成部分。桂林山水、云南石林、峨眉雄秀、华山雄险、张家界奇秀、青海的鸟岛、蓬莱的海市蜃楼、长白山的原始森林……均是如此。自然旅游资源的天然性能够给人们一种朴实、自由、自在的美感。

(2) 时限性

由于自然条件特别是气候条件的季节变化，使得自然旅游资源的时限性十分明显，主要表现有以下2个方面：① 有些自然风景只有在特定的季节或时间段才出现；② 同样的自然景物在不同的季节和时段里展现出不同的风姿。自然旅游资源具有自然性，在开发利用中要特别注意尊重自然规律。不同的季节，不同的时段，不同的气候条件下，自然景观有所不同，甚至有些景观只能出现在一定的时间内。例如，吉林的树挂只能在入冬时才出现；北京香山及南京的红叶在深秋时才能看到；"天下壮观无比"的钱塘江大潮，最佳观赏时间是农历八月十六至十八，过了这段时间这个奇景就会消失。有些现象如闪电、夕阳则是一天内的变化。自然景观由于季节变化、周期变化而受到时限的影响，其吸引力也在发生变化，因此出现了旅游旺季和淡季的划分。

樱花七日

日本有句俗语叫"樱花七日"，就是说一朵樱花从开放到凋谢大约为7天，整棵樱树从开花到全谢大约半月左右。日本的樱花有几百个品种，一般分为染井吉野（淡红白色）、山樱（淡红白色）、大岛樱（白色）、江户彼岸（白色或红紫色）、枝垂樱（红色）等。受气温的影响，樱花由温暖的日本列岛南端向北方沿着纬度依次开放，因此形成一条由南向北推进的"樱前线"。去日本观赏樱花，只有在4月，沿着"樱前线"由南向北走，此时到处樱花盛开，游客才能真切地感受到日本誉称为"樱花之国"的魅力所在。

(3) 地带性

气候的纬度地带性与垂直地带性影响了自然旅游资源,出现一些地带性景观。例如,自然旅游资源中的植物、动物、水体受气候的影响,从赤道至极地随着气候带的不同,植物、动物的类型、分布、特征呈现有规律的变化,地表水、地下水的沙量、分布、动态也随之变化,因而形成了不同的水平地带性景观。在一些高山地区,由于气候的垂直变化,生物景观也呈现出垂直分布的特点,地质地貌受非地带性因素影响较大,但由于气候影响下的水力、风化等外营力的作用具有地带性的特点,因而使地貌的外部形态也打下了地带性的烙印,形成了所谓的气候地。例如,在寒带气候条件下,冰川地貌发育,有些地方湖泊、泥炭沼泽较多,河流作用很弱;在温带湿润、半湿润气候区,降水稍多,流水作用强烈,河流地貌普遍,湖泊、沼泽较多;在降水少的干旱、半干旱地区,风力作用强劲,风沙地貌较多;热带气候区,水力作用及风化作用强烈,河谷景观占有主导地位。

1.2.2.3 人文旅游资源的特征

(1) 人为性

人文旅游资源是人类在其发展过程中自身创造的,不是天然固有的。它是人类自身发展过程中科学、历史、生产劳动、生活方式、文化艺术的结晶,是宝贵的财富。因此,人文旅游资源今后还可不断地创造与更新。人文旅游资源的形成虽然与人类活动息息相关,但许多人文景观是在自然环境基础上形成的。人们以自然环境为背景,充分发挥人类的创造性,把自然美与人为美结合在一起,融为一体,更增加了人文景观的美感。北京的颐和园、杭州的西湖风景区等都是如此。

(2) 时代性

时代性是人文旅游资源在不同历史时代的反映。如前所述,人文旅游资源是人为创造的,而人总是生活在一定的社会历史环境中,因而人文旅游资源的形成与社会历史密切相关,必然深深地打上时代的烙印。不同的历史阶段、不同制度的国家、不同的民族,由于生产水平、科学技术、审美观点、道德规范等不同,其营造人文景观的水平、风格、性质也不同。历史上遗留下来的各种古建筑、古典园林、文物古迹等,都反映了当时的科学文化和社会经济水平。例如,河姆渡文化遗址反映了新石器时代的农业文化;颐和园表现了晚清时统治者骄奢淫逸的奢华生活;南京大屠杀遗址是日本法西斯在中国犯下残暴罪行的铁证。人文旅游资源的时代性特点十分明显,这意味着,人文旅游资源的年代越久远,保存越完好,其旅游吸引力就越大,旅游价值就越高。所以,人文旅游资源的保护就显得格外重要。

(3) 地域文化性

地域文化性是不同地域的群体生产、生活的反映。自然环境对人文活动有很大的影响,人文旅游资源的文化内涵与产生地的地理环境特点息息相关,因而其地域文化性特征尤为明显。例如,我国黄土高原的窑洞、牧区的帐篷与毡房、西南少数民族地区的"吊脚楼"、华北地区的四合院等民居建筑风格的差异;地处不同地区的不同民族都有民俗风情的差异,都是旅游资源区域文化性的体现。文化是人类在社会历史发展过程中所创造的物质财富和精神财富的总和,而人文旅游资源就是人类创造的，是人类智慧的结晶，本身就具有丰富的文化属性。不同的人文旅游资源具有其特定的文化内涵，因此，在开发利用人文旅游资源时，要充分挖掘其文化内涵。

福建土楼文化

土楼是福建西南部以永定为中心的客家人民居。这种民居因其独特的外形而享誉海内外，被称为"世界民居的奇葩"。它是由北方战乱而南迁的移民建造的。这些南迁移民在福建西南部山区这个异乡的荒野中，为了保护自己，就依据血缘伦理关系聚族而居，采用生土夯筑形成自己的独特家园——土楼。从宋至今，土楼历史悠久，而且形态各异、布局合理、坚固耐用，它不仅组成了一道美丽的景观，更构成了具有独特的地域特征的"土楼文化"。

1.2.3 旅游资源和旅游业的关系

(1) 旅游资源是旅游业发展的基础

旅游资源是吸引旅游者产生旅游动机，并进行观赏旅游、参与体验的客体。旅游活动的开展又离不开旅游者和吸引旅游者的各种旅游资源。没有旅游资源这个客体，就不会产生旅游动机，更不会有旅游活动。没有旅游资源要发展旅游业，就等于是"无米之炊"。事实上，认真分析一下目前开展的各种旅游活动，都是以一定的旅游资源作为基础的。

高原旅游胜地——青海

青海省幅员辽阔，群山绵延，雪峰林立，河流众多，湖泊星罗棋布，草原辽阔，牛羊似彩云飘动，使这里成为美丽而神奇的地方。此外，青海的名胜古迹众多，自然风光雄奇壮美，旖旎迷人，具有壮观、绚丽的高原特有风光。各民族都有其悠久的历史和优秀的文化传统，保持着独特的、丰富多彩的民族风情和习俗。

青海省正成为我国的高原旅游胜地。2000 年以来，到青海省旅游观光的外国人和港澳台同胞约 3.25 万余人，共创外汇约 794 万美元。丰富的旅游资源将使旅游业成为青海未来的最亮点。

---

(2) 旅游资源价值对旅游业发展有重要影响

旅游业能否得到快速发展，其影响因素很多，但在其他条件差不多的情况下，旅游资源价值的高低具有举足轻重的作用。旅游资源价值越高，对旅游业发展越有利。所谓旅游资源的价值，包括旅游资源的美学价值、休闲娱乐价值、历史文化价值、科学研究价值等。价值越高，对游客的吸引力就越大，旅游市场就越广阔，对旅游发展越有利。北京、西安、桂林、杭州等地为什么会成为我国吸引国内外游客的热点城市，其中很重要的原因就是这些地方有知名度高、吸引力大的特色旅游资源。

1.3 旅游资源的分类

我国旅游资源品种多、分布广、"储量"丰富，有着极大的开发利用潜力。为了深入认识与研究旅游资源，以便更好地予以开发利用，更大限度地满足旅游者的需求和取得良好效益,必须对旅游资源进行科学分类,这是一项既有理论意义又具有实践价值的工作。旅游资源的分类工作,许多学者从不同的角度进行了研究,提出了不同的分类体系。

1.3.1 传统分类法

(1) 按资源的性质划分

可分为自然旅游资源和人文旅游资源。其中最有代表性的是陈传康、刘振礼在其专著《旅游资源鉴赏与开发》(1990)中的分类。该分类中自然旅游资源包括山水风景、气候气象奇观、动植物等;人文旅游资源包括文物古迹、文化艺术、民族风情、建筑与科技成就、博物及展览、人造乐园、文体娱乐等。

(2) 按旅游资源管理级别分类

世界级旅游资源 主要包括被联合国教科文组织批准列入《世界遗产名录》的名胜古迹、世界级地质公园和列入联合国"人与生物圈"计划的自然保护区等旅游资源,即纳入《世界自然保护区网》的旅游资源。

国家级旅游资源 主要包括由国务院已审定和公布的国家风景名胜区、国家AAAA级旅游区、国家级旅游度假区、国家级自然保护区、国家重点文物保护单位、国家级历史文化名城和优秀旅游城市,以及国家级地质公园和国家森林公园。

省级旅游资源 主要包括省级风景名胜区、省级历史文化名城、省级文物保护单位,以及省级自然保护区、省级森林公园、省级地质公园,有的省还公布了历史文化名镇。

市(县)级旅游资源 主要包括市(县)级风景名胜区和市(县)级文物保护单位。

(3) 按旅游资源的功能分类

观光游览型 以自然风光、园林建筑、古建筑、城镇风貌、珍稀动植物为主。
文化知识型 以历史古迹、古建筑、宗教文化、文学艺术、社会风情、博物展览为主。
参与体验型 以漂流、攀岩、狩猎、民俗风情、节庆活动、宗教朝觐等为主。
购物型 以纪念品、土特产为主。
情感型 以名人故居、名人陵墓、各类纪念地为主。
度假型 以温泉、海滩、滑雪地为主。

(4) 按旅游资源的利用现状分类

分为已开发利用的旅游资源、正在开发利用的旅游资源和未开发利用(潜在)的旅游资源3种。

(5) 按旅游资源利用方式分类

分为游览鉴赏型(优美自然风光、著名古建筑及园林等);知识型(文物古迹、博物展览、自然奇观等);体验型(民风民俗、节庆活动、宗教仪式等);康乐型(度假疗养、康复保健、人造乐园等)。

(6) 按旅游资源成因分类

1992年,由国家旅游局资源开发司和中国科学院地理研究所主编的《中国旅游资源普查规范》提出了旅游资源普查分类结构。旅游资源由"类"和"基本类型"组成。全部基本类型共有74种,归为6类:① 地文景观类;② 水域风光类;

③ 生物景观类；④ 古迹与建筑类；⑤ 消闲求知健身类；⑥ 购物类。

1.3.2 国家标准《旅游资源分类、调查与评价》分类法

1.3.2.1 概述

2003年5月1日国家颁布的《旅游资源分类、调查与评价》国家标准是在旅游界对旅游资源的含义、价值、应用等许多理论和实用问题进行了多方面研究的基础上，以及充分考虑了前人研究成果，特别是在1992年出版的《中国旅游资源普查规范（试行稿）》的学术研究和广泛实践的基础上，对旅游资源的类型划分、调查、评价的实用技术和方法，进行了较深层次的探讨，目的是为了更加适用于旅游资源开发与保护、旅游规划与项目建设、旅游行业管理与旅游法规建设、旅游资源信息管理与开发利用等方面的工作。该标准是一部应用性质的技术标准，主要适用于旅游界，对其他行业和部门的资源开发也有一定的参考意义。

1.3.2.2 分类原则

从对旅游资源的定性方面考虑，作为旅游资源，必须对旅游者具有吸引力，这个吸引力主要体现在它的性状、成因、发育过程、组成与结构、体量、年龄、美学内涵等，这些因素统称为旅游资源的属性，都是旅游资源的自身外部表现和它的内在性质。

本系统将这种"属性"作为旅游资源类型划分的指标，也就是依据旅游资源的性状，即现存状况、形态、特性、特征划分类型。这就是本系统旅游资源分类的原则。

旅游资源是作为一种吸引对象，无论是物质的还是非物质的，有自身独立性质和一个特指的概念，分类时尤其注意不能与其他旅游概念混淆，主要反映在以下4个方面。

其一，不能把旅游产品当作旅游资源。旅游产品是旅游吸引物、旅游服务和旅游设施的总和，所含的内容比较宽泛；而旅游资源指的是其自身，只是旅游产品中旅游吸引物的一部分，不是旅游产品的全部。应该避免把旅游产品（例如，旅游项目、旅游线路、景区和景点等）列为旅游资源类型。

其二，不能把旅游资源的赋存环境当作旅游资源。旅游资源所处的自然和社会人文区域是一个与旅游资源本身有一定距离的外围空间，它本身不是旅游资源。所以，不能把旅游环境的许多概念（例如，地理区位、可进入性等）引入到旅游资源分类中来。

其三，不能把旅游开发条件当作旅游资源。旅游开发依存于原生的旅游环境、人为创造的基础设施、旅游服务等旅游业存在发展的影响因素，是旅游资源被有效利用的前提，是外加的内容，它们不能构成旅游资源类型。

其四，不能把旅游行为当作旅游资源。旅游行为是包括旅游管理者的促销手段、旅游的措施、旅游者的旅游方式等，与旅游资源本质属性没有内在的关联，对于这种运作方式，不能当作旅游资源类型。

1.3.2.3 旅游资源分类设计

（1）分类结构

旅游资源分类的内容决定了它的层次结构，一般分类系统的层次有3~5层不

等。通常旅游资源划分指标多的系统层次也较多,这在侧重理论性的旅游资源分类系统中常见。但层次多,脉络也复杂,不利于实际操作。本系统属于侧重应用性的旅游资源系统,它的一个主要目的是为区域旅游资源调查服务,因此,考虑用较少的层次完成旅游资源结构,其中主要操作层次尽量是一层。

国家标准将全部旅游资源划分为3个层次,依次称为"主类""亚类""基本类型"。其中主类和亚类为"构造层",基本类型为"实体层"。构造层是旅游资源的框架支撑,实体层是分类、调查、评价的实际对象,因此,基本类型在本标准分类中是最实际的资源单位(图1-1)。

(2)分类系统

依此对全国旅游资源按3层结构进行分类排列,得出有8个主类、31个亚类、155个基本类型的旅游资源系统(表1-1)。

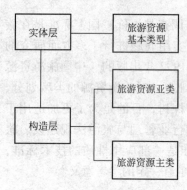

图1-1 旅游资源分类结构图

表1-1 旅游资源分类简表

主类	亚类	亚类基本类型数量	主类基本类型数量	主类	亚类	亚类基本类型数量	主类基本类型数量
地文景观	综合自然旅游地	7	37	遗址遗迹	史前人类活动场所	4	12
	沉积与构造	7			社会经济文化活动遗址遗迹	8	
	地质地貌过程形迹	14		建筑与设施	综合人文旅游地	11	49
	自然变动遗迹	7			单体活动场馆	5	
	岛礁	2			景观建筑与附属型建筑	11	
水域风光	河段	3	15		居住地与社区	8	
	天然湖泊与池沼	3			归葬地	3	
	瀑布	2			交通设施	5	
	泉	2			水工设施	6	
	河口与海面	3		旅游商品	地方旅游商品	7	7
	冰雪地	2		人文活动	人事纪录	2	16
生物景观	树木	3	11		文艺团体	2	
	草原与草地	2			民间习俗	8	
	花卉地	2			现代活动	4	
	野生动物栖息地	4					
天象与气候类	光现象	3	8				
	天气与气候现象	5		8	31	155	

为旅游资源调查、旅游资源评价、旅游资源开发的需要,每层资源都用汉语拼音字母表示,其中主类用1位,亚类用2位,基本类型用3位。例如,主类"地文景观"用1位"A";亚类"综合自然旅游地"用2位"AA";基本类型"山丘型旅游地"用3位"AAA"。依此类推(表1-2)。

表 1-2 旅游资源分类表

主类	亚类	基本类型
A 地文景观	AA 综合自然旅游地	AAA 山丘型旅游地；AAB 谷地型旅游地；AAC 沙砾石地型旅游地；AAD 滩地型旅游地；AAE 奇异自然现象；AAF 自然标志地；AAG 垂直自然地带
	AB 沉积与构造	ABA 断层景观；ABB 褶曲景观；ABC 节理景观；ABD 地层剖面；ABE 钙华与泉华；ABF 矿点矿脉与矿石积聚地；ABG 生物化石点
	AC 地质地貌过程形迹	ACA 凸峰；ACB 独峰；ACC 峰丛；ACD 石（土）林；ACE 奇特与象形山石；ACF 岩壁与岩缝；ACG 峡谷段落；ACH 沟壑地；ACI 丹霞；ACJ 雅丹；ACK 堆石洞；ACL 岩石洞与岩穴；ACM 沙丘地；ACN 岸滩
	AD 自然变动遗迹	ADA 重力堆积体；ADB 泥石流堆积；ADC 地震遗迹；ADD 陷落地；ADE 火山与熔岩；ADF 冰川堆积体；ADG 冰川侵蚀遗迹
	AE 岛礁	AEA 岛区；AEB 岩礁
B 水域风光	BA 河段	BAA 观光游憩河段；BAB 暗河河段；BAC 古河道段落
	BB 天然湖泊与池沼	BBA 观光游憩湖区；BBB 沼泽与湿地；BBC 潭池
	BC 瀑布	BCA 悬瀑；BCB 跌水
	BD 泉	BDA 冷泉；BDB 地热与温泉
	BE 河口与海面	BEA 观光游憩海域；BEB 涌潮现象；BEC 击浪现象
	BF 冰雪地	BFA 冰川观光地；BFB 常年积雪地
C 生物景观	CA 树木	CAA 林地；CAB 丛树；CAC 独树
	CB 草原与草地	CBA 草地；CBB 疏林草地
	CC 花卉地	CCA 草场花卉地；CCB 林间花卉地
	CD 野生动物栖息地	CDA 水生动物栖息地；CDB 陆地动物栖息地；CDC 鸟类栖息地；CDE 蝶类栖息地
D 天象与气候景观	DA 光现象	DAA 日月星辰观察地；DAB 光环现象观察地；DAC 海市蜃楼现象多发地
	DB 天气与气候现象	DBA 云雾多发区；DBB 避暑气候地；DBC 避寒气候地；DBD 极端与特殊气候显示地；DBE 物候景观
E 遗址遗迹	EA 史前人类活动场所	EAA 人类活动遗址；EAB 文化层；EAC 文物散落地；EAD 原始聚落
	EB 社会经济文化活动遗址遗迹	EBA 历史事件发生地；EBB 军事遗址与古战场；EBC 废弃寺庙；EBD 废弃生产地；EBE 交通遗迹；EBF 废城与聚落遗迹；EBG 长城遗迹；EBH 烽燧
F 建筑与设施	FA 综合人文旅游地	FAA 教学科研实验场所；FAB 康体游乐休闲度假地；FAC 宗教与祭祀活动场所；FAD 园林游憩区域；FAE 文化活动场所；FAF 建设工程与生产地；FAG 社会与商贸活动场所；FAH 动物与植物展示地；FAI 军事观光地；FAJ 边境口岸；FAK 景物观赏点
	FB 单体活动场馆	FBA 聚会接待厅堂（室）；FBB 祭拜场馆；FBC 展示演示场馆；FBD 体育健身馆场；FBE 歌舞游乐场馆
	FC 景观建筑与附属型建筑	FCA 佛塔；FCB 塔形建筑物；FCC 楼阁；FCD 石窟；FCE 长城段落；FCF 城（堡）；FCG 摩崖字画；FCH 碑碣（林）；FCI 广场；FCJ 人工洞穴；FCK 建筑小品
	FD 居住地与社区	FDA 传统与乡土建筑；FDB 特色街巷；FDC 特色社区；FDD 名人故居与历史纪念建筑；FDE 书院；FDF 会馆；FDG 特色店铺；FDH 特色市场

(续)

主类	亚类	基本类型
F 建筑与设施	FE 归葬地	FEA 陵区陵园；FEB 墓（群）；FEC 悬棺
	FF 交通建筑	FFA 桥；FFB 车站；FFC 港口渡口与码头；FFD 航空港；FFE 栈道
	FG 水工建筑	FGA 水库观光游憩区段；FGB 水井；FGC 运河与渠道段落；FGD 堤坝段落；FGE 灌区；FGF 提水设施
G 旅游商品	GA 地方旅游商品	GAA 菜品饮食；GAB 农林畜产品与制品；GAC 水产品与制品；GAD 中草药材及制品；GAE 传统手工产品与工艺品；GAF 日用工业品；GAG 其他物品
H 人文活动	HA 人事记录	HAA 人物；HAB 事件
	HB 艺术	HBA 文艺团体；HBB 文学艺术作品
	HC 民间习俗	HCA 地方风俗与民间礼仪；HCB 民间节庆；HCC 民间演艺；HCD 民间健身活动与赛事；HCE 宗教活动；HCF 庙会与民间集会；HCG 饮食习俗；HGH 特色服饰
	HD 现代节庆	HDA 旅游节；HDB 文化节；HDC 商贸农事节；HDD 体育节
数量统计		
8 主类	31 亚类	155 基本类型

[注] 如果发现本分类没有包括的基本类型时，使用者可自行增加。增加的基本类型可归入相应亚类，置于最后，最多可增加 2 个。编号方式为：增加第 1 个基本类型时，该亚类 2 位汉语拼音字母 + Z，第 2 个基本类型时，该亚类 2 位汉语拼音字母 + Y。

【思考题】

1. 旅游资源学研究的对象与内容是什么？
2. 旅游资源学的学科有什么特点？
3. 什么是旅游资源？
4. 旅游资源有哪些特征？
5. 旅游资源学的研究方法有哪些？
6. 旅游资源单体是怎么分类的？
7. 旅游资源分类的主要依据有哪些？
8. 请谈谈对国标分类的看法。

【经验性训练】

熟悉旅游资源国标分类方法

【概述】

选择学校所在地附近一熟悉的景区，根据旅游资源的国标分类方法对其旅游资源类型进行分析，从而对旅游资源的分类方法有个感性的认识。

【步骤】

1. 将全班分为几个小组，每个小组有 5~7 个成员。
2. 每个小组负责的区域不同，但要求每个小组对所负责区域的旅游资源类型进行详细的了解、分析并进行记录。
3. 每组将所记录的内容进行汇集，并根据国标分类进行表格的绘制。
4. 全班进行讨论分类结果的合理性，并提出该分类方法所存在的不足，且在老师的引导下提出可行的改进方法。
5. 最终写出总结报告。

【案例分析】

一个令人神往的景区——白水洋

白水洋原属鸳鸯溪风景区中5个具有代表性的景点之一。由于数十万年前的地质运动，2条汇集于此的小溪，不仅自然环境优美，尤为神奇的是，溪床全石结构，溪底平坦如砥，在近8万m^2的连片溪床上，一年四季水深仅能没踝，十分适合游客在水上游戏、运动，体验水的空灵和魅力，是什么原因造就了白水洋这般神奇之景？近年来，许多旅游、地质学界专家学者纷纷到景区考察，对其成因提出看法。有人说，这是古冰川遗迹；也有人说，这是火山熔岩遗址，因此形成"冰川运动说"和"火山喷发说"。但这么一个神奇而富有情趣的自然景观，却长期卧在深山，鲜为人知。2003年，白水洋迎来重塑旅游品牌的新契机。先后被福建省委书记卢展工誉为"天下绝景、宇宙之谜"，获国务院前副总理吴仪题词盛赞"奇特景观"，国家旅游局局长邵琪伟还为它提出打造"国内一流、世界知名"的品牌目标；2004年列入福建十大旅游品牌、2005年成为国家地质公园、2006年荣获全国十佳旅游线路——闽东北亲水游线路之龙头景区。短短数年间，白水洋·鸳鸯溪景区有如一匹黑马，从众多国家级风景区中一跃而起，让人刮目相看。2007年白水洋接待旅客30多万人次，是2003年的10倍多，2008年头7个月，游客量达31.9万人次，超过2007年全年。

【案例思考题】
1. 白水洋的旅游吸引力来自哪里？
2. 白水洋的旅游资源与其旅游业大丰收有何关系？
3. 从白水洋旅游的发展可以启示旅游资源开发应注意哪些因素？

【本章推荐阅读书目】

1. 中外旅游地理. 肖星. 华南理工大学出版社，2001.
2. 旅游资源开发. 马耀峰，宋保平，赵振斌. 科学出版社，2005.
3. 旅游地理学. 保继刚. 高等教育出版社，2003.

第 2 章
地文景观类旅游资源

【本章概要】

本章系统地、完整地阐述了地文景观类旅游资源的概念、特点及旅游功能,并对旅游活动的影响和各类型地文景观类旅游资源的成因、特征与分布进行了阐述。

【学习目标】

- 掌握地文景观类旅游资源的概念与分类;
- 理解地文景观的特点及旅游功能;
- 理解地文景观对旅游活动的影响;
- 掌握主要地文景观类旅游资源特征与成因。

【关键性术语】

地文景观、山丘型旅游地、谷地型旅游地、沙砾石地型旅游地、滩地型旅游地、垂直自然地带、断层景观、褶曲景观、节理景观、钙华与泉华、独峰、峰丛、奇特与象形山石、峡谷段落、丹霞、雅丹、堆石洞、地震遗迹、陷落地、火山与熔岩、冰川侵蚀遗迹、岛区、岩礁。

【章首案例】

当前导游服务中存在的对地文景观类
旅游资源科学解说薄弱的问题

由于地文景观大部分具备很强的科学性、专业性,如果没有深入浅出的介绍和解释,很多人对断层、褶曲、节理等地文景观类旅游资源中的名词是看不懂、听不懂的,且它并不适合所有游客群体,大部分到这些地文景观地区参观的都是地质学家、有关院校师生、参加地学夏令营的青少年等少数人,他们主要是前往考察、开展教学实习、科普活动。想要更多人去了解地文景观,从而吸引更多的客源市场,就必须强调在开发过程中对地文景观的科学解说,比如形成原因、形成过程等。但是,目前一些以地文景观为主的景点在这方面还是做得比较薄弱的,比如,喀斯特洞穴地文景观,大部分导游在向游客解说时,很少阐释其科学成因、形成过程等,更多的是将它与神话传说联系在一起,而且对不同洞穴的解释,都有相同的"故事"。这样很容易让游客产生听觉疲劳,让游客感到不真实,特别是对那些文化层次比较高的游客来说更是如此。这也是导致目前喀斯特洞穴游客重游率比重低的一个重要原因。因而地文景观类的旅游景点想要吸引更大的客源市场,增加重游率,必须首先在"科学解说"上加大力度。

2.1 地文景观类旅游资源概述

根据《旅游资源分类、调查与评价》国家标准,地文景观类旅游资源分为综合自然旅游地、沉积与构造、地质地貌过程形迹、自然变动遗迹、岛礁5个亚类，37个基本类型。

2.1.1 地文景观类旅游资源的概念

地文景观类旅游资源是指由地质地貌因素所造成的对旅游者有吸引力的自然景观，包括岩石、化石、典型地层、构造形迹、地震遗址、山岳、洞穴、海岸以及各种特异地貌等景观。地文景观主要是在自然环境的影响下，地球内力作用和外力作用共同作用形成的。地表各种地文景观的形成和演变，直接受地层和岩石、地质构造、地质动力等因素的影响与控制。

2.1.2 地文景观类旅游资源对旅游活动的影响

地文景观类旅游资源对旅游活动的影响主要体现在以下几个方面。

(1) 地文景观类旅游资源构成旅游景区的基本骨架

地文景观类旅游资源包括地质、地貌类型的旅游资源。任何一个景区都是以地文景观为基本的骨架，在当地总地貌、总地表格局基础上形成的。一个地区的地貌、地质条件决定了该地区风景的基本格局与风格。例如，岩溶地貌是桂林景区的主要地文景观，那里的群峰挺拔，峰丛林立，地下洞系密集交织。这种岩溶地貌的地文景观就决定了桂林景区喀斯特山峰的基本骨架与"奇峰、奇洞、美石"的景区风格。

(2) 地文景观是人类旅游活动的主要欣赏对象

地文景观是旅游景观构成中最基本的自然要素之一，是自然旅游资源的最主要组成部分。地表形态复杂多样，千差万别，因而直接为人类提供了丰富的地文景观类旅游资源。例如，奇险的崇山峻岭、深奥莫测的洞穴、连绵起伏的丘陵、沃野千里的平原等。地文景观类型众多，景观内容丰富，构成了自然风光的主体，是旅游资源的主要组成部分，是人类旅游活动的主要欣赏对象。人们常用"游山玩水"来通俗地表达旅游活动的内容，实际它很大程度上集中对地文景观的欣赏。因此，对地文景观的欣赏在现代旅游者的外出旅游中是不可缺少的内容。

(3) 地文景观旅游资源对其他旅游资源有着深刻的影响

地文景观是其他景观体产生的基础，决定着其他景观体的类型。自然风景以地文景观为依托和承载物，在很大程度上，地文景观的基本特征就是自然风景的总特点。水域风光、生物景观、天象与气候景观等其他自然旅游资源都是在地文景观的基础上形成并且深深地打上当地地文景观的烙印。一切人文景观都是根植在地文景观的基础上，受地文景观的影响，而且又必须与地文景观相协调。不同区域的人文景观由于受到不同地区地文景观的影响而带有明显的区域性。

2.1.3 地文景观类旅游资源的特点

地文景观旅游资源具有雄伟美、奇特美、险峻美、幽静美、旷远美等特点。

(1) 雄伟美

地文景观类旅游资源形态表现为形象高大壮阔、结构庞大、线条粗犷、数量众多、体积宏伟，具有崇高的美感。其形态特征表现为：一是相对高度较大，易于被人们观察对比，得到直观的感受。例如，东岳泰山，虽然绝对高度仅1545m，但由于周围没有高大山地，仅有齐鲁丘陵，以磅礴之势凌驾于齐鲁丘陵之上的泰山，与丘陵脚下的大平原高差达 1500m 左右，因此显得特别高大。登上泰山极目远眺，"会当临绝顶，一览众山小"的雄伟之感油然而生。二是山坡比较陡峻，人们由上而下或由下而上观望，俯角、仰角较大，会有拔地而起的感觉，心理上易产生雄伟之感。

（2）奇特美

奇特美是指地文景观奇异、奇特，给人一种"此物只应天上有，人间却是无处寻"的审美感觉。奇特美既体现了自然界鬼斧神工创造出来的奇思巧构，又展示了珍稀景观、特异资源的互相配合构成的出人意料之情景。它能给人一种意外之喜，使人产生异乎寻常的审美感受。例如，被称为"天下奇观"的张家界、广西大化瑶族自治县七百弄乡的喀斯特高峰丛深洼地、新疆乌尔禾的"魔鬼城"、云南的石林、西藏札达县的土林等，都是规模较大的地文奇特景观。

（3）险峻美

险峻虽然有危险之感，但可形成美景。险峻美是一种立体的张扬扩散的美，是异常咄咄逼人的美，由于客体的险峻危及主体的安全感，所以由险峻激发的美感也就更加淋漓尽致。高陡的山坡或狭窄高起的岭脊，往往可以形成险峻美。"天下之险"华山、黄山"鲤鱼背"等，堪称"险"的代表。正是它们所体现出的险峻美的魅力，吸引众多"知其险却慕名而来"的游客，去充分体味"无限风光在险峰"的人生境界。

（4）幽静美

幽静美是指地文景观常以崇山峻岭、深峡幽谷、山间盆地为基础，辅以遮天蔽日的森林树木，构成的半封闭的空间环境。在一些重山深谷，由于道路曲折、视线狭窄、光量较小、空气洁净、人烟稀少，常形成幽境。幽境不能一目了然，应具有深不可测、"曲径通幽"之感，更有深远、寂静的内涵。所谓"幽必曲、必静、必深、必暗"，正是对幽境与"曲""静""深""暗"关系的精辟解释。"青城天下幽"虽与茂林修竹有关，但"谷深"也是重要因素。长江三峡、小三峡的幽静美，就主要是峡谷地貌所致。在川西、云贵高原和西藏等地区，峡谷地貌典型、构成了中外闻名的高山峡谷区，也是幽静美典型的地区。

（5）旷远美

旷远景观以平坦的阔地为构成主体，在广阔的高原、平原、戈壁，极目远眺，视野开阔，一望无际。旷远美又分平旷美和高旷美。前者以平原舒展开阔胸襟，后者则以登高远眺寄托豪情。例如，广袤千里的华北大平原、辽阔的内蒙古大草原、浩瀚的大戈壁，以及连绵不断、波状起伏的黄土高原等，都是旷景。古诗《敕勒川》中的"天苍苍，野茫茫，风吹草低见牛羊"所描写的就是旷远美的景色。

2.1.4 地文景观类旅游资源的功能

地文景观旅游资源的功能主要体现在美学欣赏、科普教育、运动与探险、文化功能等几个方面。

（1）美学欣赏功能

地文景观旅游资源表现出千姿百态的形态，具有很高的美学价值，表现出突出的美学观赏性。例如，丹霞地貌因其山石由红色砂砾岩构成，以赤壁丹崖为特色，看去似赤城层层，云霞片片，"色如渥丹，灿若明霞"，宛若天边的彩霞，令无数人心驰神往。广袤天幕中，云烟缭绕处，或赤壁陡然耸立，或五彩山丘起伏跌宕，绿水绕红山，将丹霞地貌的绚丽之美、傲岸之躯、独特之势体现得淋漓尽致。

（2）科普教育功能

地文景观产生与演变的过程实际是整个地球地质地貌演变的缩影。地文景观的演变过程对很多旅游者来说都是相当的神秘。通过游览地文景观，了解地文景观产生与演变的原理，可以使旅游者从中获得有关地质地貌，乃至整个自然界的更多知识，满足旅游者增长知识、开阔视野、丰富阅历等旅游目的，具有很强的地理科普教育功能。

（3）运动与探险功能

目前越来越多的旅游者喜欢探险旅游，探险旅游是户外娱乐的一种形式，也是提高人类适应性的一种特殊方式。探险旅游的许多项目属于体育领域中极限运动的范畴。探险旅游是在不同寻常、奇异、荒野的环境中进行的，通常是与某种程度的身体活动有联系的一种户外休闲活动，它离不开地文景观的支撑。目前我国已经有专门从事科学考察探险旅游项目的科学旅行社，游人可以在科学导游的带领下，去新疆、西藏、四川、青海等地参观高原、冰川、沙漠、戈壁风光，亲身体验野外作业，参加野外探险活动。

（4）文化功能

地文景观旅游资源往往集天然美景与历史文化古迹于一体，文化遗产十分丰富，具有明显的文化功能。例如，山丘型旅游地中的五岳，其封禅活动距今已有3000年的历史，留下了大量的文化景观和历史古迹。五岳之首泰山，自秦汉至明清，历代皇帝封禅27次。皇帝的封禅活动和雄伟壮丽的自然美景，使得历代文化名人纷至泰山进行诗文著述，留下了数以千计的诗文刻石。例如，孔子的《邱陵歌》、司马迁的《封禅书》、曹植的《飞龙篇》、李白的《泰山吟》、杜甫的《望岳》等诗文，成为中国的传世名篇。此外，天贶殿的宋代壁画、灵岩寺的宋代彩塑罗汉像是稀世珍品。泰山的石刻、碑碣集中国书法艺术之大成，真草隶篆各体俱全，颜柳欧赵各派毕至，是中国历代书法及石刻艺术的博览馆。

2.2 地文景观类旅游资源类型

地文景观旅游资源是在长期地质作用和地理过程中形成并在地表面或浅地表存留下来的景观。此类旅游资源通常又被称为"地质地貌旅游资源"，其分布面积大，所属类型种类多，直观性强，一般可以直接构成景观，是旅游资源中最重要的类型之一。

2.2.1 综合自然旅游地

本亚类包括山丘型旅游地、谷地型旅游地、沙砾石地型旅游地、滩地型旅游地、奇异自然现象、自然标志地、垂直自然地带等7种基本类型。

（1）山丘型旅游地

山丘型旅游地是指山地丘陵区内可供观光游览的整体区域或个别区段。山丘型旅游地按高度可以分为山地和丘陵。海拔超过500m，坡度较陡的地形称为山地。山地是五大基本地貌中最富有多样性造型的自然景观资源。雄、奇、险、秀、幽及其组合变化，是山地景观地貌的主要审美特征。海拔高度低于500m，相对高度小于200m，坡度较缓的地形称为丘陵。丘陵起伏、山地和缓，但两者难以截然分开。丘陵部分具有山地的旅游价值，同时有可能具有更丰富的人文景观。山丘型旅游地按照其组成岩性可以分为：花岗岩、变质岩、砂岩、玄武岩、流纹岩、丹霞、喀斯特山丘。按照旅游功能不同，山丘型旅游地可以分为以下3种类型。

登山山体 主要指为体育登山活动而开放的高山和极高山，有许多终年积雪，适宜人们进行登山探险和冰雪运动。例如，日本的富士山、欧洲的阿尔卑斯山、美洲的安第斯山、我国的珠穆朗玛峰、乔戈里峰、天山、喀喇昆仑山等。

观赏山地 观光型山岳大部分以中、低高度的风景名山为主。在自然景观方面保留有许多自然的奇景，又有众多的人文景观，例如，黄山、泰山、武夷山、普陀山、千山、华山等。

休养山地 许多山地以优越的气候条件和生态环境、优美的自然风光、茂密的森林而成为著名的疗养度假胜地。例如，我国江西的庐山、浙江的莫干山、河南的鸡公山等。

（2）谷地型旅游地

谷地型旅游地指的是河谷地区内可供观光游览的整体区域或个别区段，河水所流经的带状延伸的凹地。河谷内包括了各种类型的河谷地貌，从河谷横剖面看，可分为谷底和谷坡2部分。从纵剖面看，上游河谷狭窄多瀑布，中游展宽，发育河漫滩、阶地，下游河床坡度较小，多形成曲流和汊河，河口形成三角洲或三角湾。一般河谷形态类型有：隘谷、峡谷、宽谷、复式河谷。

隘谷 切入地面很深的年青河谷，有近于垂直的或十分陡峭的谷坡，谷地宽度上下几近一致，谷底几乎全部为河床所占据。隘谷进一步发展，谷地稍变宽，谷底两侧略有缓坡，成为嶂谷。它们都是由流水沿坚硬岩层的节理、裂隙强烈下蚀而形成的。

峡谷 谷地很深、谷坡较陡、谷底初具滩槽雏形的河谷，横剖面呈"V"字形。峡谷由嶂谷发展而成，广泛分布于山区河段。

宽底河谷 即宽谷。具有宽广而平坦的谷底，河床只占有谷底的一小部分，横剖面呈浅"U"字形或槽形，表现为河漫滩发育。宽谷由峡谷发展而成，主要是由于河流的旁蚀作用所造成。

复式河谷 具有复杂结构的河谷，有阶地存在，横剖面呈阶梯状，又称成形河谷；是宽谷的进一步发展。

伊 犁 河 谷

新疆伊犁河谷是亚欧大陆干旱地带的一块"湿岛"，土地肥沃，水源充足，草原辽阔，物产丰富，享有"塞外江南""苹果之乡"以及"天马故乡"之美誉。伊犁河谷北、东、南三面环山，北面有西北-东南走向的科古琴山、婆罗科努山；南有北东东—南西西走向的哈克他乌山和那拉提山；中部还有乌孙山、阿吾拉勒山等横亘，构成"三山夹两谷"的地貌轮廓。3列山系向东汇合于东部的依连哈比尔尕山，使伊犁河谷形成向西开敞的喇叭形谷地，可以大量接受来自大西洋的湿润水气。因此，伊犁地区降水丰沛，气候湿润，山清水秀，物产富饶，是著名的"新疆羊""伊犁马"的故乡。伊犁现有6个省级自然保护区，其数量约占新疆自然保护区总数的1/3。

(3) 沙砾石地型旅游地

沙砾石地型旅游地是指沙漠、戈壁、荒原内可供观光游览的整体区域或个别区段。在大陆上干燥少雨的地区，植被稀疏，风力强劲，地表或者是累累粗石，或者是一片黄沙，这种干旱、多风、地面裸露的地区，一般称为荒漠。根据荒漠地区的地面形态及组成物质，可将其划分为岩漠、砾漠、泥漠和沙漠等几种类型。

岩漠、砾漠、泥漠 岩漠也叫石质荒漠，常见于干燥地区的山地或山麓。砾漠蒙语称为戈壁，戈壁地面因细沙已被风刮走，剩下砾石铺盖，犹如一望无际的石海。泥漠是一种由黏土物质组成的荒漠。

沙漠 是荒漠中最主要的类型，它的特点是地面由沙性物质组成，常常是沙波滚滚、沙峦起伏。在世界范围内，沙漠面积约占陆地总面积的1/10左右。干燥少雨是沙漠形成必不可少的条件。从这个意义上讲，沙漠是干燥气候的产物。浩瀚无垠的沙漠中那丰富的沙源又从何而来？一般来说，它们都是松散物质在裸露于地表之后，经长期风力搬运与分选而形成的。

沙漠地区大多是由连绵起伏的沙丘组成的。沙丘在中国沙漠里分布面积最广大，连绵的沙丘构成了波涛起伏、浩瀚无垠的茫茫沙海。沙丘有流动和固定、半固定之分。新月形沙丘是中国沙漠地区最常见的，也是形态最简单的一种流动沙丘。顾名思义，新月形沙丘最显著的形态特征是平面图形呈新月形，沙丘的两侧有顺着风向向前伸出的2个兽角（翼）。沙丘形态各异，并且在风力的作用下不断移动，使一些原来不是沙漠的地区沙漠化。

巴丹吉林沙漠

巴丹吉林沙漠位于我国内蒙古自治区阿拉善右旗北部，面积4.7万 km^2，是我国第三、世界第四大沙漠，其西北部还有逾万平方千米的地域至今尚无人类的足迹。海拔高度在1200～1500m之间。奇峰、鸣沙、湖泊、神泉、寺庙堪称巴丹吉林"五绝"。受风力作用，沙丘呈现沧海巨浪、巍巍古塔之奇观。巴丹吉林沙漠占阿拉善右旗总面积39%，相对高度200～500m，是中国乃至世界最高沙丘所在地。宝日陶勒盖的鸣沙山，高达200m多，峰峦陡峭，沙脊如刃，高低错落，沙子下滑的轰鸣声响彻数千米，有"世界鸣沙王国"之美称。沙漠中的湖泊星罗棋布，有113个。其中，常年有水的湖泊达74个，淡水湖12个，总水面约$23km^2$，湖泊芦苇丛生，水鸟嬉戏，鱼翔浅底，享有"漠北江南"之美誉。沙漠东部和西南边沿，茫茫戈壁一望无际，形状怪异的风化石林、风蚀蘑菇石、蜂窝石、风蚀石柱、大峡谷等地貌令人叹为观止。生动记录狩猎和畜牧生活的曼德拉山岩画，被称为"美术世界的活化石"。

---

(4) 滩地型旅游地

滩地型旅游地是指缓平滩地内可供观光游览的整体区域或个别区段。例如，海滩和滩涂。

海滩 指沿岸分布，由松散泥沙或砾石堆积而成的平缓地面。一般分布在平均低潮线以上，并向陆地方向延伸到组成物质或地形有显著变化的地带。例如，永久性植物生长带、沙丘带或海蚀崖处。通常包括前滨和后滨2部分。按组成物质颗粒的大小，海滩可分为砾石滩（卵石滩）、粗沙滩和细沙滩。中国大连老虎滩、青岛海滨浴场、北戴河沿岸以及海南岛、福建长乐沿岸发育的海滩多属于细沙滩。海滩可开展沙滩球赛、游泳等各种各样活动。

滩涂 指沿海大潮高潮位与低潮位之间的潮浸地带，河流湖泊常水位至洪水位间的滩地，时令湖、河洪水位以下的滩地，水库、坑塘的正常蓄水位与最大洪水位间的滩地面积。在地貌学上称谓"潮间带"。由于潮汐的作用，滩涂有时被水淹没，有时又出露水面，其上部经常露出水面，其下部则经常被水淹没。根据滩涂的物质组成成分，可分为岩滩、沙滩、泥滩 3 类；根据潮位、宽度及坡度，可分为高潮滩、中潮滩、低潮滩 3 类。滩涂是水产养殖和发展农业生产的重要基地，因此可开发观光与体验旅游。

（5）奇异自然现象

奇异自然现象指的是发生在地表面一般还没有合理解释的自然界奇特现象。自然界是神奇的，有无数奇异自然现象的迷等待人们去破解，这些奇异现象也能成为吸引旅游者的旅游资源。

百慕大神秘三角区

百慕大三角区位于北大西洋西部，是由 7 个大岛和大约 150 个小岛以及一些礁群组成的群岛。在这里先进的仪器都会失灵，人员一旦遇险则没有生还的可能。有科学家提出，在地震、风暴、火山爆发等自然灾害发生的时候，会产生人耳无法听到、但具有巨大破坏力的次声波。人处在振荡频率为 7Hz 的环境中时，心脏和神经系统会陷入瘫痪。次声波可能就是导致这里惨剧频发的罪魁祸首。

沈阳"怪坡"

"怪坡"位于沈阳市北部新城子区清水台镇，西邻哈大公路和沈铁高速公路。在哈大公路东侧约 1km 处山腰的一段土石公路上。上、下坡共长百余米，熄火的汽车能向山上滑行，下坡自行车需使劲蹬踏才能行动，故称为"怪坡"。在怪坡附近，还有一座"响山"。每当游人至此，用石块敲打（或脚踏）它的特定部位，都会发出一种特殊的声响，故名"响山"。

能"报时"的怪石

在澳大利亚中部阿利斯西南的茫茫沙漠中有一块能"报时"的奇石。屹立在沙漠中的这块怪石高达 348m，周长约 8000m，仅其露在地面上的部分就可能有几亿吨重。这块怪石每天很有规律地改变颜色：旭日东升的时候，它为棕色；中午，烈日当空的时候，它为灰蓝色；傍晚，夕阳西沉的时候，它为红色。

复活节岛石像

复活节岛是智利的一个小岛。一提起复活节岛，人们首先想到的是那矗立在岛上的 600 多尊巨人石像。复活节岛上的石像均由整块的暗红色火成岩雕琢而成，一般高 7～10m，重达 30～90t。雕凿时间距今至少有 3100 多年，当时的人是如何搬运这些石像，至今仍是个谜。

神农架"野人"

神农架的奇幻、神秘在于它拥有一种传奇性动物——"野人"（亦称"雪人"或"大脚怪"）。20 世纪 50 年代以来，神农架不时有"野人"存在的报告传来，1976 年 5 月中国科学院组织了"鄂西北奇异动物考察队"深入神农架原始林区，探查"野人"足迹。收集到了"野人"的粪便、毛发等实物，测了"野人"脚印。经初步鉴定，"野人"是一种接近于人类的高级灵长类动物。近几年来，又有多名考察队员和游人目睹了"野人"的存在。但到目前为止，还没有捕获到一个活的"野人"，因此神农架"野人"仍是一个谜。

(6) 自然标志地

自然标志地指的是标志特殊地理、自然区域的地点。例如，南北地理分界线、北回归线、长江源标志。

中国南北地理分界第一标志·秦岭

中国的南北地理分界线第一标志就是秦岭。秦岭以南为南方，秦岭以北为北方。在气候上，秦岭以南属于亚热带，秦岭以北属于北暖温带。南部植被为含有常绿阔叶树种的落叶阔叶林带，北部植被为落叶阔叶林带。秦岭又是长江流域和黄河流域的分水岭，南为长江流域，北为黄河流域。所以，秦岭处在我国南北分界、东西相承的重要位置上，是我国中部最重要的具有地理分界意义的山脉。

世界首座北回归线标志

光绪三十四年（1908 年）10 月，为庆祝台湾纵贯铁路全线通车，在台湾嘉义市西南 3.3km 的水上乡下寮村的铁路旁稻田中，建成北回归线标志。这是中国第一座、世界最早的北回归线标志，也是嘉义第一代北回归线标志。1995 年在第五代标志之东，建成地标馆，为嘉义第六代北回归线标志。地标馆由 2 根拱形支柱支撑，形似太空船，高约 25m，直径约 46m，拱形支柱朝第五代标志的一面，有"北回归线标志"字样。

广西北回归线标志公园

位于桂平城区东郊 8km 的石咀镇小汶村南梧二级公路旁。北回归线标志的东西方向嵌有宽 5cm，长 20m 多的北回归线标志指示线，也是热带与温带的分界线。站在这里，可以一只脚踩在热带上，另一只脚踩在温带上；站在标志正中的桂平点上发音，声音特别洪亮，好似使用麦克风一样，在该处相距 32m 的南北两地说悄悄话，竟似通电话般清晰，这是全球 9 个北回归线标志中唯一有强回音的标志塔。

"长江源"标志

由江泽民同志亲笔题写的"长江源"标志碑，傲然屹立于北纬 33°27′44.1″、东经 90°59′5.6″、海拔 5350m 的"母亲河"长江源头唐古拉山姜古迪如冰川之上。20 世纪以来长江流域生态环境逐渐恶化，保护长江生态环境已经到了刻不容缓的地步。建立长江源环保纪念碑可以起到警示和宣传教育作用。

---

(7) 垂直自然地带

垂直自然地带指的是山地自然景观及其自然要素（主要是地貌、气候、植被、土壤）随海拔呈递变规律的现象。垂直自然地带是相对于水平景观带而言的，气候、生物和土壤等相互联系形成的自然带，随海拔高度增高形成垂直自然带。山地自然环境比低平地区复杂，所以山地垂直自然带比水平自然带复杂得多。例如，北半球北回归线以北地区的山地，南坡（阳坡）比北坡（阴坡）要获得更多的热量，因此，尽管南北坡海拔高度大致相同，但南坡气温高于北坡；潮湿气流如果与山地延伸方向相垂直或斜交，则迎风坡多雨，背风坡少雨。例如，我国东部山地，夏季因气流来自东南方向，所以南坡降水量多于北坡，以致南北坡相同海拔水热状况不一，所以南北坡垂直自然带有明显差异。同是一个山地，南北坡坡麓可以分属不同的气候带和自然带。例如，我国秦岭南坡坡麓属于亚热带常绿阔叶林带，北坡坡麓则属于暖温带落叶阔叶林带。

任何一个山地垂直自然带，总是在相应的水平自然带基础上形成和发展起来的。与水平自然带相一致的山麓自然带，称为垂直自然带基带。一般来说，山地所处地理纬度越低，气候越湿润，相对高度越大，垂直自然带表现越完整。南极大陆气候严寒，呈现茫茫一片冰原景观，就谈不上真正的垂直自然带。

> **西藏察隅地区垂直自然地带**
>
> 　　西藏察隅地区群山起伏，气候、生物等自然条件的垂直变化十分显著。谷地是郁郁葱葱的亚热带原始森林，代表性的植被类型是亚热带常绿阔叶林，林冠整齐，颜色暗绿。透过谷地的自然景观，由此往上，依次出现针叶混交林、针叶林、高山灌丛和雪岭冰峰等各种景观；武夷山（黄岗山）1000m以下（基带）为亚热带常绿阔叶林带；1000～1400m为山地暖温带常绿与落叶阔叶混交林带；1400～1800m为山地温带针叶与落叶阔叶混交林带；1800～2158m为山地温带灌丛草甸带。

2.2.2 沉积与构造

本亚类包括断层景观、褶曲景观、节理景观、地层剖面、钙华与泉华、矿点矿脉与矿石积聚地、生物化石点7种基本类型。

（1）断层景观

断层景观指的是地壳岩层因受力达到一定强度而发生破裂，并沿破裂面有明显相对移动的构造。断层是构造运动中广泛发育的构造形态，它大小不一、规模不等，小的不足1m，大到数百、上千千米，但都破坏了岩层的连续性和完整性。断层形成断层崖、断层谷、断陷盆地和断块山地等景观。断层崖是断层活动形成的陡崖，其高度取决于断层的规模，最高可达百米，低的只有几米甚至更小。断层谷指沿断层破碎带发育形成的谷地。切割较深的断层谷常呈峡谷形态，两岸陡峭，且不对称，即一岸高陡，一岸低缓。断陷盆地指由断层围限的陷落盆地，断陷盆地内通常有较厚的松散沉积物质。断块山地是指受断层控制的块体，呈整体抬升或局部翘起形成的山地。

（2）褶曲景观

褶曲景观指的是地壳运动时水平岩层受到挤压而产生的一系列波状弯曲，称为褶皱，其中每个弯曲称为褶曲。在褶皱影响下所成的地貌，称为褶皱构造地貌，包括原生褶曲构造地貌、次生褶曲地貌、多褶曲的山地地貌。

原生褶曲构造地貌是指未经外力破坏或受破坏轻微的背斜和向斜所成的地貌。例如，背斜（构造）为山（地貌），向斜为谷地的地貌。这种地质构造形态与地形起伏相吻合的地貌又称为顺地貌，例如，川东地区，多数的山脊与背斜构造相当，河谷也与向斜构造相当。事实上，顺地貌一般很少见到，大多数是已破坏了的蚀后构造地貌。

背斜和向斜经过长期侵蚀，都会受到严重破坏，原来受它支配的地貌也会发生重大变化，结果是背斜快速下蚀成为谷地，向斜下蚀较慢反而高起成为山地，这种地质构造形态与地形起伏相反的地貌，称为次生褶曲地貌。

世界上常见的褶皱山脉大多数是由多列的褶曲山地和谷地组成。更复杂的褶皱山脉是由一系列强烈褶曲（例如，倒转褶曲、平卧褶曲或逆掩断层推覆构造体等）山地组成。

（3）节理景观

节理是断裂构造的一类，指岩石裂开而裂面两侧无明显相对位移者（与有明显位移的断层相对），在岩石露头上，到处都能见到节理。

按节理的成因，节理包括原生节理和次生节理二大类。原生节理是指成岩过程中形成的节理。例如，沉积岩中的泥裂、火花熔岩冷凝收缩形成的柱状节理、岩浆入侵过程中由于流动作用及冷凝收缩产生的各种原生节理等。

次生节理是指岩石成岩后形成的节理，包括非构造节理（风化节理）和构造节理。其中构造节理是所有节理中最常见的，它根据力学性质又可分 2 类：张节理和剪切节理。前者即岩石受张应力形成的裂隙，后者即岩石受切应力形成的裂隙。沿最大切应力方向发育的细而密集的剪切节理，称为"劈理"。

漳浦南碇岛玄武岩柱状节理

福建省漳浦南碇岛是一座椭球形的火山岛，离海岸约 6.5km，面积 0.07km²，海拔 51.5m。全岛由 140 万根柱状墨绿色玄武岩石林构成，远远望去，犹如镶嵌在蓝天碧海之中的一块墨玉。地质学家认为，漳州火山地貌大多经历了多次火山喷发，而离海岸最远的南碇岛很可能形成于其中最强劲的一次。喷发出的岩浆在冷凝过程中，形成了一根根整齐排列的石柱，仿佛专门有人摆布过，地质学上称为玄武岩柱状节理。

（4）地层剖面

地层是研究一切地质问题的基础，确定地层的年代是进一步研究当地地质构造、地壳运动、山川的来龙去脉以至矿产形成的过程等的必需步骤。我国地层出露齐全，各个时代各种类型都有出露。20 世纪 50 年代以来，经广大地质工作者的辛勤努力，基本上查明了我国各时代地层的层序、界线和分布规律，并建立了一系列区域性地层剖面。例如，蓟县中上元古界剖面、宜昌峡东连沱震旦系剖面、长兴二叠系剖面等。这些剖面在区域对比、基础理论研究等方面有着极其重要的意义。从地质科学普及与考察的意义上说，它们是一种重要的旅游地质资源，特别是那些研究程度高、代表性强的地质剖面更是如此。例如，广西桂林南边村泥盆－石炭系界线剖面，研究程度高，于 1988 年 5 月被国际地质科学联合会、国际地层委员会泥盆－石炭系界线工作组确定为国际泥盆－石炭系界线辅助（副）层型剖面。该剖面的建立，为世界研究泥盆－石炭系界线提供了地点和丰富资料，同时也为发展桂林以地质科学为内容的国际旅游增添了一个新的场所。近年来已接待近 30 个国家和地区，上百位专家考察、研究。甘肃兰州市西津村早更新世晚期黄土地层剖面，是目前世界上已知最厚的黄土地层剖面，厚达 409.93m。钻孔岩芯保存于甘肃省地矿局博物馆，供人们参观。

天津蓟县地质剖面自然保护区

天津蓟县地质剖面自然保护区为 1985 年建立的国家级自然保护区，总面积 910hm²。保护区位于天津市蓟县北部山区，是一个长 24km，宽 0.35km 的狭长带。保护区保护对象是中、上元古界地层剖面。蓟县地质剖面共 105 层，蓟县地质剖面形成在 8 亿~18 亿年前，正好是上元古界和中元古界，所以有"中、上元古界"之称。世界上同一类型的地层尚有几处，但蓟县中、上元古界地质剖面最为标准和完整，顶部和底部界限清晰，古生物化石丰富，并存在着大量能反映这一时期古地理、古气候、古生物、古构造、古地磁的自然信息和各种金属、非金属矿产资源。

（5）钙华与泉华

钙华与泉华指湖泊、河流或泉水所形成的碳酸钙为主的沉积物。我国以四川黄龙寺和云南白水台最为著名。黄龙寺五彩池成百上千，层层叠叠，千姿百态，五彩缤纷。池水呈现五彩的原因为碳酸钙沉积含有不同杂质。黄龙沟主要钙华景观分布在长3.6km，宽30~170m的黄龙沟内。钙化堆积体根据微地貌特征分为：钙化滩流、钙化池、钙化瀑布和钙化洞穴。钙化滩流是岩溶水在斜坡上呈片状水流所形成的一种具有流态的钙化体。它由波纹状、层状、板状的细小形态组合而成，且具有沿水平方向延伸和垂直方向增长的发育特征。黄龙钙化滩流南起黄龙寺，经金沙铺地到洗身洞瀑布，全长2500m，宽30~170m，是目前世界上已发现的同类形态中最壮观、最长、色彩最丰富的景观。钙化池是岩溶水在一定的水力坡度下呈扇状、放射状运动沉积而成。黄龙的钙化池以群体出露。自下游至上游共计8群：迎宾池、飞瀑流辉、盆景池、明镜倒映、娑萝映彩、争艳彩池、流芳池、石塔镇海池（五彩池）。钙化瀑布是垂直流线型的钙华体，如"洗身洞"等钙化瀑布。"洗身洞"钙化瀑布宽33m，高6.7~7.3m。钙化洞穴钙化体被地下水溶蚀陷落所致。黄龙沟的钙化洞穴有3处：黄龙洞，簸箕洞和马蹄洞。

（6）矿点矿脉与矿石积聚地

许多矿物、岩石具有很高的观赏价值，例如，萤石、光卤石、玉石、水晶、玛瑙、碧玉、红柱石、翡翠、岫岩玉、寿山石、冰洲石以及太湖石、大理石等。典型矿床有重要的科研意义，疏勒河南岸的硫磺矿床是我国最大的自然硫矿床，品位高，所产硫磺不仅具有工业价值，而且还由于其结晶完美而具有观赏价值。白云鄂博矿床，不仅是重要的钒、钛、铁矿基地，而且是我国特有的矿床类型，具有重要的科学考察价值。

人类采矿活动促进了人类物质文明和精神文明的发展，也形成了许多形形色色的矿业遗迹。目前我国已建立了多处矿山公园，为科学研究和科学知识的普及提供了重要的现实基础和场所。

福州寿山石

寿山石盛产于福州晋安区寿山乡，寿山石约有100多个品种。其中以田黄石最为名贵，被称为"石帝""石中之王"。历史上田黄石精品多作为贡品进献宫廷为皇室收藏。1999年8月，寿山石参加了"国石"的参评活动，在几十种玉石中荣列国石推荐榜首。寿山石、芙蓉石被评上"石王""石后"。寿山石国家矿山公园已通过国土资源部的审批，成为全国首批28个国家级矿山公园之一。

（7）生物化石点

生物化石点指的是保存在地层中的地质时期的生物遗体、遗骸及活动遗迹的发掘地点。自30亿多年前，地球上出现生命以来，生物迅速繁衍，并以化石的形式记录下了生物的各个门类及其演化过程。中国地域广大，古地理环境复杂多样，因此，在不同时期、不同地区的地层中保存的化石也各具特色。例如，前寒武纪以叠层石、藻类为主；古生代以三叶虫、笔石、腕足类、珊瑚类为主；中生代则以裸子植物、高等动物（鱼类、两栖类、爬行类等）为主，尤其是侏罗至白垩纪，可以说是巨大爬行动物——恐龙的时代。新生代动植物化石更加复杂、多样、高等。我国第二个国家级地质自然保护区山东山旺古生物化石产地，是我国乃至东南亚地区中新世代表性植物化石群产地，其数量之多堪称世界之最，其中有1/3的种属已灭绝，动物化石也非常多，著名的有"山旺山东鸟""硅藻中华河鸭"、犀牛等化石，对研究该地区中新世生物群、古地理、古气候及地层变迁，提供了丰富的资料。

四川自贡恐龙驰名中外，已发现有恐龙化石的地点50余处。其中，大山铺恐龙化石群属种多、保存完整且集中。在发掘的2800m^{2}范围内，各类恐龙及其伴生动物化石数以百计，组成"恐龙群"，包括3个纲、11个目、15个科的十几个属种，有陆生、水生、两栖和空中飞行的古脊椎动物，附近还有长达23.3m的巨型乔木化石。

2.2.3 地质地貌过程形迹

本亚类包括凸峰、独峰、峰丛、石（土）林、奇特与象形山石、岩壁与岩缝、峡谷段落、沟壑地、丹霞、雅丹、堆石洞、岩石洞与岩穴、沙丘地、岸滩14种基本类型。

（1）凸峰

凸峰指的是在山地或丘陵地区突出的山峰或丘峰。这些类型分布面积很广泛。山丘地区的凸峰众多，重点要关注那些体量巨大、形态突出、景观壮美的单体。凸峰是地球内外营力共同作用的结果。凸峰景观在许多地方可以见到，其具体成因有多种，外表特征也各异。例如，丹霞凸峰外表形态特征为"顶平、坡陡、麓缓"。

我国的西部，耸立着不计其数的大山和一望无际的高原。许多世界著名山峰便矗立在这里，其中包括全世界14座8000m以上山峰中的9座，以及众多的6000m以上的山峰。世界最高峰珠穆朗玛峰和第二高峰乔戈里峰都在我国边境上。

珠穆朗玛峰

珠穆朗玛峰位于东经86.9°、北纬27.9°，地处中尼边界东段，北坡在中华人民共和国西藏自治区的定日县境内；南坡在尼泊尔王国境内。是喜马拉雅山脉的主峰，海拔8844.43m，是地球上第一高峰。珠穆朗玛在藏族神话中被认为是5位女神中的第三女神。她是万山之尊、地球之巅，又被称为地球的第三极。珠穆朗玛峰山体呈巨型金字塔状，威武雄壮昂首天外。珠峰不仅巍峨宏大，而且气势磅礴，在它周围20km的范围内，群峰林立，山峦叠嶂，仅海拔7000m以上的高峰就有40多座。

（2）独峰

独峰指的是平地上突起的独立山丘或石体。丹霞独峰往往山峰孤立，或山峰间距大于山峰的高度，呈孤立状，不成山区，或峰与峰疏散分布，之间有宽阔的平缓谷地或缓丘。例如，武夷山的玉女峰、大王峰。喀斯特独峰是散立在溶蚀谷地或溶蚀平原上的低矮山峰，它是石灰岩体长期在喀斯特作用下的产物，例如，桂林的独秀峰、伏波岩。花岗岩独峰是在花岗岩垂直节理发育的地方，在流水侵蚀和重力崩塌作用下，产生崩塌，形成"石蛋形地貌"，例如，太姥山的"夫妻峰"。

> **桂林独秀峰**
>
> 独秀峰是桂林主要山峰之一，位于桂林市中心的靖江王城里，得名于南北朝诗人颜延之的"未若独秀者，峨峨郭邑间"的诗句。相对高度66m，山体扁圆，东西宽，端庄雄伟，南北窄，峭拔俊秀，有"南天一柱"之誉。独秀峰由3.5亿年前浅海生物化学沉积的石灰岩组成，主要有3组几乎垂直的裂隙切割，从山顶直劈山脚，通过水流作用，形成旁无坡阜的孤峰。

(3) 峰丛

峰丛指的是基底相连的成片山丘或石体。丹霞峰丛是以直立形态为主，但基座相连的丹霞地貌区。其特征是岩性坚硬，上部形成直立，下部尚未切透或地壳再度抬升，基座高度大于上部。喀斯特峰丛是一种连座峰林，顶部山峰散开，基部相连成一片。当峰林形成后，地壳上升，原来的峰林变成了峰丛顶部的山峰，原峰林之下的岩体也就成了基座。此外，峰丛也可以由溶蚀洼地及谷地等分割岩体组成，一般峰丛位于山体的中心部分。

> **荔波喀斯特峰丛**
>
> 荔波喀斯特是贵州高原和广西丘陵过渡地带峰丛喀斯特的典型代表，境内拥有的集中连片的原生性喀斯特森林，占全县总面积20%。荔波喀斯特最醒目的景观是锥状喀斯特，最典型的类型是峰丛喀斯特和峰林喀斯特。荔波喀斯特峰丛景观与峰林景观呈有序排列，展示了相互地貌演化与递变，代表了大陆性热带—亚热带锥状喀斯特地质演化和生物生态过程。

(4) 石（土）林

石（土）林指的是林立的石（土）质峰林。

丹霞峰林是基座分离，以直立形态为主的丹霞地貌区。其特征是岩性坚硬，山块分离，柱状、墙状、方山状山块林立，沟谷表面较平缓。它是由方山演变而来的，但侵蚀作用深入到构造台地和方山内部的时候，它们都遭受到强烈的破坏，形成高低参差、面积较小的峰林地貌。

喀斯特石林是喀斯特地区溶沟之间巨大的突出部分，形态呈笋状、柱状、剑状，喀斯特石林在我国云南的石林发育最好，高达30m之多。喀斯特峰林是成群分布的石灰岩山峰，山峰基座或分离，或微微相连。与喀斯特峰林相随产生的多是大型溶蚀谷地和深陷的溶蚀洼地。

花岗岩石林是花岗岩地貌和石林地貌中的一个新的类型，石林常成片出现，连绵几百米，宽几十米，相对高5~20m，个别石柱可超过20m。石林联结如屏障，参差错落，雄伟险峻，美不胜收，如太姥山的"九鲤朝天峰"。花岗岩石林是在特殊的内、外动力作用下形成的。花岗岩中的节理和裂隙是形成石林的构造基础。

砂岩峰林地貌以武陵源砂岩峰林地貌为代表。武陵源风景区共有4000多处砂岩石峰，集神、奇、秀、野等特色于一体，峭壁万仞，千姿百态，世所罕见。3.8亿年前，武陵源一带沉积形成了石英砂岩岩层，到了2亿年前的三叠纪末，这里发生强烈地壳运动（造山运动），使平整的地层产生褶皱、断裂，形成山脉，不断上升，露出地表。经过亿万年流水的冲刷、切割、节理的发育，形成了现在千峰耸立，万石峥嵘的自然风光。

玄武岩峰林是玄武岩喷出地面冷凝后形成的。岩浆冷凝时，体积收缩，形成的直立节理将岩石裂成六角形，塑成的石柱独有特色，例如，福建漳浦南碇岛上的玄武岩峰林。

土林是由于流水沿着它们的直立节理侵蚀、溶蚀，加上重力作用的崩塌，而残留的柱状地貌。它有黄土林和一般土林之分：黄土林在我国的甘肃、晋、冀诸省均有，多分布于黄土高原；一般土林则多见于未固结的沉积物中，例如，山西太原盆地有黏土所形成的土林。

风蚀石林是由带着砂粒的风将岩石磨成的地貌，见于干旱地带，多呈方柱形。

云 南 石 林

云南石林位于云南省昆明市石林县境内，距昆明78km，该县是我国岩溶地貌（也称喀斯特地貌）比较集中的地区，全县共有石林面积400km^2。石林遍布着上百个黑色大森林一般的巨石群。有的独立成景，有的纵横交错，连成一片，占地数公顷至数十公顷不等。穿行石林其间，只见怪石林立，突兀峥嵘，姿态各异；无数的石峰、石柱、石笋、石芽形成了集奇石、瀑布、湖泊、溶洞、峰丛和丘陵于一身而显得千姿百态的石林。最矮的石柱约有一人高，最高的可达30m（相当于8层楼的高度）。石林是一处有着坚硬石灰岩床的区域。它经地壳运动抬升，断裂后，部分岩石被水溶解、冲刷而形成。

（5）奇特与象形山石

奇特与象形山石指的是形状奇异、拟人状物的山体或石体。象形山石主要是由于岩石在地壳运动后出露地表，受岩石岩性、节理的影响，在重力崩塌、流水侵蚀等作用下而形成的。如丹霞地貌中的象形山石指的是在地壳运动、断裂和节理的活动以及流水等外力作用下形成的奇特与形态各异的象形石，如似壁、似墙、似堡、似寨、似柱、似人、似兽、似物的山石等地貌景观。花岗岩象形石，是由于花岗岩节理发育，被节理分割成块状，在长期球形风化与差别风化作用下，棱角逐渐消失，原来类似方形的花岗岩岩块，就成了球状石块以及许多奇特的造型，具有较高的观赏性。例如，黄山的"仙桃石""龟鱼石""金龟望月石""龟蛇二石""飞来石""天鹅孵蛋石""猴子观海"等。三清山有2处最突出的象形石：东方女神和巨蟒出山景观。象形石栩栩如生，被誉为世界自然奇观。

（6）岩壁与岩缝

岩壁与岩缝指的是坡度超过60°的高大岩面和岩石间的缝隙，主要是岩层断裂、崩塌而形成的，如花岗岩垂直节理发育的地方，在流水侵蚀和重力崩塌作用下，产生崩塌，形成岩壁与岩缝。丹霞地貌中岩层沿垂直节理发生大面积断裂、崩塌，也会形成岩壁与岩缝。

华 山 西 峰

西峰是华山最秀丽险峻的山峰，海拔2082m，又因石叶如莲瓣覆盖峰巅，古时又名莲花峰。它是由一块巨石浑然天成，西北临空，峰的西北面，人称舍身崖，其直立如刀削，空绝万丈，似刀削锯截。其陡峭巍峨，阳刚挺拔之势是华山山形之代表。

武夷山一线天

武夷山"一线天"又称"一字天",位于武夷山群峰南端之二曲溪南面的一个幽邃的峡谷里。该处有一座巨岩,宛若城郭,名甫灵岩。岩倾斜而出,覆盖3个毗邻的山洞,其顶有裂隙350m,宽不及1m。探身洞中,到了深处,抬头仰望,但见岩顶裂开一罅,就像是利斧劈开一样,从中漏进天光一线,宛如跨空碧虹。一线天全长约100m,深入其中,宽处可2人并行,最窄处仅30cm,侧身而过也需小心。

(7) 峡谷段落

峡谷段落指的是两坡陡峭、中间深峻的"V"字形谷、嶂谷、幽谷等。在河谷发育的初期,其纵剖面的坡度较大,河流以下蚀为主,谷地深切成"V"形谷。比如三峡,它的崖壁纵切面是"V"型。而嶂谷则是河流更猛烈深切形成的比"V"形谷更陡的峡谷,河流没有横向拓宽运动,所以两壁几乎垂直于水面,谷壁直起直落,上下等宽,岭与谷相对高差可达200~300m。比如,虎跳峡、大渡河下游的金口谷、台湾的太鲁阁。

雅鲁藏布大峡谷

雅鲁藏布大峡谷长504.9km,平均深度5000m,最深处达6009m,是世界第一大峡谷,是地球上最深的峡谷。整个峡谷地区冰川、绝壁、陡坡、泥石流和巨浪滔天的大河交错在一起,环境十分恶劣。大峡谷核心无人区河段的峡谷河床上有罕见的4处大瀑布群,其中一些主体瀑布落差都在30~50m。峡谷具有从高山冰雪带到低河谷热带季雨林等9个垂直自然带,麇集了多种生物资源,包括青藏高原已知高等植物种类的2/3,已知哺乳动物的1/2,已知昆虫的4/5,以及中国已知大型真菌的3/5,堪称世界之最。

(8) 沟壑地

沟壑地指的是由内营力塑造或外营力侵蚀形成的沟谷、裂地。沟壑纵横的黄土高原是在中生代基岩所构成的古地形基础上,覆盖新生代红土和很厚的黄土层,再经过流水切割和土壤侵蚀而形成的。其基本地貌类型是黄土塬、梁、峁、沟。塬是黄土高原经过现代沟壑分割后留存下来的高原面。梁、峁是黄土塬经沟壑分割破碎而形成的黄土丘陵,或是与黄土期前的古丘陵地形有继承关系。沟大都是流水集中进行线状侵蚀并伴以滑塌的结果。

地缝也是一种沟壑地景观。我国比较著名的地缝有马岭河地缝和天井峡地缝。位于贵州兴义的马岭河地缝,长达74.8km、谷宽50~150m、谷深120~280m;它是喀斯特多层次地貌景观的集中表现,以地缝嶂谷、群瀑悬练、碳酸钙壁挂而著名,人们说这是"地球上最美丽的伤疤"。天井峡地缝位于距奉节县城91km的兴隆区境内,地缝全长14km,分上、下2段,缝深80~200m,底宽3~30m,缝两壁陡峭如刀切。

(9) 丹霞

丹霞地貌是指发育在中生代至第三纪的水平或缓倾斜的厚层而坚硬的红色粗、中粒碎屑岩之上,在构造运动及间歇抬升的作用下,受流水侵蚀及崩塌后退等外力作用,形成顶平、坡陡、麓缓的地貌形态。具体地貌形态有赤壁丹崖及方山、石墙、石峰、石柱、嶂谷、石巷、岩穴等造型地貌。这种地貌具有奇、险、秀、美的丹崖赤壁及千姿百态的造型。丹霞地貌具有整体感强、线条明快质朴、体态浑厚稳重、丹山碧水、引人入胜的特点，因而有很高的游览和观赏价值，是我国重要的地质地貌旅游资源。中国的丹霞地貌分布广泛，例如，广东丹霞山、江西龙虎山、四川青城山、安徽齐云山、福建武夷山、甘肃麦积山、崆峒山等。

（10）雅丹

雅丹主要指的是在风蚀作用下形成的土墩和凹地（沟槽）的组合景观。"雅丹"，维吾尔语原意为"陡壁的小丘"。现泛指干燥地区一种风蚀地貌。它是发育在古代河湖相的土状沉积物上，经风化作用、间歇性流水冲刷和风蚀作用，形成与盛行风向平行、相间排列的风蚀土墩和风蚀凹地（沟槽）地貌组合。雅丹地面崎岖起伏，支离破碎，高起的风蚀土墩多为长条形，高度为 5~20m。雅丹在新疆罗布泊西北部的古楼兰附近最为典型。世界各地的不同荒漠（包括突厥斯坦荒漠和莫哈韦沙漠），都有雅丹地形。

（11）堆石洞

堆石洞指的是岩石块体塌落堆砌成的石洞。由于崩塌的岩石累叠，间空隙多，形成了堆石洞。有的堆石体下空隙相互连通，形成洞中有洞、洞套洞，人进入其间好似进了地下迷宫。浮盖堆石洞群位于浙西著名的江郎山风景名胜区内的浮盖山麓，各种因地壳运动而形成的垒垒巨石，巧夺天工般地堆砌在一起，散落在整个山麓，营造出一处处奇妙的堆石洞群景观，并因山顶有巨石为盖，若浮若动，而得名"浮盖"。浮盖山的洞不同于一般的山洞、溶洞，它都是由山石自然堆垒而成，大小不一，形态各异。

（12）岩石洞与岩穴

岩石洞与岩穴指的是位于基岩内和岩石表面的天然洞穴，例如，溶洞、落水洞与竖井、穿洞与天生桥、火山洞、地表坑穴等。

在石灰岩地区，自然界中溶有二氧化碳的雨水，会使石灰石构成的岩层部分溶解，使碳酸钙转变成可溶性的碳酸氢钙，受热或压强突然减小时溶解的碳酸氢钙会分解重新变成碳酸钙沉淀。雨水沿水平的和垂直的裂缝渗透到石灰岩中，将石灰岩溶解并带走。地表水沿石灰岩裂缝向下渗流和溶蚀，形成落水洞。落水洞是岩溶地貌的其中一种形态，是沿垂直方向发展的洞穴，垂直或陡斜曲折，宽度数厘米至 10m 以上，深度可达几百米。其中有地表水流入的称落水洞；无水流入的称竖井。从落水洞下落的地下水到含水层后发生横向流动，形成溶洞。在溶洞里，有千姿百态的钟乳和石笋，它们是由碳酸氢钙分解后又沉积出来的碳酸钙形成的。随地下洞穴的形成地表发生塌陷，塌陷的深度大面积小，称坍陷漏斗；深度小面积大则称陷塘。地下水的溶蚀与塌陷作用长期相结合地作用，形成坡立谷和天生桥。

熔岩地貌中的熔岩隧道是埋藏在熔岩台地的长形洞穴。当溢出地表的熔岩流冷凝的时候，由于表里凝固的速度不一致，虽然表层已经凝固成岩壳，但里面仍然保持高温和继续流动。如果熔岩一旦来源断绝，里层熔岩就脱壳而出，留下空洞，形成洞穴。我国的琼雷台地熔岩隧道分布普遍。

（13）沙丘地

由沙堆积而成的沙丘、沙山。沙丘是属于风积地貌，我国塔克拉玛干沙漠中的沙丘景观规模宏大，蔚为壮观。一些沙丘每当风吹流沙或游客从沙坡滑下时，就会发生沙鸣现象,以甘肃敦煌的鸣沙山最为著名。

> **敦煌鸣沙山**
>
> 敦煌鸣沙山位于甘肃省敦煌市南5km处腾格里沙漠边缘。鸣沙山长40km,宽20km,最高处约250m,全山积沙而成。沙峰起伏,山峰陡峭,背如刀刃,人们顺坡滑落,便会发出轰鸣声,称为"沙岭晴鸣",为敦煌八景之一。山麓有翡翠般的月牙泉。

(14) 岸滩

岸滩指的是被岩石、沙、砾石、泥、生物遗骸覆盖的河流、湖泊、海洋沿岸地面。海岸是临接海水的陆地部分。根据海岸组成物质的性质,可把海岸分为基岩海岸、砂砾质海岸、淤泥质海岸、红树林海岸和珊瑚礁海岸。

由坚硬岩石组成的海岸称为基岩海岸,它轮廓分明,线条强劲,气势磅礴,不仅具有阳刚之美,而且具有变幻无穷的神韵,是海岸的主要类型之一。砂砾质海岸主要分布在山地、丘陵沿岸的海湾,山地、丘陵腹地发源的河流,携带大量的粗沙、细沙入海,除在河口沉积形成拦门沙外,随海流扩散的漂沙在海湾里沉积成砂砾质海岸。淤泥质海岸主要是由细颗粒的淤泥组成。红树林海岸主要分布于热带地区,红树林是生长在海水中的森林,是生长在热带、亚热带海岸及河口潮间带特有的森林植被,因其树皮及木材呈红褐色,因而称为红树林。海洋中许多死亡的造礁珊瑚骨骼与一些贝壳和石灰质藻类胶结在一起,形成大块具有孔隙的钙质岩体,像礁石一样坚硬,因而被称为珊瑚礁,在浅水形成的近岸珊瑚礁,构成了风光绚丽的珊瑚礁海岸。

2.2.4 自然变动遗迹

本亚类包括重力堆积体、泥石流堆积、地震遗迹、陷落地、火山与熔岩、冰川堆积、冰川侵蚀遗迹7种基本类型。

(1) 重力堆积体

重力堆积体是指由于重力作用使山坡上的土体、岩体整体下滑或崩塌滚落而形成的遗留物,包括崩塌和滑坡。

崩塌是指斜坡上的岩土块体,在重力作用下,突然发生沿坡向下急剧倾倒、崩落现象。崩塌的运动速度很快,有时可以达到自由落体的速度。崩塌的体积可以从小于$1m^3$直到数亿立方米。崩塌下落的大量石块、碎屑物或土体都堆积在陡崖的坡脚或较开阔的山麓地带,形成的崩塌堆称倒石堆(岩屑堆或岩堆)。倒石堆块体的大小从堆底到堆顶逐渐减小;先崩塌的岩土块堆积在下面,后崩塌的盖在上面。

滑坡系指构成斜坡上的岩土体在重力作用下失稳,沿着坡体内部的一个(或几个)软弱面(滑动面)发生剪切而产生整体性下滑的现象。

(2) 泥石流堆积

泥石流堆积是指饱含大量泥沙、石块的洪流堆积体。泥石流是山区常见的一种突发性灾害,是介于崩塌、滑坡等块体运动与挟沙水流运动之间的一系列连续流动现象(过程)。它是由大量泥沙、石块等固体物质与水相混合组成,沿山坡或沟谷流动的一种特殊洪流(固液两相流)。巨大的泥石流暴发时,山谷雷鸣,地面颤动，呈黏性或塑性状的泥石流体，沿着陡峻的沟道，前阻后拥，穿峡出谷，往往在几分钟至几小时内，将数十万至上千万立方米的固体物质，从山上搬出山外，对沿程农田、道路和城镇造成很大破坏。

（3）地震遗迹

地震遗迹是指地球局部震动或颤动后遗留下来的痕迹。地震遗址无论对于探索地震规律还是警示后人，提高公众的防灾减灾意识都有重要意义。

> **唐山大地震**
>
> 1976年7月28日凌晨3:42，河北省唐山市发生7.8级强烈地震，伤亡惨重，数十万居民转眼变成失去家园的难民。大地震之后，唐山市共保留了7处地震遗址：唐山钢铁公司俱乐部、唐山陶瓷厂办公楼、唐山机车车辆厂铸钢车间、唐山十中院内地表错动、吉祥路树行错动、唐柏路食品公司车库、河北矿冶学院（今河北理工大学）图书馆楼。这些遗迹展示了当年大地震的惨烈程度和地震对各种建筑物及地面的破坏情况。其中，原河北理工大学图书馆楼、原唐山机车车辆厂铸钢车间及原唐山十中的地震遗址，今年还被列为国家重点文物保护单位，这也是中国仅有的几处地震遗址"国保"单位。
>
> **可可西里大地震**
>
> 2001年11月14日在青藏高原北部的可可西里无人区发生了8.1级特大地震，地震震中位于青海与新疆交界处的布喀达坂峰附近，在地震发生的瞬间沿昆仑山南缘形成了450km长，宽十至数十米，深不见底的地震破裂带。这次地震，从积极意义上说，造就了青藏高原一大自然景观，丰富了昆仑山自然观赏价值。
>
> **汶川大地震**
>
> 2008年5月12日14:28，发生于我国四川汶川特大地震，不仅是我国近百年来危害最严重、影响范围最广的地震灾难，在世界上也是罕见的地震灾难，几乎整个东南亚和整个东亚地区都有震感。地震成因：一是印度洋板块向欧亚板块俯冲，造成青藏高原抬升；二是浅源地震。震源深度为10~20km，因此，破坏性巨大。汶川地震主要发生在山区，次生灾害、地质灾害的种类多（地震引发的破坏性比较大的崩塌、滚石、滑坡等）。另外，因为四川水比较多，所以堰塞湖也比较多。

（4）陷落地

陷落地是指地下淘蚀使地表自然下陷形成的低洼地。产生塌陷的地表岩石可以是可熔岩，也可以包括各类岩石和各种土，其发生的原因包括自然的和人为的2个方面。据初步统计，已知我国主要的岩溶塌陷地点有800多处。岩溶塌陷发育的基本条件是：岩溶洞隙的存在，一定厚度的松散盖层和水动力条件易于改变的岩溶地下水。

> **小寨天坑**
>
> 重庆市奉节县境内靠近长江三峡的地方发现世界上最大的天坑——小寨天坑。此天坑为椭圆形，坑口直径626 m，深度662m，坑底直径522m，总容积1.19亿m^2。坑壁四周陡峭，在东北方向峭壁上有小道通到坑底。天坑在喀斯特地貌学上称为"漏斗"，据专家考证，小寨天坑是世界上迄今为止发现的最大的"漏斗"，被誉为"天下第一坑"。

（5）火山与熔岩

火山喷发时，有大量的气体、液体和固体物质，通过火山通道（火山喉管）

从地球深部喷发出来。大量的固体物质随气体喷到空中，再落到地面堆成锥形火山体，称为火山。火山一般由火山锥、火山口和火山喉管3部分组成。火山锥是由火山碎屑物和火山熔岩堆积而成。火山口是火山锥顶部的凹陷部分。它位于火山喉管上部，是火山喉管顶部爆破而成的，平面近圆形。火山口常能积水成湖，成为火口湖，或叫天池。我国长白山天池就是一个火口湖，面积$9.8km^2$，水面海拔2155m，平均水深204m，最深373m。火山喉管是岩浆喷出的中央通道。从火山或地面裂缝中喷溢出的高温岩浆，冷却后形成固体的熔岩。熔岩流往往能使河谷堵塞，造成上游积水，成为熔岩堰塞湖，例如，牡丹江上游的镜泊湖和黑龙江北部的五大连池都是著名的熔岩堰塞湖。

（6）冰川堆积体

冰川堆积体是指冰川后退或消失后遗留下来的堆积地形，包括冰碛地貌与冰水堆积地貌。冰川在运动过程中，不仅具有强大的侵蚀力，而且还能携带冰蚀作用产生的许多岩屑物质，以及冰川谷两侧山坡上因融冻风化、雪崩等作用所造成的坠落堆积物。它们随冰川一起向下运动，这些大小不等的碎屑物质，统称为冰碛物（运动冰碛）。

冰碛地貌主要由冰碛物组成，包括冰碛丘陵、侧碛堤、终碛垄和鼓丘等。冰碛丘陵指冰川消融后由表碛、内碛、中碛和底碛堆积而成的丘陵。侧碛堤指冰川退却后由侧碛物堆积的长条状岗，高达数十米，与谷坡之间常形成长条形低地。终碛垄指在冰川前缘由终碛构成的垄岗状地形。鼓丘是在冰川底部形成的流线型冰碛丘陵，内部常含有基岩核心，平面轮廓呈椭圆形。

冰水堆积地貌包括蛇形丘、冰砾阜、锅穴等。蛇形丘是一种狭长、弯曲如蛇行的高地；状如铁路路基的狭而长的垅状高地，并随地形高低起伏变化。冰砾阜是一种圆形的或不规则的小丘，由一些略具层理的粉沙、沙和细砾组成；其上常覆有薄层冰碛物。冰砾阜阶地只发育在山岳冰川谷中，由冰水沙砾层组成，形如河流阶地，呈长条状分布于冰川谷地的两侧。当冰川向后退缩时，在冰水沉积物中常遗留有大小不等的脱离冰川的死冰；当这些死冰完全融化后，就会引起上部沉积物陷落，在地表上形成凹坑，这种凹坑称为锅穴。锅穴大部呈圆形，直径一般约几十米。冰川融水从冰川的两侧（冰上河）和冰川底部流出冰川前端或切过终碛堤后，地势展宽、变缓，形成冰前的辫状水流，冰水携带的大量碎屑物质就沉积下来，形成了顶端厚、向外变薄的扇形冰水堆积体，叫作冰水扇。几个冰水扇相互连接就成为冰水平原，又名外冲平原。

（7）冰川侵蚀遗迹

冰川侵蚀遗迹是指冰川后退或消失后遗留下来的侵蚀地形。冰川侵蚀遗迹最为明显的冰蚀地形有角峰、刃脊、冰斗、冰窖、冰川槽谷和悬谷。它们在空间上有规律地分布，是宏观上论证古冰川历史的重要证据。

冰斗是冰川在雪线附近塑造的椭圆形基岩洼地。角峰在相邻2个冰斗或冰川谷的发育过程中，斗（谷）壁不断后退，结果使相邻2个冰斗或冰川谷之间的分水岭越来越窄，最后形成像鱼鳍、刀背一样的山脊，称为刃脊。冰槽谷（又称"U"形谷、幽谷）是山谷冰川塑造的线性谷地。支谷冰川谷底高悬于主冰槽谷的坡上，称为悬谷。羊背石是平面形状为椭圆形，长轴方向与冰川运动方向平行，前后坡度不对称，迎冰面平缓，带有擦痕、刻槽及新月形的磨光面，是冰川磨蚀作用的结果。

庐山冰川活动遗迹

1934年，我国杰出的地质学家李四光在海拔千米以上的庐山发现和证实了第四纪冰川遗迹。根据李四光的研究发现，庐山地区曾先后3次遭受第四纪冰川的剥蚀，至今仍留有多种遗迹。距今约200万～300万年前，地球上发生大冰期，即第四纪大冰期。那时，北方寒流不分冬夏，不断地滚滚压来，庐山、鄱阳湖也成了冰天雪地。冰雪年复一年，越积越厚，越压越坚，终于挤压成为巨大的冰块、冰层，在重力和压力的作用下，汇成浩浩荡荡的冰川，夹带着大小岩石，循坡而下，腾跃于千峰万壑之中，对流经的地方发生刻蚀、挖掘作用；独特的冰川地貌也随之产生。这里有"芦林""黄龙""东谷""西谷""窑洼""三逸乡""大坳""小天池""莲花谷""船洼""算洼"等储冰积雪的"冰窖""冰斗""悬谷"；有"王家坡""七里冲""大校场""庐山垅""白鹤洞""剪刀峡""石门洞"等冰舌铲刮的滑道"U"形谷；有"女儿城""含鄱口""牯牛岭""大月山""屋脊岭"等冰川磨削的尖如刀脊的山岭"刃脊"；有"太乙峰""九奇峰""犁头尖锋"等冰种刻切而成的金字塔形"角峰"；有"白鹿洞""莲花洞""王照岭""谷山"等冰舌在山麓侵蚀的盆形洼地"盘谷"；有冰川漂砾"飞来石"，冰川羊背石——蛤蟆石，冰川鼻山尾——鞋山。另外，还有冰川沿途挖蚀、铲刮的泥沙、砾石堆积成的"侧碛垄""终碛垄"等冰迹地貌。

2.2.5 岛礁

本亚类包括岛区、岩礁2种基本类型。

（1）岛区

岛区是指小型岛屿上可供游览休憩的区段。散布在海洋、江河或湖泊中的四面环水、高潮时露出水面、自然形成的陆地称为岛屿。从成因上讲岛屿可分为大陆岛和海洋岛2类。大陆岛在地质构造上与附近大陆相连，只是由于地壳变动或海水上升，局部陆地被水包围而成岛屿。我国的台湾岛就是最典型的大陆岛。海洋岛按成因不同又可分为火山岛、珊瑚岛和冲积岛。由海底火山喷发，火山喷发物堆积而形成的岛屿叫火山岛。太平洋中的夏威夷岛是典型的火山岛。塑造珊瑚岛的主力军是珊瑚虫。珊瑚虫遗体堆积而成的海岛叫珊瑚岛。珊瑚岛主要分布在南北纬20°之间的热带浅海地区，以太平洋的浅海比较集中，例如，澳大利亚东北面的大堡礁。我国南海诸岛中的多数岛屿均为珊瑚岛。冲积岛则是由河流或波浪冲积而成的岛屿。我国长江口的崇明岛就是我国最大的冲积岛。

（2）岩礁

岩礁是指江海中隐现于水面上下的岩石及由珊瑚虫的遗骸堆积成的岩石状物。岩礁在中国分布广泛。在北戴河海滨中部海滩一片礁石伸入海，形如群虎盘踞，故名老虎石。每当潮水上涨，石与岸隔，孤悬海上，搏击海涛。在北戴河海滨东北端，有一巨型礁石从海中突起，兀立岸边，色泽斑黄，石骨嶙峋，峭壁如削，形似雄鹰屹立，因名鹰角石。礁石年久风化，石缝很多，常有成群鸽子聚集于石上，夜晚则栖息于石隙之中，故又名鸽子窝。

珊瑚礁的主体是由珊瑚虫组成的。珊瑚礁是一种特殊的生态景观，是大自然赐予人类的宝贵资源。其形成发育直接受气候条件所控制，一般仅分布在热带海区。雷州半岛珊瑚礁区集中分布在徐闻县灯楼角附近，绵延范围从海安镇三塘管区海岸至流沙港，长达数十千米，宽200～1500m。低潮时整个珊瑚礁坪出露，远远望去，沟脊相间，地形复杂多样。灯楼角沿岸浅海一带，属于热带海区，气候环境条件适合珊瑚生长和珊瑚礁的发育，形成了独特的海洋生态环境。这里的珊瑚礁多姿多彩，主要包括鹿角状、牛角状、树枝状的枝状珊瑚和脑袋状、蜂巢状、大脑纹层状、古代盔甲状的球状、块状珊瑚。颜色有白色、深浅不一的黄色、橙色等，偶有红色，蓝色。

【思考题】

1. 谈谈你对地文景观概念的理解。
2. 地文景观旅游资源对旅游活动的影响主要体现在哪几个方面？
3. 地文景观旅游资源的特点有哪些？试举例说明。
4. 地文景观的旅游功能表现在哪些方面？试举例说明。
5. 地文景观的基本类型有哪些？
6. 垂直自然地带是如何形成的？
7. 简述断层景观与节理景观的区别。
8. 简述丹霞景观的特征以及成因。
9. 简述溶洞的景观特征以及成因。
10. 自然变动遗迹亚类包括哪几种基本类型？

【经验性训练】

对典型地文景观旅游资源进行分析、判断与讲解

【概述】

学生判读典型地文景观照片，对照片中的景观进行正确的讲解。

【步骤】

1. 由教师收集典型的地文景观照片，如丹霞景观、石林、断层景观、岩溶溶洞等。
2. 学生认真判读照片，获取照片上信息。
3. 学生根据照片上的信息，判断照片上的景观是属于何种基本类型的旅游资源。
4. 学生分析照片中景观的成因与美学特征。
5. 学生以导游的身份，对照片中的景观进行正确的讲解，要求讲清景观特征、景观成因以及美学价值。
6. 教师对学生的讲解进行点评。

【案例分析】

百龙旅游电梯

百龙旅游电梯位于世界自然遗产——张家界武陵源风景区内，是中外合资兴建，总造价1亿多元人民币，于1999年10月动工。电梯垂直高差335m，运行高度313m，由156m山体内竖井和171m贴山钢结构井架等组成。电梯采用并列式3台全暴露观光轿厢分体运行，每个轿厢一次载客50人，运行速度3m/s。由于这座电梯建在武陵源核心景区及石英砂岩层上，社会各界人士从电梯开始建造以来就议论不断。2002年5月1日，电梯建成试运行。2002年国庆因受争议而一度停运。2003年8月又正式载客运行。

【案例思考题】

1. 张家界景区是属于哪种类型的地文景观？请分析其地貌成因。
2. 你认为百龙旅游电梯是否该建，运用学过的知识分析建设百龙旅游电梯的利弊。

【本章推荐阅读书目】
 1. 风景地貌学. 杨湘桃. 中南大学出版社，2005.
 2. 中国旅游资源概况. 万剑敏. 科学出版社，2007.
 3. 地貌学. 严钦尚，曾昭璇. 高等教育出版社，2003.

【相关链接】
 世界地质公园网络 http://www.globalgeopark.org/publish/portal0/tab538/

第 3 章
水域风光类旅游资源

【本章概要】

本章侧重介绍水域风光类旅游资源的概念、对旅游活动的影响、特点及旅游功能,重点分析各个水域风光类旅游资源的类型、成因、特征、分布规律、旅游功能、美学欣赏等方面的内容。

【学习目标】

- 掌握水域风光类旅游资源的概念及主要的类型;
- 理解水域风光类旅游资源对旅游的影响、水域风光类旅游资源的特点与功能;
- 掌握各种典型水域风光类的旅游资源成因、特征、美学价值、代表景区。

【关键性术语】

水域风光旅游资源、观光游憩河段、暗河河段、古河道段、观光游憩湖区、沼泽与湿地、潭池、悬瀑、跌水、冷泉、地热与温泉、观光游憩海域、涌潮现象、击浪现象、冰川观光地、常年积雪地。

【章首案例】

海南省水域风光旅游资源

在海南岛长达 1500km 多的海岸线上,沙岸约占 50%~60%,沙滩宽数百米至 1000m 多不等,向海面缓缓延伸。多数地方风平浪静,海水清澈,沙白如絮,清洁柔软;岸边绿树成荫,空气清新。海水温度一般为 18~30℃,阳光充足明媚,一年中多数时候可进行海浴、日光浴、沙浴和风浴。当今国际旅游者喜爱的阳光、海水、沙滩、绿色、空气这 5 个要素海南环岛沿岸均兼而有之。自海口至三亚东岸线就有 60 多处可辟为海滨浴场。环岛沿海有不同类型滨海风光特色的景点,在东海岸线上,还有一种特殊的热带海涂森林景观——红树林和一种热带特有的海岸地貌景观——珊瑚礁,均具有较高的观赏价值。目前,已在琼山市东寨港和文昌市清澜港等地建立了 4 个红树林保护区。

海南省的南渡江、昌化江、万泉河等河流,滩潭相间,蜿蜒有致,河水清澈,尤以闻名全国的"万泉河风光"最佳。大山深入的小河或山间小溪,洞于深山密林之中,山中大石叠置,瀑布众多,尤其通什太平山瀑布、琼中百花岭瀑布、五指山瀑布等久负盛名。岛上还有不少水库,特别是松涛、南扶、长茅、石碌等水库具湖光山色之美,不是湖泊胜似湖泊。

海南岛岛上温泉分布广泛,多数温泉矿化度低、温度高、水量大、水质佳,大多属于治疗性温泉,且温泉所在区域景色宜人。兴隆温泉、南平温泉、蓝洋温泉、半岭矿泉等,适于发展融观光、疗养、科研等为一体的旅游。

3.1 水域风光类旅游资源概述

水域风光是大自然风景的重要组成部分,是"灵气"之所在,是旅游资源构景的基本要素。江河、湖海、飞瀑流泉、冰山雪峰不仅独自成景,更能点缀周围景观,使得山依水而活,天得水而秀。

3.1.1 水域风光旅游资源的概念

凡是能够吸引旅游者进行旅游,并产生经济、社会、环境效益的水体与水文现象都可以视为水域风光旅游资源。水域风光旅游资源主要包括河段、天然湖泊与池沼、瀑布、泉、河口与海面、冰雪地等几种类型。

3.1.2 水域风光旅游资源对旅游活动的影响

水域风光旅游资源对旅游活动有以下几个方面的影响。

(1) 水域风光旅游资源是自然风光的重要组景要素

对大多数风景区来说,河川湖泊都是必不可少的。因为秀丽的河川湖泊可以为山色增辉,从而形成山清水秀、交相辉映的效果,使得自然风光绚丽多彩,充满诗情画意。例如,中国的洱海点苍山、天山天池与博格朗峰、白头山天池与长白十六峰、肇庆星湖与七星岩以及瑞士的日内瓦与勃朗峰。

(2) 水体景观与人文景观珠联璧合

河川、湖泊沿岸常是历史悠久、经济发达、文物荟萃、景观丰富的地方,也就相应地形成了各具特色的人文景观,而且自然与人文景观相得益彰共同组成完美的画面。

(3) 可满足游客多种需求

水域风光既可以观赏,又可以体验,既适合开展度假、避暑、休闲、疗养旅游,又可以利用宽阔的水面或湍急的水流开发多种康乐体育专项旅游活动。海水浴、温泉浴、游泳、潜水、划船、漂流、滑水、冲浪、舢板、驶帆、垂钓活动,以及滑雪、雪橇、冰橇等冰雪运动都属于利用水体开展的体育娱乐活动。同时,还可利用水上农业开展参与性旅游活动。

(4) 水域风光对其他自然旅游资源的形成有深刻影响

水体有大自然雕刻师之称,水塑造地球表面的形态。大气降水、地表流水对许多地貌特别是岩溶地貌、海岸地貌、冰川地貌等具有普遍的塑形作用。流动的水开创和推动地貌的形成,重塑地表景观以及三角洲形成等。水是形成土壤的关键因素,也在岩石的物理风化中起着重要作用,水具有调节气候的作用,水是大气的重要成分,水对生物旅游资源的形成与分布也有重要影响。

3.1.3 水域风光旅游资源的特点

水域风光旅游资源具有广泛性、灵活性、功能多样性等特征。

(1) 存在的广泛性

水域风光旅游资源以液态的海洋水、江河水、湖泊水、水库水、地下水、涌泉、瀑布和固态的冰川水、积雪水以及汽态的云雾水等不同的形式广泛存在于大自然之中,水体美的形象、美的音色、美的色彩形成了巨大的旅游吸引力。

(2) 构景的灵活性

水域风光既可单独构景，又可与其他旅游资源组合成景。水域风光的形、态、声、色、光、影及其组合变化所具有的独特美学魅力，以其自身优美的景色，可以单独形成极有价值的风景名胜区或风景名胜区的主景，而且还可以与地文风光或其他旅游资源结合，共同组成景色多变的风景名胜区，是风景中不可缺少的重要构景因素之一。有水域风光的旅游景区才有生气与活力，人们经常称水域风光是"风景的血脉""风景的灵气"。

(3) 功能多样性

水域风光是最富有普遍吸引力的康乐型自然旅游资源，既可以开发河（湖）畔观光，又可以开发水上游览；既可以开发游泳体验，又可以开发水上运动、度假休养，满足游客多种需求，使其最大限度地感受到旅游乐趣。

3.1.4 水域风光的旅游功能

水域风光旅游资源具有以下 5 种功能。

(1) 审美功能

在自然景观的广袤天地间，水域风光具有雄壮之美、秀丽之美和奇特之美。水体在形态、倒影、声音、色彩、光象、水味、奇特等方面都具有吸引之功能。碧波浩渺的大海，水天一色的江河，跌崖飞泻的瀑布，澄碧晶莹的泉水，蜿蜒曲折的溪涧，风光旖旎的湖泊，澎湃汹涌的潮汐等都是水域风光美的体现。"山，骨于石，褥于林，灵于水"。在一个风景名胜区内，无山不雄，无水不活。水体景观可以用深浅、清浊、明暗、动静、急缓、噪默等方面的丰富变化为游人开辟进行游、观、听、触、思、情的整体感受活动空间单元——游憩空间。

(2) 疗养功能

在温泉中洗浴能使人消除疲劳，祛病健身，这在我国众多的古籍中都有记载。明代李时珍在名著《本草纲目》中就有记载："温泉主治诸风湿，筋骨挛缩及肌皮顽痹，手足不遂，无眉发、疥、癣诸疾；在皮肤骨节者，入浴，浴讫当大虚备，可随与药及饮食补养……"温泉水的温热，可使毛细血管扩张，促进血液循环，而水的机械浮力与静水压力作用，具有按摩、收敛、消肿、止痛之效能。另外，温泉水中含有各种矿物质等特殊化学成分，例如，钙、镁、硫化氢、二氧化碳、放射元素镭、氡等气体，以及铁、锂、硼等元素，还有大量的离子对人体都会有影响。各种泉水的成分不同，会对人体有不同程度的治疗效果。

(3) 品茗功能

明朝钱椿年著的《茶谱》中提到的"煎茶四要"首先就是要选择好水。煎茶的水如果不甘美，会严重损害茶的香味。古人对泡茶用水的选择，一是甘而洁，二是活而鲜，三是贮水得法。现代科学技术的进步提出了科学的水质标准，卫生饮用水的水质标准规定了感官、化学、毒理学和细菌等 4 方面的内容。泡茶用水，一般都用天然水。天然水按来源可分为泉水（山水）、溪水、江水（河水）、湖水、井水、雨水、雪水等。现在很多景区都结合本景区良好的水质和茶叶，开展游客品茗项目，例如，黄山用温泉水泡毛峰茶；西湖茶文化景区用龙井水泡龙井茶的品茗活动。

(4) 娱乐功能

水体还可以提供丰富多彩的游乐与运动旅游项目，例如，水上观景、游泳、潜水、划船、舢板、冲浪、滑水、水上跳伞、水上摩托艇、垂钓、捕鱼、漂流、滑冰、滑雪、冰球、雪橇、冰橇，这些项目参与性与娱乐性都很强，是休闲度假旅游的首选项目。

(5) 文化功能

中国的文化典籍，几乎所有历史记载的文字，都蕴涵着丰富的"水文化"的内容，对"水"的描写、吟哦、歌咏，也一如那些被视为永恒的题材，成为世代文人笔下旷古不衰的"文学母题"。一部中国文学史，倘若从"水文化"的角度去审视，它是渗透着"水"的精髓的人类文化史卷。孔子曰："智者乐水，仁者乐山。"仁者在山的稳定、博大和丰富中，积蓄和锤炼自己的仁爱之心；智者则步水而行，望水而思，以碧波清流洗濯自己的理智和机敏。这就是山水可以陶冶人的情操的根本原因。在中国古代，主宰水的龙，就成了人们心中最高的图腾。人们对龙充满敬畏，也是对水充满敬畏。水，不仅影响了中国文化的产生，在文化进程中演绎出风姿多彩的面貌，而且，随着历史的演进，人类文明的发展，已使之成为中国文化所阐释的一个重要"对象主体"。

3.2 水域风光类旅游资源类型

水域风光旅游资源指水体及所依存的地表环境下构成的景观或现象。本主类旅游资源包括6个亚类，15个基本类型。

3.2.1 河段

本亚类包括观光游憩河段、暗河河段、古河道段落3个基本类型。

(1) 观光游憩河段

观光游憩河段指的是可供观光游览的河流段落。观光游憩河段具有较高的旅游价值，这是因为：河流及其沿岸有立体画廊似的自然风景，最易构成山川风光。"V"字形或"U"字形峡谷使游人产生有节奏的视觉效果；河流最利于游客走廊式游船观光；河流两岸人文景观荟萃。河谷地带，尤其是中下游地区，往往是古人类的起源地或古文明的发祥地，历史文化名城与现代城乡多沿江河分布，最适于观赏游览；河流还可以提供漂流、游泳、划船、垂钓等多种活动，在冬季冰期较长的北方河流上，还可以开展滑冰、冰橇等冰雪运动，使旅游增加无限情趣。

不同的江河由于所处的地理条件不同，河流上中下游各河段会表现出不同的景观，同一条江河同一河段也因为季节的不同，表现出不同的景象。例如，长江，其最长支流沱沱河应为长江的正源。自当曲河口到青海玉树一段称通天河，长813km，河道较宽，水流舒缓。自玉树到宜宾称为金沙江，从北向南流，穿过横断山脉，到云南石鼓附近折向东北入四川盆地，在宜宾与岷江汇合，全长2300km，水急滩多。自宜宾以下才称长江。中游段约长1000km，因流经四川盆地，故俗称川江。从宜宾到重庆，河道颇曲折。自奉节白帝山到宜昌南津关一段，江水穿过四川与湖北边境山区的大峡谷地带，自西至东有瞿塘峡、巫峡、西陵峡，统称三峡，全长204km，滩多流急，江水落差甚大，自古称为长江天险。湖口以下为下游，下游段约长1850km，江水落差甚小，水流缓慢，江面宽阔，一般都超过2km，最窄处也有650m。河道非常曲折，地势平坦，湖泊星罗棋布，水道交织似网，一片水乡泽国景象。江口竟宽达80km，呈现江海相连的壮观景象。

在中国国家级重点风景名胜区中，以观光游憩河段为主要特色的有：鸭绿江风景名胜区、富春江－新安江风景名胜区、楠溪江风景名胜区、青天河风景名胜区、猛洞河风景名胜区、桂林漓江风景名胜区、长江三峡风景名胜区、芙蓉江风景名胜区、㵲阳河风景名胜区、荔波樟江风景名胜区、赤水风景名胜区、马岭河风景名胜区、三江并流风景名胜区、瑞丽江－大盈江风景名胜区、雅砻河风景名胜区、十八重溪风景名胜区、鸳鸯溪风景名胜区等。

(2) 暗河河段

暗河河段指的是地下的流水河道段落。暗河常见于喀斯特地区，是地下岩溶地貌的一种。暗河是由地下水汇集而成的地下河道，它具有一定范围的地下汇水流域，往往有出口而无入口。喀斯特地区地下水沿碳酸盐类岩石形成的地下溶洞和裂隙通道流动的水流，沿着缝隙渗透下去，岩石经过溶蚀、坍塌以及水的搬运，在地下形成了大小不同、长短不一、错综复杂的地下河道，地面的水在地下深处积聚起来，沿着这些河道流动，成为一股见不着阳光的地下河流。高温多雨的热带及亚热带气候最有利于暗河的形成。

暗河在中国西南诸省多处可见，且规模巨大，例如，广西东安县内地下水系，共有 30km 多，几乎在有石灰岩出露的地方都有暗河的身影。重庆奉节发现的地下暗河系统，是目前已经探明的中国最长的地下暗河。目前测出的长度已经达到了 40km，其支流之一的三眼洞在不到 $2km^2$ 的范围内，暗河系统的长度就达 12km。位于本溪东郊约 30km 处的本溪水洞，是我国著名的地下充水溶洞。目前已开发的暗河 2800m，面积 3.6 万 m^2，空间 40 万 m^3。水道曲折蜿蜒，清澈见底，故名九曲银河。两岸石笋林立，千姿百态，洞顶钟乳石高悬，泛舟其中，如临仙境。洞穴最开阔处高 38m，宽 70m，洞内水流终年不竭，洞内空气通畅，常年恒温 10℃，四季如春。

(3) 古河道段落

古河道段落指的是已经消失的历史河道段落。古河道的根本成因是河流改道，河流改道有由内因引起的，也有由外因引起的。外因包括：① 构造运动使某一河段地面抬升或下沉；② 冰川、崩塌、滑坡将河道堰塞；③ 人工另辟河道。河流本身作用引起的改道多发生在平原地区，由于堆积作用旺盛，使河床逐渐淤浅升高成为地上河，当河流决口后，河流循新槽流去，原河道被废弃成为古河道，在地表留下条带状高地，形成裸露型古河道。

中国黄河下游是一条善淤善徙的河流，所以在华北平原上留下无数古河道。河流作用形成的古河道也有是河流侵蚀作用引起的，例如，平原曲流导致洪水的裁弯取直，留下牛轭湖式古河道。长江中游荆江段两岸也留下许多这样的古河道。

乌梁素海

乌梁素海位于内蒙古自治区拉特前旗境内，为黄河改道而成，形似一瓣橘，被芦苇和香蒲分割成大小不一的几个水域；南北长 35～40km，东西宽 5～10km，面积约 293km²，湖面平均高程 1018.5m，最大水深约 4m，大片水域水深在 0.5～1.5m 之间，总面积 300km²，素有"塞外明珠"之美誉。它是全球范围内干旱草原及荒漠地区极为少见的大型多功能湖泊，也是地球同一纬度最大的湿地。已被国家林业部门列为湿地水禽自然保护示范工程项目和自治区湿地水禽自然保护区，同时列入《国际重要湿地名录》。湖面上生长着茂盛的芦苇和蒲草，在浩瀚的湖水中生息着鲫、草、鲢、赤眼等20多种鱼类。这里尤其以盛产黄河大鲤鱼而蜚声内蒙古。每到春、夏、秋三季，锦鳞跳跃，鸟语花香，有130多种珍禽异鸟在这里安家落户，生息繁衍，其中有被列入国家重点保护动物的疣鼻天鹅、大天鹅、斑嘴鹈鹕和琵琶鹭等。乌梁素海美丽的自然景观，吸引了众多的中外游客慕名而来，观赏游玩，怡情冶性。

3.2.2 天然湖泊与池沼

本亚类包括观光游憩湖区、沼泽与湿地、潭池3个基本类型。

(1) 观光游憩湖区

观光游憩湖区是指在湖泊水体内的观光游览区域段落。湖泊是陆地上洼地积水形成的、水域比较宽广、水流缓慢的水体。湖泊的类型很多，按湖水的矿化度，可分为淡水湖（矿化度小于1g/L），咸水湖（矿化度在1~35g/L）和盐湖（矿化度大于35g/L）；按湖水与径流的关系，可分为内陆湖和外流湖；按成因，可分为河迹湖、构造湖、堰塞湖、海迹湖、火口湖、冰川湖、风蚀湖及人工湖泊等。

河迹湖 是因河流改道而形成的湖泊，水质一般为淡水。我国五大淡水湖多为河迹湖。

构造湖 是因地壳断裂下陷积水成湖，一般湖泊较大，湖水较深。我国云贵高原的湖泊大都为构造湖，例如，著名的滇池、洱海、抚仙湖等。

堰塞湖 是因山崩、火山熔岩、泥石流等堵塞河道而形成的。东北地区分布较多，例如，黑龙江省的镜泊湖、五大连池，都是火山熔岩堵塞河道形成的。镜泊湖是中国最大的高山堰塞湖。

海迹湖 又称泻湖，是古海湾封闭而成的湖泊。太湖和杭州西湖是较典型的海迹湖。

火口湖 是火山喷发后火山口积水成湖。吉林省长白山天池是我国最著名的火口湖，它位于长白山主峰白头山峰顶，水面海拔约2200m，故称天池。面积9.2km^2，最大湖深312m，是我国最深的湖泊。

冰川湖 是因冰川侵蚀形成洼地积水成湖，例如，美国与加拿大之间的五大湖，就是典型的冰川湖。在我国，这类湖泊多分布在西部高原高山地带，但大多为一些不知名的小湖；新疆北部的喀纳斯湖是典型的冰蚀冰碛湖。有人认为新疆天山天池也是一个冰川湖，它湖面海拔近2000m，紧依博格达雪峰，湖峰相映，美丽异常，因此传说为西王母的"瑶池仙境"。

风蚀湖 是因风蚀洼地积水成湖。这类湖泊大多分布在我国西北内陆风力较强又很干旱的地区，例如，内蒙古、新疆、甘肃等地，敦煌的月牙泉比较著名。

人工湖 指露天采矿场凹地积水和拦河筑坝形成的水库。我国的一些水库，由于面积较大，周围风景优美，也成为风景名胜。例如，北京密云水库、十三陵水库；辽宁抚顺的大伙房水库；吉林的松花湖；浙江千岛湖；湖北的丹江口水库、葛洲坝水库；深圳水库；等等。

> ### 青海湖
>
> 　　青海湖地处青海高原的东北部，是我国第一大内陆湖泊，也是我国最大的咸水湖。青海湖面积达 4456km², 湖水平均深约 19m 多，最大水深为 28m, 蓄水量达 1050 亿 m³, 湖面海拔为 3260m。青海湖的四周被四座巍巍高山所环抱。从山下到湖畔，则是广袤平坦、苍茫无际的千里草原，而烟波浩渺、碧波连天的青海湖，就像是一盏巨大的翡翠玉盘平嵌在高山、草原之间，构成了一幅山、湖、草原相映成趣的壮美风光和绮丽景色。青海湖地势高，气候十分凉爽，即使是烈日炎炎的盛夏，日平均气温也只有 15℃ 左右，是理想的避暑消夏胜地。
>
> 　　青海湖以盛产湟鱼而闻名，鱼类资源十分丰富。青海湖中的海心山和鸟岛都是游览胜地。海心山又称龙驹岛，面积约 1km², 岛上岩石嶙峋，景色旖旎，自古以产龙驹而闻名。著名的鸟岛位于青海湖西部，在流注湖内的第一大河布哈河附近，它的面积只有 0.5km², 春夏季节却栖息着 10 万多只候鸟。

（2）沼泽与湿地

沼泽与湿地指地表常年湿润或有薄层积水，生长湿生和沼生植物的地域或个别段落。地球上有三大生态系统，即森林、海洋、湿地。湿地泛指暂时或长期覆盖水深不超过 2m 的低地、土壤充水较多的草甸以及低潮时水深不过 6m 的沿海地区，包括各种咸水淡水沼泽地、湿草甸、湖泊、河流以及洪泛平原、河口三角洲、泥炭地、湖海滩涂、河边洼地或漫滩、湿草原等。沼泽指的是地表过湿或有薄层积水，土壤水分几达饱和，并有泥炭堆积、生长着喜湿性沼生植物的地段。

湿地具有不可替代的生态功能，享有"地球之肾"的美誉。湿地具有强大的物质生产功能，它蕴藏着丰富的动植物资源。湿地内丰富的植物群落，能够吸收大量的二氧化碳气体，并放出氧气，湿地中的一些植物还具有吸收空气中有害气体的功能，能有效调节大气组分，湿地水分通过蒸发成为水蒸气，然后又以降水的形式降到周围地区，保持当地的湿度和降雨量。湿地在蓄水、调节河川径流、补给地下水和维持区域水平衡中发挥着重要作用，是蓄水防洪的天然"海绵"。沼泽湿地像天然的过滤器，它有助于减缓水流的速度，当含有毒物和杂质（农药、生活污水和工业排放物）的流水经过湿地时，流速减慢有利于毒物和杂质的沉淀和排除。一些湿地植物能有效地吸收水中的有毒物质，净化水质。湿地复杂多样的植物群落，为野生动物尤其是一些珍稀或濒危野生动物提供了良好的栖息地，是鸟类、两栖类动物繁殖、栖息、迁徙、越冬的场所。

列入《关于特别是作为水禽栖息地的国际重要湿地公约》国际重要湿地名录的中国湿地有：黑龙江扎龙自然保护区、吉林向海自然保护区、海南东寨港自然保护区、青海鸟岛自然保护区、湖南洞庭湖自然保护区、江西鄱阳湖自然保护区、香港米埔和后海湾国际重要湿地、上海市崇明东滩自然保护区、江苏大丰麋鹿自然保护区、内蒙古达赉湖自然保护区、辽宁大连斑海豹自然保护区、鄂尔多斯遗鸥国家自然保护区、广东湛江红树林自然保护区、黑龙江洪河自然保护区、黑龙江兴凯湖自然保护区、广东惠东港口海龟自然保护区、黑龙江三江国家级自然保护区、广西山口红树林自然保护区、湖南南洞庭湖湿地和水禽自然保护区、湖南汉寿西洞庭湖（目平湖）自然保护区、江苏盐城保护区（盐城沿海滩涂湿地）、辽宁双台河口湿地、云南大山包湿地、云南碧塔海湿地、云南纳帕海湿地、云南拉什海湿地、青海鄂凌湖湿地、青海扎凌湖湿地、西藏麦地卡湿地、西藏玛旁雍错湿地。

扎龙自然保护区

扎龙自然保护区位于黑龙江省齐齐哈尔市东南35km处。扎龙自然保护区占地4万km^2，河道纵横，湖泊沼泽星罗棋布，湿地生态保持良好。这里风光优美，每当暮春仲夏，芦苇青青，在清澈的水面上，飘浮着水浮莲、茭角等水生植物，四周草地翠绿，野花飘香。扎龙拥有鸟类150多种，是中国较大的水禽、鸟类保护区，其中国家重点保护鸟类有35种。最为著名的是鹤类，全世界有15种，中国有9种，本区就有丹顶鹤、白鹤、白头鹤、白枕鹤和蓑羽鹤6种，全世界有珍贵的丹顶鹤仅1000多只，而扎龙就有700多只。

（3）潭池

指的是四周有岸的小片水域。一般来说潭池面积小，通常与其他景观配合形成景区。例如，净月潭，位于长春市净月旅游经济开发区境内，景区面积达83km^{2}以上，净月潭因筑坝蓄水呈弯月状而得名，因山清水秀而闻名。净月潭以水景为主，森林景观以及清澈无瑕的一潭碧水完美结合，被誉为台湾日月潭的姊妹潭。浩翰林海，茂密如织，依山布阵，威武壮丽，构成了含有30个树种的完整森林生态体系。这里有全国最大的人工林场，生长已有50多年的人工林就有8000hm^2，迄今已形成多树种、多层次、多结构的森林景观。

3.2.3 瀑布

本亚类包括悬瀑和跌水2个基本类型。

悬瀑是从悬崖处倾泻或散落下来的水流。跌水是从陡坡上跌落下来落差不大的水流。瀑布是自然山水结合的产物，具有形声美和动态美。中国著名的瀑布有黄果树瀑布、壶口瀑布、庐山瀑布、镜泊湖瀑布、流沙瀑布、九寨沟瀑布、德天瀑布、雁荡山瀑布、马岭河瀑布、长白山瀑布、赤水十丈洞瀑布等。

黄果树瀑布

黄果树瀑布是我国最大的瀑布，地处贵州省镇宁县，为打帮河上源白水河上黄果树地段九级瀑布中的最大一级瀑布。黄果树大瀑布的实际高度为77.8m，其中主瀑高67m；瀑布宽101m，其中主瀑顶宽83.3m。巨大的飞瀑，未见其景，先闻其声。近处观瀑，如临万马奔腾之阵；水拍击石，犹似雷劈山崩，令人惊心动魄。飞溅的水花，高50~60m，雾气腾腾，光照下，五彩缤纷。瀑布的后面，有一水帘洞，洞深20m有余，洞中观瀑，犹如置身于流水之中。黄果树瀑布周围18km内，分布着雄、奇、险、秀风格各异的大小18个瀑布，形成一个庞大的瀑布"家族"。

3.2.4 泉

本亚类包括冷泉、地热与温泉2个基本类型。

（1）冷泉

冷泉是指水温低于20℃，或低于当地年平均气温的出露泉。冷泉因为水质清纯甘冽，常供饮用或作为酿酒的水源。中国名泉，根据不完全统计有百余处之多。它们类型多样，各具特色，是极其珍贵的自然资源。济南趵突泉、江苏镇江中泠泉、浙江杭州虎跑泉和江苏无锡惠山泉,或以水清澈著称,或以宜观赏闻名,各有所长,被誉为"中国四大名泉"。在中国被称为天下第一泉的,就有4处:一处为庐山的谷帘泉,一处为镇江的中泠泉,一处为北京西郊的玉泉,一处为济南的趵突泉。

> **"泉城"济南**
>
> 山东济南泉水众多,是我国的"泉城",有名泉72眼,"家家泉水、户户垂杨",构成了独特的自然景观和历史人文特色,其中最著名的是趵突泉,它是七十二名泉之冠,趵突泉与其附近的金线泉、漱玉泉、柳絮泉、马跑泉、无忧泉等20多处名泉组成趵突泉群,是"济南四大泉群"之首。

(2)地热与温泉

水温超过20℃或超过当地年平均气温的地下热水、热气和出露泉为地热与温泉。地球本身像一个大锅炉,深部蕴藏着巨大的热能。在地质因素的控制下,这些热能会以热蒸汽、热水、干热岩等形式向地壳的某一范围聚集,如果达到可开发利用的条件,便成了具有开发意义的地热资源。关于地热的形成有多种解释,各不尽然。但大家都承认是地球内部放射性元素衰变,不断进行热核反应成为地热的主要来源。地球是一个巨大的实心椭圆形球体,据英国伦敦大学科学家最新测算地核温度高达5500℃,蕴藏着巨大的能量。高温地热以25~30℃/km的降温梯度向地球外层传递,尽管地壳很坚固,又是热的不良导体,但地热仍然要以热辐射、火山爆发、喷泉等多种方式时时刻刻向太空释放。据计算,地球表面每年向太空散发的热能相当于370亿t的标煤燃烧时所放出的热量。

地热资源表现方式有多种,主要有称为水热对流系统的地下蒸汽、地热水和称为热火成岩系统的岩浆、不可渗透的地下干热岩体。目前,人们能开发利用的主要是地下蒸汽和地热水。

通常把涌出地表的泉水温度高于当地的地下水温者或水温超过20℃的泉称为温泉。温泉热浴不仅可使肌肉、关节松弛,消除疲劳;还可扩张血管,促进血液循环,加速人体新陈代谢。此外,大多数温泉中都含有丰富的化学物质,对人体有一定的帮助。

中国著名的温泉有黄山温泉、蓝洋温泉(海南)、庐山温泉、汤山温泉(南京)、安宁温泉(云南)、华清池温泉(陕西)、息烽温泉(贵州)、从化温泉(广东)、阿尔山温泉(内蒙古自治区)、汤岗子温泉(辽宁)。

> **腾冲地热**
>
> 腾冲是中国著名的地热风景区,地热资源极其丰富。其中,最为壮观的地热景观是距腾冲县20km处的腾冲地热温泉群,又称热海,面积约9km²,是腾冲地区的高温中心,有大量的沸泉、热泉、喷泉和地热蒸汽出露。其中有14个温泉群的水温达90℃以上,到处都可以看到热泉在呼呼喷涌。世界上有温泉的地方很多,但像腾冲热海这样面积又广、泉眼又多、疗效又好的温泉实在不多见。热海中最典型的是"大滚锅",它的直径3m多,水深1.5m,水温达97℃,昼夜翻滚沸腾,四季热气蒸腾。据说以前有一头牛到大滚锅边舔吃带咸味的泉华,不小心掉入锅内,待牧童从村里喊人来救它时,已煮成一锅牛肉。

> **羊八井地热**
>
> 羊八井位于拉萨北90km处，地热田面积17.1km^2，温泉、热泉、沸泉、喷汽孔、热池、热爆炸穴星罗棋布。羊八井是我国目前已探明的最大高温地热湿蒸汽田。羊八井地热田，终年从地下向上翻涌着炽热的泉水，方圆40km，被温泉散发的一股股蒸腾的雾气所包围。最为壮观的要数气井放喷时的景象，只要闸门一开，滚烫的热水和蒸汽直冲百米高空，数千米之外可听见喷发的吼声。涓涓泉水汇聚而成热水河和热水湖。羊八井东部的热水湖面积达7300m^{2}多，是目前我国最大的热水湖。

3.2.5 河口与海面

本亚类包括观光游憩海域、涌潮现象、击浪现象3种基本类型。

(1) 观光游憩海域

观光游憩海域指的是可供观光游憩的海上区域。观光游憩海域可开展海上观岛、海岛观海、空中览海、海上游览、海岛游览、海底游览观赏类活动；随渔船出海捕鱼、品尝鲜活海鲜、海滩拾贝、涉水采集等体验感受类活动；海上游钓、岛屿垂钓、岛礁垂钓、海岸垂钓、游泳、潜海、驾船划艇、沙滩日光浴、沙滩运动等娱乐康体类活动；滨海度假、渔村度假等休闲养生类活动。

我国拥有1.8万km海岸线、6500多个海岛和近300km^{2}的海洋国土，海域辽阔，北有渤海、黄海，东有东海，南有南海，滨海及海岛风光各不相同，海洋旅游资源十分丰富。其中，可供开发的滨海旅游景点达1500多处。著名的滨海旅游胜地有辽宁大连金石滩生态旅游区、辽宁葫芦岛兴城海滨风景区、河北秦皇岛北戴河与黄金海岸、山东烟台蓬莱、山东威海银滩旅游度假区与国际海水浴场、江苏连云港连岛旅游度假区、浙江舟山嵊泗列岛、福建厦门鼓浪屿旅游区、广西北海银滩旅游度假区、海南三亚天涯海角等。

(2) 涌潮现象

涌潮，是指海水大潮时外海的潮水涌进窄而浅的河口后，波涛激荡的景象。钱塘江与南美亚马孙河、南亚恒河并列为"世界三大强涌潮河流"。钱塘江的潮涌十分壮观，特别是每年秋分时节，农历八月十八前后潮势更加汹涌。钱塘江的潮汐之所以特别大，除了因为这时太阳、月亮、地球都在一条直线上，海水受到的引力最大的原因之外，还有独特的原因。由于杭州湾是一个外宽内窄的大喇叭口，出海口宽达100km，澉浦附近缩小到20km左右，到了盐官，落潮时江面只有3km宽。每到涨潮，江中一下吞进大量海水，向里推进时，由于河道突然变窄，潮水涌积，酿成高潮。加上澉浦西面水下的一巨大沙洲，河床的平均水深自原来的20m左右迅速减到2~3m，形成一道"门槛"，入内的潮水受阻，后浪赶上前浪，形成直立的"水墙"，潮头可达3.5m，潮差可达8.9m。

(3) 击浪现象

击浪现象是指海浪推进时的击岸现象。大海波涛汹涌，海边经常可以看到浪花拍击岸边或者礁石，"乱石穿空，惊涛拍岸，卷起千堆雪"。当巨浪拍打岸边的岩石缝时，会激起高达数米的水柱或者如雪的浪花。

3.2.6 冰雪地

本亚类包括冰川观光地、常年积雪地2种基本类型。

(1) 冰川观光地

冰川观光地指的是现代冰川存留区域。在极地和高山地区，气候严寒，常年积雪，当雪积聚在地面上后，日积月累，不断增厚，使雪层沉陷变得坚实，疏松的雪花逐渐失去棱角，成为粒雪。当雪层增加时，将粒雪往更深处埋，冰的结晶越变越粗，而粒雪的密度则因存在于粒雪颗粒间的空气体积不断减少而增加时，使粒雪变得更为密实而形成晶莹透明蔚蓝色的冰川冰。冰川冰形成后，因受自身重力作用形成塑性体，当冰层堆积到一定厚度时，在重力和压力的作用下，迫使在厚达数十米至一二百米的冰体顺坡向下流动，形成了冰川。

中国现代冰川分布的地域辽阔，北起阿尔泰山，南至云南丽江玉龙雪山，西至帕米尔高原，东到四川贡嘎山纵横 2500km，总共有 46 298 条冰川，总面积为 59 406km^2，占亚洲冰川总面积的 40%，储水量达 50 000 亿 m^3。

中国著名的冰川观光地有乌鲁木齐 1 号冰川（也称中国 1 号冰川、天山 1 号冰川）、天山西部新疆温宿县托木尔冰川、四川康定海螺沟冰川、西藏波密县米堆冰川、新疆特拉木坎力冰川（位于喀喇昆仑山脉的特拉木坎力峰）、甘肃省肃北蒙古族自治县透明梦柯冰川、绒布冰川（位于珠穆朗玛峰山脚下）。

乌鲁木齐 1 号冰川

乌鲁木齐 1 号冰川是天山山脉乌鲁木齐河的源头大西沟区最著名的一条冰川，位于市区西南 120km 处的天格尔Ⅱ峰北坡，其周围是 2、3、4、5 等编号冰川，大小有 76 条现代冰川。1 号冰川属双支冰斗——山谷冰川，据 1998 年实测，其长度为 2.2km，面积 1.8km^2，冰川最高点海拔 4476m，冰舌末端 3734m，朝向东北，主流线呈"S"型，年均运动速度 5m 左右，最大 9m。这里分布着呈淡蓝色而晶莹夺目的冰川银瀑，在冰舌前，科研工作者凿成的 80m 多长的大冰洞，犹如童话中白雪公主的银殿。由于现代冰川类集中，冰川地貌和沉积物非常典型，古冰川遗迹保存完整清晰，所以 1 号冰川有"冰川活化石"之誉，成为我国观测、研究现代冰川和古冰川遗迹的最佳地点。

(2) 常年积雪地

常年积雪地指的是长时间不融化的降雪堆积地面。积雪按持续时间分为长年存在的永久积雪和冬季形成夏季消失的季节积雪。在高纬度和高山地区永久积雪区的下部界线，称为雪线。在雪线以上，气温较低，全年冰雪的补给量大于消融量，形成了常年积雪区；在雪线以下，气温较高，全年冰雪的补给量小于消融量，不能积累多年冰雪，只能是季节性积雪区。中国永久积雪区约 5 万 km^2，零星分布在西部高山作用区。

中国长年积雪旅游地主要有丽江玉龙雪山、大理苍山、梅里雪山、台湾玉山、秦岭太白山、长白山、天山博格达峰、贡嘎山、四姑娘山、西岭雪山、昆仑山、喜马拉雅山、阿尔金山、阿尔泰山、祁连山、阿尼玛卿雪山、墨脱嘎隆拉雪山、桑丹康桑雪山、南迦巴瓦峰、冈仁波齐峰等。

玉 龙 雪 山

玉龙雪山，主峰扇子陡海拔 5596m，是世界上北半球纬度最低、海拔最高的山峰，北半球最南端的现代海洋性冰川。它位于中国云南省丽江西北，呈南北走向，东西宽约 13km，南北长约 35km，与哈巴雪山对峙，汹涌澎湃的金沙江奔腾其间。全山 13 座峰、峰峰终年积雪不化，灿烂如13把利剑，在碧蓝天幕的映衬下，犹如一条矫健的玉龙横卧山巅，有一跃而入金沙江之势，故名"玉龙雪山"。玉龙雪山以险、奇、美、秀著称。其气势磅礴，造型玲珑秀丽，皎洁如晶莹的玉石。玉龙雪山随着节令和气候变化，有时云蒸霞蔚，玉龙时隐时现，有时碧空万里，群峰晶莹耀眼。山上终年积雪，山下四季如春，从山脚河谷地带到峰顶具备了亚热带、温带、寒带的完整的垂直带自然景观；有高山雪域风光、水域风光、森林风光及草甸风光等。

【思考题】

1. 水域风光类旅游资源对旅游活动的影响有哪些方面？
2. 水域风光类旅游资源有哪些特点？
3. 喀斯特地区暗河是如何形成的？
4. 按照成因，可以把湖泊划分为哪些类型，请举例说明。
5. 泉水作为旅游资源，有什么独特的旅游意义？
6. 请分析钱塘江涌潮产生的原因。
7. 请简要说明冰川是如何形成的？
8. 请简要分析你生活的周围环境有哪些水域风光类的旅游资源？

【经验性训练】

对典型水域风光类旅游资源进行分析、判断与讲解

【概述】

学生判读典型水域风光类旅游资源照片，对照片中的景观进行正确的分析与讲解。

【步骤】

1. 教师收集典型的水域风光类旅游资源照片，例如，长白山天池、镜泊湖、扎龙湿地、壶口瀑布、长江三峡、钱塘江涌潮、乌鲁木齐1号冰川等景区照片。
2. 学生认真判读照片，根据学过的知识，获取照片上有价值信息。
3. 学生根据照片上的信息，判断照片上的景观是属于何种亚类、何种基本类型的水域风光旅游资源。
4. 学生分析照片中景观的成因与美学特征。
5. 学生以导游的身份，对照片中的景观进行正确的讲解，要求讲清景观特征、景观成因以及美学价值。
6. 教师对学生的讲解进行点评。

【案例分析】

滇　池

1988年，滇池以昆明滇池风景名胜区的名义，被国务院批准列入第二批国家级风景名胜区名单。滇池水质污染从20世纪70年代后期开始，进入80年代，特别是90年代，富营养化日趋严重。部分呈异常营养征兆，水色暗黄绿，内湖有机污染严重、有机有害污染严重，污染发展较快，外湖部分水体已受有机物污染，氮、磷、重金属及砷大量沉积于湖底，致使底质污染严重。为了净化这五百里滇池的浑浊波涛，"七五"以来国家和云南省相继投入滇池污染治理的经费突破了40亿元。这些来自中央、地方政府的款项和世界银行的贷款虽然有效地缓解了滇池生态环境的恶化，却未完全根治滇池污染。目前仍属5类重污染湖泊。

【案例思考题】

1. 请根据学过的知识，说明滇池是属于何种类型的旅游资源？请分析滇池这高原湖泊的形成原因。

2. 请查找有关资料来分析滇池污染的原因。在此基础上，请你谈谈如何处理水域风光类旅游资源开发与保护的关系。

【本章推荐阅读书目】

1. 中国山水文化. 陈水云. 武汉大学出版社，2001.
2. 水文学. 黄锡荃. 高等教育出版社，2002.
3. 中国旅游资源学. 陈福义. 中国旅游出版社，2003.

第 4 章
生物景观类旅游资源

【本章概要】

本章主要介绍生物景观旅游资源的含义，观赏生物与旅游的关系，生物景观旅游资源的吸引因素、旅游功能，以及植物旅游资源和动物旅游资源类型的特征、成因和分布规律，并介绍一些著名的生物景观旅游资源。

【学习目标】

- 理解生物景观类旅游资源对旅游活动的影响；
- 理解生物景观类旅游资源的概念与特点；
- 掌握生物旅游资源的构景因素；
- 掌握动物、植物旅游资源的旅游功能；
- 全面认识各个具体生物景观类旅游资源的特征、成因和分布规律。

【关键性术语】

生物景观、树木、草原与草地、花卉地、野生动物栖息地。

【章首案例】

福州国家森林公园

福州国家森林公园是福建省首家国家级森林公园，是全国十大森林公园之一，也是福州唯一的中国AAAA景区。福州国家森林公园原名福州树木园，创建于1960年2月，1988年经国家林业部批准建立"福州森林公园"，1993年改为"福州国家森林公园"，是集科研与游览于一体的综合性公园，面积859.33hm²。其最高处的笔架山海拔643m。公园三面环山，南面为八一水库，中部为谷地和丘陵，地势西北高东南低，相对高差较大，沟谷众多。由于地处南亚热带北缘，气候温暖，雨量充沛。气候与福州市区差异不大，夏季略低于市区2~3℃，年平均气温19.6℃，年平均降水量1343.7mm，多集中在5~6月，霜期极短，下雪罕见。

福州国家森林公园以搜集、展览福建树种为主，引进南方的木棉树，北方的钻天杨，热带的南洋杉，亚热带的樟树，温带的油松、银杏、水杉等全国各地及36个国家2500多种国内外珍贵树种。龙潭溪自北向南流贯园中，以苏铁园、棕榈园、珍稀植物园、竹类观赏园、树木观赏园、花卉盆景园及榕树景观区等多个植物专类园构成了树木观赏区。在树木观赏区内，利用建园40多年来从国内外引进的1700多种树木和就地保护的1000多种植物，建设植物专类园。改造树木引种区为树木观赏区，建成竹类园、珍稀植物园、棕榈园、苏铁园、榕树景观区、福建兰苑、名人植树区、阴生植物园（足按健身区）等8个科学内涵丰富且观赏价值较高的植物专类园区。竹类观赏园收集有全国各地的竹类品种200余种，是我国华东地区品种最齐全的竹种园之一；苏铁园内现有苏铁 22 种，其中国内 16 种，国外 6 种，是目前我国收集和保存苏铁类植物较为齐全的专类园之一；珍惜植物园内汇聚了桫椤、水松、秃杉等众多国家一级保护植物，以模拟生态系统的形式，让乔、灌、藤、中草药、常绿、落叶等树木并茂于园中，让人仿佛置身于热带雨林之中，是我国人工模仿生态环境的成功范例。棕榈园内汇聚了 20 多种棕榈科的植物；榕树景观区收集种植了各类品种的榕树达 30 多种，是"榕城"福州乃至福建省榕树品种最集中的专类园，它们与"榕树王"相互辉映，吸引了国内外许多游客前来参观游览。通过建设专类植物园，变资源优势为旅游优势，加强旅游内容和科普教育，取得良好效果。

园内有多种受国家一类保护的珍稀植物，如曾轰动世界的一枝叶片可换回 5000kg 钢材的"活化石"——水杉，誉满全球的"中国鸽子树"——珙桐，数量很少的"林中巨人"——望天树。据说望天树可以长到 70m 多，人站在树下望不到树顶。还有 1960 年才发现的"茶族皇后"——金茶花和世界最古的活化石、人称古森林遗迹的桫椤，以及世界著名的巨树之一，人称"万木之王"的秃杉。园内为国家二类保护的珍稀植物也有多种，例如，银杏、连香树、普陀鹅耳枥、杜仲、柏乐树、夏蜡梅、长瓣短柱茶、云南山茶、蕙棕、海南粗榧、荔枝等。园内硕果仅存的澳洲栗豆，也在这里舒枝展叶，充满了生机和活力。

公园具有丰富的旅游资源。由于地理环境和森林的防护效应，形成了园区内特有的小气候。这里冬暖夏凉，夏季平均气温比福州市区低 3～5℃。森林释放出大量的氧气和负氧离子，吸引了众多市民前来感受"森林浴"，被誉为"福州市最大的天然氧吧"，中国林业科学研究院领导亲切地称之为"福州之肺"。

4.1 生物景观旅游资源的概述

4.1.1 生物景观的概念

生物是地球上有生命物体的总称，由植物、动物和微生物 3 部分组成。在其漫长的历史演化过程中，形成了丰富多彩的生物景观。生物在任何一个地理景观或任何一个旅游区都是最引人注目的对象。作为旅游资源的生物景观，主要是指具有旅游价值的各种动植物及其相关生存环境构成的过程和现象。生物景观和其他各类自然和人文旅游资源一起，共同构成了各个旅游景区。

生物景观以其复杂的形态和由其自身生命节律所表现出的变化性构成了旅游景观的实体，是自然旅游资源中最具特色的类型。

4.1.2 生物景观对旅游活动的影响

(1) 生物是自然景色的重要组成部分

生物是自然界中最具活力的组成部分，以其美化环境、装饰山水的功能而成为旅游景观的一大重要组成部分，失去生物，旅游景观就会失去魅力。即使在自然条件非常恶劣的地方，也有生命存在。生存在这种环境条件下的生物，以顽强的生命力吸引着旅游者，例如，北极的白熊和南极的企鹅、高山上的雪莲、戈壁的红柳等。各种地带性植被及栖息地内的动物，是各地富有生气的自然风光的重要组成部分，它们构成了山水景观的肌肤。

(2) 生物是人文景观的重要组成部分

生物（尤其是植物）在人文景观中的应用主要是体现在园林中，富有生命力的动植物以其特有的形态、特殊的含义和其特别的香味点缀着园林。虽然在各个国家园林中动植物所占的比重各不相同（例如，在日本园林中植物较疏朗，而在西方园林中则大量使用花圃、花坛和绿篱），但无论是任何国家的园林，都十分重视植物的配置，并经常利用这种配置表现某种特殊的理念和营造特殊的氛围，并成为某个园林或其中某个景区的特色，例如，"竹园""兰园"等。

而在中国古典园林中则利用各种造园手法（如"借景""障景""夹景"等）达到优化、美化旅游环境的目的，并使周围环境相和谐，最常用的就是借助较高大的植物。

（3）生物使旅游活动项目更加丰富多彩

一些动、植物使某些旅游地的旅游活动更富有吸引力，例如，我国黄山"奇松"、峨眉山的"弹琴蛙"就吸引着旅游者前来观赏猎奇。有些旅游地借助某种植物开展或举办旅游活动，例如，加拿大的"枫糖节"、日本的"樱花节"；我国洛阳的"牡丹节"、福建莆田的"枇杷节"等。生活形态各不相同的动物经过训练，可进行惊险有趣的表演，给游人以欢快。例如，峨眉山的猴子、西安的野生动物园、厦门的海洋馆等。

4.1.3 生物景观旅游资源的特点

（1）生命性

生命性是指生物具有生长繁殖、衰老死亡、开花落叶、迁徙捕食等生命特性。它是生物旅游资源的本质属性，是旅游资源中最富有生机和活力的类型，主要体现在生物具有蓬勃的生机、丰富的色彩、独特的形态、诱人的香味、奇特的声音等方面。

生机　这是生物旅游资源与其他自然旅游资源最大的区别。生物的存在使得世界变得精彩，各种动植物使地球表面生机勃勃。

色彩　生物景观旅游资源的颜色是丰富多彩的，给游人以丰富的色彩美。例如，北极熊，雪一般的白色绒毛给人以洁白无瑕的感觉；北京深秋的香山红叶也是由于其红色的树叶而成为闻名世界的一大美景。

形态　对植物形态的美感观赏主要体现在树冠外形上，其形态有尖塔形、柱形、伞形、卵形、球形、杯形、波形、下垂形、被覆形等，形态各异，如西湖的垂柳、黄山的迎客松等。而对动物的观赏不仅表现在对其各异的体型观赏上，而且其行动也能产生美感，如老虎，体形雄伟，给人以王者之气概；猛虎下山之威猛，鱼游水之自由，骏马奔腾之矫健等。

香味　生物景观旅游资源特别是植物资源的迷人芳香，给游人以神清气爽的感觉。例如，熏衣草能让人静心等。

声音　不少动物发出的悦耳之声能给人带来听觉上的享受，"鸟语花香"即为其写照。例如，夜莺的鸣声，悠扬婉转，娓娓动听；黄山八音鸟的鸣声，音调尖柔多变，音色清脆悦耳，一声能发出8个音等。

（2）观赏性

观赏性指生物的奇特、象征、珍稀性、丰富的寓意等特征能引起人们产生美感的特性。

奇特　有的生物景观旅游资源具有奇特的现象，例如，产于我国和北美叶似马褂的鹅掌楸；巴西高原上的纺锤树；陆地上体积最大、长有长鼻子和长门牙的大象；世界上最大的不能飞翔的鸟——鸵鸟等。

丰富的寓意　在世界上许多国家、地区或民族，对某些动植物进行人格化的比拟并赋予其特殊的意义，如以雄鹰、雄狮来象征民族的威武，坚强不屈。将松、竹、梅誉为岁寒三友，象征着不畏严寒、坚强不屈等。

(3) 科学研究的价值性

旅游资源中的许多野生动植物，具有重要的科学研究价值，这些可以帮助人们很好地认识它们当时的生存环境并得出相关的结论。大家知道，自地球上出现生命以来，动植物的物种自始至终都处于不断变化当中，新的物种不断出现，有些生物不断灭绝。而有些生物物种在地质历史时期曾广泛分布且数量众多，后来由于遭受恶劣的环境影响以及人为因素的影响，只有位数极少的动植物物种幸存下来且只分布在某些特定的区域之中，而且有些物种随着环境的变迁，甚至不能自然繁殖而濒临灭绝。例如，唯独在我国幸存下来的银杏树；黄山特有的迎客松、黑虎松、卧龙松、团结松等名松；还有我国的东北虎、澳洲的鸭嘴兽、树袋熊和袋鼠等。这些珍稀物种及其生存环境就具有极高的科学研究价值，可以帮助我们认知地球的发展历史。

4.1.4　生物景观旅游资源的旅游功能

在山、水、天象、生物四大要素组成的自然景观画卷中，山体是主要的形象骨架，而树木花草则是山的"衣裳"。同样的山体因一年四季二十四节气的变换，不时地更换着衣裳，给四时出游的观赏者增添了趣意无穷的猎奇内容。在现代旅游活动中，随着人类对重返大自然的向往，生物景观正在发挥出越来越重要的旅游功能。

(1) 审美功能

植物景观的审美功能　植物景观通过其"幽、翠、形、色、香、奇、古"等特征让游客产生美的感受。

幽　主要包含着深、暗、静、黝等风韵。"深"是森林茂密，可给人幽深之感。"暗"指林间昏暗、阴暗之意，植物以其葱郁的氛围，可给人以"幽暗"之感。"静"指植物生存空间给人们的僻静、静谧之美感。植物的这些幽特性能给人以幽深、幽暗、幽静、幽雅等幽美感。

翠　风景植物的"翠"色是指春绿色，它可使人们产生翠绿、翠微之感受。例如，燕京八景中的"居庸叠翠"，燕平八景中的"天峰拔翠"。

形　则指风景植物在造型上的千姿百态。如以花论，有色、姿、香、韵之分；以叶论，有单、复、全、裂之状；论树形有挺拔雄健、婀娜多姿之别；论果形有圆、扁、线等之异。总之，没有2种植物的茎、叶、花、果是完全相同的。植物的千奇万异，除自然生成外，人们通过嫁接、培育等技术，还可创造出五花八门的奇态，增强植物的观赏效果。例如，北京丰台花园从1987年起将其中50株植物，通过人工造型，制作出各种"动物"：长颈鹿、熊猫、猴、雄鸡、虎等。

色　风景植物的茎、叶、花、果含有不同的色素，能形成多种色彩美。其中最基本的色彩是绿色。绿是生命之色。绿色植物对于人的心理和生理作用以及这种作用对于旅游者健康的影响，是衡量它的美感价值的一个重要方面。绿色环境能引起人们愉悦的精神状态，并使人保持旺盛的精力。目前科学界已把"绿视率"作为衡量绿色环境的计量指标。所谓"绿视率"即人在视野中绿色所占的比率，最新的科学成果认为这种绿色视野比例达到25%时，即可解除眼睛和心理的疲劳，可以使人在精神上和心理上感到最舒适。故绿色是人在视觉中最美好的感觉环境。植物除绿色外，还有黄色、红色、橙色、蓝色、紫色、白色等色彩。这些色相都是受各种色素及其变化形成的。多种色素的相互调和，构成自然界五彩缤纷的美。其中包括了一些特殊的色相景观，例如，北京香山黄栌木形成的红叶，西山栎树的橘红色以及五角枫、柿树的橙红色等。我国古代有许多名景，例如，太湖东洞庭山十景中的"仙桥枫叶"、北京香山28景中的"绚秋林"等，就是这种植物色素造景的典型代表。许多作家还以植物之色写了不少佳作，例如，杜牧的"停车坐爱枫林晚，霜叶红于二月花"；白居易的"日出山花红似火"等名句。

香　许多植物的茎、叶、花、果还能发出一种香味，以浓淡分为清香、浅香、浓香等；以发出部位分为皮香、木质香、叶香、花香、果香等。许多植物都以香命名，例如，香茅、香菇、香蒿、香蒲、香椿、香樟、丁香、香榧、香蕉、香橙、香薷、香水花、香青兰、香果树等，它们都以不同的香味给人以嗅觉美和愉悦美，使游人既能尝香，又能闻香，引诱力颇大。我国古代有许多描写植物香的佳作，例如，被宋代《词话》称为《花中十友》的"芳友"兰花，"清友"梅花，"殊友"瑞香花等。

奇　主要指各种奇树、奇花、奇草等。北京也有许多"树上树"，例如，柏抱榆、柏抱桑、槐抱榆、槐抱椿等。北京西山大觉寺一地就有"鼠李寄柏""老藤寄柏"等几个奇树景物。风景植物之"古"主要指大量古老树木。古树不仅具有记录时代、指示环境特征的历史文物和科学研究价值，而且是旅游的重要观光对象。其观光价值，一是古；二是奇。古就会吸引人，而且越古吸引力越大，越有保护价值。奇是形态奇特，或高大雄伟，或粗若巨柱，或体态虬曲，或心空叶茂。这些古树名木都是风景植物的佼佼者，吸引了许多慕名而游的人。

动物景观的审美功能　景观的审美功能通过它的奇特性、珍稀性和驯化性来使游客产生美感。

奇特性　即动物在形态、生态、习性、繁殖、迁徙、活动等方面的奇异表现。游人通过观赏可获得奇特、怪异等美感。动物是活的有机体，能够跑动、迁移，还能做出种种有趣的"表演"，对游人吸引力大大超过植物。例如，无脊椎动物中以姿色取胜的珊瑚、蝴蝶；脊椎动物中千姿百态的观赏鱼、龟、蛇、鸟类、兽类等。其中鸟类、兽类是最重要的观赏动物，它们既可观形、观色、观奇、观动作，还可听其鸣叫声，获得从视觉到听觉的多种美学效果。

珍稀性　我国有许多动物是世界特有、稀有的，甚至是濒于绝灭的。例如，大熊猫、金丝猴、东北虎、野马、野牛、麋鹿、白唇鹿、中华鲟、白鳍豚、扬子鳄、褐马鸡、朱鹮等。这些动物由于具有"珍稀"这一特性，往往成为人们注目的中心。北京百花山、松山、小龙门等地也有不少珍稀鸟兽，例如，金钱豹、斑羚、猪獾、褐马鸡、环颈雉等，从而大大提升了该地的招徕形象。

驯化性　动物不仅有自身的生态习性，而且在人工饲养、驯化条件下，某些动物会产生各种模拟动作，例如，模拟人类动作或在人的指挥下做出某些粗犷而可笑的"表演"动作等。我国古代以及一些少数民族地区，特别注重动物表演娱乐活动，例如，古代的斗鸡、耍猴、驯熊、玩蛇、养鸟、放鹰、赛马和少数民族的斗马、斗牛等，这些都会吸引大量的游客前往观赏。

(2) 医疗保健功能

植物尤其森林具有重要的医疗保健作用，比如，森林会散发出对人体有益的多种药素。这种有机物质主要有单萜烯、倍半萜烯及双萜烯。它们具有杀菌、抗生、抗炎、抗癌等作用，同时又有促进生长激素分泌的功能。其中单萜烯还有促进支气管和肾脏系统活动的作用；倍半萜烯具有抑制精神焦躁、调整内脏活动的作用。森林中的负离子含量一般比较高，这是由于树尖可传导地面负电，林中水露微粒又是阴离子附着的最佳物质。这些空气负离子对人体健康非常有益，它能够使人镇静、安定、催眠、镇痛、止痒、止汗、增进食欲，使呼吸、脉搏节律平稳，降低血压，稳定情绪，振奋精神，消除疲劳，给人以极大的舒适感，故被人们称为"空气维生素"。森林产生的大量阴离子与树叶、树干逸散出的大量挥发性芬多精杀菌物质相结合，构成了一种高质量的能增进健康的森林浴疗环境。

另外，一些植物、动物都可作为药物产生医疗作用，其药品的药性、药效丝毫不逊色于其他药品，目前我国已知中草药约有千种以上，药用植物1.2万多种，国外药用植物约1万种，其中许多是名贵中草药，例如，人参、鹿茸、麝香、天麻等，这些药材已成为重要的旅游商品。在我国的中医学宝库中，可以作为药用的动物很多，比如，羚羊角可平肝息风、清热去惊等。我国最早的药物书《神农本草经》记载了公元2世纪前使用的各种天然药物，其中动物药67种。可见用动物制药的历史很悠久。

(3) 科学研究和科普教育功能

所有的生命形式都共同存在于地球的生物圈之中，人类自然也不例外，因此人类与其他生物是息息相关的。生物圈是最大的生态系统，人也是生态系统中扮演消费者的一员，人的生存和发展离不开整个生物圈的繁荣，因此，保护生物圈就是保护我们自己。近年来，接触动植物成为"回归自然"等生态旅游活动的核心内容。生物界具有纷繁复杂的形态与现象，具有审美功能，同时，在这些现象背后蕴藏着丰富的科学知识。例如，植物的分类、不同环境条件下植物的生态适应特征；植物的地域分异规律；动物的生活习性；动物的伪装术；动物的迁徙等。这些知识可满足社会大众了解生物世界的需要，成为吸引普通游客，开展科普教育活动的重要资源。同时，生物的生存环境是研究它们进化史的重要资料。

(4) 文化功能

古往今来，在长期的审美活动中，人们常将植物或动物的某些习性、品格或某种特定的生长环境，进行人格化的比拟并赋予动植物某种寓意，从而使人们的旅游活动和欣赏行为更具文化色彩和精神意义，这样可以开展文化旅游活动。例如，翠绿挺拔的竹子，给人刚强谦虚的感受；古老苍劲的树木，让人产生一种抗争的心境和百折不挠的精神。经过历朝历代文人墨客的不断渲染和承续，这些人格化的比拟渐趋完善而定型，以至于我们一看到某些植物或动物就会马上联想到人的某些品格，代表人们共同的价值取向。例如，"岁寒三友"的松、竹、梅，其不畏严寒，成为不畏逆境、勇敢向前的精神象征；"花中四雅"的菊、兰、水仙、菖蒲，则象征着圣洁高雅。不少动植物因其蕴涵的深刻含义而成为一个国家、一个民族、一个城市的象征，国花、国树、国鸟、国兽、市花等，都寄托着人们的某种精神追求。例如，加拿大的国树是枫叶；智利的国鸟是山鹰；西班牙的国花是石榴花；缅甸的国鸟是孔雀；北京的市花是月季和菊花；洛阳的市花是牡丹等。同时，受宗教文化的影响，一些动植物被视为圣物和神灵来敬奉，成为具有宗教特点的动植物。例如，印度将牛视为"神牛"，每年要举行一次敬牛的节日活动。再如，佛教的圣树是娑罗树；菩提树是觉悟之树；莲花象征佛教，它出淤泥而不染、洁身自好的品行正与佛教的超然脱俗相一致。这些动植物具有独特的旅游观赏价值和寓意性，受到宗教保护的同时，也成为旅游活动，特别是宗教旅游活动的观赏对象。

(5) 美化、净化环境的功能

多数动植物对所在地的环境起着装扮美化的作用。生物景观在各种自然景观和人文景观旅游资源的总体构景中起着背景和育景的作用。动物的奔腾飞跃、鸣叫怒吼和植物的开花结果、摇曳多姿及其在风雨中的低音高唱，都使景观变得充满生机和活力。正所谓"山以草木而华""山借树为衣"。"山清水秀""鸟语花香"就是由于生物美化环境的功能而形成的美景。"峨眉天下秀"中的"秀"指的就是在高耸挺拔的山势上由茂密的植被所构成的色彩葱绿、线条柔美的景观特色。此外，植物还具有净化环境的作用，具体体现在：① 净化大气，树木能吸收二氧化碳、氧化氮、含重金属的有毒气体、放射性的物质和烟尘、粉尘等，可以释放杀菌物质，杀灭细菌，森林被比喻为"地球之肺"，每公顷森林一天可吸收1005kg 二氧化碳，制造 735kg 氧气；② 净化噪音污染；③ 调节气候，减轻地球外围的温室效应；④ 有利于防治风沙和水土保持。正因为如此，旅游胜地的植被覆盖率一般都比较高。

4.2 生物景观类旅游资源类型

生物景观旅游资源指以生物群体构成的总体景观，个别具有珍稀品种和奇异形态的个体。本主类旅游资源包括 4 种亚类，11 种基本类型。

4.2.1 树木

本亚类包括林地、丛树、独树 3 种基本类型。

(1) 林地

林地是指生长在一起的大片树木组成的植物群体，包括原始森林、人工林、天然人工混合林，外表形态为森林景观，是全球生物圈中的重要组成部分。在地球的陆地生态系统中，它是地球上的基因库、碳贮库、蓄水库和能源库，对维系整个地球的生态平衡起着至关重要的作用，是人类赖以生存和发展的资源和环境。森林总面积为 50 亿 hm^2，占陆地面积的 32.6%。森林具有净化空气、涵养水源、保持水土、调节气候等多种功能，是保护环境、维护陆地生态平衡的关键因素。森林景观指具有独特的美学价值和功能的野生、原生以及人工森林。森林景观可以开展探险、探奇、探幽、科学考察、疗养、健身、生态旅游和野生动植物标本的采集。主要的森林景观类型主要有以下几种：热带雨林景观；红树林、亚热带常绿阔叶林景观；温带落叶阔叶林景观等。

目前，中国比较有名的森林旅游景观主要有：湖南张家界国家森林公园（中国第一个国家森林公园）、云南西双版纳原始森林景观（"植物王国"和"动物王国"）、东北长白山原始森林（温带生物自由基因库、红松之乡）、广东肇庆鼎湖山亚热带季风常绿阔叶林（北回归线上的绿宝石）、安徽金寨天堂寨国家森林公园（中华植物王国之最）、广西合浦东南部山口红树林景观、四川长宁和江安之间的

"蜀南竹海"、浙江"安吉竹海"、湖南"益阳竹海"等。世界主要森林景观：欧洲北部的"亚寒带针叶林"（世界最大针叶林）、南美洲亚马孙河流域和非洲刚果河流域的热带雨林、地中海沿岸的亚热带常绿林景观等。

（2）丛树

丛树是指生长在一起的小片树木组成的植物群体。与林地的区别在于面积较小，但观赏性一般更强，多表现为珍贵的植物群落。

福州琅岐岛上的古朴树林

这是一种原本仅生长于北方的树种；这是一片在南方仅见的"百亩神奇珍稀树林"；它们默然生长在东海，至今，已有400~500年的历史。不知起于何年何月，在南方海域一个原来一片汪洋的地方，大自然的鬼斧神工孕育出一片神秘的沙丘。于是，在这神秘的地方，南徙的候鸟飘然而至。海鸟屙下了北方带来的朴树种子。于是，蔚成一片3hm^{2}多的神奇珍稀的树林，蔚成大自然的奇观秀景，被人类视为掌上明珠。这神秘的地方，如今叫作琅岐岛；这神奇珍稀的树林，如今称之为南方朴树林。遮天蔽日的树阴为大自然装上了天然空调，南方的朴树林恰似夏日里的夏威夷；数百年海风吹奏着神曲，琅岐岛上的朴树个个出落成月光下杨丽萍的舞蹈。如今，生长在深闺的南方朴树林，正在撩开神秘珍稀的面纱；福州的琅岐岛，正在规划构筑着千娇百媚、前景美妙的现代伊甸园。

（3）独树

单株树木为独树。独树能成为旅游资源，要么具有奇特造型、要么则是名贵树种、或者古树名木、或者具有美丽传说。

古树指生长百年以上的老树；名木指具有社会影响、闻名于世的树，树龄也往往超过百年。生长百年以上的古树已进入缓慢生长阶段，干径增粗极慢，形态上给人以饱经风霜、苍劲古拙之感。世界上长寿树大多是松柏类、栎树类、杉树类、榕树类树木，以及槐树、银杏树等。名木或以姿态奇特观赏价值极高而闻名，例如，中国黄山的"迎客松"；或以历史事件而闻名，如泰山岱庙中汉柏，是汉武帝刘彻封禅时所植；或以传说异闻而闻名，如陕西黄陵轩辕庙内的"黄帝手植柏"，树高近20m，下围10m，是中国最大的柏树，据说是传说中的中华民族始祖轩辕氏黄帝亲手所植。另外，地中海西西里岛埃特纳火山上的"百骑大栗树"，相传它的庞大茂密的树阴曾为古代一位国王、王后及其随带的百骑人马遮风挡雨。

千年的荔枝王

在福建省莆田市风光秀美的壶公山下木溪畔，有一株树龄已近千年的荔枝王，它撑开了一把翠绿的巨伞，与清幽的溪水倒映在水中的蔚蓝山峰；还有溪边的古驿道、跨溪的古木桥，构就了一幅莆田宋代的山水画。荔枝王植于宋代，长在荔城区新度镇下横山村旁溪边，相传在宋代，家住莆田延寿村的徐铎高中状元，回乡感念旧时曾在河边读书习文，就在下横山村亲手栽下这株荔枝树，后被人誉为"状元红"，为莆田的历史文化积淀增添了一份甘甜。荔枝王地表径围6.8m，从离地1m处分出13条粗大枝干，其树冠高达13m、覆盖面积近700m^2，据说是全国最大的荔枝王。它的果实无论色、香、味都享有很高的声誉，被称为"奇香异味天下无""品中第一"。宋家香是宋代莆城荔枝优良品种"陈紫"的母本，在20世纪初，它的枝苗被移到美国的佛罗里达州，后逐渐推广到古巴、巴西等国，成为中外科学文化交流的活标本。

4.2.2 草原与草地

本亚类包括草地和疏林草地2种基本类型。

(1) 草地

草地又称草原,指以多年生草本植物或小灌木组成的植物群落构成的地区;草地(原)景观主要指大面积的草原和牧场形成的植被景观,可供放养或割草饲养牲畜。世界的草地(原)景观主要分布在各大陆内部气候干燥、降水较少的地区,诸如世界著名的天然草原中国内蒙古锡林郭勒草原、中国第二大草原新疆巴音布鲁克草原、澳大利亚中西部大草原、阿根廷潘帕斯大草原及非洲热带草原。

除了缺水地区的草地外,还有一种草地不仅不缺水,而且很湿润,这就是沼泽草地,它是草地景观中旅游价值较高的一种。在我国辽阔的东北平原,就有大面积的沼泽草地。沼泽草地主要分布于相对低洼的地方,例如,齐齐哈尔附近的扎龙。沼泽草地植被的植物种类组成比较简单,主要以禾本科植物为主,例如,芦苇、香蒲、茭笋、水烛等。芦苇沼泽草地植物高度一般较高,可达到150~250cm,生物量较高,每公顷可产干草3000kg,沼泽草地常与大面积的水体相连,因而常成为湿地的重要组成部分。由于沼泽草地特殊的生态环境,所以成为许多候鸟迁徙停留之处,例如,有名的丹顶鹤和许多其他鹤类,从3月底到8月底常在这些地区停留、繁殖、生活。这类沼泽草地有绝佳的景观和极好的科研价值,往往成为旅游目的地。

> **锡林郭勒草原**
>
> 锡林郭勒草原位于内蒙古自治区锡林浩特市境内,面积107.86万hm^2,1985年经内蒙古自治区人民政府批准建立保护区,1987年被联合国教科文组织接纳为"国际生物圈保护区"网络成员,1997年晋升为国家级,主要保护对象为草甸草原、典型草原、沙地疏林草原和河谷湿地生态系统。锡林郭勒草原是我国境内最有代表性的丛生禾草(针茅)草原,也是欧亚大陆草原区亚洲东部草原亚区保存比较完整的原生草原。保护区内生态环境类型独特,具有草原生物群落的基本特征,并能全面反映内蒙古高原典型草原生态系统的结构和生态过程。目前,区内已发现有种子植物74科、299属、658种,苔藓植物73种,大型真菌46种,其中药用植物426种,优良牧草116种。保护区内分布的野生动物反映了蒙古高原区系特点,哺乳动物有黄羊、狼、狐等33种,鸟类有76种。其中国家一级保护野生动物有丹顶鹤、白鹳、大鸨、玉带海雕等5种;国家二级保护野生动物有大天鹅、草原雕、黄羊等21种。本区是目前我国最大的草原与草甸生态系统类型的自然保护区,在草原生物多样性的保护方面占有重要的位置和明显的国际影响。

(2) 疏林草地

疏林草地指生长着稀疏林木的草地。因为植物以旱生草类为主,草丛高大,禾本科植物地上高度达2~3m,并混杂生长耐旱灌木和非常稀疏的乔木,被称为"稀树草原"(稀树草地),包括以放牧为主的树木郁闭度小于0.3的疏林草地和灌丛郁闭度小于0.4的疏灌丛草地。

4.2.3 花卉地

本亚类包括草场花卉地和林间花卉地2种基本类型。

通俗地讲,"花"是植物的繁殖器官,是指姿态优美、色彩鲜艳、气味香馥的观赏植物;"卉"是草的总称。花以其色、香、韵、姿的四大美学特征成为植物体中最美的部分,也成为人们观赏的主要对象,那些名贵、奇异、独特的花卉更是备受人们的青睐。花卉的种类极多,范围广泛,不但包括有花的植物,而且还包括苔藓和蕨类植物。

(1) 草场花卉地

草地上的花卉群体称为草场花卉地。

(2) 林间花卉地

灌木林、乔木林中的花卉群体称为林间花卉地。

名贵花卉

依据花色、花姿、花香和花韵,我国形成十大传统观赏名花:牡丹(万花之王)、月季(花中皇后)、梅花(群花之冠)、菊花(寒秋之魂)、杜鹃(花中西施)、兰花(花中君子)、山茶(花中珍品)、荷花(水中芙蓉)、桂花(金秋娇子)、君子兰(黄金花卉)。世界各国也依据自己民族的观赏喜好,将某些具有典型特征的花卉,作为本国某种性格特征和理想、愿望或民族追求的象征,而成为国花或市花。例如,玫瑰(英国、美国)、樱花(日本)、茉莉(菲律宾)、郁金香(荷兰)、石榴花(西班牙)、矢车菊(德国)、睡莲(泰国)、鸢尾(法国)、雏菊(意大利)、虞美人(比利时)、大丽花(墨西哥)、金合欢(澳大利亚)等。

4.2.4 野生动物栖息地

野生动物栖息地是指一种供多种水生动物、陆地野生动物(哺乳动物、两栖动物、爬行动物等)、鸟类、蝶类常年或季节性栖息的地方;包括水生动物栖息地、陆地动物栖息地、鸟类栖息地、蝶类栖息地 4 种基本类型。

栖息地可为野生动物提供生存所需要的生态条件,例如,食物、水、温度、保护场地等。野生动物栖息地主要分为:鸟类栖息地,如"鸟类王国"的福建武夷山自然保护区;珍稀哺乳动物栖息地,如以东北虎为保护对象的七星砬子自然保护区;珍稀鱼类栖息地,如澳大利亚的大堡礁;还有许多其他的动物栖息地,如爬行类、两栖类、节肢类动物栖息地等。

那些珍禽异兽及栖息地是指数量较少或者濒于灭绝的珍贵稀有动物和保护珍稀动物栖息地的自然保护区。中国有国宝大熊猫及其故乡四川卧龙自然保护区;国宝金丝猴及四川九寨白河自然保护区;"长江里的大熊猫"——长江白鳍豚及其保护区;世界屋脊之鹿——白唇鹿及其保护区;东方宝石朱鹮(红鹤)及其栖息地陕西洋县自然保护区;东北虎及其栖息地长白山自然保护区;丹顶鹤及其栖息地广东鼎湖山自然保护区;青海湖鸟岛自然保护区;保护藏羚羊、野牦牛等蹄类动物的阿尔金山自然保护区;还有辽宁老铁山蛇岛、海南猴岛等珍稀动物栖息地。世界上珍稀动物及栖息地有澳大利亚大陆特有动物鸭嘴兽、袋鼠、树袋熊(考拉)、鸸鹋(澳洲鸵鸟);尼泊尔奇特万皇家公园是孟加拉虎最后的避难所和亚洲独角犀牛的栖息地;世界著名的羚羊保护区非洲卡拉哈里羚羊国家公园;还有南极大陆的"主人"——企鹅。

> ### 周至金丝猴自然保护区
>
> 周至金丝猴自然保护区位于秦岭山区的周至、太白、佛坪、洋县等县境内,建立于1986年,1988年晋升为国家级自然保护区。周至金丝猴属于川金丝猴的一种,比其他猴子更加美丽。它长着50cm多长的金黄色的长毛,长着近60cm的与身体几乎等长的大尾巴,面孔呈宝蓝色,鼻子朝天,还有一个金色的天然项圈。它行动迅速,弹跳惊人,常常借助树枝的弹力一次飞越40m的空当,在树林上穿梭自如,被人们冠以"飞猴"的美名。金丝猴喜欢结队生活,一群猴有50~100只,且有猴王来处理猴群间的纷争。而金丝猴十分爱护幼仔,常常为了保护幼仔而牺牲生命,在过去乱捕滥杀的岁月里,有的母猴在自己被捕后会将幼仔抛下山,以让其逃生,有的母猴会向举枪的猎人摆手,示意不要开枪,以保护自己的幼仔。现在,保护区内有大约1000只金丝猴,还有大熊猫、云豹、黑鹳、斑羚、金猫、水獭、林麝、黑熊等国家一、二级保护动物;有许多珍惜的国家保护植物,例如,红豆杉、独叶草、银杏等。这里是一个深受动物爱好者和摄影爱好者喜欢的地方。

【思考题】
1. 谈谈你对生物景观概念和含义的理解。观赏生物与旅游有何密切关系?
2. 生物景观的吸引因素有哪些?试举例说明。
3. 简述植物、动物的造景特色。
4. 生物景观的旅游功能表现在哪些方面?试举例说明。
5. 生物景观的基本类型有哪些?
6. 简述生物旅游资源的特点。

【经验性训练】

对当地的森林公园或动物园的生物资源造景功能进行了解

【概述】
为更好地认识生物旅游资源,将学生分成若干团队进行实地考察。

【步骤】
1. 全班5人或7人一组,以组为单位,独立完成任务。团队的任务是使每个成员都能比较充分地认识和了解生物旅游资源的相关信息。每个小组的主题都不同。
2. 每组的组长针对本组的调查负责分配成员的任务,分工合作,共同讨论,形成调查报告。该报告包括资源的基本概况、景区内的分布情况、受保护情况及造园特色等。
3. 全班一起讨论如何更好地保护这些生物旅游资源及如何更好地突出这些资源在景区中的特色,集思广益。
4. 将每个小组的调查报告进行汇总,对所调查的景区提出建议、针对现存的问题提出对策及这些动植物资源如何更好地发挥其特色。

【案例分析】

> ### 北京野生动物园
>
> 北京野生动物园汇集着世界各地珍稀野生动物200多种1万余头(只),其中金丝猴、臂猴、绿尾虹雉、褐马鸡、白孔雀等国家一级保护动物定居在这里。中国特有的10余种珍禽、野生雉类在这里都能看到。

园区以"保护动物、保护森林"为宗旨，突出了"动物与人、动物与森林"的回归自然主题，着力渲染"人、动物、森林"的氛围，拉近人与动物的距离。增加人与动物的接触，以现代的无屏障全方位立体观赏取代了传统笼舍观赏方式。园区突出一个"野"字，体现一个"爱"字，建筑精美别致，绿树环抱，草木扶疏，景色幽雅令人心旷神怡。

园区设有散放观赏区、步行观赏、动物表演娱乐区、科普教育区和儿童动物园等；建有主题动物场、馆31个。

在动物散放区，成群的狼和牛、狮子和狒狒共同生活在一个区域。游客可以通过数量的控制使其在力量上达到一种动态的平衡，产生一种势均力敌的对峙效果和强烈的视觉冲击力。

在步行观赏区，游客可以跟鹿、狍、松鼠等多种温驯动物戏耍。置身于"森林与动物"环境之中，达到与自然的最佳融合。

动物表演娱乐区为游人提供各种精彩的动物表演，可观看狮子钻火圈，熊骑自行车等节目，以及动物竞技场的斗鸡等，充分展示了动物天生好斗的性格；在鳄鱼表演场，游客能欣赏到鳄鱼"温柔"的一面；在鸟类表演场，游客不仅能观赏到各种各样的鸟类，而且游客也能观看它们的表演，精彩纷呈。游客在此能够得到多种的满足。

在主题动物场馆内，游客可以观赏到世界上最大的人工繁殖国家一类保护动物——棕尾虹雉、白尾梢虹雉、绿尾虹雉等珍稀动物种群。同时还可以观赏到极为珍贵的大熊猫、金丝猴，其中黔金丝猴是首次向世人展示。

同时园区内还设有各种各样的娱乐节目，为游客游园增添许多乐趣。

北京野生动物园布局合理，富有情趣，充分展示了动物构景造园的旅游功能。

【案例思考题】

北京野生动物园中的生物资源是如何体现其构景造园旅游功能的？

【本章推荐阅读书目】

1. 旅游资源与开发. 马耀峰，宋保平，赵振斌，等. 科学出版社，2005.
2. 园林花卉学. 毛洪玉. 化学工业出版社，2005.
3. 园林植物景观. 吴涤新，等. 中国建筑工业出版社，2004.

第 5 章
天象与气候景观类旅游资源

【本章概要】

本章主要阐述天象与气候的概念；天象与气候资源与旅游的关系；天象与气候景观旅游资源的吸引因素和旅游功能。介绍各种天象与气候景观旅游资源的类型、特征、成因及一些著名的天象与气候景观旅游资源。

【学习目标】

- 理解天象与气候景观旅游资源的概念；
- 掌握天象与气候资源与旅游的关系；
- 掌握天象与气候景观旅游资源吸引因素和旅游功能；
- 理解主要的天象与气候景观旅游资源类型；
- 了解一些著名的天象与气候景观旅游资源。

【关键性术语】

光现象、天气与气候景观。

【章首案例】

吉 林 雾 凇

吉林雾凇，以其"冬天里的春天"般诗情画意的美，同桂林山水、云南石林、长江三峡一起被誉为中国四大自然奇观。雾凇，人们通常叫它"树挂"，是雾和汽遇冷结冻而成的一种气象景观，分粒状、晶状 2 种。粒状雾凇结构紧密，形成一粒粒很小的冰块，而晶状雾凇结构比较松散，呈较大的片状。吉林的雾凇就属于晶状，它是在吉林市独特的地理环境中自然形成的。

雾凇之美，美在壮观，美在奇绝。每到隆冬时节，北国江城千里冰封，万里雪飘，垂柳苍松凝霜挂雪，戴玉披银，晶莹剔透，仰望松树枝头，宛如玉菊怒放，雪莲盛开，正是："忽如一夜春风来，千树万树梨花开"。

观赏雾凇，最讲究的是在"夜看雾，晨看挂，待到近午赏落花"。

"夜看雾"是在雾凇形成的前夜观看江上出现的雾景。大约在夜里22:00后，松花江上开始有缕缕雾气，继而越来越大，越来越浓，大团大团的白雾从江面滚滚而起，不停地向两岸飘流。

"晨看挂"是早起看树挂。十里江堤黑森森的树木，一夜之间变成一片银白。棵棵杨柳宛若玉枝垂挂，簇簇松针恰似银菊怒放，晶莹多姿。

"待到近午赏落花"是说树挂脱落时的情景。一般在上午10:00左右，树挂开始一片一片脱落，接着是成串成串地往下滑落，微风吹起脱落的银片在空中飞舞，明丽的阳光辉映到上面，空中形成了五颜六色的雪帘。

5.1 天象与气候类旅游资源概述

天象与气候条件是旅游活动的环境与背景，又是旅游者的重要观赏对象。千变万化的天象气候景观与其他自然景观相结合，再加上人文旅游景观的陪衬，共同构成一幅绚丽的自然旅游景观。

5.1.1 天象与气候的概念

天象泛指各种天文现象。例如，太阳出没、行星运动、日月变化、彗星、流星、流星雨、陨星、日食、月食、激光、新星、超新星、月掩星、太阳黑子等。中国早在距今 3000～4000 年前就注意观测和记录天象，此后历代的天文官和民间的天文学家也都注重观测天象。中国古代的天象记录内容丰富、记录翔实，在世界上是独一无二的。

气候是指一定地理环境内长时间的天气状况的综合反映。它是地球与大气之间长期能量交换与质量交换所形成的一种自然环境状态，是多种因素综合作用的结果。它通过水文、生物、土壤等多种地理因素，形成特定区域内的自然景观。

5.1.2 天象、气候资源与旅游的关系

天象与气候是构成自然环境的重要因素之一，也与人们的生产生活活动存在着密切的关系。气候对人类旅游活动的影响更是至关重要。构成天象与气候资源的冷热、干湿、风、云、雨、雪、霜、雾、雷电、虹霞、光等各种要素，不仅是构景、育景的重要元素，也是人类旅游活动的重要客观条件。

（1）天象与气候资源是一种存在形式多样的旅游资源

天象与气候资源不仅以各种奇特的光现象的形式存在，还以美丽的高山冰雪景观及经常出现的雨景、日出、云霞等和偶然发生的佛光、海市蜃楼、雾凇等形式存在于特定的地域之内。这些不仅为人们提供美好、舒适的环境和赏心悦目的奇特景观，也为人们提供各种各样的娱乐活动。

（2）天象与气候资源塑造不同的地域旅游景观

气候条件是自然环境形成最重要的影响要素，不同的气候条件会产生不同的自然景观。冬季我国北方寒冷，就塑造了冰天雪地的自然景观；而南方温暖，则塑造了绿色盎然的自然景观。由于气候条件长期的地域差异，也对依附一定地域发育的人文景观产生非常明显的作用。比如，受气温条件影响，我国北方或者高寒地区民宅一般具有房屋相对低矮、窗口少小、墙壁厚重、内部空间小、保温防寒的特点；在一些降水很少的地区，屋顶为平拱形，屋面坡度较小；而在南方，民居则比较高大，室内宽敞，门窗较大，墙体较薄，比较注重通风透气，由于降水量大，其屋顶为人字形，屋面坡度较大，屋脊厚重。天象条件是重要的构景要素，例如，云、雾、雨、霞等总是与山、林、水等要素相结合才形成优美的景观。所谓"山无云则不秀""黄山自古云成海""山色空蒙雨亦奇"等，就是对这种构景作用的具体写照。同时，由于天象与气候资源的地域差异，造成天象与气候类型的多样性，使得天象与气候资源具有独特的地域性，为旅游活动提供了多种多样的选择机会。

（3）天象与气候资源的季节性变化影响旅游客流的空间分布

气候条件优越并且持续时间长的地区成为旅游热点地区。夏季，我国的气温普遍较高，沿海海滨、湖滨和山区，气候相对凉爽宜人，成为旅游热点地区。冬季气候寒冷，我国低纬度地区成为居住在北方的游客向往的地方，而生活在温暖地带的南方游人则喜爱到北方去欣赏北国风光。

（4）气候的季节性变化，导致旅游业淡季、平季和旺季更替的变化节律

春季、秋季，气候温和宜人，是旅游的最好季节，夏季的炎热和冬季的寒冷，降低了人们外出旅游的欲望，形成旅游平季或淡季。当然暑假学生多，也能形成小旺季，但不是气候的影响。

（5）天象与气候资源存在的优劣差异影响了旅游的观赏效果和舒适度

首先，旅游活动能否顺利进行，天象、气候是重要的影响条件之一。适宜的天象、气候，可以为旅游活动提供舒适的条件；相反，恶劣的天象、气候就会给旅游活动带来许多不便。其次，对诸如观日出、观日落、观彩霞、观极光、观高山宝光、观鸟群等特定观赏项目，它们的观赏效果就要依靠合适的天气条件来完成。最后，天象、气候条件还会影响旅游者的舒适度，比如，连续闷热无雨、暑热难当，会使旅游者烦躁不安。反之，在闷热之中降雨，不仅可避暑降温，还可造成某些特殊的观赏背景，如雨景、云雾景等，形成一种必不可少的重要构成要素——背景旅游资源。

5.1.3 天象与气候景观类旅游资源特点

天象与气候旅游资源主要指千变万化的天象景观、天气现象以及不同地区的气候资源，其与岩石圈、水圈、生物圈旅游资源景观相结合，再加上人文景观旅游资源的点缀，就构成了丰富多彩的天象、气候旅游资源。因此，天象与气候景观旅游资源主要有以下吸引因素。

（1）地域性

地理纬度、海陆分布、地形起伏对大范围气候的形成起着决定性作用。气候的地带性与非地带性分布，使各地的天象气候旅游资源带有鲜明的地域性。一些特殊景象必须在特定场合与地点才会显现。例如，雾凇出现在松花江沿岸；四季分明出现在温带地区；终年长夏无冬，四季常青，只能出现在亚热带、热带地区。由于游客普遍具有求新求异的心理，因此长期在某一种气候类型区中居住的人们，几乎都有去其他气候类型区去体验的愿望。所以，沿海潮湿地区居民喜欢到草原、沙漠干旱地区去游玩，北方寒冷地区的人喜欢到南方温暖地方去感受。

（2）奇异性

天象与气候现象常常以日常少见的奇异的形式出现，满足人们求奇求异的特殊旅游心理需求。例如，中国"四大自然奇观"之一、盛名享誉海内外的松花江畔树枝上的雾凇，宛如玉树银枝，别具风韵，置身其中，如临仙境。一些天象与气候现象只出现于特定地区、特定时间，如极光仅仅在极地地区才能见到；日出和日落的壮丽景观仅仅在清晨和黄昏时刻才能看到。一些天象与气候现象的出现频率非常低，常是可遇而不可求的事情，如海市蜃楼、佛光等。正是由于它们的可遇而不可求的独特性使得这些景观对旅游者具有强烈的吸引力。

（3）多变性

由于温度、湿度等诸气象要素，都有规律性的日变化和年变化。不同的气象景观在一年内所出现的时间,也有明显的季节变化。例如,被誉为黄山四绝之一的云海,波涛翻滚、此起彼伏、飘忽不定,吸引众多的仰慕者去一睹它的风采。然而如愿者为数不多,原因在于云海的展现也有季节差异。年平均40天的云海,主要出现在11月至次年5月。大气中的各种物理现象和物理过程,往往变化迅速,变幻无穷,具有明显的瞬变性。只有把握时机,才能如愿以偿。例如,四川峨眉山,人们苦攀登顶,总想一睹"佛光"。事实上,"佛光"一般出现在日出后、日落前的一小段时间,瞬变性大,游客能观赏到的概率很小。正是由于天象与气候景观表现出这些明显的动态的变化属性,构成了天象与气候旅游景观重要的吸引力让人感受到了大自然永不停歇的动态与活力。

(4) 组合性

虽然天象与气候旅游景观资源本身具有独特性,但它们若与周围的环境及建筑物相组合,则别有一番味道。例如,深秋霜后北京的"香山红叶"、南京的"栖霞红叶"、苏州的"天平枫叶"、春季南京的"玄武烟柳"、苏州光复的"香雪海"、冬季杭州西湖的"断桥残雪",等等。

(5) 康乐性

气候旅游资源对游客的吸引力还体现在其康乐性方面。所谓气候的康乐性,是指一些地区的气候条件在气温、湿度、日照、风速等方面量度适中,配合较好,从而有利于人的身体保健和户外活动。康乐气候对游客,特别是对疗养型的游客而言,是非常重要的吸引因素。康乐气候主要分为避暑型气候、避寒型气候和阳光充足型气候。游客特别是疗养型的游客可以根据自身需求选择相应的气候区进行度假和疗养。例如,连云港、青岛、秦皇岛、海南岛等海滨地区以迷人的自然环境和良好的生态环境,面向大海,空气中富含负离子,吸引了大量的观光和疗养型旅游者,是理想的海滨浴场、避暑胜地和疗养胜地。

5.1.4 天象与气候景观类旅游资源的旅游功能

(1) 审美功能

独特的天象与气候要素不仅是奇异自然景观的构成要素,而且本身所具有的观赏性会使旅游者产生愉悦的美感。闻名世界的旅游风景区黄山吸引着无数中外游客前来观光游览,游客在赞叹黄山的奇松、怪石的同时,更为神奇多彩、变幻无穷的气象景观所陶醉。无论是白云滚滚、银浪滔滔的黄山云海;飘忽不定、变幻无穷的黄山雾;美妙绝伦的黄山日出日落;鲜为人知的黄山奇景宝光;还是冬日里形成的"玉菊怒放""梨花盛开"的雾凇奇观;雪后初晴的黄山迷人世界等,都会使游人流连忘返。

(2) 疗养功能

气候条件是进行疗养活动的一个重要环境条件,许多"气候宜人"的环境适合开展疗养旅游活动。"宜人的气候"是指人们无需借助任何消寒、避暑的装备和设施,就能保证一切生理过程正常进行的气候条件,也称为满足人们正常生理需求的气候条件。一般来说,洁净的空气,适宜的温度、湿度状况,充足的阳光及宜人的景色对人的身体保健和病体康复有积极作用,有利于开展疗养活动。森林覆盖好的山区,以及湖滨、海滨往往成为主要的疗养场所。例如,山岳地区由于海拔高,气压低,阳光充足,无污染,空气清新,空气负离子含量大,因此能使人呼吸加深,肺活量增大,促进血液循环,加深体内氧化过程,这种气候适于贫血、高血压、心脑血管疾病、支气管炎、哮喘等疾病患者的疗养。庐山在气候上，与其附近的平原湖区相对比，得天独厚，自成一体。一年之中最热的6~8月平均气温不足22℃，与周围平原地区同期25~30℃的高温形成显著差异，成为夏季炎热的长江中下游平原之中的"凉岛"。每到夏季，到此避暑纳凉的人纷至沓来。

（3）体验功能

由于温度、湿度、风、光照等能给人带来直接的身体体验，这种身体体验往往能给游客留下深刻的印象，是一种更高层次的旅游形式，因此，天象与气候旅游资源成为旅游者追寻体验的主要内容。冬季的黑龙江千里冰封，万里雪飘。无论是大小兴安岭绿浪滚滚的浩瀚林海，还是一望无际的三江平原；无论是奔腾的黑龙江、松花江、乌苏里江，还是碧波荡漾的镜泊湖、兴凯湖，冰雪都是这里绝对的主宰。冰河树挂的冰雪盛景，冬泳滑雪的冰雪娱乐和独具特色的冰雪生活，使这片林海雪原成为旅游爱好者特别是南方旅游者最喜欢的季节体验地。

5.2 天象与气候景观类旅游资源类型

天象与气候景观旅游资源指天文现象与天气变化的时空表现。本主类旅游资源包括2种亚类、8种基本类型。

5.2.1 光现象

本亚类包括日月星辰观测地、光环现象观测地、海市蜃楼现象多发地3种基本类型。

光，主要指阳光和月光，包括朝霞、旭日、夕阳、蜃景、海火、虹、晕、华、峨眉光、北极光等。此外，"西昌月""三潭印月""月照松林"等月光景色，都是具有观赏价值的光现象。

（1）日月星辰观测地

日月星辰观测地是指观测日、月、星辰的地方。日出和日落的壮丽景观，更多地表现为硕大、椭圆的光盘影像跃然而出、悄然而落的动态景观，让天空的色彩更为绚烂、景色更为恢宏。这种景观只有在水天相接的地平线处才能看到，因此，最佳观景点为海滨和山巅。著名的日出观景点有泰山的日观峰、黄山东海的翠屏峰、华山的东峰、庐山的汉阳峰、衡山的祝融峰、峨眉山的金顶、钱塘江的初阳台和北戴河的鹰角亭。日落以庐山的天池亭景致最佳，还有浙江普陀山"普陀夕照"、杭州西湖"雷峰夕照"、河北承德"磬锤夕照"、湖南"潇湘夕照"等。日月并升景观在中国有5个地方，最佳观测地点是浙江海盐县南北湖畔的云岫山鹰窠顶。

月景就是距离我们最近的天体月球在晴或少云的夜间出现在天空，并与周围景物结合产生能使游人获得愉悦体验的美景。著名的月景有：北京的"卢沟晓月"、岳阳"洞庭秋月"、杭州"三潭印月"、无锡"二泉映月"、济南大明湖"明湖秋月"、桂林漓江"象山月夜"、大理"洱海观月"、南京夫子庙"文德桥半边月"等。月景能给人无限的遐思和畅想，特别是文人骚客，他们常常不惜笔墨，对月抒怀，写下了许许多多的千古绝唱。既有"月上柳梢头，人约黄昏后"的婉约，也有"明月出天山，苍茫云海间"的豪放；既有"露从今夜白，月是故乡明"的感慨，也有"海上生明月，天涯共此时"的相思。

日食是月球遮掩太阳的一种天象；月食是地球遮掩太阳，月球没有可以被反射的阳光，失去了光亮的一种天象。在1个月内，只有朔日的地球才可能位于月球的背日方向；只有望日的月球才可能位于地球的背日方向。因此，日食只发生于朔，月食只发生于望，而不会发生于其他日期。

彗星又名扫帚星，一般天文爱好者都认为彗星是一种极美丽的天文现象，像一位神秘访客摇曳着漂亮而又变化多端的尾巴从夜空突然出现而又瞬间消逝，这种奇景，平均十年一遇。不论是日食、月食或彗星的出现，都是一种罕见的天象奇观，因此引起人们普遍关注和广泛兴趣。1986年的哈雷彗星观察，1987年的日全食观察，1997年的海尔彗星观察，都吸引着成千上万的天文爱好者。

(2) 光环现象观测地

光环现象观测地是观测虹霞、极光、佛光的地方。霞是日出日落时阳光透过云层，由于散射作用，使天空的云层呈现出黄橙红等色彩的自然现象。霞光就是阳光穿过云雾射出的色彩缤纷的光芒。霞和霞光常与山地及云雾相伴随，更加美丽。其主要形式有朝霞、晚霞、雾霞等。霞景的持续时间较短，瞬息万变，五彩迸发，对游人有很大的吸引力。例如，江西彭泽八景中的"观客流霞"、贵州毕节八景中的"东壁朝霞"、承德的"吹风夕照"、厦门的"鹭江晚霞"等都很有名。

在地球南北两极附近地区的高空，夜间常会出现灿烂美丽的光辉。它轻盈地飘荡，同时忽暗忽明，发出红的、蓝的、绿的、紫的光芒。这种壮丽动人的景象就叫作极光。极光多种多样，五彩缤纷，形状不一，绮丽无比，在自然界中还没有哪种现象能与之媲美。任何彩笔都很难绘出那在严寒的北极空气中嬉戏无常、变幻莫测的炫目之光。

极 光

随着科技的进步，极光的奥秘也越来越为我们所知。原来，这美丽的景色是太阳与大气层合作表演出来的作品。在太阳创造的诸如光和热等形式的能量中，有一能量被称为"太阳风"。太阳风是太阳喷射出的带电粒子，是一束可以覆盖地球的强大的带电亚原子颗粒流。太阳风在地球上空环绕地球流动，以大约400km/s的速度撞击地球磁场。地球磁场形如漏斗，尖端对着地球的南北2个磁极，因此太阳发出的带电粒子沿着地磁场这个"漏斗"沉降，进入地球的两极地区。两极的高层大气，受到太阳风的轰击后会发出光芒，形成极光。

(3) 海市蜃楼现象多发地

海市蜃楼现象多发地是海面和荒漠地区光折射易造成虚幻景象的地方。平静的海面、大江江面、湖面、雪原、沙漠或戈壁等地方，偶尔会在空中或"地下"出现高大楼台、城郭、树木等幻景，称海市蜃楼。我国山东蓬莱海面上常出现这种幻景，古人将其归因于蛟龙之属的蜃，吐气而成楼台城郭，因此而得名。

蜃景有2个特点：一是在同一地点重复出现，比如，美国的阿拉斯加上空经常会出现蜃景；二是出现的时间一定，比如，我国蓬莱的蜃景大多出现在每年的5～6月份，俄罗斯齐姆连斯克附近蜃景往往是在春天出现，而美国阿拉斯加的蜃景一般是在6月20日以后的20天内出现。

下蜃形成原因

蜃景与地理位置、地球物理条件以及那些地方在特定时间的气象特点有密切联系。气温的反常分布是大多数蜃景形成的气象条件。夏季沙漠中烈日当头，沙土被晒得灼热，因沙土的比热小，温度上升极快，沙土附近的下层空气温度上升到很高，而上层空气的温度仍然很低，这样就形成了气温的反常分布，由于热胀冷缩，接近沙土的下层热空气密度小而上层冷空气的密度大，这样空气的折射率是下层小而上层大。当远处较高物体反射出来的光，从上层较密空气进入下层较疏空气时被不断折射，其入射角逐渐增大，增大到等于临界角时发生全反射，这时，人要是逆着反射光线看去，就会看到下蜃。

5.2.2 天气与气候现象

本亚类包括云雾多发区、避暑气候地和避寒气候地、极端与特殊气候显示地、物候景观等5种基本类型。

（1）云雾多发区

云雾多发区指云雾及雾凇、雨凇出现频率较高的地方。云和雾所构成的气象奇观是温暖湿润地区或湿润季节出现的景观美：一是薄云、淡雾、细雨，其似轻纱叠加在一切景观上，赋予大自然一种朦胧美；二是流云、飞雾的变化莫测、气势磅礴的真切景观美。云雾都是由于空气中的水分凝结形成的。由于空气的流动性强，使得云雾浓淡、形态多变，配以山水林泉，形成优美的景色。宋代画家韩拙说的"云之体聚散不一，轻而为烟，重而为雾，浮而为霭，重而为气"，就是对云雾多变的描述。在中国的风景名胜山地均有规模不同的云海景观，其中最著名的要数黄山，此为黄山一绝。除此，还有衡山的云海、庐山的云瀑都是历代文人赞美的对象。我国的许多地方有云雾景，例如，中国长江流域四大云海的"黄山云海""庐山云海""峨眉云海""衡山云海"，此外还有壮观的"泰山云海"。"山无云不秀"，在山地风景区中，云雾常构成绝妙的景观，是山地景物的重要组成部分。

（2）避暑气候地

避暑气候地指气候上适宜避暑的地方。

避暑胜地

国内的避暑胜地，自古以来就有一庄一河十四山之说，"庄"是"避暑山庄"，"河"是"北戴河"，"十四山"则依次是：河南鸡公山、江西庐山、浙江莫干山、浙江普陀山、浙江天目山、浙江雁荡山、安徽黄山、山西五台山、四川峨眉山、新疆天山、安徽九华山、青岛崂山、福建武夷山、宁夏钟玲山。

（3）避寒气候地

避寒气候地指气候上适宜避寒的地方。

避寒胜地

世界十大避寒胜地：巴巴多斯（西印度群岛）、佛得角群岛（大西洋）、向风群岛（加勒比海）、尼加拉瓜（拉丁美洲）、苏里南（拉丁美洲）、巴基斯坦（亚洲）、沙捞越（马来西亚）、沙巴（马来西亚）、多哥（非洲）、瓦利斯和富图纳群岛（大洋洲）。

(4) 极端与特殊气候显示地

极端与特殊气候显示地指易出现极端与特殊气候的地区或地点,例如,风区、雨区、热区、寒区、旱区等典型地区。

南 极

南极大陆终年被冰雪所覆盖,被喻为"白色的荒漠""地球的冰库""地球的淡水库"。南极大陆干燥严寒,整个大陆年平均降水量为30~50mm,沿海地带也不过200~400mm。最低温度达 $-88.3℃$,故有"世界寒极"之称。南极大陆风暴频繁,一年内风速大于12.5m/s的天数有300多天,最大风速可接近100m/s,故又有"世界风极"之称。南极大陆四周是浩瀚的大海,海岸线长达24 000km,其中有7500km的海岸线为终年不化的冰架(陆缘冰)所占据。南极大陆没有明显的四季变化,只有寒暖两季之分,11月至次年3月为暖季,4月至12月为寒季。

---

(5) 物候景观

物候景观指各种植物的发芽、展叶、开花、结果、叶变色、落叶等季变现象。主要指动植物的生长、发育、活动规律与非生物的变化对节候的反应。例如,植物的冬芽萌动、抽叶、开花、结果、落叶;动物的蛰眠、复苏、始鸣、交配、繁育、换毛、迁徙等,均与节候有密切关系。非生物现象,例如,始霜、始雪、结冻、解冻等,也称物候现象。

物 候 现 象

每年春节过后,大地就渐渐从沉睡中苏醒过来:冰雪融化,草木萌芽,各种花木次第开花。再过2个月,燕子翩然归来,大自然呈现一片欣欣向荣的景象。不久,布谷鸟也来了,于是渐次转入炎热的夏季,植物忙着孕育果实。等秋天到来的时候,果实成熟,植物的叶子慢慢变黄,经不住阵阵秋风的吹袭,就簌簌地落了下来。这时北雁南飞,其他各种候鸟也相继离去,大地又呈现一片万木落叶、衰草连天的萧飒景象。从此,活跃在田间草际的各种昆虫也都销声匿迹。大地又沉沉睡去,准备迎接风雪载途的寒冬。岁岁如是,周而复始……这一类的自然现象,我国古代的劳动人民称之为物候。"物"主要是指生物(动物和植物),"候"就是我国古代劳动人民所称的气和候。在二千多年以前,我国古代劳动人民就把一年四季寒暑的变换分为所谓二十四节气,把在寒暑的影响下所出现的自然现象分为七十二候。物候知识的起源,在世界上以我国为最早。从古代流传下来的许多关于物候方面的农谚,就是劳动人民实践经验的总结。

【思考题】
1. 何为"天象与气候景观"?它与旅游有什么关系?
2. 简要分析天象与气候景观旅游资源吸引因素和旅游功能。
3. 天象、气候旅游资源具有哪些特点?
4. 天象、气候的地域差异怎样影响旅游资源分布的地域差异?
5. 天象、气候条件怎样影响客流的时间变化和空间分布?
6. 简述云、雾、雨的形成及旅游价值。
7. 简析吉林雾凇、峨眉佛光的形成条件。

【经验性训练】

对天象与气候景观类旅游资源进行分析、判断与讲解

【概述】

学生观看有关天象与气候景观类旅游资源录像，对录像中的景观进行正确的讲解。

【步骤】

1. 由教师播放有关天象与气候景观类旅游资源录像。
2. 学生认真观看，获取录像中信息。
3. 学生根据录像中的信息，判断录像中的景观是属于何种基本类型的旅游资源。
4. 学生分析录像中景观的成因与美学特征。
5. 学生以导游的身份，对录像中的景观进行正确的讲解，要求讲清景观特征、景观成因以及美学价值。
6. 教师对学生的讲解进行点评。

【案例分析】

峨眉山的佛光

当游客站在峨眉山金顶背向太阳而立，而前下方又弥漫着云雾时，有时会在前下方的天幕上，看到一个外紫内红的彩色光环，中间显现出观者的身影，且人动影随，人去环空。即使两人拥抱在一起，每个人也只能看到各自的身影。这就是四川峨眉山神奇的"佛光"现象。"云成五彩观奇光，形似尼珠不可方。更有一桩奇异事，人人影在个中藏"。写的就是此景象。这种"佛光"到底是怎么形成的呢？

佛光，是峨眉山举世闻名的日出、云海、佛光和圣灯四大奇观中最奇特的一种自然现象，这种现象在其他地方极为罕见，但却在峨眉山经常出现，一年中平均会出现60多次，多的时候一年甚至出现80多次，因此人们又把它称之为"峨眉宝光"。千百年来，"峨眉宝光"驰名古今中外，佛教的渲染使其更富有传奇色彩和神秘感，吸引着无数的好奇者。许多人都试图对神秘的"佛光"做出科学解释。

佛家认为，要与佛有缘的人，才能看到此光，因为佛光是从佛的眉宇间放射出的救世之光，吉祥之光。清代康熙皇帝还特地题写"玉毫光"3字，赐予佛光常现的金顶华藏寺。

作为一种自然现象，佛光引起中外科学界的重视并展开专题研究，是近百年来的事情。中国学者魏福平教授认为：佛光是日光在传播过程中，经过障碍物的边缘或空隙间产生的衍射现象，即衍射作用而形成的。当云层较厚时，日光在射透云层后，会受到云层深处的水滴或冰晶的反射。这种反射在穿过云雾表面时，在微小的水滴边缘产生的衍射现象，有一部分光束会偏离原来的放射方向，其偏离的角度与水滴直径成反比，而与各色光的波长成正比。于是，不同的单色光就逐渐扩散开来，在人们的眼前出现一个彩色的光环。为什么会形成环形的光反应，而且与同样形成环的彩虹又不一样呢？这是因为只有位于某个"光锥"面的单色光，才能被人的肉眼看到，而且自己所站的位置，即"光锥"的视夹角大约为9°，而彩虹的视夹角达84°。同时光在衍射时，光波越短其偏离的角度就越大，所以佛光色彩的层次分布，一般呈紫色在外，红色在内，越接近中心部位，色彩的能辨程度就越减弱，到了光环中心就像一面发光的彩色玻璃镜。再由于衍射和漫反射的复杂作用，佛光的色相往往不像彩虹那样清晰分明，而是像水彩画那样湿润地融合在一起。又为什么只能看到自己的身影呢？主要原因是：虽然云层中的水滴和冰晶点很多，但人们各自所见的光环，只是各自眼睛所视为顶点的那个光锥面的水滴或冰晶点作用的结果。就如同各自对照着一面小圆镜，自然照见的也就是各自的身影了。至于出现影随人动，人去环空的景象，则是佛光中"摄身光"的原理，至今尚无科学解释，还需要深入研究。

【案例思考题】
1. 佛光作为一种自然现象，它是在什么气候条件下形成的？
2. 世界范围内具有代表性的佛光现象的形成条件有何异同点？
3. 导游员如何更好地向旅游者解说这种现象？

【本章推荐阅读书目】
1. 旅游与气候. 姚启润, 等. 中国旅游出版社, 1983.
2. 中国旅游地理. 李娟文, 游长江. 东北财经大学出版社, 2002.
3. 中国旅游资源学教程. 陈国生. 对外经济贸易大学出版社, 2006.

【相关链接】
1. 天文知识科普 http://www.epmax.com
2. 天象观测 http://samuel.lamost.org/category/observation/

第 6 章
遗址遗迹类旅游资源

【本章概要】

本章是关于遗址遗迹类旅游资源的相关理论知识。主要包括遗址遗迹旅游资源的概念、与旅游活动的关系、旅游吸引因素和旅游功能,以及各种具体遗址遗迹类旅游资源特征、成因及一些著名遗址遗迹景观介绍。

【学习目标】

- 掌握遗址遗迹旅游资源的概念;
- 掌握我国主要遗址遗迹旅游资源的特点和旅游价值;
- 理解此类旅游资源的基本特征和主要类型。

【关键性术语】

史前人类活动场所、社会经济文化活动遗址遗迹。

【章首案例】

元谋猿人遗址

元谋猿人遗址属全国重点文物保护单位,位于云南省元谋县城东南7km的大那乌村西北小丘上。

这里地处元谋盆地的边缘,盆地内露出一套厚达695m的河湖相沉积,从上到下分为4段28层。1965年5月1日,地质部地质力学研究所,在4段22层中发现2颗元谋猿人上中门齿化石,齿冠保存完整,齿根末梢残缺,同属一个男性成年人个体。经古地磁法测定,绝对年代距今已有170万年,这是中国迄今发现的最早的猿人化石,考古学家定其为直立人元谋新亚种,简称"元谋人"。

后来的发掘中又出土了云南马、剑齿虎、剑齿象等早更新世的元谋动物群,以及打制石器和炭屑,同时还发现元谋盆地在第四纪地质历史时期内有过多次的冰川活动。现在遗址竖有石刻的标志一通。经古地磁法测定,元谋猿人生活的地质年代为早更新世晚期,比"北京猿人"和"蓝田猿人"均早,距今已有170万年左右。

位于元谋县城中心的元谋猿人陈列馆,是1989年9月建成的,建筑面积2000km^2,采用宫廷式仿古建筑形式营造,庄严古朴。陈列有元谋县境内出土的约400万年前的古猿头骨、颌骨、单枚齿列牙齿化石,三趾马、古乳齿象、剑齿虎头骨等50余种哺乳动物化石;珍贵的元谋猿人化石,元谋猿人制造和使用的骨器、石器,以及同年代的云南马、剑齿象、剑齿虎等40多种哺乳动物化石;30万~40万年前的旧石器时代中、晚期的石器标本;约1万年前的细石器文化遗物和以鬣狗为代表的10余种哺乳动物化石;距今约4000年的新石器时代文化以及反映狩猎、采集、农作、制陶、房居、葬俗等"智人"生活的遗物遗迹。陈列采用独特、新颖的艺术手段集中反映了古猿是怎样一步一步地完成了从猿到人的进化。

6.1 遗址遗迹类旅游资源概述

6.1.1 遗址遗迹类旅游资源的概念

遗址遗迹是人类在发展过程中留下的历史遗迹、遗址、遗物，是古代人们适应自然、利用自然和改造自然的结果，是人类历史的载体和见证。中国有五千年的文明，留下了许多的历史遗迹、遗址。它们中能够成为旅游资源、被旅游业所利用的，只有那些在社会历史发展中曾发挥过重要作用，具有典型性和代表性，享有较高的知名度，能够对游客产生吸引力，并能让普通游客看有所知、知有所思、感触深刻、难以忘怀的遗址遗迹。对这些遗址遗迹旅游资源的开发要注意在保护的基础上进行，要保证不会造成负面影响。

6.1.2 遗址遗迹景观与旅游活动的关系

遗址遗迹景观是历史的遗物，对当今的人们来说，充满神秘感，能满足旅游者求知、求奇、求美和求异的心理需求。

（1）满足旅游者了解人类历史演变的需要

从时间的角度来看，历史已成为过去，但历史又以物质载体的形式得以延续和保留。遗址遗迹是人类历史发展阶段性的具体反映，是现代人认识历史、理解历史的可靠媒介之一。当前，了解历史的演变，探索人类进步的脚步，追寻社会文明的真谛，已逐渐成为现代旅游的主要动机之一。因此，探寻历史遗址遗迹就是追溯历史，能够化解旅游者的思古、忆古、怀古之情，满足旅游者增长历史知识的需要。

（2）满足旅游者体验人类传统文化的需要

现代旅游讲求参与性，强调经历和体验，尤其是文化体验。由于人类文化发展的继承性和异化性，传统文化是现代文化之源，理解现代文化的差异性和独特性，必须从传统文化入手。遗址遗迹忠实记录了传统文化的基本特征，是传统文化的具体体现和高度凝聚，是旅游者探讨文化演变脉络的窗口。散布于中华大地的无数历史遗址，构成一部宏大的华夏文化发展演变的史册，为旅游者体验传统文化的博大精深、绚丽灿烂提供了可能性。

（3）满足旅游者了解古代科学技术的需要

遗址遗迹蕴涵极为丰富的科学技术价值，是古代科学思想、古代发明创造、古代技术进步的具体反映，凝聚着古代人民的聪明才智，展示出社会科学技术发展的历史进程。遗址遗迹为旅游者深刻了解古代科学技术的发展和内容，创造了具体的实证条件。有的历史遗迹中表现出不同寻常的建筑学、铸造学的奇迹。满足旅游者了解古代科学技术的需要。

（4）满足旅游者了解古代人们生活方式的需要

随着社会生产力水平的提高和社会文明程度的发展，人们的生活方式也在随历史的演替不断发生变化。古代人们的生活方式，如住房、服饰、饮食、器物、习俗等，与现代生活方式已是大相径庭。通过历史遗址旅游，旅游者可以更加具体地了解古代人们的社会生活方式，深刻体会古人的生活风俗和习惯，满足好奇心和神秘感，获得相关的知识文化。

（5）满足旅游者景观美学观赏的需要

人类的美学思想随着社会历史的发展而发展，时代不同美学观念则不同，表现出不同的美学追求趋向和意境效果。历史遗址类旅游资源凝聚着古代浓厚而独特的美学，如天人合一的环境意境、阴阳互补的哲学理念、对称与变化的空间构想、古朴与华丽的色彩运用、稳重与精巧的结构均衡，是历史上景观美学的形象化展示。历史遗址的美学观赏，构成吸引旅游者游览的亮点，能够满足旅游者观赏美景、体会美感、陶冶情操的要求。

6.1.3 遗址遗迹类旅游资源的特点

（1）历史性和时代性

遗址遗迹类旅游资源最突出的吸引因素是历史性和时代性。遗址遗迹作为人类历史活动的产物，都是在特定的历史和文化环境中形成的。其从内容、形式到结构、格调都一一打上时代特征和历史痕迹的烙印，反映了其所处的特定时期人类的政治经济、历史文化、生产条件、科学技术状况和审美意识，向人们揭示了当时的自然条件和社会历史背景，是人类历史的写照和再现。

（2）多样性和广泛性

在漫长的历史进程中，人类活动几乎遍布全球，创造了瑰丽多彩的历史文化，作为人类活动产物的历史遗址遗迹内容和形态非常丰富，既有有形形态（即主要以物质实体为主），也有无形形态（即以纯粹的精神文化为主），还有有形和无形相结合的形态（即实物载体和文化内涵相互渗透、共同依存）。同时，历史遗址遗迹的分布十分广泛，遍布高山平原、城市农村、江河湖海，从意大利庞贝古城到楼兰遗址、从滑铁卢古战场到三国赤壁遗址、从埃及金字塔到秦始皇兵马俑，到处都有历史文化古迹的留存。

（3）民族性和地域性

遗址遗迹旅游资源的又一吸引因素是其具有鲜明的民族特性和显著的地域特征。遗址遗迹是人类活动的产物，是某个民族或几个民族共同的创造物，既受到自然环境的影响，也受到区域社会经济发展水平的制约。不同国家和地区，不同民族的人类活动有着不同程度的差异，如在社会意识形态、政治制度、经济发展水平、生活方式、民族信仰、民间风俗等方面存在差异。因此，历史产物——遗址遗迹的风格、样式、造型、色调，必然反映出不同的民族特征，表现出不同地区的特色和水平。

（4）不可再生性和唯一性

遗址遗迹是在特定阶段、特定地区、特定历史环境下产生的，是唯一的，一经破坏就难以恢复。即使现在人工修复的水平不断提高，做到修旧如旧，但修好后仍是赝品，不能还原原有的风采和意义。因此，遗址遗迹具有不可再生性和唯一性。这种不可再生性和唯一性使遗址遗迹旅游资源具有较高的吸引力，成为旅游者比较喜欢的探寻对象。

6.1.4 遗址遗迹类旅游资源的旅游功能

（1）知识提高的功能

遗址遗迹作为过去某一重要事件、重要发展阶段和重要人物的物证，形成于已经成为历史的各个人类发展阶段之中，是这些特定历史时期人类某些生产生活活动的产物,是民族、国家历史的记录。旅游者通过参观遗址遗迹,可以学习到一个群体的文化史或一个地区的发展史等相关方面的知识,实现旅游活动能够提高旅游者知识的功能。

(2) 艺术审美的功能

一些遗址遗迹的设计构造、建筑情调非常巧妙,一些遗址遗迹所展示的特殊设计、风格非常有特色,一些遗址遗迹展示人类艺术上的不断进步和技艺水准上的不断提高,一些遗址遗迹的古朴美、精巧美中展现着其特殊的美学魅力等,它们都会给游客带来精神上或情绪上美的感染力和冲击力,带来艺术美的愉悦体验。

(3) 科学研究的功能

遗址遗迹旅游资源在历史文化上具有的丰富内涵,能够给人类提供重要的、有价值的知识和信息。游客对它们无论是历史与文化的研究,还是自然环境、地质、生物等的研究,都可以得到满意的答案,都可以满足游客的求野心理和科考要求。

(4) 社会发展的功能

遗址遗迹旅游资源社会发展的功能主要体现在其旅游利用上,即大多数人通过旅游而获得的对遗址遗迹历史、审美、科学研究、社会价值的认知与欣赏,从而实现传统文化、历史文化的增值和传承。遗址遗迹不仅属于精英阶层,也属于普通大众,蓬勃发展的遗址遗迹旅游应是旅游项目中的精品,是一种文化创意的活动,可以对社会发展起到积极的推动作用。

6.2 遗址遗迹类旅游资源类型

遗址遗迹旅游资源指已废弃的目前已不再有实际用途的人类活动遗存和人工构筑物。本主类旅游资源包括2种亚类12种基本类型。

6.2.1 史前人类活动场所

本亚类包括人类活动遗址、文化层、文物散落地、原始聚落遗址4种基本类型。这些远古时代的遗迹反映了人类起源的某些独特性质,不仅是人们探索生命起源和发展,以及人类社会的发展、演变的重要实证,而且对旅游者有种奇妙而神秘的吸引力。

(1) 人类活动遗址

人类活动遗址指史前人类聚居、活动场所。史前人类活动场所按其存在的历史年代,尤其是当时使用的生产工具被分为旧石器时代和新石器时代史前人类活动遗址两大类。

旧石器时代人类活动遗址 距今250万年至1万年之间,在中华大地上生活着大量的原始人类。他们以打制石器为主要的生产工具,从早期的粗糙向后期的精细发展,利用工具进行原始的采集、狩猎、渔猎生活。由于极端落后的生产条件,缺乏能力去开凿或修建居所,当时主要利用山洞或山崖裂隙栖息,属群居;火的使用是旧石器时代划时代意义的创造,标志着人与动物的诀别。旧石器时代可以划分为以下3个阶段:

- 直立人阶段,又叫猿人,距今30万年以前;

● 早期智力人阶段，又叫古人，距今30万～4万年前；

● 晚期智力人阶段，又叫新人，距今4万～1万年前。著名的旧石器时代史前人类活动场所遗址遗迹有：云南元谋人遗址、陕西蓝田猿人遗址、北京周口店猿人遗址、北京山顶洞人遗址等。

新石器时代人类活动遗址 人类在7000年前进入了新石器时代，磨制精致的石器取代了打制粗糙的石器。农业畜牧业取代了采集狩猎，成为主要的生产部门。人类能够制造简单的房屋，开始定居生活。新石器时代遗址包括住地和葬地。著名的新石器时代史前人类活动场所遗址遗迹有：西安半坡遗址、河南仰韶文化遗址、浙江河姆渡文化遗址等。新石器时代人类活动遗址按照时间和人类活动特征还可分为母系氏族公社遗址和父系氏族公社遗址。

母系氏族公社遗址 这一时期以女性为中心，母系血缘纽带仍是维系氏族统一性的主要手段。普遍使用磨制石器，加工精细，原始农业开始产生，人们也开始在适宜生产的地方定居下来，形成原始聚落。人工建筑替代天然洞穴，木构架雏形出现。这一时期的墓葬遗址中，多单人葬、同性葬，无异性葬。

父系氏族公社遗址 大约从公元前3000年前我国进入父系氏族公社时期，锄耕农业成为氏族的主要生活来源，男子成为社会主要劳动力，生产工具大型化，农业发展水平较高。手工制陶技术发展，拉开了青铜文化的序幕。社会成员不平等分化出现，随葬品相差很大，男女合葬出现。

（2）文化层

文化层是指史前人类活动留下来的痕迹、遗物和有机物所形成的堆积层。旧石器时代的堆积层，主要有以下3种类型。

河湖相堆积 元谋猿人遗址是一处典型的地点，沉积物以粉沙亚黏土和黏土为主，猿人化石和石器出自沉积层的下部。丁村遗址和水洞沟遗址，是在黄土底部的砂砾层中发现人类化石和石器的。

土状堆积 北方是在黄土层下的红色土层中发现人类化石和石器的，蓝田猿人遗址的公主岭、陈家窝村两地点都是如此。南方则在耕土层下的红土层中找到石器或化石。

洞穴堆积 最有代表性的周口店遗址，第1地点（即北京猿人产地）为长约140m、宽约20m的巨大山洞，角砾岩堆积厚达30m之多。金牛山遗址、和县猿人遗址、普定穿洞遗址等地点，也是比较典型的洞穴堆积。另外，大窑遗址是广泛分布于山坡冲沟的石器打制场，腊玛古猿化石地点则在第三纪褐煤层中发现古猿化石。

新石器时代的堆积层在不同地方表现不一样，在广大平原地区的古遗址堆积层，常位于河流转弯或两河交汇处。西北黄土高原的古遗址堆积层，由于河床冲刷下沉的关系，多在距现今河床和村庄较高的二级台地上。江淮等河网地带的古遗址堆积层，常见于地势高亢的土墩（堆）。靠近海滨和河湖岸边的古遗址堆积层，因其堆积物中包含大量的贝类介壳，在考古学上被称为"贝丘"遗址。

（3）文物散落地

文物散落地是指在地面和表面松散地层中有丰富文物碎片的地方。比如，位于陕西宜川县壶口镇，距壶口瀑布只有一箭之遥的龙王辿旧石器时代遗址，2004年考古工作者对残存的遗址进行了抢救性发掘，在遗址地面和表面松散地层中发现了丰富的史前文物：20多处用火遗迹和包括磨制石铲在内的2万余件石制品，使其成为中国旧石器时代考古的亮点,对于研究中国北方旱作农业的起源、黄河中游地区旧石器时代向新石器时代的过渡等学术课题具有重要意义。

(4) 原始聚落

原始聚落是指史前人类居住的房舍、洞窟、地穴及公共建筑。早在距今约50万年前的旧石器时代初期,我国境内的原始人群就利用天然岩洞作为居住处所,如周口店北京猿人遗址。大约6000~7000年前,我国广大地区进入原始氏族社会,房屋建筑也大量出现,由于各地气候、地理、材料等条件的不同,营建方式也多种多样。其中具有代表性的房屋主要有2种,黄河流域的木骨泥墙房屋和长江流域多水地区所见的干栏式建筑。黄河中游地区仰韶文化开始了定居生活,其典型代表是陕西临潼姜寨遗址和西安半坡遗址。长江流域的干栏式建筑,以浙江余姚的河姆渡遗址为代表,采用榫卯连接技术,形成架离地面的木构房屋建筑。4000年前进入原始社会晚期的龙山文化时期,出现了双室相连的套间式居所,平面作"吕"字形,住房遗址已显露出家庭私有的痕迹,反映了以家庭为单位的生活方式和私有制萌芽的出现。从巢穴居住发展到地面建筑,经历了几十万年的漫长岁月,简陋的原始房屋在建筑发展史上具有开创性和革命性的贡献。

6.2.2 社会经济文化活动遗址遗迹

社会经济文化活动遗址遗迹是历史上人们从事经济文化活动场所的遗址、遗迹,包括历史事件发生地、军事遗址与古战场、废弃寺庙、废弃生产地、交通遗迹、废城与聚落遗迹、长城遗迹、烽燧等8种基本类型。

(1) 历史事件发生地

历史事件发生地是指历史上发生过重要贸易、文化、科学、教育事件的地方,如历史文化名城。我国是一个历史悠久的文明古国,有许多历史文化名城,它们是我国古代政治、经济、文化的中心,或者是近代革命运动和发生重大历史事件的重要城市。在这些历史文化名城的地面和地下,保存了大量历史文物与革命文物,体现了中华民族的悠久历史、光荣的革命传统与光辉灿烂的文化。做好这些历史文化名城的保护和管理工作,对建设社会主义精神文明和发展我国的旅游事业都起着重要的作用。

虎 门

虎门是一块英雄的土地,是名闻中外的历史重镇。虎门人文历史悠久,旅游资源丰富,从远古的新石器时代贝丘遗址,到160年前,民族英雄林则徐率领虎门军民销烟御敌,写下了悲壮的中国近代史第一页;从抗日名将蒋光鼐的故居,到热血洒虎门的民主革命战士朱执信纪念碑……无不辉映着这片英雄的土地!虎门是广东"四小虎"——东莞市的三大镇之一,位处虎门大桥东端,广深珠高速公路枢纽中心,南临伶仃洋,经济繁荣,财税收入连年位居全国乡镇榜首,工商业发达,是珠江三角洲最重要的商品集散地、中国时装名城、历史名城、旅游名城。

---

(2) 军事遗址与古战场

军事遗址与古战场指发生过军事活动和战事的地方,包括古城墙、炮台、战场、要塞及其遗迹等,如厦门胡里山炮台。炮台,顾名思义就是架设火炮的台基,是随着火炮的发展而出现的一种战时工事。炮台一般设在进可攻、退可守的战略要塞,具有 2 门以上的火炮。由于现代战争的变革和火炮的机动性,炮台已不再作为战时工事而遭遗弃,只留下一些大的具有战略意义或历史意义的炮台被保护下来成为历史遗址。这些炮台架设的多为近代岸炮,在抗击外来侵略中发挥了积极的作用。

> **胡里山炮台**
>
> 　　胡里山炮台位于厦门东南端海峡突出部,是中国洋务运动的产物。始建于清光绪二十年(1894 年)三月初八,竣工于清光绪二十二年(1896 年)十一月初八。炮台总面积 7 万 m^2 多,城堡面积 1 万 m^2 多,分为战坪区、兵营区和后山区,内开砌暗道,筑造护墙、弹药库、兵房、官厅、山顶瞭望厅等。炮台结构为半地堡式、半城垣式,具有欧洲和我国明清时期的建筑风格。胡里山炮台地理位置重要,东距白石头炮台 4500m 左右,向东可支援白石头炮台,提前将敌舰拦阻在厦门水道之外;正(南)面和对岸的屿仔尾炮台隔海相对,互为犄角,炮火交叉可封锁阻击厦门航道之敌舰;向西可追击进入厦门港的敌舰,同时可协助相距 5000m 左右的磐石炮台,守住厦门港;向北可支援陆军阵营等。胡里山炮台还配备了当时最优的装备,特别是 2 尊 280mm 口径的克虏伯大炮,威力巨大,成为战略性炮台,是主炮台、指挥台,是厦门要塞的"天南锁钥"。

(3) 废弃寺庙

废弃寺庙指已经消失或废置的寺、庙、庵、堂、院等。由于历史原因,某些地区宗教职能渐渐弱化,曾经辉煌的寺庙衰败,有的残壁断垣,其内已无诵经传教的僧侣,寺庙几近废弃。经过修缮可以恢复原貌,成为新兴的景点,为旅游业服务。

> **翠 屏 寺**
>
> 　　翠屏寺始建吴赤马三年;现在的翠屏寺是唐乾符二年道观废后建立起的寺院,是江南一带最古的寺院之一,距今已经有 1700 多年的历史,由于寺庙多次遭大火,现只留遗井、石碑、古遗墙等遗址。原翠屏寺坐西北朝东南,东南月亮山,东岭山,南面大婆头,西南西岭山,北面翠屏山,中间一圆形山凸起,如双龙戏珠,圆山前即翠屏寺遗址。该寺四周群山环抱,树木茂密,环境相当优美。翠屏寺在当时被称为十里翠屏寺,西为观音殿,中间为大殿,东为厢房,僧侣多达百余人,香火旺盛。据说翠屏寺有 2 个和尚,一个进入国清寺,一个东渡日本,日本至今有翠屏寺全景图。

(4) 废弃生产地

废弃生产地指已经消失或废置的矿山、窑、冶炼场、工艺作坊等,如矿冶遗址和手工业遗址。矿冶遗址包括开采与冶炼铜矿的遗址,即有采铜的矿井巷道和炼铜竖炉等遗迹,如湖北大冶的铜绿山古铜矿遗址就是其中最著名的一处。包括开采与冶炼铁矿的遗址,即有炼炉、锻炉、炒钢炉等遗迹和铸范、铁器等遗物,以及与遗址相距不远的矿井遗迹,具有代表性的汉代冶铁遗址有河南巩县铁生沟、郑州古荥镇、南阳瓦房庄、温县招贤村等处。手工业遗址指在年代较早的古代城址中发现的制陶、制铜、制铁和铸钱等手工业遗址,而远离城市的大型手工业遗址则以烧制瓷器的窑址为多。窑址往往分布在较大的范围内,出土有大量的窑具和残次瓷器,有的还发现加工原料、制坯成型及施釉的作坊遗迹。

> **景德镇湖田窑**
>
> 　　湖田窑是我国宋、元2代制瓷规模最大、延续烧造时间最长、生产的瓷器最精美的古代窑场。遗址保存的遗物非常丰富，历代古窑遍布。700年的制瓷历史给湖田留下了大量的古窑、古作坊遗迹，如"葫芦窑""马蹄窑"等。在该遗址上建立起来的湖田古窑址陈列馆，展示了在这里出土的各种窑具和瓷器。这些古迹使湖田成为我国重要文物保护单位，同时，不断出土的古迹也使它成了国内外陶瓷考古爱好者的乐园。

（5）交通遗迹

　　交通遗迹指已经消失或废置的交通设施，如古栈道。栈道这种常见于险峻山区的道路形式，中国古已有之，而目前所知的最早记载是在战国时期。《战国策·秦策》中秦昭王的丞相范睢称"栈道千里，通于蜀汉"，可知栈道在当时已经十分发达了。相传秦国所修的金牛道，便是中国最早的栈道。当然，不止在中国，国外也有栈道。据《大唐西域记》记载，唐玄奘取经路上越葱岭时曾过悬渡山栈道，这条所谓的栈道就是在悬崖的石壁上凿一些石眼，欲过之人手拿2个木橛子，双手交替插石眼而过。那种栈道，没有过人的胆量和力气，断然是过不去的。目前看来，栈道在中国最为发达，而且集中于山峦重叠、道路艰险的秦巴地区。

> **三　峡　栈　道**
>
> 　　三峡栈道大多是在高出江面数十米的临江峭壁上开凿的。施工之时"工匠无从凭借，皆对壁凿孔，层垒而上。开一洞，施以火药，燃引线以炸之，旋炸旋凿"。作为中国古代交通史上的奇观，三峡地区的古栈道把当地的经济民生乃至军事斗争带到了一个惊心动魄、绮丽多姿的高度，作为三峡上最为深刻的人文景观，它们和峡江人的生活一度水乳交融，密不可分。但如今，它们已沉睡于平静的江水中，只把无尽的追忆和想象留给我们。

（6）废城与聚落遗迹

　　废城与聚落遗迹指已经消失或废置的城镇、村落、屋舍等居住地建筑及设施。聚落具有不同的平面形态，它受经济、社会、历史、地理诸条件的制约。历史悠久的村落多呈团聚型，开发较晚的区域移民村落往往呈散漫型。城市型聚落也因各地条件不同而存在多种平面形态。

　　聚落的主要经济活动方向决定着聚落的性质。乡村聚落居民以农业为经济活动主要形式，在农区或林区，村落通常是固定的；在牧区，定居聚落、季节性聚落和游牧的帐幕聚落兼而有之；在渔业区，还有以舟为居室的船户村。城市聚落规模大于乡村和集镇，以非农业活动和非农业人口为主，经济活动内容繁多，各种经济活动变量间的关系，反映出城市的功能特征和性质。城市一般人口数量大、密度高、职业和需求异质性强，是一定地域范围内的政治、经济、文化中心。一般来说，城市聚落具有大片的住宅、密集的道路，有生产性设施，以及较多的生活服务和文化设施。

（7）长城遗迹

　　长城遗迹指已经消失或废置的长城遗迹。长城是中国古代的伟大建筑，是中华民族的象征。修筑长城的历史可以追溯到公元前9世纪，其主要目的在于防御北方民族的侵袭。长城连续修筑时间之长，工程量之大，施工之艰巨，历史文化内涵之丰富，确实是世界其他古代工程所难以相比的。中国近代伟大的民主革命先驱孙中山评论长城时说："中国最有名之工程者，万里长城也……工程之大，古无其匹，为世界独一之奇观。"美国前总统尼克松在参观长城后说："只有一个伟大的民族，才能造得出这样一座伟大的长城"。所以说，长城作为人类历史的奇迹，列入《世界遗产名录》，当之无愧。

> **内蒙古长城遗迹**
>
> 　　战国时期，魏、秦、赵、燕等国都曾在今内蒙古地区修筑长城。魏国防御秦国在黄河之西兴筑了河西长城，总长约600km，现内蒙古地区保存的遗迹，仅在准格尔旗境内发现一段残迹，东距黄河约20km。秦国并魏国上郡15城后，兴筑长城约1100km，起自甘肃临洮，经陕西吴旗、横山县境，入准格尔旗西，北伸至十二连城。赵国防御匈奴南下，兴筑赵北长城，起自河北蔚县，沿洋河入内蒙古境，至乌拉特前旗乌拉山南麓止。燕国势力扩抵燕山北后，防御东胡人南下，兴筑燕北长城，自河北省康保县境起，东伸内蒙古正蓝旗一线，又经河北围场，入赤峰市区北，穿敖汉旗进辽宁省境。"秦使蒙恬将三十万众"，所筑阴山北麓之秦长城，全长约450km，这段秦长城主要以石砌为主，从呼和浩特东北郊的坡根底村开始，穿越阴山，到达武川的什尔登古城，沿阴山北麓的山脊山肩逶迤向西，经固阳、乌拉特前旗、中旗、后旗，止于林河市北石兰计山口的小黄山山顶。内蒙古自治区境内的秦长城遗迹保存是相当完好的，尤其以固阳、乌拉特前旗小佘太乡附近更为突出。在那里人迹罕至，秦长城几乎是容颜未改，甚为壮观。

（8）烽燧

烽燧指古代边防报警的构筑物，是建筑在城墙以外的单独土台子，是古代专门用来传递军情的信号站。它往往与长城并存，组成一个完整的军事防御体系，但也有独立存在、发挥预警防御的作用。烽燧台子四周筑上墙，名曰："护墙"。上面设兵卒把守，备有枪炮，可以四面击敌。每个台与台的间隔距离以火光可见，炮声可闻为宜。台与台遥相呼应，直通京城和较大的防守区，形成一个完整的通信网。每遇敌情，白天燃烟（也称燧），夜间点火（也称烽）互相传递信号。因为狼粪燃烧起来烟很大，可直上云霄，远处容易看见，故烽燧多用狼粪烧烟，因此，烽火台也称狼烟台。

【思考题】
1. 谈谈你对遗址遗迹概念及特点的理解。
2. 简述遗址遗迹旅游资源的价值。
3. 遗址遗迹的旅游吸引因素有哪些？试举例说明。
4. 遗址遗迹的基本类型有哪些？
5. 常见的遗址遗迹旅游资源有哪些？试举例说明。

【经验性训练】

利用网络资源判读遗址遗迹类旅游资源

【概述】
利用网络搜集汇总遗址遗迹类旅游资源，进行判读并形成报告。
【步骤】
1. 将全班分成若干个小组，每个小组不得超过7人，分配任务。

2. 每个小组对所负责的主题搜集所有能收集到的资料，并阅读相关的资料，形成本小组的研究报告。

3. 全班讨论，如何更好地开发和保护此类旅游资源，以及如何让此类旅游资源更好地可持续发展。

4. 形成最终报告。

【案例分析】

昙石山文化遗址

昙石山文化遗址位于福建省闽侯县荆溪镇昙石村，是中国东南地区最典型的新石器文化遗存之一，距今 4000～5500 年，是一座高出江面 20m 长形山岗。"福建文明从这里开始……"以闽江中下游为中心连闽台 2 省的昙石山文化是福建古文化的摇篮和先秦闽族的发源地，它的出现，惊现了不为人知的先秦闽族文化，将福建文明史由原来的 3000 年向远古大大推进了一步。2001 年 6 月 22 日，国务院将昙石山文化遗址列为第五批重点文物保护单位。

昙石山文化遗址自 1954 年发现以来经过 8 次考古发掘，发掘面积达 2000m²，几乎是由当时人们丢弃的蛤蜊壳、贝壳、螺壳堆积起来的，有的地方厚 3m 左右，所以又称"贝丘遗址"。昙石山文化遗址目前仍有 2/3 尚未挖掘，待全部完成后，其规模将超过半坡遗址、河姆渡遗址。昙石山遗址博物馆位于福州城西 24km 处的闽侯县甘蔗镇，是福建省第一座大型考古遗址博物苑，它将昙石山第八次考古遗址现场保护并直接展示给观众，真实生动地反映出原始社会晚期闽人先祖生产、生活和墓葬的状况。

博物馆内展出 1954 年以来昙石山遗址 8 次考古发掘的珍贵文物和图片资料，是福建省原始社会昙石山人劳动生息的缩影；黄土文化展览厅，展现奴隶社会先秦闽族精美的仿铜印纹陶器和丰富多彩的历史文化；考古遗址厅，第 8 次发掘的 30 余座墓葬、陶窑和壕沟等考古遗迹和文物按原貌展出，让观众有亲临考古现场之感。

昙石山文化遗址有 6 样文物堪称"中华之最"的宝贝。

● 中华第一灯，在 125 号墓葬中，出土时，陶灯放在墓主人头顶，类似北京十三陵定陵中的"长明灯"，4000～5000 年前的昙石山人使用如此精美的陶灯，堪称"中华第一灯"。

● 昙石山人颅骨，137 号墓主人为 25 岁左右的年轻女性，其中左侧颅骨分为上下 2 部分，下方颅骨块被称为"日本人骨"，现在日本人大部分有这块颅骨。可以证明，日本文化不仅受到中国文化的影响，连日本人种也有可能要追溯到昙石山人。

● 中国最早的上釉技术，在遗址殉狗坑旁的夯土祭祀台上，出土了 1 件原始瓷罐和 4 件原始瓷器。这些原始瓷器距今 3000 多年，都施有青绿色釉，是中国最早的上釉技术。

● 提线陶簋，在 131 号夫妻合葬墓中出土了 11 件陶簋，其中 1 件陶簋口沿造型为全国罕见。

● 竖立坑中的殉葬男奴，在奴隶陪葬坑中，殉葬的男奴竖立坑中，粗壮的大腿骨和脚趾清晰可辨，显然是活埋时挣扎所致，反映了 3000 年前奴隶殉葬的残酷。

● 18 件陶釜，陶釜相当于现代的砂锅。在 131 号夫妇合葬墓底下，发现了大小陶釜 18 件，这在全国新石器时代墓葬中绝无仅有，以此追溯沿江靠海的福州人有爱喝汤的饮食文化。

【案例思考题】

1. 为什么昙石山文化遗址能被国务院列为第五批文物保护单位？
2. 结合上述案例，谈谈如何开发利用遗址遗迹类旅游资源。

【本章推荐阅读书目】

1. 旅游资源开发及管理. 全华. 旅游教育出版社，2006.
2. 旅游文物艺术. 安旭. 南开大学出版社，2002.
3. 中国历代帝王陵墓. 黄景略，叶学明. 商务印书馆，1998.

第 7 章
建筑设施类旅游资源

【本章概要】

本章主要是阐述建筑设施类旅游资源的概念、对旅游活动的影响、旅游吸引因素、旅游功能,系统地、完整地介绍建筑设施类旅游资源的类型、特征及旅游价值。

【学习目标】

- 理解建筑设施的概念和基本类型;
- 掌握各种类型建筑设施的特点;
- 理解建筑设施类旅游资源的旅游功能及其旅游吸引因素;
- 了解一些著名的建筑设施旅游资源。

【关键性术语】

综合人文旅游地、居住地、归葬地、建筑设施。

【章首案例】

世界屋脊上的明珠——布达拉宫

布达拉宫位于西藏自治区首府拉萨市西北郊区约2000m处的一座小山上。在当地信仰藏传佛教的人民心中,这座小山犹如观音菩萨居住的普陀山,因而用藏语称此为布达拉(普陀之意)。布达拉宫重重叠叠,迂回曲折,同山体融合在一起,高高耸立,壮观巍峨。宫墙红白相间,宫顶金碧辉煌,具有强烈的艺术感染力。它是拉萨城的标志,也是西藏人民巨大创造力的象征,是西藏建筑艺术的珍贵财富,也是独一无二的雪域高原上的人类文化遗产。

悠久历史,恢弘的建筑

布达拉宫始建于公元7世纪藏王松赞干布时期,距今已有1300年的历史。唐初,松赞干布迎娶唐朝宗室女文成公主为妻,为夸耀后世,在当时的红山上建九层楼宫殿1000间,取名布达拉宫。据史料记载,红山内外围城三重,松赞干布和文成公主宫殿之间有一道银铜合制的桥相连。布达拉宫东门外有松赞干布的跑马场。当由松赞干布建立的吐蕃王朝灭亡之时,布达拉宫的大部分毁于战火。明末,在蒙古固始汉的武力支持下,五世达赖建立葛丹颇章王朝。公元1645年,开始重建布达拉宫,五世达赖由葛丹颇章官移居白宫顶上的日光殿,1690年,在第巴桑杰嘉错的主持下,修改红殿——五世达赖灵塔殿,1693年竣工。以后经历代达赖喇嘛的扩建,才达到今日的规模。布达拉宫外观13层,高110m,自山脚向上,直至山顶。由东部的白宫(达赖喇嘛居住的地方)、中部的红宫(佛殿及历代达赖喇嘛灵塔殿)组成。红宫前面有一白色高耸的墙面为晒佛台,在佛教的节日期间用来悬挂大幅佛像挂毯。

坚固的结构、华丽的造型

布达拉宫整体为石木结构,宫殿外墙厚达2~5m,基础直接埋入岩层。墙身全部用花岗岩砌筑，高达数十米，每隔一段距离，中间灌注铁水，进行加固，提高了墙体抗震能力，坚固稳定。

屋顶和窗檐为木质结构，飞檐外挑，屋角翘起，铜瓦鎏金，用鎏金经幢、宝瓶、摩羯鱼、金翅鸟做脊饰。闪亮的屋顶采用歇山式和攒尖式，具有汉代建筑风格。屋檐下的墙面装饰有鎏金铜饰，形象都是佛教法式八宝，有浓重的藏传佛教色彩。柱身和梁枋上布满了鲜艳的彩画和华丽的雕饰。内部廊道交错，殿堂杂陈，空间曲折莫测，置身其中，犹如步入神秘世界。

汉藏艺术交流融合的结晶，宗教艺术的宝库

布达拉宫内部绘有大量的壁画，构成一座巨大的绘画艺术长廊，先后参加壁画绘制的近有 200 人，先后用了十余年时间。壁画的题材有西藏佛教发展的历史、五世达赖喇嘛生平、文成公主进藏的过程、西藏古代建筑形象和大量佛像、金刚，是一部珍贵的历史画篆。布达拉宫中各座殿堂中保存有大量的珍贵文物和佛教艺术品。五世达赖的灵塔坐落在灵塔殿中。塔高 14.85m，是宫中最高的灵塔，塔身用黄金包裹，并嵌满各种珠宝玉石，建造中耗费黄金 5500kg。其他几座灵塔虽不如五世达赖喇嘛灵塔高大，其外表的装饰同样使用大量黄金和珠宝，可谓价值连城。

时轮殿中有大型铜制坛城。坛城是佛教教义中世界构造的立体模型，也是活佛居住、说法的讲坛。造型别致，装饰华丽。

萨松郎杰殿中供奉有用藏、汉、满、蒙4种文字书写的康熙皇帝长命牌位和乾隆皇帝画轴。表现了历代达赖同中央政府的隶属关系。在一些殿中还悬挂有清朝皇帝的匾额。在达赖居住的宫殿中还有大量豪华陈设、服饰。

整座布达拉宫堪称是一座建筑艺术与佛教艺术的博物馆，也是中华各民族团结和国家统一的铁证。

7.1 建筑设施类旅游资源概述

7.1.1 建筑设施旅游资源的概念

建筑设施旅游资源是指对我国的政治、经济与科学技术曾经或现在仍在产生重大影响并对游客产生吸引力的建筑与设施。有人类历史便有建筑设施，建筑设施总是伴随着人类发展而发展。从建筑的起源发展到建筑文化，经历了千万年的变迁。有许多著名的格言可以帮助我们加深对建筑设施的认识，如"建筑是石头的史书""建筑是一切艺术之母""建筑是凝固的音乐""建筑是城市经济制度和社会制度的自传""建筑是城市的重要标志"，等等。在不同社会和时代，不同地域和民族的建筑设施都有不同的建筑设施形象，它反映了时代的生产水平、文化传统、民族风格等特点，是人类文化的智慧结晶，是人文景观旅游资源最重要的组成部分之一，是广大旅游者的重要吸引物。

7.1.2 建筑设施景观对旅游活动的影响

(1) 建筑设施是旅游活动开展的主要对象之一

建筑与设施是人文景观的主体，游客观赏人文景观感受文化魅力主要通过建筑设施的观赏来体现，而建筑设施的观赏主要是以传统建筑为主，当然也包括一些现代建筑。在我国，以传统建筑观赏为主的人文旅游活动特征表现得更为明显。我国的传统建筑多为木构架体系，它们通过梁架结构和装饰美化，使结构功能和艺术形象统一起来，形成优美的空间造型，具有很高的审美价值和艺术魅力。比如，专供封建帝王和王室享用的皇家建筑，建筑雄伟、华丽，是我国传统建筑的精华，有很高的历史、艺术和科学价值，是开发历史文化旅游的宝贵资源。而与人们生活紧密相连的民间建筑，富有地方特色，反映了社会生活的各层面和风俗民情，是开展民族民俗旅游的好去处。包含寺、塔、宫、观、庙、庵等的宗教建筑则可以开发为宗教旅游产品；由城墙、道路、桥梁、水利和搬运工程等组成的工程建筑常与自然风光融为一体，构成优美的景观，为旅游者所向往；与历史事件和著名人物有关的革命旧址、名人故居、纪念塔、碑和牌坊等的纪念性建筑，具有很大的知名度和吸引力，是开展教育旅游的主要场所；城市广场、标志性建筑物、反映本城市特色风貌的街区，以及重要交通、文化设施等显示城市的发展和科技进步的城市现代化建设是城市风光旅游的主要内容。

（2）建筑设施是旅游活动得以顺利开展的保证

一些建筑设施既是旅游资源又是旅游活动开展的保障，如世界遗产福建土楼，它们既是旅游活动的主要吸引物，也是游客体验土楼文化、体验当地风土人情的接待设施，许多游客夜间住在土楼里，亲身感受土楼作为居住设施的种种方便和不方便的特征。澜沧江畔明代修建的霁虹铁索桥，是世界上最古老的铁索桥，是国家重点文物保护单位，它不仅每年都吸引了众多的游客前来参观，而且至今发挥"余热"，继续履行着桥的义务，方便一批又一批的游客跨越澜沧江，往来两岸。

7.1.3 建筑设施类旅游资源的特点

（1）独特的空间艺术

空间是建筑独有的艺术语言，巧妙地处理空间的大小、方向、开敞、封闭、明亮、幽暗，会使建筑艺术显出连续性的空间感受，游客参观它们容易受其影响，产生巨大的情绪感染力。比如，建筑室内空间：宽阔、高大而明亮的大厅，令人心情开朗，精神振奋。相反，大、宽，但不高，低矮且黑暗的大厅，就会给人压抑、神秘，甚至恐怖的感觉。西方哥特式教堂，其内部空间高、长，但窄，会使人想到上帝崇高和人自身的渺小。而建筑室外空间，如果宽阔、开朗，人们会觉得舒畅；相反，广场不大，四周高墙，人们在里面就会感觉压抑。

（2）灵活的群体组合艺术

建筑群常常不是单独出现的，而是由很多单栋、单幢建筑或它们共同围成的广场组合成群。即便是单幢建筑，也是由许多不同性格的房间组成的。比如，北京紫禁城，由天安门、端门、午门、太和门、太和殿、后宫、御花园等一系列不同的建筑组合，引起了像交响乐以序曲、高潮、尾声的顺序出现，使人的情绪发生一系列的变化，获得总体美的享受。这种群体的艺术感染力，比起某一个单独的建筑单体来得更加强烈、更加深刻。

（3）精美的内外装饰艺术

建筑设施的室内外装饰，常常起到锦上添花的作用，游客通过建筑内外装饰艺术的欣赏，可以使他们产生丰富的联想和美感。比如，我国殿宇建筑室外多用黄、绿色琉璃屋顶。红墙丹柱，白或青色的台基，檐下的梁枋、斗拱和椽条多彩画描金，使整座建筑色彩艳丽，金碧辉煌，显示高人一等的社会地位。殿宇建筑室内的开花做彩画，分层做小斗拱和彩画；藻井形式多样，有圆形、方形、多边形等，非常精致。厅堂常用雕镂的隔扇、花罩、屏风等布置，用古色古香的案、几、椅、柜和书画、陶瓷、玉雕等古玩陈设，使室内空间丰富多彩，反映出时代特征和文化品位，激起人们的想象和美感。

（4）高超的环境艺术

建筑设施本身与雕塑、建筑小品、工艺美术甚至文学（如匾额、对联）作品家具、地毯、灯具组合在一起，再与周围自然环境的山、水、树、石头，以及人文环境的历史、乡土、民俗等的有机组合，它们的形体、光、色，甚至味道、气味，将会产生巨大的艺术表现力。比如，我国的传统建筑亭、塔、楼、阁等都建在自然环境优美的地方，或掩映于绿荫丛中，青山偎抱，景色迷人；或坐落于河湾湖畔，碧波相望，风光无限；或在外部空间开池种花、堆山叠石，营造优美的自然环境，使建筑与山水相伴，形成一个个秀丽的景观，让人们去欣赏建筑与自然环境浑然一体的和谐艺术美。

7.1.4　建筑设施的旅游功能

（1）观赏功能

建筑具有突出的造型艺术，能够反映不同时代多种艺术成就，是凝固的艺术，是文明的结晶。游客在观赏建筑设施的过程中，可以充分调动自己的想象、情感等因素，积极能动地进行审美观照，更好地理会建筑设施背后蕴含的文化内涵，更好地欣赏建筑设施艺术的美，更好地感受劳动人民伟大的创造力，更好地满足旅游者观美景、体会美感、陶冶情操的需求。

（2）科普教育功能

各式各样建筑设施的营造技术是人们在长期的社会实践中产生和累积起来的，其合理的结构形式、独特的建筑风格和巧思多变的设计手法，是建筑设施科技发展水平的充分体现，是人类智慧的结晶。例如，苏州宋代的文庙，其建造格局是全国同类建筑中首创的经典实例；元代的盘门水陆城门，组成水陆两路交通系统，体现了江南水城的规划设计与建造水平；明代的无梁殿，结构独特，技术精湛；历代遗存的古桥梁，不仅类型各异，而且选材考究，建造工艺也各具特色。各种古典园林，利用建筑科学、环境科学、生态学和"天人合一"的哲学理念，进行叠山理水、植物配置、建筑营造而组合成有机的整体，创造出丰富多彩的景观，同时也创造了人与自然和谐统一的理想环境。综上所述，建筑设施中蕴涵着丰富的科技信息，游客从建筑设施欣赏中可以认识它们产生的那个历史时期的科学技术与生产力的发展水平，获得相应的科学教育。

（3）文化旅游功能

我国是一个地域辽阔、文化发达的文明古国，在长期的发展中，因为不同的区域位置形成了不同的文化圈，即区域文化，建筑设施也随之积淀了特定的区域文化特征。例如，苏州的区域文化——吴文化，因为文化的影响，传统建筑形成了鲜明的特色与个性。走进历史街区，便会感受到粉墙黛瓦、飞檐翼角等本土建筑的文化符号。置身于古宅民居，便会感知到镂门花窗、雕梁画栋等精美图案的文化内涵。通过对建筑设施丰富的文化内涵感受，可以了解和认识各个地区各个历史时期人们的社会活动、意识形态以及物质生活和精神生活的状况，让游客充分体验地域文化和历史文化的魅力。

7.2 建筑设施旅游资源类型

建筑设施旅游资源指融入旅游的某些基础设施或专门为旅游开发而建设的建筑物和场所。本主类旅游资源包括7种亚类49种基本类型。

7.2.1 综合人文旅游地

本亚类包括教学科研实验场所、康体游乐休闲度假地、宗教与祭祀活动场所、园林游憩区域、文化活动场所、建设工程与生产地、社会与商贸活动场所、动物与植物展示地、军事观光地、边境口岸、景物观赏点等11种基本类型。

(1) 教学科研实验场所

教学科研实验场所指各类学校和教育单位、开展科学研究的机构和从事工程技术实验场所的观光、研究、实习的地方。由于一些教学科研实验场所产生了具有较大影响力的科研成果或教学成果，从而对游客产生了吸引力，成为旅游资源。近年来，"名校游"成了暑期旅游热线。让子女感受名牌大学的风采，激励他们努力学习，是不少家长带子女参观名校的愿望，因此"美国十二天名校亲子之旅"、北京大学、清华大学、复旦大学、武汉大学、厦门大学等修学旅游专项产品不仅应运而生，而且异常火爆。

(2) 康体游乐休闲度假地

康体游乐休闲度假地是指具有康乐、健身、休闲、疗养、度假条件的地方，通常以丰富齐全的娱乐设施、优雅的环境、浓郁的文化氛围、富有人情味的服务而吸引游客。康体游乐休闲度假地主要由观赏游憩资源、生态环境资源、服务设施及服务、餐饮及其环境、娱乐项目等要素构成。其中观赏游憩资源指康体游乐休闲度假旅游地依托的景观旅游资源，如山川田园和湖泊等，这些观光旅游资源在不同的资源环境条件下，可以开发出不同的旅游产品。服务设施和服务，代表着康体游乐休闲度假旅游地的软件和硬件水平，游客在康体游乐休闲度假旅游地，特别看重软件和硬件水平。康体游乐休闲度假旅游地的餐饮及餐饮环境也是游客十分看重的一个要素，餐饮有特色，除了地方特色和民族特色之外，还有世界各地的各式大餐，使游客在享受好的环境时能享受到各式美味。娱乐项目的丰富与否，娱乐项目是否有吸引力，也是衡量康体游乐休闲度假地质量高低的一个标准。游客在度假地逗留期间，能够参与新奇、惊奇的娱乐活动，是游客对度假地的一大期望。

(3) 宗教与祭祀活动场所

宗教与祭祀活动场所是指进行宗教、祭祀、礼仪活动的场所和地方。这些场所往往蕴含着丰富的文化知识，对人们的思想意识、生活习俗等方面有着重要的影响，在旅游开发利用过程中易形成有特色的旅游产品，对旅游业的发展具有重要的意义。世界三大宗教：佛教、基督教、伊斯兰教的有关宗教圣地、名山福地、寺观殿堂、祭祀先贤的庙等就是宗教与祭祀活动场所，如沙特阿拉伯的麦加（伊斯兰教克尔白圣殿）、耶路撒冷（基督教耶稣圣墓教堂、伊斯兰教阿克萨清真寺、犹太教所罗门圣殿）、伯利恒（犹太教古以色列大卫王的故乡，传说中耶稣降生之所）、（意大利罗马城内的梵蒂冈（世界天主教的中心）都成了国际旅游业发达的地方。在中国，国务院公布的3批全国重点文物保护单位中，各种宗教名胜古迹就有150多处,全国各省、直辖市、自治区与宗教有关的名胜古迹更是达3000多处。

(4) 园林游憩区域

园林游憩区域属休闲场所,是指园林内可供观光游览休憩的区域,即在一定的地域运用工程技术和艺术手段,通过改造地形,进一步筑山、叠石、理水,种植树木花草,营造建筑和布置园路等途径创作而成的美丽自然环境和游憩境域。景色优美和安静的园林,有助于消除长时间工作带来的紧张和疲乏,使脑力、体力得到恢复。园林中的文化、游乐、体育、科普教育等活动,可以丰富知识和充实精神生活,对旅游者的心理和精神产生有益作用。

由于东西方文化的差异,园林风格有很大的不同。西方,以法国古典园林的几何形园林为代表,其特点是:整齐一律、均衡对称、为中轴线的几何格局、地毯式的花园、笔直的林阴道、规整的水池、华丽的雕像和喷泉、修剪过并具有一定造型排列成行的树木、壮丽的建筑物等。它是建筑在西方美学基础上,推崇人工的几何美,反映了封建地主庄园的享乐意识,以及仪典性排场的需要。东方,以中国山水园林为代表再现自然美,并和人工美巧妙地结合起来。从而做到"虽由人作,宛自天开"的效果,它深受山水诗词和山水游记的艺术影响。有一些园林就是在文人、画家的直接参与下营造的,反映文人超然脱俗的感情、飘逸的风度和无华的气质情操,满足文人可居、可游的要求。

(5) 文化活动场所

文化活动场所是指进行文化活动、展览、科学技术普及的场所。随着经济的发展,社会的进步,人们生活水平的提高,科学文化的普及,文化程度的提高,人们越来越追求精神的满足与素质的提高,对于各种文化活动场所颇感兴趣。为了满足人们的文化层次需要,各区域从各种主题观念来规划建设相关的文化活动场所来展示或者普及人类所创造的各种各样的物质财富和精神财富,让人类共享文明成果,而且日益成为各种文化、艺术、科技交流展示中心和爱国主义教育基地。文化活动场所有很多类型,例如,北京的中华世纪坛、中山公园音乐堂、北京音乐厅、国图音乐厅就是北京文化活动最多的几个文化活动场所。由于文化活动场所往往包含着博学精深的文化、艺术、科技等知识,对于满足人们文化层次的追求,陶冶人们的情操,以及促进人们树立正确的人生观、价值观和世界观将起到十分有益的作用。

(6) 建设工程与生产地

建设工程与生产地是指经济开发工程和实体单位,如工厂、矿区、农田、牧场、林场、茶园、养殖场、加工企业以及各类生产部门的生产区域和生产线。建设工程与生产地是发展工农业旅游的主要旅游资源,基于建设工程与生产地可建设工农业旅游示范点。农业旅游点是指以农业生产过程、农村风貌、农民劳动生活场景为主要旅游吸引物的旅游点;工业旅游点是指以工业生产过程、工厂风貌、工人工作生活场景为主要旅游吸引物的旅游点。工农业旅游示范点的建设,一是拓宽了旅游资源,大大增加了旅游资源的基数,使得一大批工厂、矿山、村庄、林场、牧场等可以成为旅游吸引物;二是丰富了旅游产品,大大增加了旅游消费者的选择,有利于更好地开展旅游活动;三是扩大了旅游经济覆盖面,有利于旅游经济产业链的扩展与延伸,大大增强了旅游业的发展后劲。新一批全国工农业旅游示范点的产生，标志着以工业生产过程、工厂风貌、工人劳动生活和农业生产过程、农村风貌、农民劳动生活为主的工农业旅游正在向广度和深度进军，并展示出日益广阔的发展前景。

（7）社会与商贸活动场所

社会与商贸活动场所是指进行社会交往活动、商业贸易活动的场所。社会与商贸活动场所是集食、购、娱等旅游要素为一体的活动场所，最能体现一个城市的商业特点和文化氛围，又因商品品种较多、物美价廉而颇具吸引力。代表者如上海南京路、北京王府井大街、丽江四方街和拉萨八角街等。

王府井大街

王府井大街形成于元代，清朝末年逐渐形成商业街。700多年的建街史，100年的商业发展史，为王府井大街留下丰厚的历史文化遗产和鲜明的商业特色。王府井大街是中国现代化进程的缩影，是中国商业发展的窗口。中国改革开放的伟大进程给王府井大街带来了惊人的变化。总建筑面积达到150万m^2的商业服务设施，融购物、旅游、餐饮、娱乐、休闲多种功能于一体，顾客在这里能得到自己想要得到的一切；人性化的环境设计使人们在优雅、舒适的环境中尽情享受逛街的乐趣；百货大楼广场、好友广场、利生广场、教堂前广场成为"金街"的新景观；对王府井大街深厚文化内涵归纳提炼而创造的牌匾、标徽、雕塑构成了王府井大街迷人的文化景观。王府井大街正向国际一流的、有中国特色的首都中心商业区迈进。

（8）动物与植物展示地

动物与植物展示地是指饲养动物与栽培植物的场所，常见的主要是动物园和植物园。地球上动植物种类繁多，群系复杂，数量丰富。有些动植物不仅具有经济、科学、文化教育等多方面的重要意义，而且因现存数量稀少或濒临灭绝，成为具有极高的社会价值、科考价值和观赏价值的珍稀动植物。它们以其体形、色彩、动态、鸣叫等不同特征，深受人们的喜爱。有的被视为民族精神的象征甚至国宝，具有很高的旅游价值。观赏动植物现已成为国内外游客甚感兴趣的旅游活动内容之一。人们既可以实地欣赏其美丽的形态与色彩、独特的生活习性和逗人的表演，还可以建立各种动物园或植物园等，以供长期保护和观赏，构成了一种重要的自然景观旅游资源。

（9）军事观光地

军事观光地是指用于战事的建筑物和设施。军事观光地在过去是战火纷飞、枪林弹雨的战场，由于作战的需要，在其地形的选择、火力的布局、防御要点的架设、构筑工事阵地的布设、障碍物的设置等方面，充满许多科学、巧妙的军事本质、特点和规律。如今仍有不少军事用地保存有城墙、炮台、战壕、烽火台等遗址，记录着当年英勇壮烈的战事和血与火搏斗的历史画卷，撩动人们不尽的遐思。在各级组织与广大群众的保护与开发下，许多军事遗址已成为风景独特的人文旅游胜地，旅游者既可饱赏军事阵地的风光，又可从实景中了解历史长河中的政治、军事和文化。

（10）边境口岸

边境口岸是指边境上设立的过境或贸易的地点。边境口岸在区域经济合作条件下，其功能已发生了历史性的转变，由过去单边对外开放功能转变为区域经济合作多边开放前沿和中介的功能。由这一功能所决定，边境口岸城市在区域经济合作中发挥着中枢、纽带、交通通道桥头堡、对外贸易桥梁、吸引外资的重要平台等作用；贸易、投资、技术合作、旅游、文化交流等活动十分活跃、日益繁荣。由于边境口岸城市的区位优势，交通便利，土地丰富，对外贸易条件较好，吸引着许多中外客商、游客前来洽谈贸易、旅游观光购物。

(11) 景物观赏点

景物观赏点是指观赏各类景物的场所。景点、景区需时时为游客提供能够从各个方面来欣赏美景的良好的观赏点，使游客在游览过程中能够取得最富有艺术情趣的视觉体验效果。游客在旅游线上运行时，视点是活动的，视觉界面是不断变化的。对同一景物，观赏的视距与景物高度的比例，从俯、仰、平视等不同的视角观览，会产生不同的观赏效果。因此，不同的景物观赏点可以带来不同的游赏视距、视角，可以丰富游客对景观欣赏的体验。

杭州西湖"十景"

所谓"十景"是指 10 个不同的风景欣赏点。有带季节性的，例如，"苏堤春晓""平湖秋月"；有带时间性的"雷峰夕照"；有表示气候特色的"曲苑风荷""断桥残雪"；有突出山景的"双峰插云"；有着重听觉的"柳浪闻莺"，等等。总之根据不同的地点、时间、空间，产生了不同的景物，这些景物流传得那么久，那么深入人心，是并非偶然的。好景一经道破，便成绝响，自然会给每一个到过西湖的人都留下不灭的印象。

7.2.2 单体活动场馆

本亚类包括聚会接待厅堂（室）、祭拜场馆、展示演示场馆、体育健身场馆、歌舞游乐场馆等 5 种基本类型。

(1) 聚会接待厅堂（室）

聚会接待厅堂（室）是指公众场合用于办公、会商、议事和其他公共事物所设的独立宽敞房舍或家庭的会客厅室。聚会接待厅堂（室）往往大气、宽敞、整洁，设施设备先进完善，但不同地区和国家所建筑的聚会接待厅堂（室）由于本国或本地区的历史特点与民族精神，使得它们往往具有独特的地方特色，而且在结构、色彩、图案、花纹、装饰等方面极有讲究，富有本国或本地区的地方特色、文化内涵和艺术表现形式。建筑风格及形式简洁明了，或富丽堂皇，或严谨典雅。我国古代的厅堂建筑，非常讲究严谨对称，主次分明，在砖墙木梁架结构，飞檐、斗拱、藻井和雕梁画栋等方面形成中国特有的建筑风格。即便是现代的厅堂设计也深受其影响。

人民大会堂

人民大会堂建于 1958 年 10 月至 1959 年 8 月，完全由中国人自行设计兴建，仅用 10 个月竣工，为我国建筑史上的一大创举。人民大会堂是全国人民代表大会开会的地方，也是国家领导人和人民群众举行政治、外交活动的场所，其建筑面积达 17.18 万 m^2，比故宫的全部建筑面积还要大。人民大会堂正门面对天安门广场，正门顶上镶嵌着国徽，迎面有

> 12根25m高的浅灰色大理石门柱，进门便是典雅朴素的中央大厅。厅后是宽达76m，深60m的万人大会场。大会场北翼是有5000个席位的大宴会厅；南翼是人民代表大会常务委员会办公楼。大会堂内还有以全国各省、直辖市、自治区名称命名、富有地方特色的厅堂。人民大会堂门额高悬中华人民共和国国徽，金光闪烁，十分引人注目。整座大厦屋檐均用黄绿色琉璃制品镶嵌，尽显庄严宏伟、朴素典雅的民族风格和现代化建筑的非凡气派。

（2）祭拜场馆

祭拜场馆是指为礼拜神灵、祭祀故人所开展各种宗教礼仪活动的馆室或场地。远古时代，由于科学技术的落后，为了回答这些问题，神话和宗教应运而生。人们在神话和宗教中，创造出了形形色色的神仙。这些神灵具有超自然的力量。人们在世俗生活中遇到无法排解的挫折和难题时，就将美好的愿望寄托在彼岸世界的神灵身上，并与他们保持紧密良好的关系，希望借助他们的力量来解决人间的难题，直到一切重归和谐。于是祭祀、膜拜神灵的活动就成了人神之间"沟通"的主要方式。当然，祭祖以及一些对神化的历史人物的祭拜活动，也体现了人神"沟通"、寄托情感、调整现实生活秩序等特殊的需要，从而形成了多种多样的祭拜场馆。

丰富多彩的祭祀文化是中国传统文化中的一个重要组成部分，走进中国民众的祭拜场馆，了解他们的神圣世界，游客会惊叹人们奇异多彩的想象力和创造力，也会概叹他们的苦难和希冀。通过对祭拜场馆的参观游览，让游客对中国特殊的民间文化——祭祀文化有所了解，对中国民众的信仰与情感世界有所认识，从而对中国传统文化有更深一点的理解和启悟。

（3）展示演示场馆

展示演示场馆是指为各类展出演出活动开辟的馆室或场地。这些馆室或场地在设计上风格独特，环境幽雅，设备先进，设有各种国际化、现代化服务设施，并有大小会议室以及与展览配套的其他辅助设施。此外，这些馆区与场地往往区位优越，与市区主要道路纵横贯通，交通便利；周围有多家高中低档宾馆、酒店、住宿方便。再加上展览内容丰富，涉及国际经济、贸易、旅游、科技、文化及政治、军事各个领域，从而成为一种颇具吸引力的旅游资源，吸引着中外游客前来参观旅游。

（4）体育健身场馆

体育健身场馆是指开展体育健身活动的独立馆室或场地。随着经济的发展，人们生活水平的提高，大众体育蓬勃开展，以健康为主体的活动项目越来越受到人们的青睐，以追求健康为目的全民健身活动将不断增长，各种体育健身场馆日益成为人们节假日休闲健身的好去处。世界各地的体育健身场馆从场地的选择到场馆的建设、从外观形象的设计到内部项目的设置、从周围环境的绿化到辅助设施的配备等环节都各不相同，凝聚着人类的智慧，展现着各国的艺术风格，饱含着各地的文化特色。现代化的体育健身场馆更加注意功能的完善，品位的提高，设有体育俱乐部、会所、商场、宾馆以及大型休闲、娱乐、康复设施，使得体育健身场馆成为集竞技体育、群众体育、旅游观光、休闲娱乐于一体的大型体育文化中心。

(5) 歌舞游乐场馆

歌舞游乐场馆是指开展歌咏、舞蹈、游乐的馆室或场地。歌舞场馆一般用来举办各种大型歌舞类演出或戏剧的表演，满足人们对高雅歌舞艺术的欣赏与追求。而游乐场或者游乐园则是游客尽情参与体验的活动场所，设有各种各样丰富多彩的游乐项目与设施，吸引游客参与游玩。

欢 乐 谷

欢乐谷位于深圳华侨城杜鹃山，是继锦绣中华、中国民俗文化村、世界之窗后兴建的国内新一代大型旅游主题公园，充分运用了现代休闲理念和高新娱乐科技手段，注重满足人们参与、体验的新型旅游需求，营造出自然、清新、活泼、惊奇、热烈、刺激的休闲旅游氛围，带给人们充满阳光气息和动感魅力的欢乐之旅，以及增进体智、启迪心灵的时尚体验。全公园共分八大主题区：西班牙广场、卡通城、冒险山、欢乐岛、金矿镇、香格里拉森林、飓风湾、阳光海岸，加上奇趣的玛雅水公园，有 100 多个老少皆宜、丰富多彩的游乐项目。从美国、荷兰、德国等发达国家引来众多全国乃至亚洲独有的项目：世界最高落差的"激流勇进"、中国第一座悬挂式过山车"雪山飞龙"、中国第一座巷道式"矿山车"、中国第一座"完美风暴"、中国第一辆"仿古典式环园小火车"、亚洲最高的"惊险之塔"——太空梭，以及亚洲首座集视觉、听觉、触觉于一体的四维影院。这些游乐项目赋予了逼真而完美的主题包装，营造出环境优美宜人、具有美国西部和中国藏北风格的景观。一次次惊心动魄的历程，一个个扑朔迷离的故事，让游客仿佛进入一个亦真亦幻的神秘境界。

7.2.3 景观建筑与附属型建筑

本亚类包括佛塔、塔形建筑物、楼阁、石窟、长城段落、摩崖字画、碑碣（林）、广场、人工洞穴、艺术建筑与建筑小品等 11 种基本类型。

(1) 佛塔

佛塔通常为直立、多层的佛教建筑物。佛塔起源于印度，形式为方座圆冢，是佛门弟子为藏置佛祖的舍利和遗物而建造的"埋葬佛骨的坟冢"。佛塔不仅成为佛教的主体建筑之一，而且具有多种社会功能。就佛教功能而言，塔一般分为 3 种：一是"真身舍利塔"，以埋藏舍利子而得名，如陕西扶风的法门寺塔；二是"法身舍利塔"，法即佛法，也是佛经，将象征佛教精神和佛陀智慧的佛经卷本藏于塔中，如西安的大雁塔、小雁塔；三是墓塔，它是为修行高深、功德圆满的历代高僧修建的坟墓，如活佛灵塔。由于各种佛塔的宗教主题鲜明，佛教文化底蕴深厚，雕刻艺术精湛，注重崇拜功能与审美功能的构思，在建筑设计上兼顾游览所需，因而成为游客们了解佛教文化的重要平台。

(2) 塔形建筑物

塔形建筑物是指为纪念、镇物、表明风水和某些实用目的的直立建筑物。随着佛教的传入，印度式佛塔与中国的高台建筑、楼阁建筑相结合，形成了极具中国特色的塔式建筑物。色彩以质朴暗灰色为基本格调，显现平稳、庄重与典雅，呈现圣洁、纯净与崇高的美感。环境建设受益于古典园林艺术，特别注重人工与自然的和谐，使之产生共鸣、交映生辉。雕刻艺术虽有鲜明的宗教主题，但对美化塔形建筑物有着非常重要的作用。所以，中国塔形建筑物有着崇拜与审美功能的特色，从而使塔形建筑物可以独立成为旅游景点，供游客登临、眺望和游览。

人民英雄纪念碑

人民英雄纪念碑位于北京天安门广场中央。1952年开始兴建，1958年竣工。碑的建立是为了纪念自1840—1949年为中国革命而牺牲的人民英雄。整体碑高37.94m，碑基面积约3000m^2，碑身是一块整体花岗岩巨石，高14.7m，宽2.9m，厚1m，质量60t。纪念碑的四周绕着2层汉白玉栏杆。整个建筑庄严肃穆，布局合理，具有中国民族风格。在碑身正面（北面）有毛泽东的亲笔题词："人民英雄永垂不朽"。碑身背面（南面）是由毛泽东起草，周恩来题写的碑文。在碑座的四周，精巧地镶嵌着我国人民一百多年来反帝、反封建的10幅巨大浮雕，这些浮雕反映了我国革命人民艰苦奋斗、不屈不挠、可歌可泣的历史英雄事迹。人民英雄纪念碑的建成，表彰了人民英雄们光芒万丈、千古不朽的功绩，表达了全国人民对革命先驱的敬仰和缅怀，英雄们将永远成为后人学习的榜样。

（3）楼阁

楼阁是指用于藏书、远眺、巡更、饮宴、娱乐、休憩、观景等目的而建的2层或2层以上的屋宇建筑。楼与阁在早期是有区别的。楼是指重屋；阁是指下部架空、底层高悬的建筑。阁一般平面近方形，2层，有平座，在建筑组群中可居主要位置，如佛寺中有以阁为主体的，独乐寺观音阁即为一例。楼则多狭而修曲，在建筑组群中常居于次要位置，如佛寺中的藏经楼，王府中的后楼、厢楼等，处于建筑组群的最后一列或左右厢位置。宋以后楼与阁2字互通，无严格区分。楼阁由于体量、高度远远超过周围一般低平建筑，压住周围环境，常成为主景。楼阁四周通常设有栏杆回廊，可供远眺、游憩之用。自古以来，中国的文人名士便将登楼阁、览胜景、吟诗作赋、抒情遣怀视为一项高雅的活动。中国古代著名楼阁首推江南三大名楼，即黄鹤楼、滕王阁、岳阳楼。

黄 鹤 楼

黄鹤楼位于湖北武汉蛇山，始建于三国时期，屡毁屡建，虽历朝格调不同，但耸构巍峨、重檐飞翼、势动欲飞之风格贯穿始终。现黄鹤楼以清代建筑为蓝本，重建于1985年，主楼高51.4m，五层重檐飞翼，内陈嵌瓷壁画、长卷绣绿画等以呈现黄鹤一去、白云悠悠、烟波浩渺之气氛。新楼屋面全部采用黄瓦，是为了附会"黄鹤之意"。新楼5层大厅分别设计了5个主题：一层表现"神话"；二层表现"历史"；三层表现"人文"；四层表现"传统"；五层表现"哲理"。整个建筑包括东西南北4个景区。楼前有双鹤铜雕，楼的西端置放搬迁来的元代白塔，改变了原来黄鹤楼的孤立状况。

（4）石窟

石窟是指临崖开凿，内有雕刻造像、壁画，具有宗教意义的洞窟。石窟源于古印度，随丝绸之路东传华夏。它原本为佛祖释迦牟尼及其弟子坐禅、苦修的石室，传至中国逐步演化为集建筑、雕塑、壁画等为一体的石窟文化综合体，构建了独特的美学体系。经过长期选择、改造、重构，中国石窟在建筑、壁画、雕塑、美学、佛学、民族学、文化学诸领域均形成了鲜明的民族文化特色。对于信奉佛教的旅游者来说，石窟在他们心中就是圣地。对于大多数旅游者而言，可以通过石窟的石刻、塑像和壁画等来了解古代社会生活和宗教的发展历程及特点。由于它们在文学、艺术、布局、构造等方面不仅数量众多，而且具有丰富的内容和极高的艺术价值，从而成为石窟艺术旅游的主要目的地。

> **敦煌莫高窟**
>
> 敦者,大也;煌者,盛也。而敦煌的盛名来自莫高窟。莫高窟是中国第一大石窟,俗称千佛洞,位于敦煌市东南25km鸣沙山东麓的崖壁上,南北长约有1600m。周围都是戈壁荒漠,进入了莫高窟反而是绿树成荫,经过一个大牌坊,左边是一个飞天雕像,敦煌飞天是敦煌莫高窟的名片,是敦煌艺术的标志。只要看到优美的飞天,人们就会想到敦煌莫高窟艺术。敦煌莫高窟492个洞窟中,几乎窟窟画有飞天,总计4500余身。其数量之多,可以说是全世界和中国佛教石窟寺庙中,保存飞天最多的石窟。

(5) 长城段落

长城段落是指古代军事防御工程段落。长城既是中国、也是世界上修建时间最长和工程量最大的一项古代防御工程。历史修建的长城始终遵循"就地取材,因地制宜"的原则,建筑材料多以土、石、木为主,而且大都由城墙、碉楼、关隘、烽燧等多种防御工事组成。整座长城上又建有很多关城,关城都建在地势险峻的要地,著名者有嘉峪关、居庸关、山海关等。其中嘉峪关是现存长城关城中最完整的一处。它始建于明洪武五年(1372年),气势雄伟,布局周密,结构严谨,有"天下第一雄关"之称。现在人们所看到的长城,主要是明代重修的,以前的长城则只剩下一些遗迹了。绵延万余里的长城穿越在崇山峻岭、急流、溪谷等险峻的地段之上,工程之艰巨是难以想象的。长城表现了中华民族的磅礴气概和聪明才智,也反映了中国古代测量、规划设计、建筑技术、工程管理以及军事技术的高超水平。

(6) 城(堡)

城堡是指用于设防的城体或堡垒。早期城堡的类型被称作"土堆与板筑"。土堆是以泥土筑成的土堤,具有一定阔度和高度,一般有18.24m高。土堆上面可以建筑大型的木制箭塔,土堆下面以木板围起,称为板筑,用来防护粮仓、家畜围栏和用来居住的小屋。在公元11世纪,开始以石头代替泥土和木材来建筑城堡。建设在土堤上面的木制箭塔,改由大块的石头建造,这种防御工事被称为空壳要塞,后来发展为箭塔或要塞。在箭塔或要塞的顶端可加设工事,让它们具有向下攻击的能力。城堡建筑技术精湛,极为牢固,具有重要民族古建筑研究价值。

(7) 摩崖字画

摩崖字画是指在天然的石壁上镌刻文字和绘制图画,利用天然的石壁刻文画图记事。摩崖字画不仅有着丰富的历史内涵和史料价值,而且许多摩崖字画为政治或文化名人所题所画,书法精美,图像生动,具有珍贵的艺术价值。同时,这些不同年代、不同民族文字的摩崖字画,或富于天然之意趣,或体量巨大、气势恢弘,或为名家手笔,为秀美的自然风景增加了深厚的人文内涵。

在我国的广大风景名胜区和过去的人类活动地点,保存着许多重要的摩崖字画,被列入全国重点文物保护单位的有8处,分布在山东、陕西、湖南、湖北、四川、云南和福建,内容涉及范围很广,包括文学、人物生平、历史、医药和水利等方面的内容。摩崖字画体现了中国文化的深厚底蕴,显现了汉字的艺术魅力,名山悬岩往往成为游人驻足品尝之地。

(8) 碑碣(林)

碑碣(林)是指为纪事颂德而筑的刻石。古时,人们把立于宫、庙、殿、堂门前的用以识日影及拴马匹的石桩称为碑。尔后，在人死入葬时，人们在墓坑周围树立石桩——碑，并筑上孔，用以系绳徐徐下棺，这时的碑不具有纪念意义，只是行葬的一种工具。随着时间的流逝，立于墓旁的石碑有些未被拔掉，并被人在上面镌刻上纪念或说明文字，为死者歌功颂德，于是便出现了"树碑立传"作用的墓碑。后来人们把树立在地面上长方形的碑、圆形的碣、圆柱形的幢和埋在坟墓中的志铭，以及刻在山石上的摩崖题刻，都包括在碑里边，统称碑刻。从内容看，有的为神鬼树碑立传，歌功颂德；有的记述兴建土木的建造和名胜古迹的沿革；有的是文人雅士观赏风光时留下的墨迹；有的是整体经文的抄录。今天能看到的、历史最早的碑刻是秦始皇和秦二世的诸山刻石，到东汉末树碑刻石之风兴盛起来，官府大力提倡刻石，民间竞相立碑。此时流传到现代的碑刻也最多，历代所谓"汉隶碑碣"就指这一时期的刻石而言。碑刻保存了大量书法和篆刻艺术珍品。既是重要的文史资料，又是名贵的观赏宝物。古都长安的"碑林"则是中国专门收藏碑刻最早最多的地方，现存由汉到清的碑碣共计3000余件。由于碑石林立，故称"碑林"。历史上，陕西西安碑林、山东曲阜孔庙碑林、台湾高雄南门碑林、四川西昌地震碑林被称为中国四大碑林。

（9）广场

广场是指用来进行休憩、游乐、礼仪活动的城市内的开阔地。广场在城市发展的历史进程中，是相对较新的事物。随着时间的推移，广场的特点和意义在不断地发展，它的建筑成分也在不断地变化。传统的广场和其作用紧密相连，它或代表宗教和政治权利，或作为商业活动的中心地带。现在，很多广场都没有特别的意义，它只是一个集会的空间，是一个可让人们聚会休息的空间，同时亦是人们逃离城市喧嚣的地方。它是城市公共空间的复原，具有随意性的特点。

（10）人工洞穴

人工洞穴是指用来防御、储物、居住等目的而建造的地下洞室。比较常见的是防空洞，它是一种人工挖掘的用来防备空袭及保护平民的军事掩体。其他原有地下建筑，如地下车站、隧道、地窖、地下室、铁路拱门等亦作为防空洞使用。这类构筑低于地面，而且特别坚固，能够支持以上的建筑物重量，因此特别适合用作保护人民免受空袭的工事。在核武器出现后，有些防空洞又加上了防止核武器攻击的设计。和平时期，许多防空洞被用来开发旅游，特别是一些有历史背景的防空洞，尤其对旅游者产生吸引力。比如，西柏坡防空洞景点，全长232m，共有4个洞口，分别在毛泽东旧居和刘少奇旧居的后边，七届二中全会会址东边和朱德旧居对面。在柏坡岭上，有一个报警钟。敌机来时，便敲钟报警；敌机走后，便敲钟解警。

（11）建筑小品

建筑小品是指用以纪念、装饰、美化环境和配置主体建筑物的独立建筑物，如雕塑、牌坊、戏台、台、阙、廊、亭、榭、表、舫、影壁、经幢、喷泉、假山与堆石、祭祀标记等。这种建筑小品大部分除具有使用功能外，还必须具有观赏或装饰功能，以及造型上的艺术性。

7.2.4 居住地与社区

本亚类包括传统与乡土建筑、特色街巷、特色社区、名人故居与历史纪念建筑、书院、会馆、特色店铺、特色市场等8种基本类型。

(1) 传统与乡土建筑

传统与乡土建筑是指具有地方建筑风格和历史色彩的单个居民住所。它们往往以其独特的建筑风貌、丰富的历史文化遗迹、深厚的地方人文内涵以及特有的古朴环境氛围受到了人们的青睐，成为旅游市场中的一支新生力量。那些保存较完整、有一定地方特色的传统与乡土建筑吸引着大批的旅游者前去观赏。比如，著名的山西王家大院、福建土楼、广东围龙屋等在旅游黄金周期间，游人如织，其数量直追山水风光景区的客源。

(2) 特色街巷

特色街巷是指能反映某一时代建筑风貌，或经营专门特色商品和商业服务的街道。创建特色街巷是塑造重要的城市景观和城市优良形象的需要。因此，现在许多城市都通过发展特色街巷，引导商贸企业集约发展、品牌经营并做强做大。通过特色街巷的规划和建设，凝聚人气、商气和财气，形成城市名片，凸现城市形象和城市个性。当今国际商业发展的一个趋势是特色街巷朝着"功能综合化、景观特色化、街巷步行化、交通主体化"方向发展。

(3) 特色社区

特色社区是指建筑风貌或环境特色鲜明的居住区。具体是指那些较为完整地保留地方传统服饰、习俗、语言、生活习惯，具有相当的游客体验、考察价值，甚至具有较高的地方文化研究价值的社区；传统农耕、婚俗、方言、饮食等文化较有特色或者保留完整，适合游客参观游览、体验考察的社区；古建筑保有量大、能代表社区所在地县（市）区的历史沿革特征、民居特点或历史遗迹保存较好的社区；自然风光优美，山水风物特色鲜明，环境令人心旷神怡，适合游客观光、休闲和度假旅游的社区；现代农业或者村镇工业、居住环境特点突出，有代表性，适合游客观光、旅游、考察和体验的社区。

(4) 名人故居与历史纪念建筑

名人故居与历史纪念建筑是指有历史影响的人物的住所或为历史著名事件而保留的建筑物。它们具有很高的历史价值，是不可多得的宝贵财富。开发名人故居与历史纪念建筑旅游首先要解决的问题就是基础风貌的恢复。比如，将居于其内的居民迁出，并对故居进行一定的保护和修复，力争使其呈现出原有的风貌。故居或建筑周边种植体现文人气息的花木，尤其应根据不同名人的喜好和其代表作、历史事件的性质，选择不同的植被以形成不同的特色，以体现出名人不同的品格，体现历史事件的特色。其次，在产品开发上，应深度挖掘名人故居和历史纪念建筑的文化内涵。只有深挖其文化内涵，让世人更多地了解和认识它们，让其放射出应有的光芒，才是完整意义上的保护与开发。

(5) 书院

书院是指旧时地方上设立的供人读书或讲学的处所。书院是封建社会后期一种重要的教育机构。在当时，一是中央官府设立，用于收藏、校勘和整理图书的机构；二是民间设立，供个人读书治学的地方。唐末至五代期间，战乱频繁，官学衰败，许多读书人避居山林，遂模仿佛教禅林讲经制度创立书院，形成了中国封建社会特有的教育组织形式。北宋时，以讲学为主的书院日渐增多。南宋时随理学的发展，书院逐渐成为学派活动的场所。宋代最著名的四大书院有江西庐山的白鹿洞书院、湖南长沙的岳麓书院、河南商丘的应天府书院、河南登封的嵩阳书院。明代书院发展到1200多所，但其中有些是官办书院。一些私立书院自由讲学，抨击时弊，成为思想舆论和政治活动场所。最著名的是江苏无锡东林书院。清代书院达2000余所，但官学化也达到了极点，大部分书院与官学无异。到了光绪二十七年（1901年）诏令各省的书院改为大学堂，各府、厅、直隶州的书院改为中学堂，各州县的书院改为小学堂，至此书院退出了历史舞台。

（6）会馆

会馆是明、清2代特殊历史条件的产物，随着政治、经济和文化的变化、商品经济的发展、科举制度和人口流动，促成会馆的诞生和勃兴。会馆，顾名思义，"会"是聚会的意思，"馆"是宾客聚居的房舍，就是聚会和聚居之场所。会馆是明清时同籍人在客地的一种特殊的社会组织。

我国最早出现的会馆是在明永乐年间，安徽芜湖人在北京设置了芜湖会馆。在京任工部主事的京官俞谟（安徽芜湖人）于明永乐（1403—1424年）在前门外（长巷上三条胡同）买地建造旅舍，以做亲朋寓居或参与商界活动洽谈之所。俞谟后来辞官时，将产业交给了同籍的京官晋俭，这样就形成了同籍人共同聚会的场所——芜湖会馆。后来数十年间，各省在京师纷纷建会馆成为时尚。这些会馆大体有3类：一是为官绅乔寓之馆；二是既为官绅又为科举士子住居的馆所；三是专门为赴科士子住读之所。一、二2类在北京内城，第三类建在京师外城。而官绅、科举兼顾的会馆尤得以昌盛。明清时期，各省在北京的会馆和工商会馆，达500余处。

（7）特色店铺

特色店铺是指销售某类特色商品的场所。旅游者每到一处旅游目的地，往往都会寻找一些特色店铺参观并购买其内的特色商品，留作纪念或赠送亲朋好友。比如，到北京，许多游客会去同仁堂这个百年老店参观购物。同仁堂是北京城里最有名的老字号药店，以丸、散、膏、丹驰名中外。同仁堂中药铺与杭州胡庆余堂、广州陈李济、汉口叶开泰并称中国四大药店。同仁堂的药品质量好，有药到病除、妙手回春之效。其以经营丸散膏丹为主。所制药品配方好，选料精，炮制细。配方除家传和民间的以外，还有很多清宫秘方。所以，同仁堂是北京著名特色店铺，也是著名旅游景点。

（8）特色市场

特色市场是指批发零售兼顾的特色商品供应场所。由于所经营是特色商品，因此常被旅游者作为旅游景观进行观赏，也作为旅游商品购买地进行游逛。比如，北京古玩城是当今世界上最大的室内古玩商店和古玩特色市场，也是最能给参观者留下丰富想象的文物博览会之一。北京古玩城经营面积1万 m^2 多，经营区共有4层。300多家店铺装修得古色古香。一层以新工艺品为主，主要有景德镇的陶瓷、洛阳的唐三彩、宜兴的紫砂、辽宁的岫玉、北京的景泰蓝、福建的寿山石和浙江的石章以及石雕、内蒙古的水晶和玛瑙、缅甸的翡翠、阿富汗的玉雕和古旧家具。二、三、四层以古玩为主，有古旧陶瓷、古旧钟表、中外书画、玉器、骨雕、金银铜器、古旧地毯、刺绣、佛像及各类杂项等上千个品种，既有传世的珍贵文物也有收购的各类古董，还有自产自销、风格独特的新工艺品。在这里，海内外古玩爱好者往往能够寻觅到出类拔萃的古玩，一般游客也可以买到自己喜爱的珍藏品。

7.2.5 归葬地

本亚类包括陵寝陵园、墓（群）和悬棺等3种基本类型。

（1）陵寝陵园

陵寝陵园指帝王及后妃的坟墓及墓地的宫殿建筑，以及一般以墓葬为主的园林。陵寝陵园一般规模宏伟，地表地下建筑堂皇；陵墓内殉葬品内容丰富，文物众多；陵墓从建筑到出土文物具有极高的科学价值和历史文化艺术价值；而且陵墓多选址在地形壮观、环境优美的地区，具有游览观赏的价值；我国各地已知的大型陵墓很多，主要有周陵、秦陵、汉陵、唐陵、宋陵、明陵、清陵等，以及早期部落首领陵墓，如太昊陵、女娲陵、黄帝陵、尧陵等。我国各少数民族葬仪不同，有的火葬，有的天葬，有的悬棺葬，不易保存，因而大型陵墓不多。

黄 帝 陵

黄帝陵在陕西省黄陵县城北的桥山上，是中华民族的祖先轩辕黄帝陵，山上古柏成林，郁郁参天。陵高36m，方圆48m，墓前有碑亭，内有石碑一座镌"桥山龙驭"4字。山下有黄帝庙，祭殿正门上方悬挂"人文初祖"的匾额。庙内古柏参天，其中一株称"轩辕柏"相传为黄帝亲手所植，高19m，外国游人称之为"世界柏树之父"，树龄5000多年，仍健壮挺秀，枝叶繁茂。自汉代以来，帝王清明祭扫黄帝陵屡有记载，现为著名游览胜地，系国家级文物保护单位。

（2）墓（群）

墓（群）指单个坟墓、墓群或葬地。通常指帝王及后妃的陵墓以外的坟墓，如历史名人墓——孔子墓、司马迁墓、岳飞墓等；墓中的殉葬品为了解当时的社会状况、生产水平、文学、艺术、科学技术发展程度，研究我国古代史、天文学史、地理学史、工艺史以及医学史等提供了极为珍贵的资料，具有很高的科学价值。

（3）悬棺

悬棺指在悬崖上停放的棺木。悬棺葬是古代一种比较奇特的葬式：在江河沿岸，选择一处壁立千仞的悬崖，用我们至今仍不知晓的方法，将仙逝者连同装殓他的尺棺高高地悬挂（置）于悬崖半腰的适当位置。葬地的形势各异，归葬的个体方式也略有差别：或于崖壁凿孔，橡木为桩，尺棺就置放在崖桩拓展出来的空间；或在崖壁上开凿石龛，尸棺置入龛内；或利用悬崖上的天然岩沟、岩墩、岩洞置放尸棺……人死了，要找个归宿，要为失去灵魂的躯壳找一个妥当的安置办法，从这个意义上讲，悬棺葬和土葬、火葬、水葬、天葬等葬式一样平常。悬棺葬式是一种处置死者尸骨的特殊方式，在我国主要分布于古代南方少数民族地区。对这种富有深厚文化内涵的悬棺葬式，存在着许多令人无法解释的困惑之处。比如，远古时代的人们到底是用什么办法把装有尸体和随葬物品、重达数百千克的棺木送进高高的崖洞里去的，就是一个令人"难以想象"的问题。

7.2.6 交通建筑

本亚类包括桥、车站、港口渡口与码头、航空港、栈道等5种基本类型。

（1）桥

桥指的是跨越河流、山谷、障碍物或其他交通线而修建的架空通道。桥为横跨江河之上的建筑，不仅提供过河交通之便，而且由于其造型及工艺特色丰富了水景。人行桥上，望惊鸿照影、掬水弄月，顿觉水面可亲，成为赏景最佳处。我国造桥历史悠久，最早在5000~6000年前的半坡遗址中，已有梁桥建筑。随着工程技术的发展，古代工匠们创造了各种结构、材料和造型的桥梁。从结构和形式看，有梁桥、拱桥、索桥、浮桥、廊屋桥、铁桥、竹藤桥、网桥等。其中历史久、工程独特、艺术价值重大的桥有河北赵州桥、泉州跨海梁式大石桥——洛阳桥、启闭式的广东广济桥和云南霁虹铁索桥等。

（2）车站

车站指为了装卸客货停留的固定地点。按类型划分有火车站、汽车站、马车站等；按业务性质划分有客运站、货运站和客货运站等；按年代划分有历史车站、现代车站。被旅游业所利用的通常是历史车站，也包括现代车站。历史车站（如北京前门火车站）作为一个重要的历史舞台，记录着中国近代史上的种种传奇和悲欢离合。它像一个驻留时光、故事和情感的地方。响彻天空的汽笛似乎永远与依依惜别的忧伤难以分割。无数陌生的人们在这里匆匆相遇，擦肩而过，或许有些人的模糊印象会永远留在另一个人的脑海中，成为那个人一生中时常跳入脑海的记忆。现代车站（如青藏铁路沿线的火车站）将独特的民族建筑风格与先进的现代施工理念融为一体，使各个火车站成为铁路沿线一道道亮丽的风景线。

> **拉萨火车站**
>
> 海拔3600m的拉萨火车站是青藏铁路的终点站，也是全线最大的客货运输综合站。走进车站，一座由白色和朱红色混凝土装饰的斜体站房立刻呈现面前。远远望去，犹如西藏名刹萨迦寺，散发出浓郁的民族建筑气息和"酥油"味儿。而走近车站站台，一座座"亭亭玉立"的雪白色站台无柱雨棚，则又增添了几分现代建筑的韵味。

（3）港口渡口与码头

港口渡口与码头是指位于江、河、湖、海沿岸进行航运、过渡、商贸、渔业活动的地方。港口是具有水陆联运设备和条件，供船舶安全进出和停泊的运输枢纽。渡口指的是道路越过河流以船渡方式衔接两岸交通的地点，包括码头、引道及管理设施。它们都是水陆交通的集结点和枢纽，工农业产品和外贸进出口物资的集散地，船舶停泊、装卸货物、上下旅客、补充给养的场所。

（4）航空港

航空港是指供飞机起降的场地及其相关设施。它是民用航空机场和有关服务设施构成的整体，保证飞机安全起降的基地和空运旅客、货物的集散地，包括飞行区、客货运输服务区和机务维修区3部分。

飞行区 为保证飞机安全起降的区域。内有跑道、滑行道、停机坪和无线电通信导航系统、目视助航设施及其他保障飞行安全的设施，在航空港内占地面积最大。飞行区上空划有净空区，是规定的障碍物限制面以上的空域，地面物体不得超越限制面伸入。限制面根据机场起降飞机的性能确定。

客货运输服务区 为旅客、货主提供地面服务的区域。主体是候机楼，此外，还有客机坪、停车场、进出港道路系统等。货运量较大的航空港还专门设有货运站。客机坪附近配有管线加油系统。

机务维修区 飞机维护修理和航空港正常工作所必需的各种机务设施的区域。

世界上较大的航空港有英国伦敦希思罗航空港、法国巴黎戴高乐航空港、美国芝加哥国际航空港等。中国最大的航空港是北京国际航空港。

(5) 栈道

栈道是指在悬崖绝壁上凿孔架木而成的窄路。栈道又称阁道，就使用情况而言，有下列2种情况：一种是置于建筑之间的空中通道，如西汉长安城中，长乐宫、未央宫、建章宫与桂宫、北宫之间所建的阁道；另一种是通行于悬崖峭壁之通道，如秦、汉时由关中越秦岭至巴蜀的山道险途。其构造方式为先沿石壁开出宽1~2m石道，上横木梁铺木板。或在崖壁上横向凿孔（口宽10cm×20cm、深50cm），以插入粗木梁（间距约2m），并下加斜撑。梁上再铺厚木板，又于路之旁侧加构铁链或木栏。道宽约5~6m，可容车马并行。其上部分亦可建以屋盖。在栈道路面距谷底较近的情况下，梁下斜撑改用直柱支承。秦人修建的入蜀栈道至东汉末仍然保存并继续使用，如自关中通往汉中之子午道，以及其西之褒斜道；通大散关之故道，以及傥骆道，均为商旅往来及军事运输的必经之途。

7.2.7 水工建筑

本亚类包括水库观光游憩区、水井、运河与渠道段落、堤坝段落、灌区、提水设施等6种基本类型。

(1) 水库观光游憩区段

水库观光游憩区段是指供观光、游乐、休憩的水库、池塘等人工集水区域。这些人工集水区域通常包含有雄伟的大坝、壮观的船闸、机器轰鸣的发电厂房、水流飞倾的泄洪道和绵延不断的渡槽等，不仅具有防洪、发电、航运、灌溉、养殖和供水等多种功能，显示了人类利用和改造自然的气魄，而且多与自然山水有机结合，成为参观游览的胜地，学习现代科技的室外课堂。

(2) 水井

水井是指向下开凿到饱和层并从饱和层中抽水的深洞；主要用于开采地下水的工程构筑物。它可以是竖向的、斜向的和不同方向组合的，但一般以竖向为主，可用于取水、排水，也可用于注水。水井对于人类文明的发展有着重大意义。中国已发现最早的水井是浙江余姚河姆渡古文化遗址水井，其年代为距今约5700年。这是一口相当精巧的方形木结构井，井深1.35m，边长为2m。

中国四川早在公元前250年，就在坚硬岩石中大量开凿深达数十米乃至百米以上的井，开采地下卤水煮盐。打井揭露存有卤水的承压含水层后，地下水往往从井中自行流出，这种井便是自流井。另一特色的井是中国的坎儿井，它包括地下廊道和一系列竖井。地下廊道底部低于地下水位的部分用以截取地下潜流；高于潜水位部分用于输水。竖井在开挖地下廊道时用于出土、通风；成井后作为取水及维修的通道。地下廊道出口处，往往还建有储水池。单条坎儿井的长度有达几十千米的。中国新疆至今仍有2000条坎儿井在使用。

(3) 运河与渠道段落

运河与渠道段落是指正在运行的人工开凿的水道段落，是人工开掘的河道，供运输之用。我国重要的运河是灵渠和大运河。灵渠，又名湘桂运河，位于广西兴安县境内，是秦始皇为了向岭南运输兵员、粮饷，命史禄率军民开凿的。运河全长34km，由铧嘴、分水坝（大、小天平）、南渠、北渠、秦堤、泄水坝和陡门组成。灵渠工程,将长江与珠江两大水系连接起来,解决了水程30km多、落差32m的河道航运问题。这里渠水清澈、两岸垂柳成行、松竹苍翠,座座拱桥似彩虹横跨,亭台楼阁掩映在绿丛之中,形成淡雅清新的风格,成为游人络绎的旅游胜地。大运河是指世界上最长的运河——京杭大运河,北起北京,南达杭州,全长1794km;开掘肇始于春秋,形成于隋代,发展于唐宋,最终在元代成为沟通贯通五大水系(海河、黄河、淮河、长江和钱塘江)、纵贯南北的水上交通要道。

(4)堤坝段落

堤坝段落是指防水、挡水的构筑物段落,是人工在海、河岸上筑的堤,以防海潮和洪水的袭击,保障人民生命财产的安全,并在农业生产上发挥作用。我国著名的古代堤防有海塘、荆江大堤和黄河大堤;现代堤坝有葛洲坝、三峡大坝等。这些水利枢纽工程不仅建筑宏伟、气势磅礴,而且往往周围环境优美,景色雄伟壮观,可以在欣赏美景的同时,感受那份惊喜,惊叹人类的伟大。

(5)灌区

灌区是指引水浇灌的田地,一般是指有可靠水源和引、输、配水渠道系统和相应排水沟道的灌溉面积,是人类经济活动的产物;随社会经济的发展而发展。灌区是一个半人工的生态系统,它是依靠自然环境提供的光、热、土壤资源,加上人为选择的作物和安排的作物种植比例等人工调控手段而组成的一个具有很强的社会性质的开放式生态系统。

(6)提水设施

提水设施是指提取引水设施,又称提水工程、泵站工程,是利用机电提水设备增加水流能量,通过配套建筑物将水由低处提升至高处,以满足兴利除害要求的综合性系统工程。提水工程被广泛应用于农田灌溉排水、市政供排水、工业生产用水及跨流域调水等许多方面。正在进行的南水北调东线工程,是目前我国最大的提水工程。

【思考题】
1. 哪些旅游资源可以称为建筑设施?试举例说明。
2. 在旅游过程中,你印象最深的建筑设施旅游资源是什么?
3. 建筑设施旅游资源的基本类型有哪些?
4. 建筑设施类旅游资源具有哪些旅游吸引因素?
5. 建筑设施类旅游资源具有哪些旅游功能?

【经验性训练】

对建筑设施类旅游资源进行分析、了解与讲解

【概述】
学生观看有关建筑设施类旅游资源录像,对录像中的景观进行分析、了解与讲解。
【步骤】
1. 由教师播放有关建筑设施类旅游资源录像。
2. 学生认真观看,获取录像中信息。
3. 学生根据录像中的信息,判断录像中的景观是属于何种基本类型的旅游资源。
4. 学生分析录像中景观的成因与美学特征。
5. 学生以导游的身份,对录像中的景观进行正确的讲解,要求讲清景观特征、景观成因以

及美学价值。

6. 教师对学生的讲解进行点评。

【案例分析】

三峡大坝旅游区

2007年5月8日，宜昌市三峡大坝旅游区经国家旅游局正式批准为国家AAAAA级旅游景区。三峡大坝旅游区于1997年正式对外开放，现拥有三峡展览馆、坛子岭园区、185园区、近坝园区及截流纪念园5个园区；总占地面积共15.28km^2。旅游区以世界上最大的水利枢纽工程——三峡工程为依托，全方位展示工程文化和水利文化，为游客提供游览、科教、休闲、娱乐为一体的多功能服务，将现代工程、自然风光和人文景观有机结合，使之成为国内外旅游者向往的旅游胜地。

坛子岭园区是三峡坝区最早开发的景区，于1997年正式开始接待中外游人，因其顶端观景台形似一个倒扣的坛子而得名，该景区所在地为大坝建设勘测点，海拔262.48m，是观赏三峡工程全景的最佳位置，不仅仅能欣赏到三峡大坝的雄浑壮伟，还能观看壁立千仞的"长江第四峡"——双向五级船闸。整个园区以高度的递增从上至下分为3层，主要由模型展示厅、万年江底石、大江截流石、三峡坝址基石、银版天书及坛子岭观景台等景观；还有壮观的喷泉、秀美的瀑布、蜿蜒的溪水、翠绿的草坪贯穿其间。放眼望去，静中有动，动中有静，仿佛置身于美妙的乐园。

游客登上海拔185m高的坝顶，近距离向下俯视泄洪场景，雷霆万钧的洪流被踩在脚下，感觉比以前会更壮观、更直接。站在坝顶上，看着脚下泄洪时白浪滔天的恢宏，远处有平静的江面，游客感受静韵与动美交相辉映。若是晴天，泄洪的巨浪上漫天的水雾里，还可看见一弯美丽的彩虹。江风轻拂，让心慢慢安静，看江水奔腾，听浪涛拍岸，惊叹的、激动的、振奋的、骄傲的，万千情感渐渐融入这一江山水。或许只有徜徉在大坝的怀里，才能越发真切地感受"当惊世界殊"的惊喜。

近坝观景点位于大坝左岸发电机组厂房的前方，是近距离地观赏大坝、泄洪的绝佳景点。站在近坝观景台，仰视大坝，海拔185m的坝体显得格外雄伟，电厂下的水花和上面有序的输电线路表明，强大的电流正从这儿源源不断地输向大江南北。同时随着观赏角度的变化，泄洪坝段那气势恢弘的泄洪景观更能使人热血沸腾，看着奔腾而下的洪水掀起的浪花，更使人觉得大自然的力量是巨大的，但人的智慧足以与大自然斗争，人定胜天！

【案例思考题】

1. 按照建筑设施旅游资源的分类，三峡大坝属于哪一类建筑设施类旅游资源？
2. 三峡大坝旅游资源是如何形成的，其旅游开发与生产活动该怎样协调？

【本章推荐阅读书目】

1. 中国古建筑二十讲. 楼庆西. 上海三联书店，2002.
2. 景观建筑. 洪得娟. 同济大学出版社，2002.
3. 旅游资源学. 高曾伟，卢晓. 上海交通大学出版社，2004.

第8章
旅游商品类旅游资源

【本章概要】

本章侧重阐述旅游商品基本知识，介绍旅游商品类旅游资源的概念、与旅游活动关系、特征及旅游功能，介绍各种具体旅游商品类旅游资源的特征、分布规律和一些著名旅游商品类旅游资源等方面的知识。

【学习目标】

- 理解旅游商品的概念及主要的类型；
- 掌握旅游商品与旅游的关系；
- 了解旅游商品资源在旅游开发中的价值；
- 掌握菜点饮食、中草药、传统手工产品与工艺品的特点、种类；
- 了解农林畜产品与制品、水产品与制品以及日用工业品旅游资源；
- 熟悉我国一些典型的旅游商品。

【关键性术语】

旅游商品、菜点饮食、中草药、传统手工产品与工艺品。

【章首案例】

云南省向旅游商品大省迈进

云南旅游商品丰富，尤以各种工艺品、纪念品、香烟、药材、茶叶、珠宝、少数民族绣品及热带水果、鲜花等最受海内外游客青睐。

宝石

据记载，云南经营玉雕至少有500多年的历史，被明代大旅游家徐霞客称之为"极边第一城"的腾冲，素来就有"玉石之乡""翡翠城"的美誉，是我国最大的玉石翡翠集散地。目前，云南各地的宝石加工厂有百余家之多，产品有手镯、耳环、玉坠、佛像、珠链、板指、花牌、如意等几百个品种。这些以宝玉石为原料制作的玉雕品不但品种繁多，而且工艺精美、形色俱佳，其中有近20个产品出口，深受国内外客商喜爱。

茶叶

云南是茶的故乡，盛产茶叶，是我国最大的茶区之一。品种不胜枚举，常见的有滇红、滇绿、下关陀茶、普洱茶、磨锅茶、七子饼茶、大渡岗茶等数十个品种。云南茶叶的特点是汤色清纯，味道或清淡或浓香，不拘一格，适宜不同口感的需要。

中药材

三七在云南分布范围较广，尤以文山州种植最多，种植历史已有400多年之久，产量、质量均为全国之冠。三七的花、叶、根、茎皆可入药，具有活血化瘀、祛风祛湿等功效。云南的主要中药材及其产品还有云南红药、天麻、虫草、雪莲、藏红花、苍贝、鸡德藤青膏、鹿衔草膏、腾冲六味地黄丸和白药等。

民族服饰

白族的扎染产品，以纯棉布、丝棉绸、麻纱、灯芯绒、金丝绒等为面料，通过各种扎染技术，制作出桌布、门窗、窗帘、服饰、民族包、手巾、围巾、枕巾、床单等产品。此外，彝族的服饰、背包等以及藏、回、傈僳、苗、傣等少数民族的服饰、包、帽、围巾以及设计独特的图腾面具，也对游客具有吸引力。

各种工艺品

铜制品 斑铜系列工艺品，仿古铜工艺品系列，仿古铜民族工艺品系列，铜制九狮刀、象等。

美术工艺品 浮雕土陶工艺品、彩喷浮雕花瓶、云南铜板重彩画、木托铜蚀民族画系列、布制工艺包、民族艺术娃、矿藏标本、丽江仿古铜锁及火锅、铜制酒杯等，彩绘木制餐具、手缝民族服饰。

锡制工艺品 用高纯度精锡，经过熔、压片、裁料、造型、刮光、装接、雕刻等工序制作而成，有酒具、茶具、灯具、化妆品盒、浮雕锡画、花卉草木、鸟兽鱼虫等近百个品种。

紫陶工艺品 采用建水城郊碗窑村优质紫陶土和独特的制陶工艺，选红、黄、青、紫等五色陶土配制成坯，再经绘画、雕刻、烧烤、磨光等工艺制成的汽锅、罐、坛、壶、瓶、盆、茶具、文房四宝等数百种工艺品。

大理石工艺品 以大理石制作的文房四宝、花盆、玉白菜、三塔、灯具等200多个石雕品种。

旅游商品销售已成为云南旅游经济的重要组成部分，云南正在向旅游商品大省迈进。

8.1 旅游商品类旅游资源概述

游客旅游行为包含的内容十分广泛，食、住、行、游、购、娱各个要素都很重要。旅游商品一般代表地方特色文化，且具有一定的纪念意义，同时也是激发游客出游动机的主要因素之一，故而是地方旅游资源的重要组成部分。

8.1.1 旅游商品的概念

按照一般的理解，商品是经过交换且未进入使用过程的劳动产品。也就是说，商品是劳动产品从产生到灭亡全过程中某一段过程的称谓，这个过程经历的时间或长或短，且其内涵不如劳动产品丰富。也可以说，尽管商品和产品存在着一定的联系，但它们是2个不同的概念。

然而，对旅游商品的认识历来存在着争议。一种看法是把旅游商品与旅游产品混为一谈。旅游产品具有生产和消费的同时性，交换过程提供的产品和服务也是其生产过程和消费过程。一些学者把旅游过程中游客所需的服务和产品的总和称为旅游商品，就是把旅游商品和旅游产品看成同一概念。如刘敦荣认为，"旅游商品是指供给者为满足游客的旅游需求以出卖、交换为目的而提供的具有使用价值和价值的有形旅游劳动物品与无形的服务的总和"。另外一种看法认为旅游商品是具有实物形态的产品，而并非旅游过程中的产品和服务。目前，持此种观点的人认为，旅游产品指"服务性产品"，而旅游商品表示"实物商品"。也就是说，所谓旅游商品是指"针对游客设计的，它是游客为旅游而购买的或在旅游过程中购买的，具有旅游文化内涵的实物商品"。本书认同后一种概念。

对于旅游商品概念的理解，还应该注意以下 3 个方面：① 旅游商品与一般商品的区别在于旅游商品多能够反映区域特色。旅游商品对游客的吸引因素主要在于它所代表的区域特色，例如，深受游客喜爱的丝锦、刺绣、特色食品、地方工艺品等，都是能够代表地区特色的商品。② 旅游商品也包含一些日常用品或特种旅游的专用品。游客的购物范围一般不局限在目的地特色纪念品之内，他们也会去买一些普通的日常用品，如小吃、饮品、电池等消耗品，以及可能临时添置的太阳帽、防晒霜、旅行包、便携式水杯，以及针对探险、野营活动的帐篷、指南针、防潮火柴等。可以说，能够激发游客购物兴趣的物品都可以算作旅游商品。③ 购物行为不仅仅发生在旅游过程中，也包括旅游活动准备阶段购买的商品。游客在出游之前，需要购买一些旅游过程中的普通用品，如旅行包、旅游食品等。

旅游商品与旅游纪念品、旅游工艺品的关系十分密切，但又不十分相同。旅游纪念品，是指游客在旅游过程中在旅游地购买的具有旅游地地域文化特色和纪念意义的实物商品，主要包括仿制品、复制品、工艺品、音像制品、图书资料、字画等。而旅游工艺品是旅游纪念品中的一种，它远远不能取代"旅游纪念品"的概念。旅游商品的内涵要比旅游纪念品和旅游工艺品的内涵丰富得多。

8.1.2 旅游商品与旅游活动的关系

旅游商品与旅游活动关系十分密切，主要表现在以下 3 个方面。

(1) 旅游商品是旅游活动内容中不可缺少的一部分

旅游活动过程中，游客除了有食、住、行的基本需求外，还希望能够购买地方特色的旅游纪念品，送给亲朋好友做纪念或者作为未来的回忆，故而有购买旅游商品的需求和欲望。

(2) 旅游商品丰富了地区旅游资源

旅游商品往往是以地区文化为基础进行设计的，因而其内容、造型、色彩等方面多体现地方文化特色，丰富了旅游资源，也有利于塑造地区旅游资源特色。例如，吉林延边地区有很多朝鲜族小吃、挂件类旅游商品。这些商品对游客具有很强的吸引力，充分体现了朝鲜族民族地区的特色。

(3) 旅游商品有利于增加地方旅游收入

旅游购物收入属于弹性最大的一项旅游收入。游客对"购"的需求是最随机的，具有较大的弹性，旅游部门从中所得收入是没有上限的。因而可以把旅游商品的销售作为增加地方旅游收入的重要环节。据相关资料显示，在西方发达国家，旅游购物收入已占到游客消费总量的 60% 以上，世界旅游商品消费占旅游总消费的比例平均已达 40%。国内这一比例较低，旅游购物收入只占到游客消费总量平均的 20%，但发展十分迅速。

8.1.3 旅游商品的特征

旅游商品作为游客在旅游活动之前或之中购买的实物性劳动产品，不同于普通商品。旅游商品的特性具体表现在以下 4 个方面。

(1) 地域性和民族性

旅游商品多是用当地的原材料和传统的工艺流程进行制作和生产的，它将不同民族不同地域的消费方式、审美标准、群体爱好和人际关系表示出来，体现着各地的民族风格和地方特色，对游客具有很强的吸引力。民族风格和地方特色越突出的旅游商品，越受游客的欢迎。

（2）纪念性和艺术性

旅游商品要具有纪念性。游客旅游除了饱赏异地风光、欣赏人文遗产、领略风土人情外，一般都想从旅游目的地购买一些富有纪念意义的旅游商品，以期唤起他们对旅游生活的美好回忆。因此，旅游商品不仅要具有一定的地方特色和民族特色，同时也要讲究艺术观赏价值和收藏价值，注重制作上的精细和独到的艺术表现。旅游商品要内容丰富、设计独特、造型逼真、活泼有趣。

（3）实用性和便携性

游客在购买旅游商品时，在考虑民族性、艺术性以及观赏价值、收藏价值的同时，还希望这些旅游商品具有一定的使用价值。如杭州的都锦生丝绸、王星记扇子、张小泉剪刀、天竺筷等。当然，并不是全部旅游商品都必须具有实用性，有些纯粹观赏性的旅游纪念品就不具有日常使用价值。旅游商品的便携性特点主要体现在3个方面：一是体积小型化，主要指旅游商品在具有正常功能的同时，尽量小巧玲珑，便于携带；二是质量轻便化，沉重的商品是游客的负担，所以旅游商品生产者在生产商品时应该以轻质原料代替重质原料；三是功能多样化，以便使一物多用，减少累赘。

（4）多样性和层次性

多样性是指旅游商品在题材、式样、规格、原料、色彩、审美性、实用性、价格等方面有多种形式。多样性体现了旅游商品的丰富性、可供选择性，能够最大限度地满足不同阶层、不同职业、不同民族、不同年龄、不同性别、不同爱好、不同实际需要、不同经济能力的游客的审美和实用需求。游客对旅游商品的需求数量不多，但要求品种繁多，以便他们有选择的余地，还要求讲究质量和装饰，故旅游商品的种类应多样。旅游商品可以依高、中、低3个层次进行市场定位，根据不同的消费层次生产不同花色、品种、价位的旅游商品，满足游客多方面的需求。

8.1.4 旅游商品的功能

旅游商品具有审美功能、实用功能、纪念功能和文化功能。

（1）审美功能

旅游商品可能被收藏或赠送友人，因而在造型、色彩等方面追求艺术美，使人享有美感体验。书法镌刻、刺绣织锦等无一不体现造型、色彩和材质的综合美感，并能够陶冶情操、影响思想，表现出旅游商品的审美功能。

（2）实用功能

游客在游览过程中往往需要一些日常用品和旅游专用品，例如，旅行包、太阳帽、凉水杯、电池、照相机以及野营帐篷、登山设备等旅游商品。另外，旅游商品中的地方土特产品，如农副产品、鱼类产品、各类菜品等都具有实用功能。

（3）纪念功能

旅游商品往往反映区域特色，故而能够激发游客的购买动机。由于旅游商品多数能够长时间保留，游客回到家乡后，看到这些旅游纪念品可以唤起他们对旅游生活的美好回忆。

（4）文化功能

旅游商品内容十分广泛，其中包含传统手工艺、书画艺术作品、雕刻剪纸艺术等，这些技艺凝聚了区域或民族的特色文化。在销售的过程中，也把地区或民族的文化特色传播给游客，增强游客对区域文化特色的理解和感悟。

8.2 旅游商品类旅游资源类型

旅游商品类旅游资源指市场为旅游者提供的物质产品。本主类旅游资源包括1种亚类7种基本类型。

8.2.1 地方旅游商品

地方旅游商品是指具有跨地区声望的当地生产的物品，本亚类包括菜品饮食、农林畜产品及制品、水产品及制品、中草药材及制品、传统手工产品与工艺品、日用工业品、其他物品等7种基本类型。

（1）菜品饮食

所谓菜品饮食旅游资源是指具有一定特色的各式菜肴、酒水饮料、面点小吃等。

菜品饮食伴随着人类社会产生和发展，由于环境、历史、经济、政治、文化等诸多因素的影响，逐渐形成了各地区不同的饮食文化。游客不仅要领略各地风光，还要感受各地的风俗文化，而菜品饮食就是区域文化中的重要一环。"食"作为旅游的六大要素之一，历来为中外游客所关注。富有当地特色的佳肴小吃会大大丰富游客的旅游内容，增加旅游的情趣。饮食文化与旅游活动相结合，对提升民族文化经济价值，促进旅游业和餐饮业发展，有着广阔的市场前景。

中国是一个讲究美食的国家，讲究食不厌精、脍不厌细；一菜一格，百菜百味。中华饮食文化源远流长，是中华民族宝贵的文化遗产，也是中国旅游资源的重要组成部分。中国是世界上最早用火熟食的国家，也是世界上最重视"吃"的民族，形成了博大精深的"饮食文化"，在世界上享有盛誉。

中国幅员辽阔、民族众多，由于地理、气候、经济、风俗习惯的不同，使得各地区、各民族的饮食风俗千姿百态、异彩纷呈。总体来说，中国的菜点饮食呈现出以下4个特点。

用料广博，菜点繁多 中国地大物博、物产丰富，为中国的饮食与烹调提供了丰富的动植物原料、调料，如各种鱼肉禽蛋、山珍海味、瓜果蔬菜等。各地由于选用不同的原料、配料、烹调方法，形成了各自的独特风味和不同的菜系，如各种地方风味菜、宫廷菜、官府菜、素菜、清真菜、少数民族菜、药膳等。地方风味菜有四大菜系、八大菜系、十大菜系之分，其中，每一个菜系又有多种多样的菜肴，如鲁菜有2500种，粤菜有2000种，苏菜有3000种，川菜有4000种，再加上丰富多彩的各少数民族风味菜，更是多若繁星。单单从各地小吃来看，就已经有几百种之多。

> ### 中国"八大菜系"
>
> 所谓菜系,是指在一定区域内,由于当地的自然地理、资源特产及饮食风俗的不同,经过漫长历史演变而形成的并被全国各地所承认的一整套自成体系的烹饪技艺和风味菜肴。中国地大物博、历史悠久,各地风物特产各异,故在烹饪中形成了许多流派,其中最有影响和代表性的有鲁、川、粤、苏(淮扬)、闽、浙、湘、徽等菜系,即人们常说的"八大菜系"。其中,鲁、川、粤、淮扬四大菜系形成历史较早,后来,浙、闽、湘、徽等地方菜也逐渐出名。
>
> 中国"八大菜系"的烹调技艺各具风韵,其菜肴之特色也各有千秋。有人把"八大菜系"用拟人化的手法描绘为:苏、浙菜好比江南美女,清秀素丽;鲁、皖菜犹如北方健汉,古拙朴实;粤、闽菜宛如翩翩公子,风流典雅;川、湘菜就像儒雅名士,内涵丰富、才艺满身。

讲究美感,艺术性强 中国饮食以色艳、香浓、味鲜、型美而著称于世,在烹饪的时候讲究选料、刀功、火候、烹调技法和调味。色、香、味、形、器、意是中国饮食文化十分重视的几个因素。孔子云:"色恶不食,臭恶不食,失饪不食,不时不食"(《论语·乡党》),说明自古以来人们对菜点有诸多标准。首先十分重视菜点的颜色,这里或者显示菜点原色,或者搭配得当,或者有画龙点睛之美。香,菜点的原料或配料往往散发香馨的气味,使人们未尝菜味先闻香;味,指品尝菜点时的味道,酸甜苦辣咸,百味俱全;形,菜点很重视造型,有时会搭配一些雕刻的造型;器,即餐具与菜式要"般配",故有"美食不如美器"的说法,美器可以美化肴馔、装饰宴席,还能以餐具表示规格,体现礼仪;而意是中国菜点重要的特色,即通过前面的几个特点配以有特色的菜名烘托某种意境,提升游客的审美境界。

食医结合 中国的饮食文化和医疗保健有密切的联系。中国向来就很重视"医食同源""药膳同功"。药膳"寓医于食",既将药物作为食物,又将食物赋以药用,药借食力,食助药威;既具有营养价值,又可防病治病、保健强身、延年益寿。药膳食品在家居、休息、饮宴、娱乐交际、接待宾客、旅游、疗养活动中产生了良好而深远的影响。翡翠人参茅台鸡是长春名菜之一,此菜以长白山的人参和老母鸡为主,荤素搭配,造型美观,辅以茅台名酒去味提香,色美味醇,体现了食医结合的特点。

四季有别 中国菜点按季节调配饮食、调味配菜。冬则味醇浓厚,夏则清淡凉爽。冬多炖焖煨,夏多凉拌冷冻。各种蔬菜也是四时更新,适时而食。

春季饮食重营养 春天干旱多风,早晚温差变化较大,食物重在营养性,其中新鲜水果能增强人的免疫能力,改善和调节人体生理功能。

夏季饮食要清淡 要少吃太热的食物,如羊肉、狗肉等,最好吃些清淡少油、易消化的食物,多摄取蛋白质,以鱼、肉、奶和豆类为好。

秋季饮食须调养 秋天应多吃生津养阴、滋润多汁的食品,如百合、莲子、山药、白扁豆、藕、平菇、海带和兔肉等。

冬季饮食重增加热量 应提高糖类和脂肪的摄取量,可选用脂肪含量较高的食物;维生素的摄取可多食蔬菜以及动物肝、瘦肉、鲜鱼、蛋类、豆类等。

名　酒

1954年日内瓦会议以后曾经进行一次世界范围内的名酒排名，并在联合国注册。这一排名的世界十大名酒包括：百加得（BACARDI）、皇冠（SMIRNOFF）、绝对伏特加（ABSOLUT）、尊尼获加（JOHNNIE WALKER）、里卡德（RICARD）、杰克·丹尼尔斯（JACK DANIELS）、芝华士（CHIVAS）、铭悦香槟（MOET CHANDON）、人头马（REMY MARTIN）、马爹利（MARTE）。

中国十大名酒包括茅台酒（贵州）、五粮液（四川）、剑南春（四川）、古井贡酒（安徽）、泸州老窖（四川）、董酒（贵州）、竹叶青（山西）、绵阳大曲（四川）、汾酒（山西）、阳河大曲（江苏）。

除世界和中国名酒外，每个地方都会有本地的特色酒类，是游客在当地购买的主要特产。如海南省有特色酒类山兰玉液、鹿龟酒、金岳玉液、坡马酒、槟榔酒和地瓜酒等；青岛有青岛啤酒、即墨老酒等。不同民族也有不同的酒类特产。满族糜子酒、彝族辣白酒、纳西窨酒、哈尼族紫米酒、布朗族翡翠酒、傈僳族"拉酒"、佤族"布来隆"、独龙族水酒、藏族青稞酒、珞巴族奥崩酒、高山族姑待酒、蒙古族马奶酒等。

（2）农林畜产品与制品旅游资源

所谓农林畜产品与制品，是指具有跨地区声望的当地生产的农林畜产品及制品。这些农林畜产品包括果蔬、花卉、畜禽、林产品、食用菌以及其他；而其制品是指以这些农林畜产品为原材料制作生产的产品，例如，果蔬被加工而成的果汁、蔬菜制品，各种花卉被加工成干花、花香剂等。农林畜产品与制品旅游资源有以下2个特点。

种类繁多，数量可观　农林畜产品涉及的内容十分广泛，而通过各种不同的工艺又可以形成丰富的制成品。种植业包括粮食作物、经济作物、饲料作物等的生产，包括粮、棉、油、麻、丝（桑）、茶、糖、菜、烟、果、杂等作物，种类有几千种之多，而制成的农林畜制品更是数不胜数。同时，农林畜产品生产的数量巨大，在某一地区，某种作物往往以万吨计，为制成品的生产提供了丰富的原材料。这些产品就成了地区吸引游客的重要因素。以燕麦为例，山西省朔州市平鲁区每公顷产5475kg，内蒙古自治区和林格尔县郭宝营村连续多年平均每公顷产3000kg以上，可生产大量的燕麦片，为人们提供营养品。

农林畜产品及制品可以反映区域特色　世界各国各区域水热情况各异、土壤类型不同，生长着多种多样的农作物；而每一个地方的农林畜产品，也反映了区域特色。例如，吉林省西部区多生长着杂粮杂豆，这与区域稍显干旱、沙质土较多的环境特征相适应。也就是说，特定的区域环境为某些农林畜产品的生产提供了条件，形成了地区的优势种，而这些优势种又成为地区农特产品的原材料。

延边苹果梨

延边苹果梨又名吉林甜梨，是佳果之一，至今已有80多年栽培历史。它以延边为发源地，不断向祖国各地扩展。仅延边地区栽植的总面积即达4960hm^2，年产量约为3400万t。我国最大的苹果梨园——龙井果树场，栽植的苹果梨为870hm^2，14万株。苹果梨汁已成为游客喜爱的旅游商品。

> **草原红牛**
>
> 草原红牛是以乳肉兼用的短角公牛与蒙古母牛长期杂交育成的新品种,主要产于吉林白城地区、内蒙古昭呼达盟、锡林郭勒盟及河北张家口地区。1985年经国家验收,正式命名为中国草原红牛。草原红牛适应性强,耐粗饲,对严寒酷热气候的耐力很强,抗病力强,发病率低,当地以放牧为主。其肉质鲜美细嫩,为烹制佳肴的上乘原料。皮可制革,毛可织毯。现已有草原红牛的牛奶、牛肉、牛肉干、乳制品等制成品。

(3) 水产品与制品旅游资源

此类旅游资源是指那些具有跨地区声望的当地生产的水产品及制品。全世界水生动植物种类繁多,有相当数量的水产品能够食用或具有一定的观赏、实用价值,并可以加工成各种各样的产品,吸引游客购买。水产品与制品作为旅游资源有以下3个特点。

水产品营养成分丰富 包括鱼、虾、蟹、贝类、海藻类(海带)等的水产品,是蛋白质、无机盐和维生素的良好来源。鱼类中蛋白质的含量在14%~20%,蛋白质中的必需氨基酸含量与肉类很接近,属于完全蛋白质。鱼类可食部分脂肪含量约为1%~10%,其中80%为不饱和脂肪酸,其消化吸收率为95%。海鱼无机盐含量比其他肉类高,除钙、磷、钾、钠含量较高外,微量元素碘、铁、锌、铜、锰、硒等含量都很高;海带中还含丰富的碘;虾皮中含丰富的钙。鱼类还含有丰富的维生素B、维生素A和维生素D。

水产品分布地域广阔 水生动植物生活在不同的水域,或淡水或咸水,或湖泊或海洋,每种生物都形成了自己的优势分布区,形成各地区独特的旅游商品。

水产品可制成形式多样的旅游纪念品 水生生物有各种各样的颜色、形态,艺术创作者们可以精巧构思,创造出奇特的旅游纪念品等。例如,海星形态奇特,可以制成装饰品;小海螺可以粘贴成小鸟、烛台等饰品。

(4) 中草药材及制品

中药主要起源于中国,是在西方医学传入中国后,人们对中国传统医药学的称呼。中药主要由植物药(根、茎、叶、果)、动物药(动物内脏、皮、骨、器官等)和矿物药组成。因植物药占中药的大多数,所以中药也称中草药。

中草药资源的分布 野生药材的分布高原和山地多于丘陵区,丘陵区又多于平原区;北方多于南方,如长白山、大兴安岭、太行山、天山、大巴山、伏牛山、大别山、秦岭、大娄山等山脉,都是野生药材蕴藏量较丰富的区域(表8-1)。甘草、麻黄、刺五加、罗布麻、苍术、黄芩、地榆、苦参、狼毒和赤芍等蕴藏量较大的品种,多数分布在北方各省。

表8-1 中药材优势分布区

名 称	主要分布区	名 称	主要分布区
三 七	云南、广西、	枸 杞	宁夏、内蒙古、新疆
川贝母	四川、西藏、甘肃	黄 芪	内蒙古、黑龙江、甘肃、青海、四川、陕西、辽宁、吉林、山东
怀山药	河南	人 参	吉林、黑龙江、辽宁
天 麻	云南、贵州、四川、陕西、甘肃、湖北、安徽、湖南	丹 参	甘肃、四川、湖北、天津

(续)

名　称	主要分布区	名　称	主要分布区
杜　仲	陕西、四川、重庆、湖北、湖南、贵州	林　蛙	黑龙江、吉林、辽宁
北五味子	吉林、黑龙江、辽宁	鹿　茸	吉林、黑龙江、辽宁
浙贝母	浙江	当　归	云南、甘肃
川　芎	四川	罗汉果	广西
金银花	河南、山东、四川、广西		

我国大兴安岭、太行山至青藏高原以东的广大地区是药材栽培适宜区。长江和黄河流域气候湿润，光热充足，土地肥沃，生产力水平较高，是药材的主要栽培生产区；其次是珠江中下游平原和杭嘉湖平原。西北地区喜光耐旱药材的产量较大。

藏药是在广泛吸收、融合了中医药学、印度医药学和大食医药学等理论的基础上，通过长期实践所形成的独特的医药体系，迄今已有上千年的历史，是我国较为完整、较有影响的民族药之一。现代藏药应用的地域，除西藏自治区以外，还包括青海、四川、云南和甘肃等省所属的一些藏族自治州和自治县。青藏高原是藏药的主要产地，藏药资源有 2436 种，其中植物类 2172 种、动物类 214 种、矿物类 50 种；四川阿坝藏族自治州有藏药资源 1000 多种；甘孜州 1127 种；中药资源中有 23% 为藏医所用。到西藏游览的游客，藏药基本是必买商品，可见藏药的知名度和影响力。

人参为第三纪孑遗植物，也是珍贵的中药材，在我国药用历史悠久，以"东北三宝"之首驰名中外。长期以来，由于过度采挖，资源枯竭，人参赖以生存的森林生态环境遭到严重破坏；山西党参早已绝灭，目前东北人参也处于濒临灭绝的边缘。野生人参主要产于我国吉林的长白山等地区。由于野山参数量极少，人们进行了人参栽培，使人参数量大大增加。人参作为旅游商品，一方面是把山参或家参直接进行销售；另一方面是把其加工成各类营养品、食品等，如人参蜂王浆、人参糖、人参烟等旅游商品。

中草药旅游资源开发需要注意的问题　中国、德国和印度都有悠久的中草药使用历史，且中药正为越来越多的患者所认同，甚至作为替代疗法已经被美国和欧洲的药品管理部门认可。由此可见，中药在世界上将拥有越来越多的消费者。据统计现在国际市场上每年中药销售额高达 160 亿美元，其中中国占 3%～5% 的份额。中药的对外销售一方面通过外贸渠道；另一方面通过外来游客在国内购买旅游商品带回本国。因此，中草药旅游资源的开发既是满足游客需求的重要因素，也是中草药销售的重要途径。游客购买的旅游商品中占比重较大的是中药材，其次才是工艺品和地方特色产品。

中草药旅游商品目前存在着几个问题：一是在旅游商品中的比重日益降低，这一方面因为旅游商品市场的日趋丰富，另一方面也因为中药材旅游商品较为单一、初级。二是中药材旅游资源掠夺式开发严重，使很多动植物进入世界濒危、极度濒危名录；同时，生态环境遭受到严重破坏，如采挖甘草严重毁坏草原坡地植被，造成水土流失等一系列生态问题。三是对于国内旅游市场的开发不太重视。

中药材旅游商品的未来发展有着广阔的前景，为了丰富其游览内容，可以从以下几方面内容着手。一是要把中药材旅游商品和地方传统文化联系起来。应着力开发文化承载型系列产品,把中国传统文化与中药商品有机统一;重视对中药商品的包装,增加商品的附加值;适时集中力量推出若干个富有中国特色的中药旅游商品。二是可以结合休闲疗养进行参与性旅游产品的开发。近年来,国际上回归自然的医药学潮流已经形成。德国每年有超过200万人次接受中医药治疗;美国也悄然兴起"出境寻医问药游"的热潮,越来越多的人到西藏、新疆、四川、黑龙江等盛产中草药的地区,学习那里的康复和治疗技术,感受制药时的那种古老、神秘的文化。三是可以开展中医药观光项目,对中药种植具有一定规模和知名度的地区要纳入旅游线路,如位于南宁市郊的亚洲最大的药用植物园就已经成为广西著名的旅游景点。其他比较成功的例子有:杭州胡庆余堂的中医药博物馆;安徽亳州的中药旅游观光和中药材交易会;山西永济市的扁鹊庙及墓园开发;湖北武当山的道教医药及膳食;广西南宁药用植物园的参观饮茶药浴药膳;海南三亚市中医院针对俄罗斯游客的中医药保健;广州荔湾区的中医药文化特色旅游,等等。

(5) 传统手工产品与工艺品

这一类旅游商品是指具有跨地区声望的当地生产的传统手工产品与工艺品。这些产品或工艺品往往使用传统工艺制作而成。"传统工艺"现在一般指机器造不出来的,或机器能造出来但大部分仍然通过手工制作的工艺。主要可以分为以下几个类别:绘画类、织绣类、陶瓷类、编织类、雕塑类等。

绘画类旅游商品 包括国画、农民画、贝雕画、羽毛画、剪纸等。

国画 是用毛笔、水墨和颜料,依照长期形成的表现形式及艺术法则而创作出的绘画。中国画按其使用材料和表现方法,可细分为水墨画、重彩、浅绛、工笔、写意、白描等;按其题材划分,又有人物画、山水画、花鸟画等。中国画强调"外师造化,中得心源",要求"意存笔先,画尽意在",强调融化物我,创制意境,达到以形写神,形神兼备,气韵生动。由于书画同源,以及两者在达意抒情上都和骨法用笔、线条运行有着紧密的联结,因此绘画同书法、篆刻相互影响,形成了显著的艺术特征。国画在我国旅游商品中占有十分重要的地位,很多日本、韩国游客都要购买国画,现在也有很多国内游客喜欢购买国画。

农民画 是农民在劳动之余用画笔来描绘生活和装饰家居的民间艺术,多由农家炕围画、锅台画、箱柜画、山墙画等演变而来。农民画以生活气息浓郁、画风稚拙朴素、色彩鲜艳浓郁、手法大胆夸张、情感积极乐观为特点,表现了农民朴实、率真的精神面貌。自20世纪50年代以来,如今全国有着以区县为单位的农民画乡50多个,农民画创作队50余万人,并且逐渐形成了陕西户县、洛川、安塞、延川、上海金山、吉林东丰、浙江嵊县等著名的农民画乡。吉林东丰县与上海金山区、陕西户县并称为我国三大农民画之乡。安塞农民画还参加过"法国独立沙龙美展",并在美国、日本、德国、奥地利、菲律宾等国家交流展出,被誉为"东方的毕加索"。

贝雕画 是以海滩所产的螺贝为材料,以传统的螺贝镶嵌技法为基础,采用中国画的构图章法,吸取牙雕、木雕等工艺之长加工制成的工艺美术品。贝雕画的制作讲究因材施艺,即依据天然提供的材料,依势取形,然后用堆、叠、联、粘等方法,雕制出千姿百态、妙趣横生的浮雕式画面。贝雕画也有立体化的,普通的是平面画。立体贝雕画装在四面玻璃的锦匣中,真如微缩景观。盛产贝雕画的地方主要在沿海城市大连、青岛、北海等地。另外，在内地有淡水贝雕类的地方，如洪湖地区也生产贝雕和贝雕画。

羽毛画 是中国独创的传统工艺，其历史渊源可追溯到西汉。这是一种采用优质天然羽毛为原材料，借鉴国画、雕塑、木刻、装饰在内的多种艺术形式的表现手法制作成的图画工艺品。羽毛画题材多种多样，有山水、花鸟、人物等，甚至一些古典小说的场景也都可以入画，通过羽毛画予以独特风格的艺术再现，具有很高的观赏价值和收藏价值。从1960年代开始，羽毛画就被指定为国家领导人出国访问的礼品之一。羽毛画的特点是作品设计新颖，底色自然流畅，画面典雅高贵，色泽丰富鲜艳且永不褪色，给人以自然天成之美感。由于饲养家禽的地域非常广阔，故而羽毛画的产地众多，比较著名的有广西玉林羽毛画、辽宁沈阳羽毛画，等等。广西玉林羽毛画多用禽鸟自然彩色毛羽为原料制成的各式画屏，种类主要有半立体和平贴2类。所制半立体羽毛画造型逼真，色彩绚丽，灵秀多姿；平贴羽毛画具有水墨画效果，泼辣奔放，颇具大写意画的风格，为室内装饰佳品。

剪纸 是中国最为流行的民间传统装饰艺术之一。据考证，从商代开始（公元前1600—公元前1100年）就有人用金银箔、皮革或丝织品进行镂空刻花制作装饰品。东汉时，因造纸术而诞生了剪纸艺术。唐代开始将剪纸图案应用于其他工艺方面。宋代关于剪纸的记载很多。南宋时期，出现了以剪纸为职业的艺人，剪纸也被作为礼品的点缀，或者贴在窗上，或者装饰灯彩。明清时剪纸艺术已经十分成熟，也已经出现了很多剪纸名家。1947年，陈叔亮编著的研究中国剪纸艺术最早的专著《窗花——民间剪纸艺术》一书由高原书店出版，分人物、走兽、羽毛、虫鱼花卉4部分，汇集了1940—1945年收集的陕甘宁边区的剪纸98幅。现在，剪纸更多的是用于装饰。剪纸可用于点缀墙壁、门窗、房柱、镜子、灯和灯笼等，也可为礼品做点缀之用，甚至剪纸本身也可作为礼物赠送他人。随着旅游业的发展，各地不同特色的剪纸受到很多游客，甚至是外国朋友喜爱，成为具有中国地方特色的旅游商品。

中国剪纸有"北犷南细"之特点，且均自有风格，如延安民俗剪纸的"拙""犷"、扬州的"剪中有画"、蔚县的"阴刻为主""色彩点染"、佛山的"秀""美"等。浙江的剪纸就是典型的南派风格，而浙江剪纸的代表为细纹刻纸。由于各地人民的生活风俗习惯不同，各地民间剪纸的风格也不同。比如，陕西的窗花粗朴豪放；河北蔚县剪纸绚丽秀美以戏曲人物为主；南方一些少数民族的剪纸轻巧秀丽，主要用来做绣花底样。此外，还有丰宁满族剪纸、中阳剪纸、医巫闾山满族剪纸、扬州剪纸、乐清细纹刻纸、广东剪纸、傣族剪纸、安塞剪纸、磁性剪纸等。

满族剪纸

满族剪纸始于明代，已经形成了古朴、粗犷、浑厚的满族风格。剪纸的内容大体有以下几个方面：反映宗教崇拜内容，如表现对嬷嬷神崇拜的"嬷嬷人儿"；反映对动物神灵崇拜的狗、龟、鹊、鹿、鹰等；表现了长白山区的自然风貌、生产习俗、节令习俗、婚丧习俗及民间传说的内容等，如记述"棒打獐子、瓢舀鱼，野鸡飞进饭锅里"的系列剪纸，如表现"关东三大怪以及民间传说《人参姑娘》《白山狩猎》《姐妹易容》的内容等。辽宁岫岩满族自治县剪纸、河北丰宁满族剪纸、吉林九台满族剪纸较为著名。其中，张冬阁和关云德分别被确定为丰宁满族和九台满族剪纸的传承人。

织绣类旅游商品　织锦是用染好颜色的彩色经纬线，经提花、织造等工艺织出图案的织物，以其用料考究、织造精湛、绚烂若彩霞而得名。中国丝织提花技术起源久远，在殷商时代就已有丝织物。周代，织锦技艺臻于成熟；汉武帝后，中国织锦通过丝绸之路传入波斯（今伊朗）、大秦（古罗马帝国）等国。元代是中国历史上大量生产织金锦（一种加金的丝织物）的时代，宫廷设立织染局、织染提举司，机构庞大，集中了大批优秀工匠。明清2代织锦生产集中在江苏南京、苏州，除了官府的织锦局外，民间作坊也蓬勃兴起，形成江南织锦生产的繁荣时期。织锦种类有南京云锦、成都蜀锦、苏州宋锦、杭州织锦以及少数民族的黎锦、壮锦、傣锦、瑶锦、侗锦、苗锦、土家锦等。1960年以来，中国织锦在继承、发扬传统织锦的基础上，恢复了云锦的妆花锦和蜀锦的浣花锦、锦上添花锦等新品种。2006年5月20日，土家族织锦技艺经国务院批准列入第一批国家级非物质文化遗产名录。2007年6月8日，湖南凤凰水云织锦坊获得国家文化部颁发的首届"文化遗产日奖"。南京云锦、广西壮锦、苏州宋锦、成都蜀锦被称为中国四大名锦。

南京云锦　因南京生产的各类提花丝织锦缎绚丽多姿、美如天上云霞而得名。云锦的制作对丝绸质量和工艺水平都有很高的要求。从元朝开始到明朝，云锦一直为皇家服饰专用传统织锦之一。

广西壮锦　最早出现在宋代，明清时发展到用多种色彩的绒线编织，并成为壮族人民广泛使用的民族工艺美术织品。壮锦以棉纱为经，以各种彩色丝绒为纬，交织而成。壮锦图案构成的式样大致有3种：简单朴素的几何纹、动植物图案、多种几何纹编织成的复合图形。传统的花纹图案有花、鸟、鱼、虫、兽以及"万"字、"双喜"等文字图案、线条粗壮有力，常用几种不同颜色的丝线织成，色彩斑斓，绚丽多姿，对比强烈，具有浓艳粗犷的艺术风格。近年来又增添了桂林山水、粮食丰收、葵花向阳、民族团结等反映壮族人民新生活、新风貌的图案，使其更加丰富多彩。

苏州宋锦　为苏州织造的一种传统织锦。明末渐失传，清初又恢复。苏州宋锦分大锦和小锦2种。其中大锦又称"重锦"，主要用于装裱和装饰品；小锦又称"盒锦"，用于制作锦盒和装裱小件。其纹样多为几何纹骨架，其间饰的团花或折枝小花，规整工致。几何纹有八达晕、连环、飞字、龟背等。色彩多用调和色。

四川蜀锦　是产于汉至三国时蜀郡（今四川成都地区）织锦的统称。诸葛亮曾以蜀锦作为国家重要物资而加以发展；唐代蜀锦中的团花纹锦、赤狮凤纹锦较有特色；清代蜀锦受江南织锦影响而稍有衰落。蜀锦常以经向彩条为基础，以彩条起彩、彩条添花为其特色。图案有流霞锦、雨丝锦、散地锦、浣花锦、方方锦、铺地锦、条条锦等种类。

刺绣，又名"针绣"，俗称"绣花"。以绣针引彩线（丝、绒、线），按设计的花样，在织物（丝绸、布帛）上刺缀运针，以绣迹构成纹样或文字，是我国优秀的民族传统工艺之一。古代称"黹""针黹"。后因刺绣多为妇女所作，故又名"女红"。明清时封建王朝的宫廷绣工规模很大，民间刺绣也得到进一步发展，先后产生了苏绣、粤绣、湘绣、蜀绣，号称"四大名绣"。此外，尚有顾绣、京绣、瓯绣、鲁绣、闽绣、汴绣、汉绣和苗绣等，各具风格，历久不衰。绣品的用途包括生活服装、歌舞或戏曲服饰、台布、枕套、靠垫等生活日用品及屏风、壁挂等陈设品。中国刺绣的特色和艺术价值，直接体现在四大名绣上。苏绣以针脚细密、色彩淡雅、绣品精细而著名,具有平、光、齐、匀、和、细、密等特点,尤以双面绣最具特色。题材以小动物为主,如《猫戏图》《风穿花》《鱼虾图》等。湘绣以写实居多,色彩明快,以中国画为底,衬上相应的云雾山水、亭台楼阁、飞禽走兽,风格豪放。特点是绣虎、狮等,以独特的针法绣出的动物毛丝根根有力。人称湘绣"绣花能生香,绣鸟能闻声,绣虎能奔跑,绣人能传神"。蜀绣构图简练,大都采用方格、花条等传统的民族图案,富有装饰性。色彩丰富鲜艳,针法严谨,虚实适宜,立体感强,平整光滑。所绣对象有花蝶、鲤鱼、熊猫等。粤绣采用金银线盘金刺绣,绣线平整光亮,构图布局紧密,装饰性强,富有立体感。绣面富丽堂皇、璀璨夺目,多用于戏装、婚礼服等。荔枝和孔雀是粤绣的传统题材。

陶瓷类旅游商品 包括陶器、瓷器、古窑陶瓷等。

中国是世界上率先发明瓷器的国家,有"瓷器之国"的美誉。大约在公元前16世纪的商代中期,中国就出现了早期的瓷器。"瓷器"的发明始于汉代,至唐、五代时渐趋成熟;至宋代为瓷业蓬勃发展时期,汝、官、哥、钧、定等窑名重千古;元代青花和釉里红等新品迭出;明代继承并发展了宋瓷传统,宣德、成化窑制品尤为突出;清代风格古雅浑朴,比前时稍逊,却胜在精巧华丽、美妙绝伦,康熙、雍正、乾隆时所制器物更是出类拔萃。

中国三大瓷都:江西景德镇、福建德化、湖南醴陵。

景德镇自五代时期开始生产瓷器,至今已有千年历史,素有"瓷都"之称。景德镇瓷器造型优美、品种繁多、装饰丰富、风格独特,以"白如玉,明如镜,薄如纸,声如磬"的独特风格蜚声海内外。青花、玲珑、粉彩、颜色釉,合称景德镇四大传统名瓷。薄胎瓷人称神奇珍品,雕塑瓷为中国传统工艺美术品。

福建德化是我国著名的陶瓷产区,瓷业已有1000多年的悠久历史。德化瓷器质地洁白坚硬、工艺精良、造型雅致,色泽莹润。远在宋、元时代就进入国际瓷坛,蜚声海内外。德化瓷器自宋代起即进入国际市场,成为泉州港——海上丝绸之路的一项主要输出商品。现已发现了30多处宋元时代瓷窑遗址,在东南亚、东非一些国家和地区也发现不少当时德化瓷的遗物。明代,德化象牙白瓷被国际上誉为"中国白""国际瓷坛明珠"。瓷雕艺术巨匠何朝宗雕塑的观音、达摩、罗汉等作品,被称为"东方艺术"。德化"象牙白"(建白瓷)、高白度瓷和瓷雕被誉为瓷坛的"三朵金花"。

"天下名瓷出醴陵"。醴陵瓷器起源于清朝雍正年间,迄今已有250多年的历史。据有关史料记载,雍正七年,广东省兴宁县廖促威在醴陵发现瓷泥矿,开始了烧制瓷器的历史。光绪年间,醴陵开始出现单色下彩,并逐渐烧制出多种颜色的精美的釉下彩瓷。清末,醴陵陶瓷闻名海内外,堪称醴陵一绝,被誉为"东方陶瓷艺术的高峰"。醴陵瓷器画面五彩缤纷,犹如罩上一层透亮的玻璃纱,色彩显得格外清新、柔和、明亮。釉下彩的釉是一种很坚硬的玻璃质,它保护着画面,耐摩擦、耐高温、耐酸碱腐蚀,能始终保持原来色彩。醴陵瓷器不仅走进了首都人民大会堂、中南海、毛主席纪念堂,而且漂洋过海,出口世界五大洲,深受各国人民的喜爱,同时也成为地方重要的旅游商品之一。

编织类旅游商品 包括竹编、草编、柳、藤、葵编、棕、麻编等。

竹编 是用竹条篾片编成的生活用具和观赏陈设品。新石器时期的良渚文化遗物中,已经出现竹编器具。几千年来,民间竹编凉席、凉枕、扇、箩、筐、篮、箕畚等生活日用品。主要产地有浙江东阳、嵊州，福建泉州、古田，上海嘉定，四川自贡等。四川自贡艺人龚玉璋的扇子，称为"龚扇子"，所用篾丝，细如绢纱。竹编制作，一般经过剖丝、切丝、刮削、磨光、编结等过程。东阳竹编工艺历经千余年的洗炼，其作品已达美轮美奂境地。早在1915年东阳竹纺工艺品就在美国旧金山巴拿马赛会上获奖。1984年创作完成的大型竹编屏风《九龙壁》，以其高超的编织技艺，获得第四届中国工艺美术百花奖"金杯奖"，并被列为国家工艺美术珍品而永久保存。1994年，人物竹编《渔翁》获得中国民间艺术一绝大展"金杯奖"。

草编 是利用各地所产的草，就地取材，编成各种生活用品，如提篮、果盒、杯套、盆垫、帽子、拖鞋和枕、蓆等。有的利用事先染有各种彩色的草，编织各种图案；有的则编好后加印装饰纹样。草编品种花色繁多，质量优良，富有朴素雅致的风格，既经济实用，又美观大方。草编在我国分布很广，主要产区有山东、浙江、广东、河南等地，比较知名的有河北、河南、山东的麦草编，上海嘉定、广东高要、东莞的黄草编，浙江的金丝草编，湖南的龙须草编及台湾省的草蓆等。

此外，四川的棕编、浙江的麻编，也以它们坚实耐磨、轻便舒适的传统特色著称于世。

雕塑类旅游商品 雕塑是雕、刻、塑3种创制方法的总称，是一种立体的艺术形式，是指用各种可塑材料（如石膏、树脂、黏土等）或可雕、可刻的硬质材料（如木材、石头、金属、玉块、玛瑙等），创造出具有一定空间的可视、可触的艺术形象，借以反映社会生活、表达艺术家的审美感受、审美情感、审美理想的艺术。

传统的观念认为雕塑是静态的、可视的、可触的三维物体，通过雕塑的视觉空间形象来反映现实，因而被认为是最典型的造型艺术、静态艺术和空间艺术。

雕塑的3种基本形式：圆雕、浮雕和透雕。所谓圆雕就是指非压缩的，可以多方位、多角度欣赏的三维立体雕塑。雕塑内容与题材丰富多彩，可以是人物，也可以是动物，甚至于静物；材质上更是多彩多姿，有石质、木质、金属、泥塑、纺织物、纸张、植物、橡胶，等等。所谓浮雕是雕塑与绘画结合的产物，用压缩的办法来处理对象，靠透视等因素来表现三维空间，并只供一面或两面观看。浮雕一般是附属在另一平面上的，因此在建筑上使用更多，用具器物上也经常可以看到。由于其压缩的特性，所占空间较小，所以适用于多种环境的装饰。近年来，它在城市美化环境中占了越来越重要的地位。去掉底板的浮雕则称透雕（镂空雕）。把所谓的浮雕的底板去掉，从而产生一种变化多端的负空间，并使负空间与正空间的轮廓线有一种相互转换的节奏。这种手法过去常用于门窗、栏杆、家具上，有的可供两面观赏。

除上述几种形式外，雕塑按其功能，大致还可分为纪念性雕塑、主题性雕塑、装饰性雕塑、功能性雕塑以及陈列性雕塑5种。

雕塑类旅游商品包括雕刻工艺品、塑造工艺品、铸造工艺品、造型工艺品等。以雕刻类旅游商品为例，可包括木雕、石雕、竹雕、根雕、漆雕等多种材质的雕刻作品。

木雕一般选用质地细密坚韧、不易变形的木材，如楠木、紫檀、樟木、柏木、银杏、沉香、红木、龙眼等树种的木材。战国和汉代即有大量木雕俑和动物雕刻，唐宋时有人物、仙佛、鸟兽等木雕。明清时代小型木雕摆件、建筑木雕装饰和木雕日用器物大为发展。后来，出现不少以民间传说、戏曲、历史故事为题材的作品。如今，木雕已经形成地方特色，如东阳木雕、广东金漆木雕、福建龙眼木雕等。

8.2.2 日用工业品旅游资源

具有跨地区声望的当地生产的日用工业品，包括各种日用百货、箱包、雨具、电子电器、玩具、化妆品、文体用品、副食品、钟表、线带、针棉、纺织品、领带、服装等。

此类旅游商品不仅可以在旅游生活中使用，而且可以应用于日常生活。日用工业品涉及的范围广泛，包括旅游食品类、轻工产品类、纺织产品类以及旅游用品类等。其中旅游食品类包括各种饮料、快餐食品、方便食品、糖果等；轻工产品包括玻璃搪瓷制品、日用陶瓷制品、毛皮革制品等；纺织产品包括针棉织品、丝绸及其制品等；旅游用品包括游览用品、携带用品、漱洗用品、旅居用品等。

此类旅游商品侧重实用功能。因为此类旅游商品是游客购买后使用的旅游商品，因而十分重视实用性。例如，旅游过程中需要使用的冲锋衣、滑雪服、登山鞋、帐篷、睡袋、户外服装、水具、运动背包、滑雪镜、徒步鞋、溯溪鞋、沙滩鞋，以及面包、蛋糕、方便面、茶叶、压缩饼干、牛肉干、香肠、肉松、肉脯、各类糖果等都具有实用功能。

这一类的品牌旅游商品还很多，例如，杭州的天堂伞、辽源的欧蒂爱袜子、上海的金丝猴奶糖，等等。

除了上述几个基本类型的旅游商品外，还有一些旅游商品难以列入这些类型中，国家标准中位次单独列出了一个基本类型——其他物品，用以记录那些可能引起游客购买兴趣的具有跨地区声望的当地生产的其他物品。这里不再多做赘述。

【思考题】
1. 什么是旅游商品？
2. 什么是菜点饮食？
3. 请谈谈我国三大瓷都由来和特征。
4. 中国菜点饮食旅游资源的特点是什么？
5. 简述四大名锦的特点。

【经验性训练】

对当地主要旅游商品资源进行调查与评价

【概述】
为评价当地旅游商品资源情况，将学生们分成若干个团队进行。
【步骤】
1. 分成5~7人一组。各组分片区调查当地主要旅游定点店的旅游商品情况，并分类整理。
2. 对比商店内本地旅游商品、外地旅游商品比例情况，分析本地旅游商品存在的问题，并写出一份书面报告。
3. 在课堂上集中汇报各组的评价结果及结论。
4. 查找资料，结合此次调查暗访的结果，撰写一份学期论文（每人一份，字数不少于2000字）。

【案例分析】

张家界市旅游商品的开发现状与问题

以旅游业为支柱产业的张家界，旅游商品的发展和销售引起政府的高度重视，在政府的支持下已连续成功举办 6 届旅游商品博览会，很大程度上促进了张家界旅游购物的销售和发展。目前，全市旅游购物品加工企业有 156 家，其中规模企业 33 家，年产值 9.2 亿元。已经形成旅游食品、生物提取及保健品、旅游服饰及工艺品三大产业；有九天食品、军声画院、秀华山馆等一批规模企业。这些商品除了在本地区销售外，还远销到全国各地。张家界市目前已经建成了 2 条旅游购物商业街（天子街和步行街），多家大型购物超市（梅尼、广和、步步高等），以及一些土特产专卖店，另外还有珠宝店、药材专卖店等，形成了一个强大的旅游购物品销售网络。旅游购物品销售网络的基本环境已经形成。

张家界市旅游商品存在着如下几个问题。

（1）旅游购物品生产企业较多，但规模偏小，收入较低

张家界市旅游购物品生产企业的数量随着旅游业的发展不断增多，2006 年已达 156 家。其生产的购物种类较多，土特产、中药材、珠宝、工艺品、书籍出版物、酒等都有涉及。

（2）旅游购物品生产企业人力资源短缺

张家界市属于国家级贫困地区，这导致了人力资源储备的严重不足，在一定程度上阻碍了旅游购物品的发展。主要表现在：

- 管理人员的管理水平欠佳；
- 缺乏有开发创新性产品的人才；
- 旅游购物品生产企业合作意识不强；
- 旅游购物品缺乏地方特色与创意。

（3）早期旅游商品市场混乱的形象阻碍未来发展

在旅游业发展初期，旅游商品市场不规范化操作，给游客留下了极不好的印象，甚至对购物产生了一种抵触情绪。往往将旅游购物与价高质低、强卖强买、导游拿回扣、商品毫无特色等同起来。张家界市作为发展 20 来年的旅游地，同样也被赋予了这种形象。这样就出现了一方面旅游区花大力气开发旅游购物品，另一方面旅游者却在购物恐慌症的心理影响下，不愿意为其买单的现象。

【案例思考题】

1. 张家界市旅游商品开发存在的问题有哪些？
2. 应如何解决张家界市旅游商品开发中存在的问题，并制定出相应的对策。

【本章推荐阅读书目】

1. 菜点酒水知识. 贺正柏. 旅游教育出版社，2007.
2. 旅游商品学. 方百寿. 机械工业出版社，2008.
3. 旅游商品学. 刘敦荣. 南开大学出版社，2005.

【相关链接】

1. 中国旅游商品网 http://www.ctcfair.com/
2. 中国美食网 http://www.zhms.cn/

第 9 章

人文活动旅游资源

【本章概要】

介绍人文活动旅游资源的概念、与旅游活动之间的关系、特点和旅游功能；介绍人文活动类旅游资源的主要类型、各类型特点以及一些著名的人文活动。

【学习目标】

- 要求掌握人文活动类旅游资源的含义、类型、特点及旅游功能；
- 熟悉中国少数民族的饮食习俗和特色民族；
- 了解传统服饰、代表工艺品以及婚丧习俗；
- 正确理解和掌握文学艺术的旅游功能，基本掌握现代节庆的主要类型；
- 了解主要的节庆活动。

【关键性术语】

人文活动、人事记录、文学艺术作品、民间习俗、现代节庆。

【章首案例】

青岛国际啤酒节：一个城市的国际化符号

青岛国际啤酒节始于1991年，是中国最早的、以啤酒为媒介，融经贸、旅游、文化为一体的大型节庆活动，也是亚洲最大的啤酒盛会。啤酒节每年在青岛的黄金旅游季节8月的第二个周末开幕，为期16天，由国家有关部委和青岛市人民政府共同主办。

2008年，由于奥运会的原因，啤酒节延至9月下旬开幕。作为亚洲最大的啤酒盛会和中国十大节庆之首的盛会，青岛啤酒节已经受到越来越多的国际化啤酒品牌的关注和参与。

开幕式新颖独特

2008年9月19日19:30，一艘白色"帆船"承载着"啤酒女神"和一个巨大的橡木啤酒桶，向舞台中央缓缓驶来。此时的青岛，骄傲地向全球展露着作为2008年北京奥运会奥帆赛场的光荣，自豪地向世界散发着青岛啤酒105年的历史醇香，演奏着18岁青岛国际啤酒节的动人乐章。

市长夏耕宣布：第18届青岛国际啤酒节开幕！随即，身着奥运比赛服的张娟娟拉开手中的弯弓，只听"嗖"的一声，3道流光溢彩的焰火飞向夜空，交汇成一束金光，然后向舞台中央的啤酒桶直射而去，一瞬间，金色的青岛啤酒喷涌而出——第18届青岛国际啤酒节的第一桶啤酒，正式开启！

文艺晚会阵容强大

19:45，以"为奥运庆功，与世界干杯"为主题的第18届青岛国际啤酒节开幕式大型文艺晚会展开它宏大的乐章。费玉清、张震岳、梁咏琪、那英与来自俄罗斯的Vitas、韩国的Super Junior等著名歌手和演唱组合一一登场，为2008北京奥运会和奥帆赛的成功举办倾情歌唱，为18岁的青岛国际啤酒节送上祝福。

> **参展啤酒名牌荟萃**
> 在这次展会上,有来自德国、美国、英国、日本、印度、墨西哥、荷兰、比利时、丹麦等多个国家和地区的48个风格迥异的世界著名品牌啤酒,为参节的海内外游客送上无比丰盛的啤酒大餐。由于参展国家众多,在饮酒大赛等环节上将通过多国语言进行播报。
>
> **主题活动异彩纷呈**
> 知名的欧洲之星嘉年华也将亮相啤酒节;旨在传播奥运精神、推广奥运文化的大型主题活动——"奥运福娃乐园"将随之亮相,通过福娃乐园这个主题活动,将奥运带到每个人的身边。
>
> 青岛国际啤酒节自创办以来,影响力年年攀升。如今,它已经成为青岛乃至中国的一张国际名片,吸引着国内外上百万的游客和消费者前来参与。

9.1 人文活动类旅游资源概述

激发游客出游动机的因素不仅是具体有形的因素,也存在于一些无形的、需要感知的无形文化因素之中,故而作为这些无形因素依托的人类活动也成为吸引游客出游的重要因素。

9.1.1 人文活动的概念

人文活动,简单地说就是人类的文化活动。文化是一个应用广泛的词汇,一般是指文学、艺术、宗教、民俗等各个方面。英国人类学家爱德华·B·泰勒爵士(E. B. Tylor,1832—1917)于1871年在《原始文化》一书中给出了文化的最早的科学定义:"文化或文明,就其广泛的民族学意义来说,是包括全部的知识、信仰、艺术、道德、法律、风俗,以及作为社会成员的人所掌握和接受的任何其他才能和习惯的复合体。"泰勒的定义说明文化的内容十分广泛,不仅包括思想意识范畴的信仰、艺术、道德和民俗,也包括社会制度范畴的法律,还包括后天获得的才能和习惯,等等,是一个十分广泛且复杂的复合体。

人类自诞生之日起,就产生了思想和文化,因此人类的一切活动,都遗留着当时思想文化的痕迹。在漫长的人类社会活动的早期,人类创造出丰富的物质文明和多彩的艺术形式,而人类社会的组织制度也成为文化的一部分。文化的结构一般分为3个层次:物质文化、制度文化和精神文化。这3个层次既相对独立又相互依存和制约,构成一个有机联系的文化整体。

人文活动就是人类发展及社会交往过程中所形成的反映思想意识的信仰、艺术、道德和民俗等文化形式。人文活动的这一概念侧重精神文化层面的内容,当然也包含部分承载精神文化的物质载体,例如,作为民俗文化载体的服饰、居所等。

9.1.2 人文活动与旅游的关系

人类文化活动丰富多彩,是人类历史发展过程中的积淀和结晶,同时又代表了地方文化特色,故而对游客极具吸引力,是游客最易参与的部分。

(1) 人文活动是游客最容易参与的部分

人文活动包含信仰、艺术、道德和民俗等方面的内容,尤其是一些民俗饮食、礼仪活动、节庆会展具有很强的参与性，故而使游客的参与性增强。

（2）人文活动丰富了旅游资源的内容

人文活动与其他资源配合构成完整的旅游吸引力。对游客具有吸引力的因素既包含自然存在的山水、动植物、气候气象，也包括人类创造出来的物质文化，当然那些属于无形的非物质文化因素也对游客具有吸引力，丰富了旅游资源的内容。

（3）人文活动是旅游业开发中最具变化的部分

由于人文活动多属于非物质文化遗产的范畴，在旅游开发时只要遵循着一定的文化理念，其表现形式可以多种多样，故而它是旅游开发中最变化多端、多姿多彩的部分，能够丰富旅游产品的内容。

9.1.3　人文活动类旅游资源的特点

人文活动种类多样、丰富多彩，尤其是不同地域、不同民族的人文活动又呈现出不同的特点，体现了地方文化特色。

（1）满足游客求新求异的需求

人文活动能够满足游客求新求异的需求。人文活动旅游资源的地域性、民族性表现得十分明显，使游客有新奇之感。

（2）可参与性强

人文活动使游客能够参与体验。歌舞表演、特色服饰、民族节庆等各种活动都具有极强的参与特性，这类旅游资源的开发可以满足游客的体验需求。

（3）体现地方特色

人文活动旅游资源包括地方民俗活动、体育赛事及表演、主题节庆等，集中反映了地方文化的特色。

9.1.4　人文活动类旅游资源的旅游功能

人文活动旅游资源的旅游功能主要有文化功能、审美功能、教育功能、休闲功能、参与功能和服务功能6个方面。

（1）文化功能

人文活动旅游资源有利于区域文化的传承和发展。以服饰文化为例，蒙古族的长袍、彝族姑娘的长裙、傣族姑娘的孔雀裙、纳西族女子的"披星戴月"披肩等服饰不仅仅是为了适应少数民族生活当地的自然地理环境所产生的，其中也蕴涵着少数民族的人文环境特征。但在少数民族文化受到外来文化影响的过程中，这些民风民俗有弱化和磨灭的现象。正是由于人文活动旅游资源的开发才唤起人们保护少数民族文化的意识，并使之得到继承和发展。

（2）审美功能

"审美"欣赏是人们一种高层次的精神追求。人文活动旅游资源包含文学艺术作品、民间歌舞、体育赛事等多种活动内容，能满足人们审美欣赏的精神需求。人们在游览过程中能够欣赏到一种自然、和谐与艺术的美感，给人以返璞归真的最高境界。

（3）教育功能

体验一个地区的民风民情，就不可避免受到该文化的熏陶和感染，其价值观念和行为准则，也就必然地会带有该文化的烙印。人们通过参与体验人文活动旅游资源而得到情趣，在潜移默化中塑造和陶冶人们高尚的情操。

（4）休闲功能

休闲的本意是"玩"中求得身心的放松，以达到生命的保健和体能恢复的目的。休闲功能是多方面的。其主要功能是人们对体力和精力的一种调整；也是人们个性化的一种充分展现；又是人们文化知识的一种补充方式。而人文活动中的体育赛事欣赏、民俗曲艺表演等内容是休闲的一种方式，现代人通过观览参与这些人文活动，调养身心，提高素养。

（5）参与功能

人文活动中的旅游节庆、饮食习俗、民族居所等都是游客能够直接参与其中的，能够满足游客的食、宿、娱的需求。例如，一项节庆可能会有数以万计的人参与相关活动；泼水节、歌舞表演等也能够吸引游客的参与。

（6）服务功能

人文活动内容广泛，包罗万象。除了一些无形的民俗文化资源以外，还包含一些有形的资源，尤其是体育赛事和特色饮食类旅游资源，能够满足游客游览过程中对食、娱的基本需求，为游客提供地方特色服务。

9.2 人文活动类旅游资源类型

人文活动旅游资源指人类的某些活动记录和行为方式。本主类旅游资源包括4种亚类16种基本类型，涉及内容非常广泛，既包括地方的民俗、宗教、文学艺术作品，也包括有影响的人物、事件、节庆活动。

9.2.1 人事记录

本亚类包括人物和事件2种基本类型。

（1）人物

所谓人物是指在当地出生或有密切关系的历史和现代名人；这些知名人士丰富多彩的人生经历、艰苦卓绝的艺术追求和世人瞩目的艺术成就及极富个性的生活细节能够对游人产生吸引力。这些人物可粗略地分为政治名人、文化名人、艺术名人、宗教名人等。

政治名人 古往今来，朝代更迭，帝王将相、政治名人层出不穷。从中华民族伟大的皇帝、伟大帝国的创造者、政治家秦始皇，到古代世界的征服者、开创巨大帝国的巨人成吉思汗；从古代欧洲最有影响的政治家、军事家、独裁者恺撒，到法兰西第一帝国皇帝、军事家、政治家拿破仑；从马其顿征服者、世界著名军事家、政治家亚历山大大帝，到德意志帝国的奠基人、创造者、伟大的政治家俾斯麦；从世界无产阶级伟大领袖、伟大的政治家列宁，到无产阶级领袖、中国社会主义开创者、伟大的政治家毛泽东……这些伟大的政治家们曾经在历史舞台上叱咤风云，风骚一时，他们的身世和传奇事迹可能吸引人们回顾历史，引发怀古情思。

毛 泽 东

毛泽东（1893—1976），字润之，笔名子任，1893年12月26日生于湖南湘潭韶山冲一个农民家庭，1976年9月9日在北京逝世。他是中国人民的领袖，马克思主义者，伟大的无产阶级革命家、战略家和理论家，中国共产党、中国人民解放军和中华人民共和国的主要缔造者和领导人，诗人，书法家。当游客来到湘潭、来到延安、来到北京天安门的时候，都会忆起这个为中国人民做出卓越贡献的伟人。

文化名人 漫长的中外文化发展给我们留下了丰富的物质文化和精神文化，同时，也有很多文化名人青史留名，成为当时乃至现在人们崇拜的对象。世界十大文化名人有：孔子、柏拉图、亚里士多德、哥白尼、牛顿、达尔文、培根、阿奎那、伏尔泰、康德。

孔 子

孔子（前551—前479），名丘，字仲尼，是春秋末期思想家、教育家，儒学学派的创始人。孔子一生大部分时间都是从事教育，相传所收弟子多达3000人，贤人72。他曾携弟子周游列国，后返回鲁国，专心执教。孔子在世时被誉为"天纵之圣""天之木铎""千古圣人"，是当时社会上最博学者之一，并被后世尊为至圣（圣人之中的圣人）先师、万世师表。孔子曾修《诗》《书》，定《礼》《乐》，序《周易》，作《春秋》，他的思想及学说也对后世产生了极其深远的影响。如今，在孔子故里山东曲阜有著名的三孔：孔府、孔庙、孔林，而且从1989年开始，每年的9月26日至10月10日（孔子诞生于9月28日）都要举行中国曲阜国际孔子文化节。这些享誉中外的旅游资源最核心的因素就是孔子这个世界文化名人。

艺术名人 一般是指从事绘画、雕塑、书法、影视等方面的人物。

画家是专门从事绘画工作的成功人群。例如，我国历代的吴道子、钱选、沈周、恽寿平、唐寅，我国近现代的任伯年、吴昌硕、齐白石、黄宾虹，当代的霍春阳、边平山、王镛、赵蓓欣、朱新建、汪为新、一然等。西方也有很多著名的画家，如毕加索等。书法界的名人有古代的王羲之、王献之、褚遂良、张旭、怀素、颜真卿、柳公权、苏轼、黄庭坚、米芾、赵佶，现代的启功、赵朴初、沈鹏、张海、孙晓云、储云等。影视界的名人主要是导演及演员，如张艺谋、陈凯歌、丁嘉丽、冯巩、冯小刚、葛优、巩俐、李保田、秦怡、孙道临等。

王 羲 之

王羲之（303—361），东晋书法家，字逸少，琅琊临沂（今属山东）人，官右军将军、会稽内史，人称王右军。为人正直，居官有善政。早年从姨母卫夫人学书，又得家传，其后又博览秦、汉、魏各时期及李斯、蔡邕、钟繇、张昶等人的碑迹，博采众长，备精诸体。主要师法张芝、钟繇；推陈出新，创造出一种遒媚劲健、端秀清新的华贵书体。其书字势雄强，如"龙跳天门，虎卧凤阁"，具有阳刚之美，骨力雄健，入木三分，点划变化，变幻莫测，飘逸机敏，极富韵味，有"书圣"之称。

梅 兰 芳

梅兰芳（1894—1961），京剧表演艺术家，工旦。原籍江苏泰州，长期寓居北京。梅兰芳出身于梨园世家，其祖父、父亲、伯父均为著名艺人或著名琴师。他8岁开始学戏，学青衣、花旦，并刻苦学习昆曲、练功等，还广泛观摩旦角本工戏和其他各行角色的演出，为日后的艺术创造打下了坚实基础。梅兰芳观看了很多反映近代、当代题材的新戏，对他的艺术思想产生了积极的影响，使他开始了对艺术的改革和创新，并积极挖掘整理演出传统剧目，对京剧艺术的发展起到了承前启后的重要作用。梅兰芳在艺术上的卓越成就

> 引起了国外人士的重视,曾于1949年前2次赴日本演出,1次赴美国演出,1次赴苏联演出,向海外传播中国文化及表演艺术。所到之处,观众反应强烈,受到高度评价,并荣获美国波摩那学院和南加州大学的荣誉文学博士学位。梅兰芳不仅是一位杰出的艺术家,还是一位伟大的爱国主义者。

宗教名人 世界上宗教众多,著名的世界三大宗教指佛教、基督教、伊斯兰教,而中国还有道教、民间宗教等宗教形式。每一种宗教的创立和传播,往往都会有一些宗教名人做出卓越的贡献,如佛教创始人释迦牟尼、基督教创始人耶稣、伊斯兰教创始人穆罕默德、道教创始人张道陵、佛教的著名传播者唐三藏,等等,都是后人瞻仰和崇拜的对象。

> ### 张 道 陵
>
> 张道陵(34—156),道教创始人。原名线陵,字辅汉,东汉沛国丰邑(今江苏丰县)人,相传为西汉功臣张良的后裔。汉顺帝时与弟子前往四川鹤鸣山修道,汉永和六年(141年),作道书24篇。自称"太清率元真人",创立道派,名"正一盟威之道",为道教定型化之始。因入道者须出五斗米,故亦称五斗米道。后道教徒尊其为"张天师",其后裔袭承道法,居龙虎山,世称"张天师"。

此外,还有很多科研名人、商界名人、民族英雄、体育名人等。

(2)事件

事件指发生过的有影响的历史和现代事件。这里的事件与我们经常提到的"事件旅游"中的概念稍有不同。"事件旅游"的概念与后面的"现代节庆"相似。即"事件旅游专指以各种节日、盛事的庆祝和举办为核心吸引力的一种特殊旅游形式,也有学者称其为"节事旅游"或"节庆旅游"。而这里所说的事件是指当地发生过的历史和现代事件,包括那些当地曾经发生过有影响的战争、灾害、事故,这些事件多能够对当地居民及游客起到警示作用。

事件包含以下几种类型:① 战争事件,历史上曾经发生的著名战役、军事事件,如"七七事变";② 自然灾害事件,主要包括水旱灾害、气象灾害、地震灾害、地质灾害、海洋灾害、生物灾害和森林草原火灾等,如1976年的唐山大地震;③ 事故灾难,主要包括工矿商贸等企业的各类安全事故、交通运输事故、公共设施和设备事故、环境污染和生态破坏事件等,如山西孝义矿难等。

> ### "九·一八"事变
>
> "九·一八"事变指1931年9月18日日本在中国东北爆发的一次军事冲突和政治事件。9月18日22:00许,日本关东军岛本大队川岛中队河本末守中尉率部下数人,在沈阳北大营南约800m的柳条湖附近,将南满铁路一段路轨炸毁。日军在此布置了一个假现场,摆了3具身穿中国士兵服的尸体,反诬是中国军队破坏铁路。这就是"柳条湖事件"。随后,日军独立守备队第二大队向中国东北军驻地北大营发动进攻,发动了震惊中外的"九·一八"事变。九·一八事件爆发后,东北三省全部被日本关东军占领,东北人民沦为亡国奴。在国际上,这起事件经常被拿来与纳粹德国的国会纵火案相提并论。"九·一八"事变是爱国主义教育的重要事件,目前在沈阳大东区望花南街46号的柳条湖附近修建了"九·一八"历史博物馆,在长春伪满皇宫博物院里也有"九·一八"事变图片展。

9.2.2 艺术

本亚类包括文艺团体和文学艺术作品 2 种基本类型。

(1) 文艺团体

文艺团体主要是指各种表演戏剧、歌舞、曲艺杂技和地方杂艺的团体,包括电影院、歌舞团、话剧团、影剧院、作家协会、曲艺协会、书法协会、诗歌协会等。

文艺团体对游客的吸引力不仅在于创造出了知名的文艺作品,更重要的是使一些文艺表演有了依托,而知名的文艺作品又提高了文艺团体的地位和形象,对游客具有较强的吸引力。

东方歌舞团

东方歌舞团于 1962 年 1 月成立,是文化部直属歌舞团。歌舞团在中外歌舞艺术交流方面做出了贡献,把中国传统民族民间歌舞艺术和表现现代中国人民生活的音乐舞蹈作品介绍给国内外观众,同时把外国健康优秀的歌舞艺术介绍给中国人民。通过长期的艺术实践,歌舞团培养出一批批具有深厚艺术造诣、演技娴熟的艺术家,如王昆、李谷一、林文增、崔美善、成方圆等。40 多年来,东方歌舞团在祖国各地演出,并代表国家出访过五大洲 70 多个国家及地区,为丰富我国人民的文化生活和促进国际文化交流做出了突出贡献。

---

(2) 文学艺术作品

文学艺术作品是指对一地区的文化和社会生活进行形象概括所形成的表达形式或智力成果,包括科学和文学艺术领域内的一切作品。诸如书籍、小册子及其他著作;讲课、演讲、讲道及其他同类性质作品;戏剧或音乐戏剧作品;舞蹈艺术作品及哑剧作品;配词或未配词的乐曲;电影作品或以与电影摄影术类似的方法创作的作品;图画、油画、建筑、雕塑、雕刻及版画;摄影作品以及与摄影术类似的方法创作的作品;实用美术作品;插图、地图;与地理、地形、建筑或科学有关的设计图、草图及造型作品;神话、传说、故事、寓言、笑话、歌谣、民间叙事诗、谚语、俗语、谜语、民间说唱文学、民间戏曲文学等民间文学作品。

古今中外,纵横千古,创造了独具特色、博大精深的文学艺术作品。

9.2.3 民间习俗

本亚类包括地方风俗与民间礼仪、民间节庆、民间演艺、民间健身活动与赛事、宗教活动、庙会与民间集会、特色饮食风俗和特色服饰 8 种基本类型。

民间风俗即民俗,指一个国家或民族中广大民众所创造、享用和传承的生活文化,是历代百姓相沿已久,约定俗成的风尚、礼仪、习惯的总和。它起源于人类社会群体生活的需要,在特定的民族、时代和地域中不断形成、扩大和演变,为民众的日常生活服务。

民俗与人们生活劳动息息相关。民间习俗种类繁多,如生产劳动民俗、日常生活民俗、传统节日民俗、社会组织民俗、人生礼仪习俗等。本书主要介绍地方风俗与民间礼仪、民间节庆、民间演艺、民间健身活动与赛事、宗教活动、庙会与民间集会、特色饮食风俗、特色服饰等几个类型。

(1) 地方风俗与民间礼仪

地方风俗与民间礼仪主要是指地方性的习俗和风气，如待人接物礼节、仪式等。礼仪即礼节与仪式。中国古代有"五礼"之说：祭祀之事为吉礼；冠婚之事为嘉礼；宾客之事为宾礼；军旅之事为军礼；丧葬之事为凶礼。民俗界认为礼仪包括生、冠、婚、丧4种人生礼仪。不同地区的生活礼仪有所不同，但对于一生中几个重要环节，如出生、成年、婚礼、葬礼等一般都有一定仪式。这些习俗大致包括求子习俗、生育习俗、婚姻习俗、寿诞习俗、丧葬习俗等。

求子习俗 在中国的传统观念里"不孝有三，无后为大"，使得中国社会对求子习俗颇为重视。求子习俗，顾名思义就是婚后不孕的夫妇为了达到怀孕的目的而进行向神祈祷、实行巫术等仪式的民俗。向神灵祈子是最普遍的一种求子方式，是指民间虚造有主管生育的神灵、偶像，如碧霞元君、送子观音、金花夫人、子孙娘娘、张仙等，并为之立庙建祠。另外，还有由亲人或特殊人物向盼望得子的家庭及妇女本人做出象征性的"送子"举动的送子习俗。如贵州中秋节有偷瓜送子的风俗，其他地方还有送"孩儿灯""麒麟送子图"等习俗。

生育习俗 四川自贡地区旧俗，妇女结婚怀孕后，娘家要为其准备产后的鸡、蛋、米和为即将出世的宝宝准备鞋袜、衣、帽。安徽含山的习俗是妇女怀孕期间，娘家要准备婴儿穿的衣被尿片等用品，婆家则于临产时炒"阴米子"，即蒸熟晒干的糯米饭，再以铁锅烘炒，俗称"催生米"，以便生育后用开水泡食。

"十月怀胎，一朝分娩"。婴儿降生，民间俗称之为"添喜"，还有称之为"临盆""落地"。古代民间生育，大多在家临盆，由"接生婆"到家中接生。接生时，需斥退杂人，同时要打开所有房门、橱门的锁，此寓"松关"，祈愿降生顺利。福建泉州旧时生男要马上到祖祠去燃放鞭炮，有的甚至鸣火铳，以示向祖先报喜。生女则缺乏如此热烈气氛，而且所送礼品也有别，亲友一般仅送鸡蛋，不送线面，以免有连续不断生女之嫌。山西民间将生男称为"大喜"，也称"弄璋之喜"；生女称为"小喜"，也称"弄瓦之喜"。

我国自唐代以后民间便有给新生儿做满月的习俗。自古以来，满月礼均隆重浩大，亲朋四方云集往贺，主家大摆宴席待客，谓"弥月之喜"，但其具体礼俗各地不尽相同。在山西，当小孩生下足1个月的时候，往往要举家庆贺。山东青岛习俗是婴儿"过满月"时给婴儿理发，俗称"铰头"。四川自贡地区则是婴儿满1个月时举办"满月酒"，家长用醪糟蛋招待亲友，并赠送染红的鸡蛋做回报，俗称"吃红蛋"。

婴儿出生后满百天时，是一个比较重要的日子，民间习俗一般会在此日举行仪式庆祝。四川自贡地区在婴儿满百天时，由福寿双全的老人以酒肉抹婴儿口，称为"开荤"。江苏无锡也有在婴儿满百天时办筵宴请亲友的做法。湖南有地区将百天称为"百禄"，是祝婴儿长寿的仪式，贺礼必须以百计数，鸡蛋、烧饼、礼馍、挂面均可，体现"百禄""百福"之意。

在给婴儿庆周岁生日时，民间常有"抓周"仪式，又称"抓龟"。这一习俗是在八仙桌上摆满书、笔、算盘、秤、尺、剪刀、玩具，父母为周岁的婴孩沐浴后，穿上外婆家送来的新衣服鞋袜，抱到厅堂八仙桌上去任其自由抓取桌上的东西，以婴儿抓着的东西来预测他未来的一生和前途。例如，婴孩抓取书、笔，预示将来喜爱读书；抓取算盘、秤，则预示日后善于经商。届时亲朋都要带着贺礼前来观看、祝福，主人家置宴招待。在湖南，这种宴席上菜重"十"，须配以长寿面，菜名多为"长命百岁""富贵康宁"之意，要求吉庆、风光。

婚姻习俗　俗语道"结婚胜如小登科"，婚礼迎娶之俗历来是极为隆重的人生典礼。

婚姻习俗中最为独特的要数泸沽湖畔的摩梭人的阿注婚。阿注在摩梭语中是亲密的朋友之意。阿注婚的特点是男不娶、女不嫁，男女各在母系大家庭中生活，结交阿注关系的夫妻没有实质上的经济联系，男子夜间到女家居住，白天回到母家，所生子女由母亲姐妹抚养，父亲不抚养孩子，他抚养的是自己的外甥。在农忙季节，女方家需要帮忙，男方可以前去协助。

赫哲族人结婚娶亲时，新娘由哥哥背上彩船，队伍在欢歌笑语中直奔新郎家。经过一整套仪式之后，人们开怀畅饮，喜庆婚姻。婚宴时，新娘要面朝墙"坐福"，直到送亲的人散席离去后，才可下地并与新郎一起共吃猪头、猪尾；新郎吃猪头，新娘吃猪尾，意为夫领妇随，团结和睦，最后新娘、新郎共吃面条，以表示情意绵绵，白头到老。

晋北风俗，迎娶之日早上新郎、新娘各自吃一对"欢鱼吉兔"，洞房门顶上放一对用红线连在一起的面兔以象征玉兔金缘。实则兔之本意为虎，是民间镇宅驱邪的护佑之神。

寿诞习俗　"祝寿"亦称"庆寿""贺寿"，俗称"做生"。按民间传统习俗，年逾花甲，方称是寿。六十为"花甲之寿"，七十为"古稀之寿"，八十为"大寿"，九十为"耄耋之寿"，百岁为"期颐之寿"。庆贺寿诞祝寿，有一套传统礼仪。一是要设寿堂，点寿烛，悬挂寿幛，张灯结彩。寿星端坐寿堂，亲友晚辈依次拜寿；二是上寿礼；三是设寿诞酒席款待宾客。设寿堂拜寿是旧时礼节，多系达官贵族社会名流所为，至今已不多见。其他礼俗礼仪仍然时兴盛行。

丧葬习俗　包括互相渗透的丧葬礼仪制度与民间丧葬风俗。中国丧葬习俗产生于史前的祖先崇拜。经过三代时圣人制礼作乐，形成完整而系统的丧礼、丧服制度，载在《仪礼》《礼记》等书中。后经历代大儒根据社会的变迁加以因革损益，著于《司马氏书仪》和《朱子家礼》等书中，为后世士大夫所遵奉，并渗透到民间丧葬习俗中，至今影响犹存。

松滋市的习俗是病人弥留之际，其亲属要请健壮男子手执刀剑，围坐在病床前，并在床上罩上渔网，以阻止"无常"接近病人。人一旦死亡，家人在门外烧"落气纸"，以贿赂阴差；还要请僧道"开路"，烧纸轿、纸马供死人代步用等。

跳丧是土家人特有的丧葬习俗，又叫"散忧祸""撒尔活"。在土家山寨，一旦有老人死亡，乡邻们不顾劳累从各家赶来，为亡人跳一夜"撒尔活"。死者的家人也早早地准备好烟酒，腾出跳丧的场子，将亡人的棺材停放在堂屋正中，在棺材的左前方放一个自制的大牛皮鼓。随着门外"嗵、嗵、嗵"3声铳炮响起，一班班男女老少涌进堂屋，在棺材前的空地上边歌边舞。

（2）民间节庆

民间节庆旅游资源主要指民间传统的庆祝或祭祀的节日和专门活动。传统节日的形成过程，是一个民族或国家的历史文化长期积淀凝聚的过程。节日的起源和发展是一个逐渐形成，潜移默化的完善，慢慢渗入到社会生活的过程。中国主要的传统节日有春节、中秋、清明、端午、元宵、重阳等。

春节　是农历正月初一，又叫阴历年，俗称"过年"，起源于殷商时期年头岁尾的祭神祭祖活动。春节期间是指从腊月初八的腊祭或腊月二十三的祭灶直到正月十五,其中以除夕和正月初一为高潮。在春节期间,我国的汉族和大多数少数民族都要举行各种庆祝活动,大多以祭祀神佛、祭奠祖先、除旧布新、迎禧接福、祈求丰年为主要内容。

端午节 是中国民间的传统节日,是每年的农历五月初五。过端午节,各地也有不尽相同的习俗。其内容主要有:女儿回娘家,挂钟馗像、迎鬼船、躲午、帖午叶符、悬挂菖蒲、艾草,游百病,佩香囊,备牲醴,赛龙舟,比武,击球,荡秋千,给小孩涂雄黄,饮用雄黄酒、菖蒲酒,吃五毒饼、咸蛋、粽子和时令鲜果等。除了有迷信色彩的活动渐已消失外,其余至今流传中国各地及邻近诸国。有些活动,如赛龙舟等,已得到新的发展,成为了国际性的体育赛事。

(3)民间演艺

民间演艺主要指民间各种表演方式,包括民间音乐、民间舞蹈、传统戏剧、曲艺等多种形式。

民间音乐 又称民间歌谣、民俗音乐、民间短篇诗歌等,简称民谣、民歌、民乐或民曲,一般是庶民百姓集体创作的、真实地反映他们的生活情景、生动地表达他们感情愿望的音乐作品。

在不同的国家、地域或民族,由于地理、气候、语言、文化、宗教的影响,人们创造出不同形式的歌谣。例如,劳动中唱的劳动歌;祈年庆节、贺喜禳灾、祭祖吊丧或在日常迎亲送友等习俗活动中演唱的仪礼歌;反映人民群众对某些政治事件、人物的认识和态度的时政歌;反映社会家庭生活和日常劳动生活的生活歌;反映爱情生活的情歌;反映儿童生理心理特征和理解能力的儿歌。

信 天 游

信天游是流传在我国西北广大地区的一种民歌形式。信天游唱词一般为两句体,上句起兴作比,下句点题,基本上是即兴之作。其内容主要以反映爱情、婚姻、反抗压迫,争取自由为主。信天游的节奏大都十分自由,旋律奔放、开阔,扣人心弦、回肠荡气,这同陕北地貌有很大关系。信天游曲调悠扬高亢,粗犷奔放,韵律和谐,不加修饰,高度集中地展示了高原的自然景观、社会风貌和陕北人的精神世界。

民间舞蹈 是指产生和流传于民间、风格鲜明、为广大群众喜闻乐见的舞蹈。它反映人民的劳动、斗争、交际和爱情生活。不同民族和地区的民间舞蹈受生活方式、历史传统、风俗习惯、民族性格、宗教信仰甚至地理和气候等自然环境的影响而显现出风格特色的明显差异。各民族的民间舞蹈分为5类,即节令习俗舞蹈、生活习俗舞蹈、礼仪习俗舞蹈、信仰习俗舞蹈、劳动习俗舞蹈。

农 乐 舞

"农乐舞"是深受朝鲜族喜爱的代表性舞蹈,主要在新年伊始和欢庆丰收时表演。舞蹈以"舞手鼓"和"甩象帽"为主要特色。舞手鼓者动作丰富,舞姿似骑马射箭,生气勃勃;甩象帽者以颈部为轴,转动头戴的象帽顶上的飘带轴,以最长可达12m的飘带在舞者周身如车轮般飞舞,令人眼花缭乱。农乐舞队一般约60人,活动时高举写着"农者天下之大本"字样的农旗,表明了农业舞以农为本、以农为乐的宗旨。目前,这一舞蹈多用于欢庆场合。

传统戏剧 中国的传统戏剧是一种包含文学、音乐、舞蹈、美术、杂技等各种因素而以歌舞为主要表现手段的总体性演出艺术。中国传统戏剧源自上古乐舞与宗教仪式活动。在其发展历史上,曾出现汉代散乐、六朝伎艺、隋唐歌舞戏、宋杂剧、金院本等多种艺术形态。元明清3代是古代戏曲的全盛期,当时的戏曲主要有三大类:南戏、杂剧和传奇。中国固有的传统戏剧,据不完全统计有365种以上,有昆曲、京剧、评剧、河北梆子、晋剧、秦腔、二人台、吉剧、鲁剧、沪剧、黄梅戏、梨园戏、皮影戏等剧种。

昆 曲

昆曲是我国古老的戏曲声腔、剧种,原名"昆山腔"或简称"昆腔",清朝以来被称为"昆曲",现又被称为"昆剧"。昆曲的伴奏乐器,以曲笛为主,辅以笙、箫、唢呐、三弦、琵琶等(打击乐俱备)。昆曲的表演,也有它独特的体系、风格,它最大的特点是抒情性强、动作细腻,歌唱与舞蹈的身段结合得巧妙而和谐。该剧种于2001年5月18日被联合国教科文组织命名为"人类口述遗产和非物质遗产代表作"称号。

曲艺 是我国各种说唱艺术的统称,它是由民间口头文学和歌唱艺术经过长期发展演变形成的一种独特的艺术形式。其表现为:以"说、唱"为主要的艺术表现手段、"一人多角"、表演简便易行。据调查,我国仍活跃在民间的曲艺品种有400个左右,具有鲜明的民间性、群众性,具有共同的艺术特征。

曲艺品种可分为以下几类:① 评话类曲种,如评书、苏州评话、扬州评话等;② 相声类曲种,如相声、独角戏、四川相书等;③ 快板类曲种,如数来宝、快板书、锣鼓书、山东快书等;④ 鼓曲类曲种,包括鼓词、弹词、时调小曲、琴书、杂曲等;⑤ 少数民族曲种,有好来宝(蒙族)、太平鼓(满族)、铃鼓(瑶族)、琵琶歌(侗族)、四弦弹唱(彝族)、维吾尔族说唱等。

相 声

相声起源于北京,流行于全国各地。相声是以说笑话或滑稽问答引起观众发笑的曲艺形式,广泛汲取口技、说书等艺术之长,寓庄于谐,以讽刺笑料表现真善美,以引人发笑为艺术特点,以"说、学、逗、唱"为主要艺术手段。

---

(4) 民间健身活动与赛事

民间健身活动与赛事是指地方性体育健身比赛、竞技活动。民间健身活动历史悠久、种类繁多,包括抖空竹、踢毽子、太极拳、扭秧歌等。这些体育健身活动与赛事具有一定的个人或集体参与性质,为游客提供了良好的参与条件。

东 北 秧 歌

东北秧歌,亦称"扭大秧歌",是北方诸民族盛行的娱乐舞蹈形式。它原为模仿稻作劳动的一种原始舞蹈,后来成为农闲或年节时间的化妆表演。北方秧歌有2种,一种是绑着高木腿的表演,称为"踩高跷";一种是在平地扭演的,称为"地蹦子"。东北秧歌有悠久的历史,是北方劳动人民长期创造积累的艺术财富,它起源于插秧耕田的劳动生活,

> 又和古代祭祀农神祈求丰收、祈福禳灾时所唱的颂歌、禳歌有关，并在发展过程中不断吸收农歌、菱歌、民间武术、杂技以及戏曲的技艺与形式，从而由一般的演唱秧歌发展到今天广大群众喜闻乐见的一种民间歌舞。

（5）宗教活动

宗教活动主要指宗教信徒举行的各种活动。宗教是一种主观意识对希望的执著而诞生的一种强大的精神依靠。宗教是一种社会行为，它包括指导思想（宗教信仰）、组织（宗教组织，如教会、宗侣）、行动（宗教组织内的活动，如祭祀、礼仪）、文化（宗教建筑、宗教绘画、宗教音乐）等方面的内容。世界十大宗教有儒教、道教、佛教、印度教、神道教、伊斯兰教、犹太教、东正教、罗马天主教、新教。其中最有影响的是佛教、伊斯兰教、基督教。

佛教　产生于古印度迦毗罗卫国（今尼泊尔境内南部），由释迦牟尼创于公元前6世纪。佛教的基本教义是"四谛""十二因缘"和"因果报应"等。佛教经典为《大藏经》，分经、律、论三藏。中国佛教形成分三大体系，即汉地佛教（大乘）、藏传佛教（密乘）和南传佛教（小乘）。

佛教较大的节日有3个：浴佛节（农历四月初八），盂兰盆会（俗称鬼节、农历七月十五），释迦牟尼成佛日（农历腊月初八）。

道教　是中国固有的宗教，多为汉民族信仰。东汉顺帝（公元125—144年）在位时，张道陵在四川鹤鸣山创立了"五斗米道"，开始形成有组织的宗教流派。道教奉老子为教祖——称太上老君，以老子的《道德经》为主要经典，把老子提倡的"道"加以神秘化后作为基本教义，宣扬修道可以使人返本还原，与"道"归一，成为神仙。

道教在元代，江南各宗正式形成南宗"正一"派。北宗"全真"派始于金，为王重阳在山东创立，它与"正一"派共同形成中国道教两大宗派，流传至今逐渐演变成了120多个支派。三会日、三元日、五腊日、三清圣诞是道教的主要活动。

伊斯兰教　由阿拉伯半岛麦加人穆罕默德创于7世纪初（公元610年）。该教经典《古兰经》，基本信条是：信安拉、信天使、信使者、信经典、信复生、信前定。其中"信安拉"是伊斯兰教信仰的核心。

伊斯兰教在穆罕默德死后，产生了"逊尼""什叶"2个对立的教派。伊斯兰教的主要宗教活动有"五功"，包括念功、拜功、斋功、课功和朝功，在中国多简称为念、礼、斋、课、朝。"五功"是穆斯林必须履行的宗教义务。主要节日（纪念日）有开斋节、古尔邦节、圣纪节等。

天主教　亦称公教、罗马公教、罗马天主教。"天主"一词是16世纪耶稣会传教士进入中国传教后，借用中国原有名称对所信之神的译称，故把他们传播的宗教定名为"天主教"。

天主教的经典除了继承犹太教的《圣经》外，还有自己的《圣经》。所继承的犹太教《圣经》称《旧约圣经》，而天主教自己的经典则称《新约圣经》。天主教认为，耶稣之死为人与上帝重新签订了协约，为"新约"，而摩西与上帝所签协约则为"旧约"。天主教有"四大占礼"：耶稣圣诞、耶稣复活、圣神降临、圣母升天。

基督教 在国际上是天主教、东正教和新教的总称，中国习惯上称新教为基督教。该教是在公元16世纪以后，伴随着西欧资本主义的兴起和发展，从天主教分离而独立的革新派别，由德国宗教改革派神学家马丁·路德创立。笃信上帝及其圣子耶稣；经典是《新旧约全书》。

基督教有洗礼、圣餐礼、圣职礼、婚礼、葬礼等宗教礼仪；有主日礼拜、查经聚会等经常性宗教仪式；有复活节、圣诞节、升天节、显现节、圣灵降临节等宗教节日。

（6）庙会与民间集会

庙会与民间集会是指节日或规定日子里在寺庙附近或既定地点举行的聚会，期间进行购物和文体活动。庙会又称"庙市"或"节场"。庙会风俗与佛教寺院以及道教庙观的宗教活动有着密切的关系，同时它又是伴随着民间信仰活动而发展、完善和普及起来的。

庙会习俗最早见于唐代，并出现了名目繁多的宗教活动，如圣诞庆典、坛醮斋戒、水陆道场，等等。同时，佛教在其宗教仪式上均增加了媚众的娱乐内容，如舞蹈、戏剧、出巡，等等。各地区庙会的具体内容不同，各具特色。

北京作为国都之地，历代在此大建寺庙，既是国都人口兴旺，又是寺庙香火繁盛，庙会十分发达。举行庙会的日期多有定例。春节时候，农历正月初一有大钟寺和东岳庙的庙会；初二有财神庙的庙会；初三有蟠桃宫的庙会；十七、十八有白云观庙会。平常日子，每逢一、二、九、十有隆福寺庙会；逢三有土地庙的庙会；逢五、六塔寺庙会；逢七、八有护国寺庙会。

（7）特色饮食习俗

特色饮食习俗指特色餐饮程序和方式。饮食伴随着人类社会的产生而产生，并不断发展和进步，由于环境、历史、经济、政治、文化等诸多方面因素的影响，逐渐形成了各民族不同的饮食习俗。

民族饮食习俗 各民族均有自己的饮食习俗。例如，朝鲜族主食以大米为主，居住山区的也吃小米和玉米。最具特色的是糕饼和冷面。糕饼有打糕、片糕、切糕、发糕、松饼等。其中打糕是朝鲜族逢年过节、红白喜事、招待宾客的主食。副食主要有肉类、山野菜、咸菜、汤菜等，素有"宁无菜肴也要有汤"之说。朝鲜族喜食牛肉、猪肉、鸡肉、海鱼等，尤其喜欢吃狗肉，狗皮、狗内脏亦是佳肴。朝鲜族的辣椒酱、咸菜最为著名，泡菜、桔梗等都广受欢迎。朝鲜族男子喜喝白酒或用糯米自酿的米酒"马格利"。

节令饮食习俗 我国节令饮食习俗历史悠久，其种类繁多。

春节食俗 春节是中华民族的传统节日，除藏、白、傣3族外，其他民族都有过春节的传统。汉族更是以春节为一年最重要节日。进入农历腊月底和正月初中旬，家家户户备好最好的美食，相互走亲访友或家人团聚共乐新年。少数民族过年极有特色：如彝族吃"坨坨肉"，喝"转转酒"，并赠送对方以示慷慨大方；壮族吃几斤重的大粽粑以示富有。

元宵食俗 元宵的食、饮大都以"团圆"为主旨，有圆子、汤圆等。各地风俗不同造成一些差异：如东北在元宵节爱吃冻果、冻鱼肉；广东的元宵喜欢"偷"摘生菜，拌以糕饼煮食以求吉祥。

清明食俗 公历4月5日前后的清明节，主题为"寒食"与扫墓。清明吃寒食，不动烟火，生吃冷菜、冷粥，如今因生活水平提高，多吃卤菜、盐茶蛋、面包、饮料等。

中秋节食俗 中秋节也叫"秋节""女儿节""团圆节"等。在农历八月十五。中秋节最主要的食物是月饼，象征团圆、吉祥，子辈给父老送月饼，朋友之间互送。还有许多中秋赏月食品，如藕品、香芋、柚子、花生、螃蟹等。少数民族也非常看重中秋节，如傣族就会围坐饮酒，品尝狗肉汤锅和猪肉干巴、腌蛋和黄鳝干等。

重阳节食俗 在农历九月初九，故名为重九或重阳。重阳节的食物大都是以奉献老人为主：吃花糕、螃蟹，有些地方还吃羊肉和狗肉；祝福老人，避邪躲灾，祈求健康是重阳节的主题，食俗也围绕这些方面而成为一种较为独特的文化体系。

腊八节食俗 又称"腊日祭"，原是古代庆丰收酬谢祖宗的节日，后演变为纪念释迦牟尼成道的吉日，一般认为是驱寒、祭神和辞旧迎新，伴随这些活动的食俗为熬腊八粥和举行家宴。腊八粥也称"五味粥""七宝粥"或"佛粥"，由各种米、豆、果、菜、肉等 4~7 种原料煮成。

除夕食俗 农历岁末最后一天的晚上为除夕，除夕守岁，千年流传。北方要吃饺子，称之为"年年饺子年年顺"。总之，除夕食俗具有团圆和甘美，庆丰收、贺岁迎新等多种含义与文化品位。

(8) 特色服饰

特色服饰指具有地方和民族特色的衣饰。所谓服饰，是指装饰人体的物品总称，包括服装、鞋、帽、袜子、手套、围巾、领带、提包、阳伞、发饰等。服饰是人类文明的标志，又是人类生活的要素。它除了满足人们物质生活需要外，还代表着一定时期的文化。服饰主要具有 3 方面作用：御寒、遮羞、装饰。服饰的产生和演变，与经济、政治、思想、文化、地理、历史以及宗教信仰、生活习俗等有密切关系，各个时代、民族，都有各不相同的服饰。

我国自夏、商起，开始出现冠服制度，到西周时，已基本完善。战国期间，服饰日新月异。隋唐时期，经济繁荣，服饰也更加华丽，形制开放，甚至有袒胸露臂的女服。宋明以后，强调封建伦理纲常，服饰渐趋保守。清代满汉文化交融，服饰有很大改进，旗袍成为流行服饰，而鞋子是一种花盆式的高底鞋。清代末叶，西洋文化东进，服饰日趋适体、简便。

民族服饰、民族文化与地理环境有着深厚的关系。各地自然条件的差异，形成不同的生产特点和生活习惯，孕育了各种特色、就地取材、因地制宜的服饰。

大兴安岭一带的鄂伦春族人在长期的游猎生活中创造了极富民族特色的狍皮服饰文化。他们的服饰，上至帽子，下至靴袜，乃至各种寝具、生活用品，都多用狍皮为原料。生活在乌苏里江畔的赫哲族人，以捕鱼为生，善于鞣制鱼皮、兽皮。在过去冬天多穿鱼皮、鹿皮大衣，夏天穿大襟式去毛光皮衣。藏族的服饰主要是传统的藏服，即长袖、宽腰、大襟，即使在夏天也多穿长袍，白天在烈日下，将一只胳膊露出皮袍外，行走劳动时，干脆将双袖扎于腰间。一旦天气骤然变冷，可将胳膊穿进袖筒，以适应高原多变的天气，这比更换增减衣服灵便得多。蒙古高原上的蒙古族，服饰以长袍为主，长袍的腰身肥大，男女长袍都不开叉，以利于骑马时护膝防寒。衣袖稍长，骑马持缰绳时，冬季可御寒，夏季可防蚊咬。蒙古人穿的皮靴，有翘头和圆头之分，翘头的适宜在深草中行走；圆头的适于在浅草或无草区行走。哈萨克族的衣服，具有高寒草原游牧生活的特征。男子为了便于骑马，服装一般比较宽大结实，身穿睡衣那样的"袷袢"（长袍），内穿高领格条图案的衬衫，套上西装背心，腰束皮带，一派英俊潇洒的风度。

惠 安 女

在福建泉州惠安县惠东半岛的海边，惠安女以奇特的服饰闻名海内外，人们把她们的花头巾、短上衣、银腰带、大筒裤，戏称为"封建头，民主肚，节约衫，浪费裤。"由于地理因素，惠安一带常见山风海风。风沙最能损人容颜，因此惠安女的头部常年使用方巾和斗笠，把头部防护得严严实实，冬天防风沙，夏日挡骄阳，人们很难看清她们的真面目，这就是所谓的"封建头"。"民主肚"的穿着，多见于惠安沿海一带的妇女。她们上身的衣服短得出奇，连肚脐都没遮盖住，且整件上衣既窄又紧，连袖管也紧绑着手臂。故说"民主肚""节约衫"。"浪费裤"是形容惠安女的裤管特别宽，一般每只裤管的宽度均有40～50cm，比一般人的裤管宽了1倍。由于裤管宽，湿了也不影响正常活动；且野外、海边风大，几趟走动，很快就被吹干。

9.2.4 现代节庆

本亚类包括旅游节、文化节、商贸农事节、体育节4种基本类型。

（1）旅游节

旅游节是指那些定期和不定期举办的以吸引游客为主要目的的旅游活动的节日。旅游节庆往往是以某种区域资源特色为吸引力核心，也就是特定主题。例如，东北地区冬季气候寒冷，故而冰雪旅游资源具有特色，而很多城市就以此为主题开展旅游节庆，如哈尔滨冰雪旅游节、吉林雾凇冰雪节、净月潭冰雪旅游节等。自20世纪70年代末我国发展旅游业以来，为了吸引游客，各地举办了很多旅游节庆活动。其中包括各级各类旅交会、旅游博览会等。

（2）文化节

文化节是指那些定期和不定期的展览、会议、文艺表演活动的节日。主要包括电影节、展览会、音乐节、艺术节、舞蹈节、戏剧节及各种一般文化活动节。

长春电影节

中国长春电影节是经中华人民共和国广播电影电视部批准举办的具有国际性的国家级电影节。中国长春电影节于1992年创办，每2年举办一次。其主要活动是围绕中外电影影片的评奖、交易、展映等为主，辅以大型的文艺晚会，现已形成了集电影、文化、经贸、科技、旅游为一体的盛会。长春电影节的举办是为了扩大各国电影艺术的交流，增进中外电影界人士的友谊，推动电影事业的繁荣与发展。中国长春电影节与金鸡百花电影节、上海电影节、珠海电影节并称"中国四大电影节"。

（3）商贸农事节

商贸农事节是指那些定期和不定期的商业贸易和农事活动的节日。包括农博会、汽车节、贸易博览会、洽谈会、广交会等。

> ## 广 交 会
>
> 广交会又称中国出口商品交易会,创办于 1957 年春季,每年春秋两季在广州举办,迄今已有 50 余年历史,是中国目前历史最长、层次最高、规模最大、商品种类最全、到会客商最多、成交效果最好的综合性国际贸易盛会。
>
> 首届交易会于 1957 年春在原中苏友好大厦举办,展馆面积 1.8 万 m^2,参展交易团 13 个,参展商品 1.2 万余种,来自 19 个国家和地区的客商共 1223 人次到会洽谈,成交 1754 万美元。如今,广交会展馆建筑面积达 17 万 m^2 多,参展交易团 48 个,参展企业 10 000 家,展品 10 万余种。
>
> 广交会贸易方式灵活多样,除传统的看样成交外,还举办网上交易会。广交会以出口贸易为主,也做进口生意,还可以开展多种形式的经济技术合作与交流,以及商检、保险、运输、广告、咨询等业务活动。来自世界各地的客商云集广州,互通商情,增进友谊。

(4) 体育节

体育节是指那些定期和不定期的体育比赛活动的节日。这些体育节庆有综合性的体育节庆,如奥运会、亚运会、亚冬会、全运会,也有某一类体育项目的世界或全国性赛事,如世乒赛、世界杯足球赛等。

> ## 奥林匹克运动会
>
> 奥林匹克运动会(The Olympic Games)简称"奥运会",包括夏奥会、冬奥会、残奥会、青奥会和特奥会,是国际奥林匹克委员会主办的包含多种体育运动项目的世界性综合运动会。奥运会因起源于古希腊奥林匹亚而得名。古代奥运会从公元前 776 年到公元 393 年,共历经 293 届,后被罗马皇帝狄奥多西以异教活动罪名而废止。1894 年,根据顾拜旦倡议成立国际奥委会,并决定恢复奥运会。现代第一届奥运会于 1896 年在希腊雅典举行,此后每 4 年举办一次(曾在 2 次世界大战中中断过 3 次,分别是在公元 1916、1940 和 1944 年),每届会期 16 天,比赛项目有 30 多个大项。奥林匹克运动会现在已经成为了和平与友谊的象征。奥运的精神是世代相传的,永不停息的。2008 年 8 月 8 日,第 29 届奥运会在北京开幕。

【思考题】

1. 名词解释:人物、艺术、民间习俗、节庆。
2. 简述人文活动旅游资源的旅游功能。
3. 简述文学艺术作品的旅游功能。
4. 简述节庆的作用与类型。

【经验性训练】

调查当地的民间习俗旅游资源及其开发情况

【概述】

为了解和评价当地的民间习俗旅游资源种类、特点及开发情况,学生分成若干组进行调查。

【步骤】

1. 将学生分成 5~7 人一组(人数为单数)。每一组搜集当地某一种民间习俗资料。

2. 将各组调查情况汇总，了解当地民间习俗旅游资源的总体情况。
3. 搜集已开发的民间习俗旅游资源景区，每组针对1~2个景区进行重点调查。
4. 查找资料，结合此次调查结果，每组撰写一份总结，老师点评。

【案例分析】

贵州天龙屯堡——"存活着"的明代文化

中华五千年的悠久历史为村镇留下了丰富的历史古迹和民风民俗。无论是寺庙、祠堂、戏楼、牌坊，还是社戏、美食、集市、花会，乡野间左邻右舍见惯不惊的东西，却往往是城里人眼中的新奇货。发展农村旅游中的民俗文化型旅游，不但能够使城市居民获得旅游满足，也能使当地群众充分了解本地特色民居、节庆、文化习俗等本已见惯不惊的事物及其给他们带来的利益。这样，农民们才会自觉自愿的保护"原生态"的文化景观，并使之持续地发展下去。

贵州天龙屯堡是一个典型的屯堡村寨，居住着的屯堡人是朱元璋征南战争的屯军后裔，至今仍固守着明代江南汉族移民的民风民俗。屯堡人在语言、服饰、建设、宗教信仰等方面，保留着、固守着600年前的梦。

屯堡人的语言多带卷舌音，发音快，透着军人的阳刚之气，它是明代的官话（相当于今天的普通话），专家把它称为"安顺屯堡方言"。

在服饰方面，屯堡妇女保持祖制，依旧是宝蓝色的长衣大袖，精致的花边体现了江南刺绣的神韵；一双尖头的绣花鞋，透着屯堡妇女的才思，典雅而高贵。屯堡妇女的服饰已成为研究明代服饰的活资料。

屯堡人是一个"尚武"的汉族群体。最能体现这一点的是地戏。地戏顾名思义就是以平地为舞台围场演出的戏剧。地戏源于明代的军傩，它是由征南大军带入黔中的。屯堡人的祖先跳军傩不是娱人，更多的成分是娱神；用这一种傩仪作为出征的祭奠，振奋军威，恐吓敌人。地戏最主要的表现形式是唱和舞。演员头戴精美的"脸"，腰围鲜艳的彩裙，身背战旗，持戈扬戟，在一鼓一锣的伴奏下着粗犷、原始、拙朴的跳跃，间杂高亢嘶哑的唱腔，远古战争的场面历历在目，演员由人而神，观者的思绪已飘向历史的空间。

在信仰上屯堡人是虔诚而复杂的，佛道儒巫齐信，并没有专奉至高无上的神。屯堡人的堂屋正中神龛上，中书"天地君亲师位"，这是一种最正统的供奉；两旁则是百家众神。这是是一种神秘的信仰现象，是屯堡人宗教文化心态的一种复杂体现。

600多年来，生活在天龙古镇的屯堡人，依然固守着祖宗过去的荣耀，他们身着长衣大袖，每逢节庆，男人们跳着地戏，妇女们穿上翘头花鞋，老年妇女念着佛歌，青年人山歌阵阵。这些常常令到访的游人产生在看电影的感觉，可是这并不是舞台上的表演，而是屯堡人真实的生活。旅游的本质就是要发现与欣赏目的地与常住地之间的反差，而天龙屯堡正是因为其独特的"明朝古色"文化，风格独树一帜的屯堡建筑，让人眼花缭乱的石雕工艺，丰富多彩的节庆表演，琳琅满目的特色饮食，吸引了一批又一批的旅游者，成为民俗文化型农村旅游的典范。如今，国家旅游局已把天龙村列为全国农业旅游示范点。天龙屯堡在实践中形成了"公司+政府+农户+旅行社"的运作模式，使当地的农民通过参与发展特色文化旅游，尝到了甜头。

【案例思考题】
1. 天龙屯堡民俗旅游资源主要体现在哪些方面？
2. 通过这一案例你认为民俗旅游资源开发应该注重什么？

【本章推荐阅读书目】

1. 非物质文化遗产概论. 王文章. 文化艺术出版社，2006.
2. 旅游与中外民俗. 张世满. 南开大学出版社，2002.

3. 中外民俗概论. 石应平. 四川大学出版社，2002.

【相关链接】

1. 中国民俗网 http://www.chinesefolklore.com/
2. 中国非物质文化遗产网 http://www.chinaich.com.cn/
3. 中国节庆网 http://www.comfort-i.com/

第10章
旅游资源调查与评价

【本章概要】

　　主要介绍旅游资源调查的目的、意义、原则、内容、步骤和方法。介绍旅游资源评价的意义、原则、理论依据、内容和方法。

【学习目标】

- 掌握旅游资源调查的原则、内容和方法；
- 了解旅游资源普查的目的、意义、普查程序；
- 掌握旅游资源评价内容、方法以及旅游资源评价因子体系。

【关键性术语】

　　旅游资源调查、旅游资源评价。

【章首案例】

福鼎硖门畲族乡旅游资源综合评价

旅游资源调查

　　在充分收集现有资料的基础上，通过运用现场考察、追踪访问、立地测量、摄影摄像、样本调查等方法，对硖门畲族乡范围内自然旅游资源与人文旅游资源进行详细调查，选择出具有旅游开发前景、有明显经济价值、社会价值或文化价值的生态旅游资源，从资源数量、类型、质量、分布地点、规模、现状等方面加以记载与描述。目前硖门乡旅游资源单体数量总计30个。

旅游资源类型评价

　　按照国家标准《旅游资源分类、调查与评价》（GB/T 18972—2003），分类硖门乡旅游资源共有6个主类，占旅游资源主类的75%；13个亚类，占全部亚类的41.9%；20个基本类型，占全部基本类型的12.9%。

　　从资源分类评价来看，硖门乡在4个自然旅游资源主类中拥有2个，即地文景观和生物景观；共计有基本类型8个，占自然旅游资源71个基本类型的11.3%，占全部旅游资源155种基本类型的5.2%。硖门共计有自然旅游资源单体13个，占硖门所有旅游资源单体总数43.3%。硖门乡人文类旅游资源包括遗址遗迹、建筑与设施、旅游商品和人文活动4个人文旅游资源主类，9个亚类，共计有基本类型12个，占人文旅游资源84个基本类型的14.3%，占全部旅游资源155种基本类型的7.7%。硖门共计有人文旅游资源单体17个，占所有旅游资源单体总数的56.7%。从总体上看，硖门人文旅游资源单体数量比自然旅游资源单体多，而且人文旅游资源基本类型也比自然旅游资源多。人文旅游资源相对较为丰富，具有一定的优势。人文旅游资源将是硖门发展旅游业的重要依托。

旅游资源等级评价

　　通过对30个旅游资源单体所共有的因子，即旅游资源价值评价因子进行评价。这些因子反映旅游资源自身的特性，如观赏、游憩、使用价值、历史、文化、科学、艺术价值，以及资源类型的珍稀奇特程度、规模、丰度、几率和完整性。此外，外界对旅游资源的认知程度和社会影响，如知名度、影响力、适游期、使用范围等，也是描述旅游资源价值的内容。根据初步打分评价结果，其中四级旅游资源1个、三级旅游资源3个，二级旅游资源9个，一级旅游资源17个。优良级（三级以上）旅游资源4个，占硖门旅游资源单体总数的13.3%，普通级（二、一级）旅游资源26个，占硖门旅游资源单体总数的86.7%。可见，硖门的旅游资源单体等级偏低。

旅游资源总体特色评价

资源丰富、种类多样 硖门乡的自然旅游资源和人文旅游资源均比较丰富，偏重人文旅游资源。区内地文景观，如鲲鹏展翅堪称一幅绝美的天然画卷。古城门、古井、古池塘也都是硖门悠久历史的见证。其生物景观主要以植物为主，如夫妻榕、榕抱樟、瞭望樟，等等。沿渔井还有典型的海蚀地貌景观，山水结合，具有发展观光旅游、渔业旅游、生态旅游、探险旅游和夏季避暑度假旅游的巨大潜力。此外，硖门瑞云畲族"四月八"歌王节在当地和周边地区已具有一定的知名度和影响力，石兰紫菜也是全国知名的紫菜品牌。这些都将在今后的旅游开发中起到不可忽视的作用。

分布集中、组合良好 旅游资源实体地域分布较为集中，主要景区景点分布在石兰村、渔井村、瑞云村、东稼村等村，而23个旅游资源单体主要集中在石兰村，占硖门30个旅游资源单体总数的76.7%；渔井村的资源单体数有4个，占全部资源单体总数的13.3%。资源组合良好，主要表现为山海与聚落的组合，岩石与植物等的搭配良好，有动有静，便于旅游线路的安排。

山海兼备、立体空间 在整个旅游区内，遍布着奇特山水、渔村风光、海蚀地貌构成的自然景观，融合成一道天下独有的立体风景。立体的地形决定了立体的地貌。山体、海洋、民俗、历史等自然资源和人文资源互为经纬，相映成趣，构筑了立体的旅游资源空间。这些资源具有广泛而强烈的参与体验性。不仅数量多、种类全、特色强、品位高，且具有规模大、分布广、区位优、易开发、潜力大等特点。旅游资源立体分布，给游客提供了多种欣赏自然风光的广阔视角。

潜力巨大，互补性强 从整体现状来看，硖门乡旅游资源丰富，类型多样，资源品味较好，但旅游开发滞后，还处于开发起步阶段，有很大的开发挖掘和利用空间。且硖门大部分旅游资源具有生态性、休闲性和教育体验性，能满足游客亲近自然、感受自然以及体味民族风情的旅游心理，对游客的吸引力较强。许多旅游资源（如石兰古村、瑞云寺、大岗头等）经过合理开发将会有较大的提升空间。

硖门地处太姥山——杨家溪"山海川岛一体化"旅游线上，又处于太姥山、杨家溪、嵛山岛"金三角"旅游区中心。区内景区所拥有的山海兼备的自然旅游资源和浓郁的畲乡风情、古村古堡等人文旅游资源，与周边景区在资源特性和旅游市场需求上具有互补性，这样有利于线路联动，同时也拓展了旅游资源持续开发的能力。

10.1 旅游资源调查

对旅游资源进行调查是旅游资源开发的前提，旅游资源调查的主要目的是根据旅游业发展的需要，查明区域内可供利用的旅游资源状况，获得旅游资源的第一手资料，系统而全面地掌握旅游资源的类型、数量、质量、性质、特色、级别、成因、历史演变等，为旅游资源评价、分级分区、开发规划与保护管理等做好准备，为旅游业发展提供决策依据。

10.1.1 调查的意义

(1) 调查是旅游资源评价和开发的基础工作

通过对旅游资源的调查，系统掌握调查区域内旅游资源的现状，包括旅游资源的类型、数量、规模、级别、密度、地域组合、成因、季节性变化、科学价值等基本情况，为进行旅游资源评价和开发奠定基础，提供可靠的第一手材料。

(2) 调查是去伪存真、保持旅游资源本真性的必要手段

通过对旅游资源的调查，掌握旅游资源的利用状况和相关数据，防止遗漏有价值的资源，对有开发利用潜力和符合旅游者需求的旅游资源进行适时适度开发。在大量调查数据和资料的基础上，可以对相关资料进行科学分析，去伪存真，以保持并恢复旅游资源的本真性。

(3) 为确定旅游开发和管理的措施提供翔实可靠的材料

通过对旅游资源自身及其外部开发条件的深入调查，可以全面掌握旅游资源的开发、利用和保护现状及存在的问题，从而为确定该资源的开发导向、开发时序、开发重点和相应的管理措施提供翔实可靠的材料。

(4) 调查结果是区域旅游发展、旅游管理工作的重要参考材料

通过对旅游资源的调查所获得的基础资料，可以建立信息档案和旅游资源信息库，不仅可以起到摸清家底、了解现状的作用，也是区域旅游发展、旅游管理工作的重要参考材料。

(5) 为旅游业发展提供决策依据

通过对旅游资源的定期调查，可以动态系统地掌握旅游资源的开发进展状况，监测其保护情况，从而为旅游管理部门及时、准确地获得相关信息，迅速地做出反应提供条件，并使其工作科学化、现代化，为旅游业发展提供决策依据。

总之，旅游资源的调查是旅游资源开发与保护的基础性工作，调查的成果对旅游资源的科学规划、合理开发、现代化管理、监测保护都有积极的意义。

10.1.2 调查的原则

旅游资源调查工作的重要性对其本身提出了较高的要求，整个调查工作要按照国家标准规定的内容和方法，遵循一定的工作原则进行。

(1) 客观实际原则

正确如实地反映旅游资源的客观实际，杜绝编纂数据、更改调查信息。要真实准确地对旅游资源的类型、数量、规模、级别、密度、地域组合、成因、季节性变化、科学价值等进行登录，保证资源调查成果的真实性。

(2) 综合调查原则

旅游资源的调查涉及众多学科的理论与实践。一方面，调查人员的结构要尽量吸纳旅游、地理、经济、管理、环境等专业人员，以便充分利用不同学科的特长及研究方法，优势互补；并尽量取得各有关部门的支持与配合。另一方面，要对调查区域内的自然景观资源，人文景观资源以及所依托的经济、社会、交通条件，客观状况和地理背景等进行全面的调查分析，以获得综合、系统的资料。

(3) 内外结合原则

进行旅游资源的调查，不仅要掌握旅游资源的形成机制、分布规律、旅游业发展的基本规律、旅游者的消费需求等基础理论，搜集整理旅游资源方面的文献、报告、志书、图表等文字、影像资料并进行分析，还要亲临现场进行田野考察、测量、拍照、录像、分析、记录等，撰写调查报告。采用内外结合的方法，研究资源的性质、价值、等级、开发利用现状及潜力等。

（4）选择性原则

旅游资源调查应贯彻为旅游业服务的思想，根据客观市场现实、潜在需求，分析、筛选旅游资源，以适应旅游业发展对旅游产品的要求。资源调查内容应突出重点，选择那些市场需求大的、有价值的旅游资源单体；对一些极具特色或有可能发挥其特殊旅游功能的旅游资源，也要给予充分重视；同时，对那些暂时不具有开发价值或暂时不具备开发条件的旅游资源必须进行调查。

（5）创新原则

人们对旅游资源的认识，会随着社会经济的发展，生活水平的提高以及观念、价值观、人生观等诸多方面的变化而提升，使旅游资源的吸引力发生改变。因而，在调查过程中，要准确把握被调查对象在当前及潜在市场吸引力的变化和趋势，深入了解已开发景区旅游资源的吸引力，发现旅游资源的潜力及可能进行深度开发的内容，做出准确评价。深刻了解市场潜在需求，从旅游资源可转变为创新性的旅游产品方面，认识、发现和评价旅游资源。

10.1.3　调查的内容

旅游资源调查的内容繁杂，涉及与旅游活动有关的方方面面，对其调查既要注重旅游资源自身的各种情况，也要关注资源地外界环境的现状与发展变化。因此，旅游资源调查的内容包括了解旅游资源形成、存在背景和旅游资源开发区位交通条件、环境条件，掌握旅游资源现状，把握旅游市场变化动态等。针对具体调查区域所开展的具体的旅游资源调查活动不一定要涉及各个方面，可根据调查目的和用途，选择相应的调查方式，从中筛选部分内容或重点内容进行研究，以完成调查任务。

（1）旅游资源本身的调查

主要是按照国家标准的相关规范，深入细致地根据旅游资源的属性进行调查，为资源评价和开发提供基本素材。包括对旅游资源的类型、特征、成因、级别、规模、组合结构等基本情况进行调查，并提供调查区的旅游资源分布图、照片、录像及其他有关资料，以及与主要旅游资源有关的重大历史事件、名人活动、文艺作品等。

（2）旅游资源形成的背景条件

自然环境的调查　包括调查区概况、地质地貌要素、水体要素、气象气候要素、动植物要素等。

人文环境的调查　包括该地的历史沿革，调查区的经济环境和发展水平，制度措施，法制环境和邮电通信、供水、文化医疗卫生等基础条件，同时还应调查当地的旅游业发展水平和当地居民对发展旅游业的态度。

交通区位条件调查　包括对外交通的公路、铁路、水运、空运的走向、运力及今后发展潜力，以及在区域交通网中的地位和联系。

环境质量调查　调查影响旅游资源开发利用的环境保护情况，包括工矿企业生产、生活、服务等人为因素造成的大气、水体、土壤、噪声污染状况和治理程度，以及自然灾害、传染病、放射性物质、易燃易爆物质等状况。

(3) 旅游资源开发现状及开发条件的调查

旅游要素调查 食、住、行、游、购、娱是构成旅游活动的六大要素。与之相应的餐饮、饭店、交通、游览、购物、娱乐等软硬件,既是旅游业的主要组成部分,同时又是形成旅游吸引物的重要因素,对其进行调查是十分必要的。

邻近资源及区域内资源的相互关系 包括自然与人文旅游资源的结合与互补情况、各要素的组合及协调性、景观的集聚程度等。调查分析邻近资源与区域内资源的相互联系、所产生的积极和消极因素,以及区域内旅游资源在不同层次旅游区域中的地位。

(4) 客源市场的调查

调查旅游地和周围客源地居民消费水平和出游率,依据旅游资源吸引力的大小,进行必要的客源分析,包括客源的层面范围和大致数量,以及产生客源的积极因素和不利因素等。

10.1.4 调查的形式

根据调查工作的详略程度,旅游资源调查分为概查、普查和详查3种形式。

(1) 概查

由于受到时间、资金、人力、物力等因素的限制,在第二手资料分析整理的基础之上进行的一般状况调查。主要任务是对已知点进行调查、核实、校正,或根据其他专业资料对潜在旅游资源进行预测的验证。概查可以是在大范围内确定资源的基本状况及分布规律的调查,也可以是在较小范围内对指定区域做现状调查。概查的调查方式周期短、见效快,但信息不完整,损失量大,容易对区域内旅游资源的评价造成偏差,在条件允许的情况下应尽量采用普查和详查方式。

(2) 普查

普查是为保护和合理开发利用旅游资源提供必要科学依据,而对特定空间范围内所进行的详细全面的调查。开展旅游资源的普查工作要具备一定的条件:① 已成立正式的旅游管理或开发机构,并有一定实际工作经验和资料积累;② 普查区内有较丰富的旅游资源相关资料和数据;③ 有可以承担普查任务的专业人员;④ 有为实施普查及成果处理所需要的物资、设备和资金。普查工作可以以行政区为普查单元,也可以自然区、人文区域或线状区为普查单元,范围可大可小。可以是针对某一类旅游资源,也可以是针对所有类型的旅游资源。普查不仅要调查目前被广泛认知的旅游资源,还有调查潜在的旅游资源。这需要旅游资源普查人员具有独到的眼力和丰富的经验。旅游资源普查需要花费大量的人力、物力、财力和时间,是一个耗资大、耗时长、技术水平高的工作。

(3) 详查

详查是带有研究目的或规划任务的调查,通常调查范围较小,调查中通过直接测量、校核收集到的基础资料,对重点问题和地段进行专题研究和鉴定,并对旅游开发所需要的外部条件进行系统调查,对关键性问题提出规划性建议。详查目标明确、调查深入,但应以概查和普查的成果为基础。

10.1.5 调查的步骤

旅游资源调查一般分为 3 个阶段，即准备阶段、资料和数据搜集阶段和文件编辑阶段。

10.1.5.1 准备阶段

准备阶段主要包括以下 5 个步骤。

成立调查工作小组 确定调查人员，成立调查工作小组。调查人员应由不同学科的专业人员、不同管理部门的工作人员及普通调查人员组成。要求调查人员应具备相关的专业知识，并对调查组人员进行相关的技术培训，如资源分类、野外方向辨别、图件填绘、伤病急救处理、基础资料的获取等。

制定调查工作计划 调查的工作计划和方案由调查工作组负责人拟定。包括调查目的、调查区域范围、调查对象、主要调查方式、调查工作的时间表、调查的精度要求、调查小组内人员分工、调查工作的表达方式、投入人力与财力的预算等内容。

设计调查表和调查问卷 国家标准《旅游资源分类、调查与评价》（GB/T18972—2003）中把旅游资源分为 8 个主类、31 个亚类和 155 个基本类型。国标中对旅游资源基本类型的特征做了详细的分类，同时对调查表格的形式、填写项目有较为完备的解释。要依据国标的规范，结合调查区域的旅游资源分布、类型、数量等情况，设计旅游资源调查表和调查问卷。以便于实际调查工作中的协调统一。

资料准备 主要是收集广泛存在于各种书籍、报刊、宣传材料上的有关调查区域旅游资源的有关文字、影像及地图等资料，并进行归整。在此基础上形成对调查区域的笼统印象，此外还要根据调查对象的范围大小选取不同比例的地图作为工作底图。

准备调查仪器设备等器物、物品 在进行实地调研之前，要把考察时所用到的仪器设备等器物、物品准备好。需要准备的装备有罗盘、GPS、测距仪、皮尺、摄像机、照相机、小铁锤、地形图、航空照片、卫星照片、设计好的调查问卷、资源单体登记表，以及水壶、干粮、药品等。

10.1.5.2 田野调查和资料、数据采集阶段

这一阶段的主要任务是在收集了书面资料的基础上，由调查人员运用实地踏勘、座谈访问、问卷调查等科学的调查方法获取区域旅游资源详尽的第一手资料和本区域及邻近区域发展旅游背景条件、客源市场等资料。

（1）实地踏勘

实地踏勘即野外实地踏勘，是最基本的调查方法。调查人员通过观察、踏勘、测量、登录、填绘、摄像等形式，直接接触旅游资源，可以获得宝贵的第一手资料以及专业人员较为客观的感性认识，结果翔实可靠。旅游资源单体登记表、旅游资源分布图的草图，均在这一阶段完成。因此，要求调查者勤于观察、善于发现、及时登录、及时认真填图、现场摄录、及时总结。

调查内容包括旅游资源单体的规模与体量、成因现状、历史演变及发展趋势、类型结构和空间组构特点（外观形态结构、内在性质、组成成分）、与同类资源相

比较的特色、自然、经济、社会、环境条件等。此阶段应特别注意详细的文字描述、数据测量、图像资料的获取和现场的详细填图。填图时，要重视利用 GPS 或全站仪对旅游资源单体的空间定位（经纬度或大地坐标），还要注意单体的面积、范围、长度、体量等数量指标的获得。调查中通过直接测量、校核所收集到的基础材料，对重点问题和地段进行专题研究和鉴定，并对旅游开发中所需要的外部条件进行系统调查，在实地踏勘过程中要填写"旅游资源单体调查表""旅游资源调查工作底图"等。

填写"旅游资源单体调查表"是全部旅游资源普查文件的基础，在此基础上可以派生出其他各类文件和图件；可以此建立旅游资源数据库；为旅游资源特征值评价准备基础材料；在旅游开发规划、资源管理和产品推销等方面发挥重要作用；为旅游资源开发与保护提供素材。填写"旅游资源单体调查表"，要遵循以下要求。

■ **质量要求** 主要包括以下内容。

第一，充分利用已有资料转化为填表内容。

第二，坚持实地调查、验证。

第三，要求"六定"：定位、定类、定性、定量、定影、定级。

第四，遵循"十字"质量方针：

科学——反映最新科技成果，具有权威性；

客观——实事求是，力戒浮华想象和主观臆断；

准确——资料数据有出处，可重复检验；

量化——尽量使用数据资料；

简洁——避免使用不着边际的文学语言。

■ **单体调查表填写要点** 包括以下 4 项内容。

第一，基本类型、代号。

第二，单体名称、行政位置、地理位置。

第三，性质与特征。

第四，旅游区域与进出条件、保护与开发现状。

■ **填写项目** 包括以下 8 项内容。

第一，基本类型。依照国家标准"旅游资源分类表"的名称和代号填写。

第二，单体代号。调查区如果是省级行政区，则旅游资源单体代号按"国家标准行政代码（地区级区域代号—县级区域代号—景区代号）—旅游资源基本类型代号—旅游资源单体代号"的方式设置，共 13 位数。

调查区如果是地区级的行政区，则旅游资源单体代号按"国家标准行政代码（县级区域代号—景区代号）—旅游资源基本类型代号—旅游资源单体代号"的方式设置，共 11 位数。

旅游资源单体代号表示单体在区域中的位置。其表达范围可分为 4 个层次，从高到低分为一层、二层、三层、四层区域。

第三，单体名称。填写单体的实际名称。名称与所属基本类型相符；一般使用当地沿用名称，必要时加注地域名称或类型名称以避免重复。

第四，行政位置。填写到单体所在的最小行政区名称，区（县、市）、乡（镇）、村（从高到低）。

第五，地理位置。填写旅游资源单体主体部分的经纬度（精度到秒）。① GPS

与地形图结合定位；② 面状单体的 GPS 定位应以单体中央部位为准。

第六，性质与特征。一般分为以下 3 段。第一段：旅游资源单体性质、形态、结构、组成成分的外在表现和内在因素。第二段：成因、演化过程（历史）。第三段：人事与事件、周围环境。

第七，旅游区域与进出条件。一般涉及 3 个方面：① 单体所在地区的环境条件（自然环境、人文环境状况以及与其他资源相互关系）；② 进出交通；③ 与周边旅游集散地和主要旅游区（点）之间的关系。

第八，保护与开发现状。即保存现状、保护措施和开发情况。

榕抱樟（四级）

代　　号：FJ – FDS – XMX – SLC – CAC – 01
行政位置：福建省福鼎市硖门乡秦石村石兰自然村
地理位置：东经 120°14′43″，北纬 27°01′07″
性质与特征：这是一棵长得十分奇特的古树，它既是樟树，又是榕树，樟榕一体，形成了"榕抱樟"的奇观。"榕抱樟"，高 29m，径围 16.8m，冠幅 120m² 多，树干需十几个人才能合抱过来。从远处看它只是一株很普通的大树，似乎同"奇"字无缘，但是在近处看，就能发现此树中生长着 2 种不同的树种，一棵是已有千年历史的樟树，一株是 300~400 年树龄的榕树。2 棵树自然天成，浑然一体地结合在一起。该树的奇特之处在于大榕树长在大樟树上，榕树的根沿着樟树的树皮错综交叉地往地面生长，直入土层，就像一张用粗绳织成的大鱼网，把樟树紧紧围抱。它们的枝、它们的干、它们的根盘根错节在一起，如不仔细看，辨不清哪是榕树叶，哪是樟树叶。更为奇特的是，大樟树的枝干上和树杈中长满好几种其他杂树、长藤和青草。当地有顺口溜："樟（树）家美女，榕（树）家招赘，白（白杨树）家总管世业，吴家（无筋树）掌管田园。"大树、小树、长藤、青草构成了树中有树、树外有根、根上有藤、藤间有草的奇丽景象，有如天然盆景。

在距"榕抱樟"50m 处有 2 棵几百年的大榕树，长得苍劲茂盛。几十年前，一些飞鸟从榕树上采食榕果，然后栖息在古樟树上，一粒榕树种子落在古樟树干上，而繁育出小榕树。一次强台风，把小榕树寄居的樟树干刮断，小榕树却奇迹般地活下来。由于榕树具有生长快的特点，逐渐代替了后来的樟树，形成了现在的"榕抱樟"奇观。稀有奇特、全国罕见的"榕抱樟"树龄已超过千年。

旅游区域及进出条件：位于福鼎市硖门乡石兰村村内，距离村口 100m 左右。目前，正在建设中的简易水泥路，是石兰村和外界连接的主要交通要道。游客可从乡镇集市乘小型车辆抵达石兰村村口，整个行程大约 15min。路面宽 3m 左右，无法容纳 2 辆车并排行走，交通存在一定的潜在问题。

保护与开发现状：1996 年福鼎市政府已经发文将这棵奇树确定为名木古树，并已入选国家林业局编写的《中国树木奇观》一书，在全书 500 株古木奇树中位居第 39 位。但目前对于这棵古树的保护还缺乏足够的重视。树的周围没有护栏，村民、小孩仍然可以随意攀爬。防虫害意识不高，对于抵御虫害的措施也不甚了解，没有采取相关措施进行保护。树旁已有简易介绍的牌子。

（2）座谈访问

座谈访问是旅游资源调查的一种辅助方法，它可以有效弥补由于时间短、人力不足、资金有限等因素影响而无法全面、深入了解旅游资源的缺陷，通过走访当地居民或开座谈会等方式，增加信息搜集渠道，为实地勘察提供线索、确定重点、提高勘察的质量和效率。座谈访问一方面要求预先精心设计询问或讨论的问题，便于在尽可能短的时间内引导调查对象讲述有关信息，达到调查目的；另一方面，调查对象应该具有代表性，如行政人员、老人、文化馆工作人员，当地从事地质、历史、水文、环保等研究的人员等。

（3）问卷调查

问卷调查也是一种辅助方法，可以通过行政渠道将问卷分发给各有关部门或个人填写，集中回收，或采取在踏勘现场由游客或当地居民填写、分散收回的方式收集。文句设计要合理，分发收回的程序要符合问卷调查的规定，以保证其结果的有效和合理。

10.1.5.3 文件资料编辑阶段

该阶段要将搜集到的资源和野外考察记录进行系统的整理总结，包括将野外考察的现场调查表格归纳为调查汇报总表；将野外所填的草图进一步复核、分析、整理，并与原有地图和资料互相对比，做到内容与界线准确无误，形成正式图件；将野外拍摄的照片冲洗放大，归类，附上文字说明；将野外摄制的录像进行剪接编制、配音；将室内外搜集和考察所得的资料进行分析整理，数据进行处理，编制调查报告。

（1）编制旅游资源地图

整理反映旅游资源调查工作过程和工作成绩的手绘草图，选取形象直观的图例，将经过编辑的内容绘制到工作底图上，形成旅游资源分布现状图。该图要客观反映调查区内旅游资源的基本类型及其名称、性质、分布和旅游资源周边的自然、人文环境状况，如地貌、水文、交通、所依托的中心城镇等。

（2）编写《旅游资源调查报告》

《旅游资源调查报告》主要包括以下8项内容。

■ **前言**　包括调查任务来源、目的、要求，调查区位置、行政区划与归属、范围、面积，调查人员组成，工作期限，工作量和主要资料及其成果等。

■ **调查区旅游环境**　包括调查区自然地理特征、交通状况和社会经济概况等。

■ **旅游资源开发历史和现状**　包括旅游资源的成因、类型、分区、特色、功能结构、开发现状等。

■ **旅游资源单体报告**　包括调查区域内所有旅游资源单体的类型、名称、分布位置、规模、形态和特征（可附带素描、照片、录像资料等）。

■ **旅游资源评价**　通过对调查区的旅游资源进行定性和定量的评价，评定旅游资源的级别和吸引力。

■ **旅游资源保护与开发建议**　阐明调查区内的旅游资源开发指导思想、开发途径、步骤和保障措施。

■ **主要参考文献**　参考文献的选取与编排要注意按学术规范要求。

■ **附图**　根据调查结果绘制的旅游资源分布图。

《旅游资源调查报告》附图按调查的精度不同，可选用不同的图件。旅游资源详查，一般需要旅游资源分布图；旅游资源概查，一般附优良级旅游资源分布图即可。

《旅游资源调查报告》文本要求以实际调查材料为基础，论点要言之有据。文字应力求简洁、明确；要尽量采用图文并茂的表示方法。

10.1.6 调查的方法

旅游资源调查涉及多种学科，可以使用的方法众多，主要方法如下。

(1) 资料统计分析法

资料统计分析法，即通过收集旅游资源的各种现有信息数据和情报资料，从中选取与资源调查项目有关的内容进行分析研究。这种基本的统计分析资料方法，对确定一个调查区的旅游特色和旅游价值具有重大意义，也是旅游规划和生态环境建设的基本依据。这种方法包括对现有资料的收集、预测和对调查过程中所取得的资料的统计、分析等。该方法适用于调查区域内资料较多且对于旅游资源分析有价值的区域。

(2) 现代科技分析法

现代科技手段的应用为旅游资源的调查带来了许多方便。在进行野外实地考察的时候，使用现代声像摄录设备，如照相机、摄像机等，可以将野外考察过程全面地记录下来，真实地显现出旅游资源地的原貌。现代科技手段应用于旅游资源调查主要采用遥感技术、全球定位系统（GPS）、现代测量技术、物探技术等。

遥感技术 是采用航天遥感（卫星）、航空遥感测量技术，对地球进行测量观察而获得地学信息的一种手段；具有信息量大、覆盖面广、方位准确性高、所需时间短、费用较少、现势性强等优点，因而被广泛应用于众多领域，其中包括旅游资源调查，并取得了较好的效果。通过遥感技术，有时还能得到其他调查手段无法获得的信息。如人们一直希望了解北京的历代长城究竟有多长，通过现代遥感技术则能精确测定长城对地面重压所造成的痕迹，提供了地面上现已不存在的信息，使这个问题得到解决。

GPS 是一种空间定位技术，现代测量技术如全站仪（可用于测定地面的地物、地形，并能用符号表示在图上的一种测量仪器）等，都可用来测定调查区旅游资源的位置、范围、面积、体量、长度等，在调查中用途很大。

物探技术 主要用于调查那些尚未发掘的地下文物，如秦始皇陵的物探技术探测。

在旅游资源调查中，应尽量充分运用各种现代科学技术手段，提高调查的准确性、精确性和科学性，但需要有运用专门知识和使用先进技术设备的人，才能够进行信息判读、解译和选择。

(3) 田野勘测法

对旅游资源的分布位置、变化规律、数量、特色、特点、类型、结构、功能、价值的认知，只有通过现场综合考察，才能核实、获得各种资料，得出相关的旅游资源分析、评价意见。调查人员通过观察、踏勘、测量、登录、填绘、摄像等形式直接接触旅游资源，可以获得宝贵的第一手资料，通过专业人员的感性认识和客观分析，才能得到翔实可靠的结果。

田野勘测法是旅游资源调查最常用的一种实地调查方法。田野现场勘测要求一一核实所有已获得的资料，而且需补充将来开发工作所需的一切资料，因此，要求工作周详、细致。调查者要勤于观察，善于发现，及时记录填写，现场摄录，认真总结。

(4）询问调查法

询问调查是旅游资源调查的一种辅助方法，调查者可用访谈询问的方式了解旅游资源情况。应用这种方法，可以从资源所在地部门、居民及旅游者中及时地了解旅游资源客观事实和难以发现的事物现象。通常可以采用设计调查问卷、调查卡片、调查表等，通过面谈调查、电话调查、邮寄调查、留置问卷调查等形式进行询问访谈，获取需要的资料信息。如果是访问座谈，要求预先精心设计询问或讨论的问题，且选择的调查对象应具有代表性。如果是问卷调查，要求问卷设计合理、分发收回的程序符合问卷调查的规定，以保证其结果的有效、合理。

（5）区域比较法

采用此方法可将两地或多地不同类型或同类型资源进行比较、评价和分析，得出一般特征和个性特征，以便于开发利用。

（6）资源图标法

将调查到的资源描绘在图件上，形成旅游资源分布图、利用现状图，区分哪些区域具有开发的可能。并将旅游资源与工农矿区城市等图件重叠，进行综合平衡、评价、比较。

10.2 旅游资源评价

旅游资源评价是指在旅游资源调查的基础上进行的深层次的对旅游资源现状的研究工作，是从合理开发利用和保护旅游资源及取得最大的社会经济效益的角度出发，采取一定的方法，对一定区域内旅游资源本身的价值及外部开发条件等进行综合评判和鉴定的过程，也是对一个区域发展旅游潜力进行的评定工作。

旅游资源评价是一项极其复杂而重要的工作。它涉及的范围非常广泛，内容十分复杂，且不同的评价者有不同的审美观，必然导致评价结果的差异。旅游资源评价直接影响到区域旅游开发利用的程度和旅游地的前途和命运，因此，客观、科学地评价旅游资源是旅游区综合开发的重要环节。

10.2.1 旅游资源评价的意义

（1）为合理开发利用和规划建设提供科学依据

通过对旅游资源类型、规模、等级、功能、价值等多方面的评价，为旅游业发展确定方向、主题形象及发展规模提供参考依据；通过对旅游资源开发利用的内外部因素分析，准确反映旅游资源的整体价值，为合理开发利用和规划建设提供科学依据。

（2）为旅游资源的分级规划和管理提供系统资料和判断对比的标准

通过对旅游资源的评价突出旅游资源特色，推出拳头产品，树立良好品牌形象。通过对旅游资源规模品位的鉴定，为区域进行旅游资源的分级规划和管理，提供系统资料和判断对比的标准。

（3）为合理利用资源、保护环境、发挥整体效应提供经验

通过对区域旅游资源的综合评价，为合理利用资源、保护环境、发挥整体效应提供经验，也为旅游资源开发定位准备条件；通过对旅游资源的评价发挥区位优势,以市场需求为导向,选择旅游资源,明确规划思路,确定旅游项目开发的时序。

10.2.2 旅游资源评价的原则

(1) 系统综合的评价原则

旅游资源评价的目的是确定旅游资源优势,以推动旅游业的发展。旅游资源的吸引力大小不仅取决于资源本身,还取决于资源所在地区的经济发展水平、地理环境、交通区位条件、客源市场需求、投资环境等多方面的条件。这就要求在资源评价时,要综合衡量,全面、系统地进行分析,准确反映旅游资源的整体价值。

(2) 客观实际的评价原则

旅游资源的评价工作要从客观实际出发,不能随意拔高或降低。要在旅游资源调查的基础之上,运用多学科理论和知识,对旅游资源的形成、本质、属性、价值等核心内容,做出实事求是的评价。

(3) 定性与定量相结合的评价原则

常用的旅游资源评价方法,一般有定性评价法和定量评价法2种。定性评价法简便易行,应用范围广,包含的内容丰富,但缺乏可比性,只能反映旅游资源的概要,而且主观性太强。定量评价法是根据一定的评价标准和评价模型,以全面系统的方法,对旅游资源的各个评价因子进行客观量化处理,其结果具有可比性。在实际工作中,要采用定性与定量相结合的评价方法,以达到较好的评价效果。

(4) 动态发展的评价原则

旅游资源本身及其所处的区域环境是不断变化的,市场的旅游需求也是不断发展变化的,人们对旅游资源的认识也是随着时代的发展变化而变化的,这就要求在对旅游资源进行评价时,要切忌用僵化的眼光看待资源,不能局限于现状,否则,旅游资源开发出的产品就无法跟上时代的步伐。对于旅游资源评价,必须用动态发展的观点,用发展进步的眼光看待变化趋势,从而对旅游资源及其开发利用前景做出积极、全面和正确的评价。

10.2.3 旅游资源评价的理论依据

旅游资源评价的理论依据主要包括审美学理论、价值判断统计学理论和认知比较学理论。

(1) 审美学评价

审美活动是人类的基本精神需求之一;审美是人类永恒的追求。从美学角度讲,旅游活动就是一种审美活动,它包含着对美的追求和享受。从审美学判断旅游资源,主要评价其形态美(雄伟、壮观、秀丽、奇特、幽深、险峻、旷远、对称、协调、粗犷等)、色彩美(五彩缤纷、红花绿叶、绿野蓝天、青山绿水、满山红遍、百花齐放、水天一色、黄花绿野等)、动态美(飞流直下、晨雾绕山、潺潺流水、清泉涌动、波涛滚滚、风吹杨柳、流云霏雨、大河奔腾等)、幽静美(天籁、幽谷悠游、曲径通幽、幽静旷野等)、悠古美(古香古色、光辉历史、无价珍宝、卓绝古建、千年古都、历史遗存、名寺宝刹等)、心灵感悟美(陶冶情操、震撼心灵、激发情趣、思情满怀、感人肺腑、激情荡漾、检讨深思、感悟人生等)、新特美(前所未闻、奇异无比、新颖独特、难觅踪迹、异质特色、无与伦比、新鲜奇异等)、愉悦美(情感沟通、传统特色、传统文化、民族风情、民俗文化、赏心悦目、愉悦情怀、悦耳悦目、豪情满怀等)、文化感悟美(深邃文化、文明古国、文化遗产、珍贵遗物、民风民情等)。实际上各种审美元素的最高级审美是文化审美,亦可认为文化审美涵盖了各种审美。

(2) 价值判断统计学评价

不同人对同一事物现象的评价,由于其价值观和文化、民族、职业、年龄、性别、收入、阶层等的差异,会造成评价结果不同,这是非常正常的;但从实验统计学规律得出,不同人群或个体,对于同一事物现象的价值判断趋向一个相同的结论,对旅游资源的评价也不例外。从一个人群或许多个体价值判断的实验结果发现,这一趋同性的结果能够非常清晰地显现出来,在统计图上,它是一个中间高两头低的正态分布曲线,所以,对旅游资源的价值评价完全可依据价值判断的统计学规律来进行。在进行旅游资源评价时,应尽量选用不同专业背景和尽可能多的人员来工作,以提高成果的权威性和可信性。

(3) 认知比较学评价

对某一个具体的旅游资源单体的评价,往往是建立在和其他旅游资源单体的比较之上的,即评价是相对而言的。人们对事物现象的认知比较具有较大的差异,这当然是由于不同群体或个体的本身差异引起的。但在随机选择许多人群或个人,对不同旅游资源单体进行评价比较时发现,比较结果呈现为围绕某一中心值的正态分布形态。如果把对每一个资源单体评价的比较结果表示在统计图上,则为一个分布曲线间有重叠的正态分布曲线系列。例如,将资源单体甲和乙的评价结果进行比较,其结果有三:甲的价值大于乙的价值;甲的价值等于乙的价值;甲的价值小于乙的价值。最终须选择人数最多的评价作为评价结果。

10.2.4 旅游资源评价的内容

旅游资源评价主要包括资源本身价值评价和开发条件评价2个方面内容。

(1) 旅游资源价值评价

自身特色 旅游资源特色(特色性、新奇性)是吸引游客出游的关键性因素,是旅游资源开发的灵魂。通过对调查区与其他旅游区的比较,可分析出旅游资源的特色,旅游资源的特色越是突出,其旅游吸引力就越大,从而具有越大的旅游价值。

美学观赏价值 这是旅游资源特别是自然风景类旅游资源评价的重心。美学观赏价值主要是指旅游资源能提供给旅游者美感的种类及强度。无论自然景观,还是人文景观,它们首先必须符合美学原则。人们能够感受到的旅游资源的美感越多样,视觉冲击越强烈,对其评价就越高。风景作为各种美的有机组合体,既包括原有的自然美,又有其文化内涵,还包括被赋予的艺术美和社会美。旅游资源美学价值种类很多,如名山大川的自然美、千年古刹的人文美、民族风情的独特美、旅游购物品的精致美等,无不使旅游者从中得到享受,陶冶情操,提高文化素养。凡是吸引力较大的旅游资源,首先必须是具有较高的美学观赏价值,例如,武夷山九曲溪、黄果树瀑布等皆为美学观赏价值很高的旅游资源。

历史文化价值 具有2个方面的含义。

一是旅游资源其本身所具有的历史文化内涵,即其具有或体现了某一历史时期的某种文化特征,往往还与一个民族或国家的历史文化传统有着密切联系。旅游资源在不同程度上体现着某种文化，如建筑、文学艺术、民族风情等。例如，喝茶本属于生活常事，但其发展为"茶道"后，就已经具有了很高的文化意义。

二是旅游资源与重大历史事件、文艺作品、传说故事等有关。如果这些资源艺术价值很高，影响特大，则会提高对此旅游资源的价值评价。例如，寒山寺因"枫桥夜泊"而闻名；又如，黄帝陵的古柏树因传说是黄帝亲手所植而价值大增。当人们提到卢沟桥时，不仅看中其桥梁建筑的价值，更会想到"卢沟桥"事变。一般而言，旅游资源产生的年代越久远，越稀少，越有代表性，越是与名家或名人有关，其历史价值越高，文化价值越大。这些风景胜地既是观赏游览的内容，同时又是宝贵的历史艺术珍品。我国公布的"历史文化名城""文物保护单位"就是根据它们的历史意义、文化艺术价值确定的。

科学考察价值 它反映旅游资源的某种科学研究功能，在自然科学、社会科学和教学科研方面有什么样的特点，能否作为科教工作者和科学探索者现场研究的场所。例如，古都西安，是我国历史上建都朝代最多、历时最长的古都，有许多是具有世界、国家级科学价值的文物古迹。这些旅游资源的科研价值涉及诸多领域，可作为不同专业科教工作者的研究考察对象。例如，在西安附近秦始皇陵发现的兵马俑，是研究历史、雕塑、军事、美术的科学园地；闻名遐迩的长江三峡、云南的"三江并流"，表现了丰富深奥的地质运动、构造断裂、流水袭夺等自然过程；而各类博物馆、纪念地（堂、馆）对培养参与者科学兴趣、扩大视野、增长知识、进行思想道德教育等具有重要意义。

经济社会价值 旅游资源的经济价值是指旅游资源开发可能带来的经济收入。在相当长一段时间内，在"劳动创造价值"的观念影响下，在中国理论界及政府部门的经济和价值观中，或者认为没有劳动参与的东西（环境、资源）没有价值，或者认为不能交易的东西（阳光、空气、蓝天）没有价值，导致了对旅游资源的无偿占有、掠夺性开发和滥用，因此，对旅游资源的经济价值进行评估尤显重要。对旅游资源的经济价值进行评估，不仅应对成本收益的直接经济指标进行评估，还应对在关联带动作用下所产生的综合经济收益进行评估。

旅游资源的社会价值在于它们对人们福利和身心健康的裨益程度。它可以促进人们开阔视野，增长知识，促进科技文化交流，美化和改善环境，保护资源，实现整个社会的可持续发展。例如，人们已认识到观赏自然景色有利于降低血压，当我们体验自然美景时，心理上的焦虑和生理上的紧张压力也得到了缓解。

旅游功能 旅游功能是旅游资源可供开发利用、能够满足某种旅游需求的特殊功能，是其价值的具体体现。有的旅游资源可以提供高品位的旅游活动项目，满足开展多种旅游活动的需求，因而具有多种旅游功能。旅游功能越多，宜进行的旅游活动越多，吸引的游客群体越大，其价值越大。拥有观赏、历史、科学、文化、经济和社会等价值的旅游资源，一般均具有观光、度假、康体、商务、探险、科考、娱乐等旅游功能，据此决定其开发方式、利用前景。

规模与组合状况 旅游资源的规模指景观本身所具有的规模、大小、尺度。旅游资源的组合状况主要指它们组合的质量，它包括单个景点的多要素组合形式以及更大范围风景区资源种类的配合状况，由此形成了该景点、景区、风景名胜区或旅游区的群体价值特征。

旅游资源特质、价值、功能高者并不一定能形成开发规模，只有在一定地域上较为集中，多类型资源能协调布局和组合，形成一定的开发规模，才具有较高的旅游价值。故旅游资源的规模与组合状况是其评价不可缺少的内容之一。

（2）旅游资源开发条件评价

区位条件 包括旅游资源所在地区的地理位置、交通条件及与周边旅游区旅游资源的关系。许多旅游点（区）其经济价值大小有时并不与旅游资源价值呈正比，而往往在很大程度上因其特殊的地理位置而增强吸引力。例如，位于经度和时间起点的英国格林尼治天文台就能成为世界旅游热点。旅游资源区的区位条件还包括旅游资源所在地的交通区位，即可进入性。一般与交通干线及辅助线距离越近，其可进入性就越强。例如，我国的深圳、珠海等由于毗邻香港、澳门，其优越的区位条件，使当地并不多的旅游资源得到了充分开发和利用。相反，西藏具有非常丰富而且品位极高的自然和人文资源，如雅鲁藏布大峡谷、布达拉宫等，由于地理位置不便，因而不利于开发和利用。一处旅游资源和其所在地及周边地区其他旅游资源之间，一般为互补或替代关系。它们可互映互衬，产生集聚效应，吸引更多的旅游者。但如果相邻的旅游地资源类型相似，则会相互竞争，相互取代，引起游客群分流。另外，旅游资源区周围若配合有名山、名湖、名城等旅游热点，则有利于资源的联片和成规模开发。

客源条件 旅游资源开发必须考虑客源市场条件。没有一定数量的游客，旅游资源开发则不会产生良好的经济效益；客源市场大小决定着旅游资源的开发规模和开发价值。客源市场具有时空条件：① 空间区域，所能吸引的客源范围、辐射半径、吸引客源层面及特点，是由旅游资源的吸引力和社会经济环境决定的；② 时间序列，客源的不均匀分布形成了旅游的淡旺季，这与当地气候季节变化有一定关系，如在冬季，国内客流被海南岛的温暖和哈尔滨冰雪景观吸引，形成了我国2个冬季旅游旺季产品。

环境条件 包括旅游资源所在地的自然环境、社会环境、经济环境以及旅游环境容量。

自然环境 是指旅游资源所在地的地质地貌、气象气候、水文、土壤、动植物等要素组成的自然环境。自然环境对旅游资源的质量、时间、节律和开发起着直接的决定作用。首先，不少自然环境的组分本身就是旅游资源不可分割的一部分，直接影响旅游资源的质量与品位，如植被、水文气象等。一个旅游地最重要的外部环境必须给人清洁雅静之感，植被保存良好，山清水秀，才是良好的自然环境。其次，自然环境的某些因子，直接决定着旅游开发效益，如气候的季节变化会引起旅游的淡旺季；水既是最基本、最活跃的造景因子，又对游客的健康产生十分重要的影响。

社会环境 是指旅游资源所在地的政治局势、社会治安、政策法令、医疗保健、风俗习惯及当地居民对旅游业的态度等。一个地区政治局势和社会治安稳定与否，直接影响旅游者的出游决策。对旅游业重视的地区，人们办旅游的积极性就高，旅游的经济效益就更为显著。医疗和保健条件好的地区能保障和及时处理旅游过程中游客的疾病、意外伤害和生命安全。如果当地居民对旅游业有正确认识，热情好客，就会使游客有一种宾至如归之感，对旅游资源开发和旅游业发展有积极作用。

经济环境 是指能够满足游客开展旅游活动的一切外部经济条件，包括经济发展水平、人力资源、物资和产品供应、基础设施等条件。经济发展水平决定着当地的客源数量及对旅游的保障条件。人力资源条件是指能够满足旅游经营和管理所必需的旅游从业人员，并提供完善优质的服务。物资和产品供应条件是指保证旅游资源开发、旅游经济活动正常运行所需的设备、原材料、食品、地方特产的供给情况。基础设施条件是指交通、水电、邮电、通信、医疗及其他旅游接待设施。不少旅游资源由于位于偏僻山区，基础设施不够完善或比较落后，直接影响了旅游的可进入性，不利于开发旅游资源和提高旅游经济效益。

旅游环境容量 又称旅游承载力或饱和度，指在一定时间条件下，一定旅游资源的空间范围内所能开展旅游活动的能力。一般用容时量和容人量两方面来衡量。旅游资源景观数量越多、规模越大、场地越开阔，它的容时量和容人量越大；反之，旅游资源景观稀少，类型简单，场地狭小，其容时量和容人量就小。超过旅游容量，旅游活动就会受到影响，旅游资源及其环境就会受到破坏。

投资条件 资金是旅游资源开发的必要条件。资金来源是否充裕，财力是否雄厚，直接关系到旅游开发的深度、广度以及开发的可能性。调查区良好的旅游资源的品位和社会经济环境以及经济发展战略和给予投资者的优惠政策等，都会给资源开发提供有利契机，提高其利用价值。为此，必须认真研究调查区的投资条件和政策环境。

施工条件 旅游资源的开发还需考虑项目的难易程度和工程量的大小。首先是工程建设的自然基础条件。如地质地貌水文气候等条件。其次是工程建设的供应条件，包括设备、食品、建材等。评价施工环境条件的关键是权衡经济效益，对开发施工方案需进行充分技术论证，同时要考虑经费、时间的投入与效益的关系。只有合理地予以评价，才能既不浪费资金，又有可行的施工收益。

10.2.5 旅游资源评价的方法

旅游资源评价尽管类型很多，但常用的评价方法一般有定性法和定量法2种。

10.2.5.1 定性评价法

定性评价方法使用范围广泛，形式多种多样，包含的内容丰富，是评价者在考察旅游资源后根据自己的印象所做的主观评价；一般多采用定性描述的方法，也叫经验性评价法。该方法简单易行见效快，对数据资料和精确度要求不高，但不可避免地存在结论的非精确性和推理过程的相对不确定性。由于定性评价方法很多，在此仅选择一些具有代表性的方法来介绍。

（1）卢云亭的"三三六"评价体系

"三三六"评价体系即"三大价值、三大效益、六大开发条件"评价体系。

"三大价值"指旅游资源的历史文化价值、艺术观赏价值、科学考察价值。

"三大效益"指旅游资源开发之后的经济效益、社会效益、环境效益。

"六大开发条件"指旅游资源所在地的地理位置和交通条件、景象地域组合条件、旅游环境容量、旅游客源市场、投资能力、施工难易程度等6个方面。

（2）黄辉实的"六字七标准"评价法

主要是从旅游资源本身和资源所处环境2个方面加以考虑。

从旅游资源本身，采用了6个字评价标准：美、古、名、特、奇、用。

在评价资源所处环境时，有季节性、污染状况、联系性、可进入性、基础结构、社会经济环境、市场等7个标准。

10.2.5.2 定量评价法

定量分析是根据一定的评价标准和评价模型,以全面系统的方法,将有关旅游资源的各个评价因子予以客观量化,其结果具有可比性。较之定性评价,结果更直观更准确。但是,定量评价难以动态反映旅游资源的变化,对一些无法量化的因素难以表达,加之评价过程较为复杂,因此,在实际工作中,还必须与定性评价法结合运用,才能实现较好的评价效果。

(1) 技术性单因子定量评价法

旅游资源的技术性评价法,是指旅游资源各要素适宜于旅游者从事特定旅游活动程度的评估。大量技术性指标的运用是这类评价的基本特征。这类评价工作一般限定于自然旅游资源评价,对于开展专项旅游,如登山、滑雪、海水浴等尤为适用。下面介绍地形的适宜性评价法。

一般来说,地形因素对于运动型的旅游活动至关重要,是关键的旅游资源因子。地形对于风景观赏存在影响,崎岖、陡峭的地形,会给旅游者空间移动带来困难,但常能借助于人工设施解决,如缆车、索道。而地形的这种特性本身却具有风景美感。各种参与型的旅游活动对地形的倾斜程度(坡度)都有较严格的要求。例如,滑雪要求的坡度,必须在35°以下,但滑雪区缓坡(10°以下)所占面积太大,又会影响滑雪者的体验水准,难以吸引大量滑雪者。各种旅游活动特别是参与性旅游活动对于地形的要求,成为评估地形适宜性的重要衡量标准。

(2) 综合性多因子定量评价法

该评价方法是在考虑多因子的基础上运用一些数学方法,对旅游资源进行综合评价。这类评价方法很多,例如,层次分析法、指数评价法、共有因子评价法,等等。

【知识窗10-1】

层次分析法

层次分析法(Analytical Hierarchy Process,AHP)最早是由美国运筹学家 L. Saaty 提出的,在国内应用这一研究方法的领域很广泛。层次分析法是将复杂的问题分解成若干层次,在比原问题简单得多的层次上逐步分析,将人的主观判断用数量形式表达出来。主要步骤如下。

第一,将旅游资源的评价进行层次划分,划分出大类、类和层等,构成旅游资源评价模型树(图1)。

第二,给出评价因子的大类、类、层的权重。对决策树中各层次,分别建立反映其影响关系的判断矩阵,通常是应用特尔菲法(Delphi method),即专家咨询法,获得评价因子排序权重及位次。

第三,根据权重排序,以100分为总分,按权重赋予各个因素分值,就得到旅游资源定量评价参数表。

第四,根据各评价因子的权重,确定基本评价因子的指标分,亦可采用特尔菲法。

例如,楚义芳建立的中国观赏型旅游地评价模型共分为3个部分:① 旅游资源评价;② 旅游地区域条件评价;③ 旅游地区位特性评价。

相应的评价因子模型如图1所示。评价的数量模型采用菲什拜因·罗森伯格关于旅游地综合性评估模型,即

$$E = \sum_{i=1}^{n} Q_i P_i$$

式中　E——旅游地综合性评估结果值;

Q_i——第i个评价因子权重；

P_i——第i个评价因子评价值；

n——评价因子的数目。

评价因子的权重来源于用层次分析法处理专家咨询的结果，根据上述方法获得的中国观赏型旅游地评价因子权重值。研究表明，旅游资源在旅游地评价因子中处于最重要的地位，区域条件和区位特性的重要程度基本相同。运用此模型时，只要取得评价因子权重和评估的方法适当，其结果往往具有很高的应用价值。

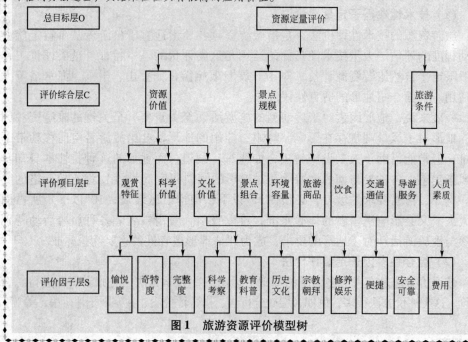

图1 旅游资源评价模型树

【知识窗10-2】

指数评价法

旅游资源的指数评价法分为以下3步。

第一步，调查分析旅游资源的开发利用现状、吸引力及外部区域环境，要求有准确的定量统计资料。

第二步，调查分析旅游需求，主要内容有游客数量、旅游者构成、逗留时间、旅游花费趋向、需求结构及规律性等。

第三步，拟订总体评价公式，建立表达旅游资源特质、旅游需求与旅游资源之间关系的若干量化模型。公式为

$$E = \sum_{i=1}^{n} F_i M_i V_i$$

式中 E——旅游资源评价指数；

F_i——第i项旅游资源在全体旅游资源中的权重；

M_i——第i项旅游资源的特质和规模指数；

V_i——旅游者对i项旅游资源的需求指数；

n——旅游资源总数。

最后，可以应用调查结果和评价指数确定旅游资源的旅游容量、密度、需求规律性和开发顺序。

【知识窗10-3】

共有因子评价法

共有因子评价法比较复杂，主要步骤如下。

1. 共有因子综合评价法概述

旅游资源共有因子综合评价是依照旅游资源基本类型所共同拥有的因子对旅游资源单体的价值和程度进行的认识和评定。

此类评价是相对"旅游资源特征值评价"而言的。旅游资源特征值指反映旅游资源基本类型性状和结构特征的量值，各种基本类型的特征值有不少相同的地方，如历史价值、文化价值、长度、高度、年龄等，是很多旅游资源基本类型所共有的因子，但对于各个基本类型来说，彼此的因子组合却是很不相同的。例如，独树的特征值因子组合包括树种、高度、胸径、冠幅、树龄、珍稀度、保护等级等；观光游憩河段的特征值因子组合包括长度、宽度、河谷形态、水深、河床纵比降、河流弯曲度、流速、水质、河床物质、两岸环境特征、物候变化等；商贸农事节的特征值因子组合包括节日类型、性质、时间、规模、形成时间、社会影响等。用各种旅游资源基本类型特征值组合因子去评价该类型单体，可以较为准确地得出被评价单体的质量，即可将它们之中的一些类别近似的因子适当合并，成为一个价值评价的组合因子，基本上就可以解决以上的难题。例如，将观赏价值、游憩价值、使用价值组合成为"观赏游憩使用价值"，将历史价值、科学价值、文化价值、艺术价值组合成为"历史文化科学艺术价值"，规模、丰度、几率也可以组合在一起。这样价值组合可以称为"价值组合因子"。

除了资源价值外，还有另外一些要素，即外界对旅游资源的认知程度和社会影响，例如，知名度、影响力、适游期、使用范围等，也是描述旅游资源价值的内容。它们也可以成为旅游资源的评价因子。这里要特别提醒的是，此类因子从本质上看，仍然是从旅游资源本身属性上派生出来的，不是环境、市场、开发条件转化的因子。

通过这些共有因子可以施行对全部155种基本类型品质的评价。此类评价方法数据可靠，专指性强，具有很好的应用前景。

2. 共有因子评价体系

遵循以上规定，构建了国家标准《旅游资源分类、调查与评价》的旅游资源共有因子评价体系，本标准在表1中体现了出来。此外，在表中还将"环境保护与环境安全"作为评价因子列入该表，因为它不是严格意义上的共有因子，所以当作是"附加值"考虑。

表1 旅游资源共有因子综合评价赋分说明

评价项目	评价因子	评价及赋分方法
资源要素价值（85分）	观赏游憩使用价值（30分）	全部或其中一项具有的观赏价值、游憩价值、使用价值。分为4个档次，从高到低分别赋予一定区间的分值。可首先从宏观上确定评价单体属于哪个档次，再根据实际情况，赋予此档次内的某一分值。如果具有的价值项目多，在赋分时优惠考虑
	历史文化科学艺术价值（25分）	同时或其中一项具有的历史价值、文化价值、科学价值、艺术价值。分为4个档次，从高到低分别赋予一定区间的分值。可首先从宏观上确定评价单体属于哪个档次，再根据实际情况，赋予此档次内的某一分值。如果具有的价值项目多，在赋分时优惠考虑
	珍稀奇特程度（15分）	物种的珍稀程度和景观的奇特程度。分为4个档次，从高到低分别赋予一定区间的分值。可首先从宏观上确定评价单体属于哪个档次，再根据实际情况，赋予此档次内的某一分值
	规模、丰度与几率（10分）	如果单体是独立型的，要依据其规模；如果是集合型的，要依据其结构和疏密；如果是有活动周期的，要依据其发生频率。分为4个档次，从高到低分别赋予一定区间的分值。可首先从宏观上确定评价单体属于哪个档次，再根据实际情况，赋予此档次内的某一分值

(续)

评价项目	评价因子	评价及赋分方法
资源要素价值（85 分）	完整性（5 分）	形态与结构的完整性。分为 4 个档次，从高到低分别赋予一定区间的分值。可首先从宏观上确定评价单体属于哪个档次，再根据实际情况，赋予此档次内的某一分值
资源影响力（15 分）	知名度和影响力（10 分）	单体在哪个范围内有知名度。分为 4 个档次，从高到低分别赋予一定区间的分值。可首先从宏观上确定评价单体属于哪个档次，再根据实际情况，赋予此档次内的某一分值
	适游期或使用范围（5 分）	单体如果开发后，适宜游览的日期长短。分为 4 个档次，从高到低分别赋予一定区间的分值。可首先从宏观上确定评价单体属于哪个档次，再根据实际情况，赋予此档次内的某一分值
附加值	环境保护与环境安全	已受到严重污染，或存在严重安全隐患。分为 4 个档次，从高到低分别赋予一定区间的分值。可首先从宏观上确定评价单体属于哪个档次，再根据实际情况，赋予此档次内的某一分值

(1) 结构

分为 4 列：评价项目、评价因子、评价依据和赋值。

第一列，评价项目有 3 项：2 项共有因子项目，"资源要素价值"和"资源影响力"；1 项"附加值"。评价项目不承担具体评价任务。

第二列，评价项目各有若干评价因子：① 资源要素价值，有"观赏游憩使用价值""历史文化科学使用价值""珍稀奇特程度""规模、丰度与几率""完整性"等 5 项；② 资源影响力，有"知名度和影响力""适游期或使用范围"等 2 项；③ 附加值，有"环境保护与环境安全"1 项。评价因子也不承担具体评价任务。

第三列，依评价因子含义不同分别开列 4 组说明，其内容一致，每组根据其性质、程度差别依次下降为 4 个档次。分别从高品位到低品位，列出各自评价依据。此列内容是实际评价判断的基础。

第四列，与评价依据对应的评价得分区间值，是实际评价的分项体现。

(2) 评价因子解释

观赏价值：提供给游客观看、欣赏，令人感官得到的印象。

游憩价值：供游客游览、休息场所的状况。

使用价值：主要指为某种目的服务的物品状况。

历史价值：人类活动进程中发生的事件。

文化价值：人类创造的物质财富和精神财富。

科学价值：公认的普遍真理或普遍定理的知识。

珍稀程度：物种珍贵稀少状况。

奇特程度：景观不寻常程度。

规模：景观、事物所包含的范围。

丰度：景观、事物的种类和数量大小。

几率：事物发生的可能性大小量值（0 与 1 之间）。

完整性：残缺或损坏程度。

知名度和影响力：景观、事物声名被知晓的范围。

适游期：一年中可以开展旅游活动的时间。

使用范围：物品被使用的区域大小和时间的长短。

环境保护与环境安全：受到外界环境威胁，可能发生危险、危害、损失的情况。

（3）赋分

根据评价的量化原则，评价项目、评价因子及其4组评价依据均需赋以一定分值。分值数值是根据其重要性和在多次实际评价试点的基础上确定的。

总分定为100，按3项评价项目和8评价因子的重要性对100进行分配。4组评价依据各自对相应的评价因子分值再分配，是实际的赋值。

这个赋值是一个值域区间，以体现同一档次内的单体价值的较小差别。

3、评价总体要求

本旅游资源共有因子综合评价是专门为执行本标准所规定的，是整个旅游资源调查、评价工作的一部分，所以要求调查者遵照标准的全部技术规定对旅游资源单体进行评价。

本标准采用打分评价方法，提倡旅游资源单体的量值评价方法。

调查组实施旅游资源调查时，调查人员要根据此赋分标准对所调查的单体进行预评价，并将预评价结果填写到"旅游资源单体调查表"上。预评价结果将对此后的专家评定起到重要的参考作用。

评价分阶段和分层次进行：由调查组开始，到国家旅游局认定结束，不同等级单体经过一定程序最后确定。

4. 评价步骤和评价方法

（1）判断

面对一个具体旅游资源单体，要依次根据评价因子的实际要求和评价依据的提示，从整体上判断该单体属于每项评价因子的哪一个档次。判断时要站在宏观立场上，考虑该单体在全国同类型的地位。例如，某一单体的观赏游憩使用价值属于第三档次（全部或其中一项具有较高的观赏价值、游憩价值、使用价值）；完整性属于第一档次（形态与结构保持完整）等。

判断时还要掌握这样一个原则：在某单体遇到"价值组合因子"时，可以符合全部评价内容，也可以只符合其中1项或2项评价内容（如"观赏游憩使用价值"中的观赏价值、游憩价值、使用价值），都可以得分。

实施判断过程中，遇到问题一时难以决断时，应多与专业人员商议。

（2）计分

判断决定单体属于某一档次，对该单体在此档次内的价值大小，在赋值区间范围内进行微调，并确定一个因子评价赋值分数。在某单体遇到"价值组合因子"时，符合全部评价内容（如"观赏游憩使用价值"中的观赏价值、游憩价值、使用价值）的，可以将得分提高；只符合其中1项或2项评价内容，得分可以降低一些。

依此办法，得出该单体其他全部因子评价赋值分数。

单体按各评价因子评价得出实际得分后，相加得出旅游资源单体总分（8项实际得分之和）。

（3）旅游资源评价等级的确定

依据旅游资源单体得分，将其分为以下5级，从高到低为：

得分≥90，定为五级旅游资源。

得分≥75～89，定为四级旅游资源。

得分≥60～74，定为三级旅游资源。

得分≥45～59，定为二级旅游资源。

得分≥30～44，定为一级旅游资源。

为了陈述方便和今后开发的需要，标准由把五级旅游资源、四级旅游资源、三级旅游资源统称为"优良级旅游资源"。其中五级旅游资源被称为"特品级旅游资源"。将二级旅游资源、一级旅游资源统称为"普通级旅游资源"。

另外，得分≤29，为"未获等级旅游资源"。

（4）旅游资源等级国家认定

根据国家旅游局"关于贯彻实施《旅游资源分类、调查与评价》国家标准的通知"（旅计财发（2003）号）中提出，国家旅游局将建立中国优秀旅游资源库，编制《中国优秀旅游资源名录》，适时公布各地推荐的优良及其以上级别的旅游资源。国家旅游局将组织专家，对各地推荐的优良级的旅游资源进行认定。

(5)"旅游资源单体一览表"的编制

旅游资源评价完成后,应及时编制旅游资源单体统计一览表(见表2)。

表2 旅游资源单体统计一览表(河南省示例,格式)

单体名称	单体代号	地区级区域	县级区域	景区	主类	亚类	基本类型	等级

注:本表适用于以省级区域组织的旅游资源调查的单体统计。

表2是旅游资源调查阶段非常重要的表格,一个原因是为了储存资料和数据的需要,再一个是便于对旅游资源单体在计算机上进行统计排序计算,在此后的旅游资源调查文件汇编和旅游资源开发时使用。

【思考题】

1. 请谈谈旅游资源调查的原则。
2. 旅游资源调查要依照哪些步骤?
3. 旅游资源评价的方法分别有哪些?
4. 旅游资源评价的内容有哪些?

【经验性训练】

对某一旅游景区进行旅游资源调查与评价

【概述】

学生们分成若干个团队,对某一旅游景区(确保无不安全隐患)进行旅游资源调查与评价。

【步骤】

1. 全班同学分成5~7人一组(人数为单数)。每一组为一个景区旅游资源调查与评价小组,独立于其他小组而工作。团队的任务是按照旅游资源调查的工作步骤和程序,展开对景区旅游资源的调查和登录,并在此基础之上,运用共有因子评价法对该景区旅游资源单体的价值和程度进行认识和评定。

2. 全班可集体行动,在行动之前,各个小组要做好人员职责分工、制订好调查工作计划、设计好调查表、资源单体登录表,准备好调查仪器、设备等器物及物品。

3. 将所要调查的景区进行分区,由不同小组进行资源单体调查,在实地调查之前,要确定各小组负责的调查区域。

4. 在实地调查当日,各小组对各自负责的调查区域展开调查,登录已开发的资源单体和在调查中发现的资源单体。

5. 实地调查结束返校后要及时对资源单体登录表格进行整理、完善,小组内成员对确定资源单体有异议时可按照少数服从多数的原则确定,并做好记录。

6. 运用共有因子评价法,小组成员共同对各资源单体进行定量评价。

7. 各小组提交一份完整的资源单体登录表、评价报告和旅游资源单体统计一览表,每人撰写一份实习小结(不少于2000字)。

【案例分析】

屏南县旅游资源评价

1. 旅游资源特色评价

1.1 旅游资源单体共有因子的评价

按照国家标准对屏南县旅游资源进行调查，共有 8 个主类，25 个亚类，占全部亚类（31）的 80.65%；47 种基本类型，占基本类型总量（155）的 30.32%。共有可开发旅游资源单体 167 个。说明屏南县旅游资源相当丰富、类型较多。

对 167 个旅游资源单体所共有的因子，即旅游资源价值评价因子进行评价。这些因子反映旅游资源自身的特性，如观赏、游憩、使用价值，历史、文化、科学、艺术价值，以及资源类型的珍稀奇特程度、规模、丰度、几率和完整性。此外，外界对旅游资源的认知程度和社会影响，如知名度、影响力、适游期、使用范围等，也是描述旅游资源价值的内容。根据专家系统评价结果，其中五级资源，即特品级旅游资源 3 个，四级旅游资源 15 个，三级旅游资源 35 个，二级旅游资源 54 个，一级旅游资源 60 个。优良（五、四、三）级旅游资源 53 个，占全县 167 个旅游资源单体的 31.74%。反映屏南县高级别旅游资源单体，有相当数量。普通（二、一）级旅游资源 114 个，占全县旅游资源的 68.26%。

1.2 旅游资源分类评价

1.2.1 自然旅游资源方面

屏南县自然旅游资源，即地文景观、水域风光、生物景观、气象气候，共有基本类型 26 种，占自然旅游资源 71 个基本类型的 36.62%，占全部旅游资源 155 种基本类型的 16.77%，占全县旅游资源基本类型（47 个）的 51.06%。全县共有自然旅游资源单体 90 个，占全县旅游资源单体总数（167 个）的 53.89%。

1.2.2 人文旅游资源方面

屏南县人文旅游资源，即遗址遗迹、建筑与设施、旅游商品、人文活动共有基本类型 21 种，占全部人文旅游资源基本类型（84 种）的 25.0%，占全县旅游资源基本类型（47 个）的 44.68%。全县共有人文旅游资源单体 77 个，占全县旅游资源单体总数的 46.11%。屏南县自然旅游资源比人文旅游资源单体数量略多，基本类型也多，但是两者各有所长，自然、人文 2 类旅游资源并重。所以，今后开发也要两条腿走路。

1.2.3 自然旅游资源中地文景观类数量多

在自然旅游资源中地文景观旅游资源数量最多，共有 42 个单体，占全县自然旅游资源单体总数的 46.67%；占全县旅游资源单体总数的 25.15%。反映出屏南县以中生代火山岩和侵入岩为主体的地质地貌所形成旅游资源相当出色，高海拔的地势和深切的河谷、多姿多彩的山石、复杂多变的地形，构成屏南县旅游资源的最大特色。生物景观旅游资源的基本类型数量为第二位，共有 28 个资源单体，占全县自然旅游资源单体总数的 31.11%；占全县旅游资源单体总数的 15.57%。反映了屏南县植被保护良好、植物种类繁多、森林覆盖率高、古树名木众多，极大地丰富了旅游资源内容。

1.2.4 人文旅游资源中建筑与设施类数量多

在人文旅游资源中，建筑与设施类数量最多，共有 42 个资源单体，占全县人文旅游资源单体总数的 54.55%；占全县旅游资源单体总数的 25.15%。其中，古代建筑占绝大多数，以古廊桥为主。其他 3 类人文旅游资源，共有单体 35 个。

1.3 旅游资源质量评价

1.3.1 自然旅游资源方面

屏南县旅游资源中，屏南白水洋、水松林、鸳鸯栖息地级别最高，达到五级，即为"特品级旅游资源"。白水洋奇观，中国仅有，世界罕见；岭下水松林为目前世界上发现的规模最大的水松林林地；鸳鸯溪自然保护区为目前世界唯一的鸳鸯猕猴自然保护区。以上旅游资源深具特色，应注意重点开发。此外，自然旅游资源的地文景观、水域风光、生物景观和气象气候 4 个主类，而且优良级旅游资源单体数量都较多，均可综合开发，其中生物景观最多，有 17 个。

1.3.2 人文旅游资源方面

人文旅游资源中,"桥"和"宗教与祭祀活动场所"类型数量较多,分别占"建筑与设施"主类的 26.19% 和 23.81%,分别占全县旅游资源单体的 6.59% 和 6.0%,是全县基本类型中数量较多的 2 种,构成屏南县人文旅游资源的重要部分。旅游商品种类繁多,其中屏南美食非常突出。人文活动类旅游资源中,戏剧和名人旅游资源都是极具历史、文化意义的资源。此外,白水洋文化旅游节具有重大意义。

2. 旅游资源分布状况分析

2.1 各乡镇旅游资源分布特点

2.1.1 遍布性

屏南县 167 个旅游资源单体遍布于全县的各乡镇,平均一个乡镇达到 12 个,最多的双溪镇达到 86 个;最少的屏城乡、黛溪乡只有 1 个现实旅游资源,但潜在旅游资源也不少。按全县 1471km² 计,旅游资源丰度较高,约为 11 个/km²。

2.1.2 不均衡性

旅游资源主要分布于双溪镇、棠口乡,这 2 个乡镇旅游资源数均在 25 个以上。而寿山乡、屏城乡、岭下乡、熙岭乡、黛溪乡、路下镇、古峰镇、长桥镇旅游资源较少,其数量都在 8 个以下,悬殊较大。

2.1.3 相对集中性

全县旅游资源主要集中于东北部的双溪镇和棠口乡,其中双溪镇共有旅游资源点 86 个,棠口乡有 25 个,2 个乡镇集中了全县 66.47% 的资源单体。

2.1.4 潜力性

屏南县西部的岭下、路下和南部的甘棠等乡镇,目前其交通条件制约了旅游开发,是具有很大潜力的区域,有待未来进一步开发。

2.2 旅游资源组合关系评价

评价一个区域的旅游资源水平,不仅要测评资源单体的品质高低,还要测评资源组合的总体水平。这样,才能比较全面地评价一个区域旅游资源的总体面貌和质量。组合测评的基本原理是,把资源单体的测评和资源基本类型测评有机结合起来。根据影响程度,基本类型的权重定为 0.2,资源单体的权重定为 0.8。

屏南县共有旅游资源基本类型 47 个;旅游资源单体 167 个,其中五级 3 个、四级 15 个、三级 35 个、二级 54 个、一级 60 个,以上一至五级为可开发资源。

2.2.1 旅游资源基本类型测评总分

S_1——旅游资源基本类型测评总分;

J——旅游资源基本类型数量(47);

Z——旅游资源基本类型得分系数(按总分为 1000 时,全部旅游资源 155 个的得分系数 6.452);

0.2——基本类型的权重系数。

$$S_1 = J \times Z \times 0.2 = 47 \times 6.452 \times 0.2 = 60.6488$$

2.2.2 游资源单体测评原始总分

S_2——旅游资源单体测评原始总分;

a——五级旅游资源单体;

b——四级旅游资源单体;

c——三级旅游资源单体;

d——二级旅游资源单体;

e——一级旅游资源单体。

$$S_2 = a \times 10 + b \times 7 + c \times 5 + d \times 3 + e \times 1 = 30 + 105 + 175 + 162 + 60 = 532$$

2.2.3 旅游资源单体测评总分

S_3——旅游资源单体测评总分；

Y——旅游资源单体得分系数（按总分为1000时，全省可开发资源单体1340个，所获分数3142的系数0.3183）；

0.8——旅游资源单体的权重系数。

$$S_3 = S_2 \times Y \times 0.8 = 532 \times 0.3183 \times 0.8 = 135.46848$$

2.2.4 旅游资源评价总分

S——旅游资源评价总分。

$$S = S_1 + S_3 = 60.6844 + 135.46848 = 196.15288$$

结论：根据上述评价，屏南县旅游资源总得分为196.15288分，屏南县的旅游资源组合状况较好。

3. 旅游资源开发现状评价

3.1 功能结构评价

现代区域旅游业的产业规模和效益有赖于完善的产品功能结构，旅游产品的功能结构又受旅游资源的属性结构的制约。从屏南县旅游资源的赋存状况来看，宁静秀丽的山水风光，特别是闻名世界的白水洋奇观；郁郁葱葱的森林，特别是水松林；悠久灿烂的文化，特别是享誉中外的千年古廊桥文化；雄伟壮丽的古代和现代建筑，多姿多彩的民俗风情等，可以开发出观光游览、休闲度假、商贸购物、登山健体和文化娱乐等多功能的旅游产品，形成功能结构较为完善的旅游产品系列。

一个地区旅游产品的开发，需要同时满足不同层面游客的3种需求，即基本层面（陈列观光型）提高层面（表演欣赏型）和发展层面（主题参与型）。屏南县现有旅游产品中3种需求层面基本具备，但基本层面的产品居多，提高层面和发展层面的产品偏少，不利于游客停留时间的延长和旅游资源的充分利用。表明目前屏南县的旅游资源开发和景点建设，还处在较低层次，另一方面也说明屏南县的旅游资源开发潜力还很大。

3.2 开发现状评价

屏南县旅游资源有计划的开发已经起步，并已取得初步成果。鸳鸯溪风景区于1994年被评为国家级风景名胜区；白水洋景区2005年成功申报为国家地质公园。同时也进行了相关的配套设施和基础设施建设，有了旅行社、饭店，通往宁德二级公路正在建设，从屏宁二级路到白水洋的路已经基本修好。

【案例思考题】
1. 屏南县旅游资源评价涉及了哪些评价内容，有没有缺陷？
2. 屏南县旅游资源评价运用了哪些评价方法，合不合理？

【本章推荐阅读书目】

1. 旅游调查研究的方法与实践．李享．中国旅游出版社，2005．
2. 旅游资源学．鄢志武．武汉大学出版社，2003．
3. 旅游资源学（第二版）．高曾伟，卢晓．上海交通大学出版社，2004．

第 11 章
旅游资源开发与规划

【本章概要】
  主要介绍旅游资源开发的概念、理念、原则；各类旅游资源的开发模式；旅游资源可行性论证；开发导向模式与定位；旅游资源开发设计与旅游产品优化。介绍旅游资源开发规划的目的、意义和内容。

【学习目标】
- 掌握旅游资源开发的基本概念、理念和应遵循的基本原则；
- 通过对自然风景类、文物古迹类、社会风情类、宗教类及消遣类旅游资源特点和旅游功能的进一步分析，掌握各类旅游资源的开发主题及可开展的旅游活动内容；
- 掌握旅游资源开发的基本程序及各阶段开发工作的主要内容；
- 掌握旅游资源开发规划目的、意义和内容。

【关键性术语】
  旅游资源开发、旅游资源开发规划。

【章首案例】

丹霞山的潮起潮落

  丹霞山，坐落于广东省北部韶关市仁化县城南9km处，距韶关市区56km，其范围包括丹霞盆地整体，面积约350万 km^2，其中主要景区180km^2。丹霞山是红砂岩峰林地带，到处悬崖峭壁，景色奇特。它以顶平、壁陡、麓缓、岩石裸露的地形特点而成为地貌学专用名词"丹霞地貌"的命名地，又被称为中国"红石公园"。它是国务院批准成立的第二批国家重点风景名胜区，广东四大名山之首，它是粤北地区宗教朝拜、登顶观日出、自然观光的重要旅游目的地。

  20世纪80年代初期，丹霞山面临游客停滞增长，效益下滑的困境：1983—1992年10年间的游客停滞增长，过夜游客比例很低，总体经济效益不高。在这期间，尽管韶关市旅游局多次在香港宣传粤北风景资源，1988年丹霞山又被批准成立的第二批国家重点风景名胜区，年底又被评为广东省12个旅游好世界之一，同年又开通深圳至韶关的丹霞号特快旅游列车，但这些都没有从根本上摆脱丹霞山的困境。

  1993年，丹霞山邀请有关专家对该风景区进行了考察论证。分析认为造成丹霞山困境的根本原因是由于景区开发不足和现有景区老化以及管理不善造成的旅游形象危机，旅游地发展进入停滞阶段，如果不及时采取措施，丹霞山将很快进入衰退阶段，解决的办法是开发新的高质量旅游资源，扩大景区，树立崭新的旅游形象。根据丹霞山的实际情况，从景观价值、与老景区互补配合、易于开发，特别是从尽快形成轰动效应等方面考虑，资源新奇特性强、轰动效应明显的阳元石景区被选为规划开发对象。阳元石景区年接待游客以约50%的速度增长，老景区（丹霞山原主景区）年接待游客也以近20%的速度增长，并于2000年底超过历史最高，丹霞山开发走向复苏。

11.1 旅游资源开发

旅游资源是旅游业赖以发展的物质基础，随着旅游业的发展，旅游者逐渐增多，游客需求多样化、个性化趋势日益明显，只有对现有旅游资源进行深层次开发，或者开发新的旅游资源，才能不断地满足旅游者的需要，确保旅游业活力永驻。

11.1.1 旅游资源开发概述

（1）旅游资源开发的概念

旅游资源开发是指以发展旅游业为前提，以市场需求为导向，以旅游资源为核心，以发挥、改善和提高旅游资源对游客的吸引力为着力点，有组织有计划地对旅游资源加以利用的经济技术系统工程。这一概念可从以下几点来认识。

第一，旅游资源开发的首要目的就是发展旅游业。旅游业不但能够赚取外汇，回笼货币，扩大就业，调整产业结构，带动相关部门、行业发展，有力地促进区域经济发展；而且还可以促进国家间、地区间和民族间的经济技术合作和文化交流。科学合理地开发利用旅游资源，还可使资源和环境得到有效的保护，实现良好的经济效益、社会效益和生态效益。因此，目前绝大多数国家和地区都对大力发展地区旅游业表现出了浓厚的兴趣。

第二，以市场为导向，以发挥、改善和提高旅游资源吸引力为着力点，通过生产加工使其变成旅游吸引物。这是旅游资源开发的实质，开发旅游资源就是要发挥资源的各种旅游功能、增强对游客的吸引力。同时，旅游资源开发是一种经济行为，在市场经济体制下，旅游资源开发必须以市场为导向，研究市场，首先开发利用那些市场需求大、能够成为畅销的旅游产品的旅游资源。

第三，旅游资源的开发还是一项有组织、有计划的经济技术系统工程。所谓系统工程是指必须对旅游资源的各方面进行充分的论证和评价。在开发内容方面，不仅要考虑旅游资源的个体开发，还要对配套的旅游设施、旅游服务、旅游环境等方面进行系统协调与开发。在开发效益方面，不能只考虑旅游经济效益的大小，而应同时分析论证开发所带来的社会效益和生态效益，只有三大效益同时具备，才能实现旅游资源的可持续利用，在开发进程上，必须规划在先，实施在后，不可一哄而上，要有计划、有重点、有层次地展开。

（2）旅游资源开发的意义

经济影响　旅游资源的开发和旅游产业的发展，有助于促进产业结构的优化调整。旅游业作为第三产业的先导产业，将大大带动第三产业的发展，进而调整第一、第二、第三产业的比例构成。而旅游活动的开展能给旅游区带来外来经济注入，有利于增加政府税收，进而增强当地的经济实力。此外，由于旅游产业的关联度比较大、链条比较长，故旅游业的发展可带动和促进许多相关行业的发展。旅游活动的开展可增加就业机会，大量吸纳社会闲散劳动力。

社会文化影响　旅游活动本身是一种具有不同文化传统的人群之间相互接触的活动。旅游资源开发乃至旅游活动的开展必定会对社会文化产生影响。因此，旅游资源的开发不仅有利于传统文化的保护，形成旅游区的文化特色，树立当地独特的文化形象，而且有利于树立良好的旅游主体形象。再就是现代旅游活动的开展，已逐渐成为科学技术传播和交流的重要手段之一，如商务旅游、会议旅游等活动，可以使科技交流的广度和深度不断加大。

环境影响 随着大规模旅游活动的开展，旅游区旅游环境必将产生深刻的变化。具体来说，一是历史建筑和自然文化遗址将得到修缮和保护，这些自然文化遗产将随着旅游活动的开展又获得了新生。二是旅游区环境将得到改善。旅游活动的开展使得旅游区的环境卫生得以重视和维持，基础设施和服务设施将不断增加，对旅游区的生态环境的保护和改善起到积极作用。

（3）旅游资源开发与旅游产品、旅游地开发的关系

旅游资源开发是以旅游资源为核心的经济技术系统工程，其实质在于挖掘旅游资源的内涵价值，提高其吸引力，使旅游资源变成现实的旅游吸引物，同旅游资源相比，旅游产品的内涵更加广泛。从旅游者的角度来说，旅游产品是旅游者一次旅行的整体经历；从旅游业的角度来看，旅游产品则是旅游供给商为旅游者提供的食、住、行、游、购、娱等整个旅游活动过程中所需要的有形产品和无形服务的总和，旅游资源只是构成旅游产品的一项重要因素。旅游产品的开发结果是一条现实的旅游路线，可以直接由旅游供应商提供给旅游者的有形产品和无形服务来组合；也有学者从更高一层的宏观角度出发，把旅游产品定义为旅游地（城市、地区、国家），认为旅游地的自然风景、气候、经济基础、上层建筑、历史、文化及人民等方方面面都可能为旅游者所感兴趣，都属于旅游产品的范畴，即所谓"大产品"。把旅游地作为一个整体，看成大产品进行开发，规定了旅游开发的地理范围与整体性，而不是单单推出一个景点或一家饭店，能更加突出旅游活动的综合性特征，综上所述，旅游资源开发和旅游产品、旅游地开发之间是各有侧重，逐步延伸的关系。旅游资源的开发是旅游地整体旅游开发的核心基础，同时，成功的旅游资源开发必须与其他旅游相关方面的开发协调进行。

11.1.2 旅游资源开发的理论依据

旅游资源开发必须遵循一定的客观规律，人们对这些客观规律分析总结形成科学理论。只有在科学理论的指导下，才能达到旅游资源开发利用的最佳境界。

（1）根据系统论，制订最优的开发结构体系

系统是由相互联系的各个部分和要素组成的具有一定结构和功能的有机整体。系统论的基本思想是：① 要把研究或处理的对象看成一个系统，从整体上考虑问题；② 特别注重各子系统、要素之间的有机联系，以及系统与外部环境之间的相互联系和相互制约。一般认为，旅游资源系统包括 2 个子系统，即自然旅游资源子系统和人文旅游资源子系统。各旅游资源子系统又由低一级的子系统或要素组成，旅游业、客源市场等就成了旅游资源系统的环境因素。系统论不仅为旅游资源开发提供了认识论基础，即旅游资源是一个系统，具有系统本身的各种性质和功能，应从系统的观点来看待旅游资源，同时又为旅游资源的开发提供了方法论基础，即运用系统的方法开发旅游资源。因此，旅游资源的开发必须通盘考虑旅游资源的价值、功能、规模、空间布局、开发难易程

度、社区状况、市场状况等诸多因子合理配置，使之产生最佳的综合效益，必须使旅游资源与旅游服务设施相配套协调发展，使资源的功能与游客的需求紧密结合，做到系统内各要素之间相互支持相互配合，系统与外部环境协调一致。

（2）根据可持续发展理论，形成旅游资源持续利用的发展模式

可持续发展是人们对发展经济和保护环境关系的深刻反思，进一步认识的结果，这一概念一提出便迅速影响到环境、生态、人口和旅游等各门学科。旅游环境不单是旅游经济发展的物质基础，而且它本身就是经济资源，其开发利用是有代价的，因此，旅游资源的开发利用，必须做到开发与保护并举。对于那些不易破坏的旅游资源和环境的项目，要以开发利用为主，大力开发建设；对于稀缺的、不可再生的旅游资源，则应以保护为主，在不破坏资源的前提下，实施科学的有限开发战略。同时，由于可持续发展战略涉及经济可持续、生态可持续和社会可持续3个方面，因此旅游资源的开发必须讲究经济效益，关注生态平衡，追求社会公平，实现三者的有机结合。当然，要实现旅游资源的永续利用，必须兼顾局部利益和全局利益，眼前利益和长远利益，合理安排资源开发的序次，不可一蹴而就，而应分期分批展开，不断开发新资源，设计新项目，保持旅游资源的吸引力经久不衰。

（3）根据地域分异规律，构建鲜明的旅游特色

地域分异规律是指地理环境各组成部分及整个景观在地表按一定的层次发生分化并按确定的方向发生有规律分布的现象。形成地域分异的基本因素是太阳辐射和地球内能作用，故地域分异规律广泛地存在于自然地理现象和人文地理现象之中，地域分异在地表表现出的最基本、最普遍的规律性，即地带性和非地带性。旅游资源作为地理环境的一个组成部分也不例外，从南到北，从东到西，从低到高，无论是自然旅游资源，还是人文旅游资源或是社会旅游资源，都明显地表现出了地带性（即纬度地带性）和非地带性（即经度的和垂直的地域分异）规律。旅游资源的地域分异规律导致了不同旅游地区之间的差异性，而旅游者的流动正是在这种区域差异所产生的驱动力下形成的。

可见，地域分异规律的作用是旅游活动形成的重要因素。因此，在旅游资源开发过程中必须遵循地域分异规律。首先，旅游资源开发应寻求差异，突出本地特色，发挥本地优势，切忌照搬、抄袭。其次，对旅游资源的区划即应用地域分异规律，寻求相对一致的旅游资源区域。只有旅游资源区划充分地反映出地域分异规律，各旅游区的旅游功能和特色才能明确，这对旅游区的功能分区、开发主题与方向、开发规模、开发方式和管理决策等都具有重要意义。

（4）根据区位论，确定最佳的区域旅游开发模式

区位论是关于人类活动的空间分布及其空间组织优化的理论，旅游资源开发是空间上的活动，必然具有空间布局和空间组织优化问题，因此，进行区位因子的分析，必须在区位理论的指导下进行。首先，依据旅游资源的区位条件，可以确定开发的先后次序。其次，区位理论要求在开发旅游资源和进行空间布局时发挥旅游资源和基础设施的集聚效应，可以提高其利用效益，并起到方便游客的作用。最后，旅游服务设施的选址必须考虑其区位条件。

11.1.3　旅游资源开发的原则

旅游资源开发的原则是指旅游资源开发过程中所遵循的指导思想和行为准则。尽管不同旅游资源在性质、价值、数量、空间分布等方面有差异，开发方式各不相同，但旅游资源的开发仍有一定的基本原则可循。

(1) 独特性原则

地域分异规律导致各地区旅游资源之间具有差异性，从而形成不同的特色，旅游资源开发的独特性原则要求，在开发过程中不仅要保护好旅游资源的特色，而且应尽最大可能地突出旅游资源的特色，这是它们能够吸引旅游者的根本原因所在；差异越大，独特性就越强，对游客的吸引力就越大，可以说特色是旅游资源的灵魂，独特性原则是旅游资源开发的中心原则。

独特性原则要求旅游资源开发必须突出民族特色、地方特色，努力反映当地文化，尽可能保持资源的原始风貌。实践证明，成功的景区景点都是以其独特的性质和特色而吸引天下游客的，丢掉民族特色、地方特色，就失去了吸引力，旅游资源的开发必然走向失败。当然，独特性并不是单一性，旅游资源开发在突出特色的基础上，还应具有多样化特点，以丰富旅游活动，满足游客多样化的需求。

(2) 市场导向原则

所谓市场导向原则，就是根据旅游市场的需求内容和变化规律，确定旅游资源开发的主题、规模和层次。这是市场经济体制下的一条基本原则，市场导向原则要求在开发旅游资源前，一定要进行市场调查和市场预测，准确掌握市场需求和竞争状况，结合资源特色，积极寻求与其相匹配的客源市场，确定目标市场，以目标市场需求为方向对资源进行筛选、加工和再创造。例如，当前旅游需求正在由大众型观光游览式旅游向个性化、多样化、参与性强的方向发展，那么在旅游资源开发中，就不能停留在观光型旅游项目上，而应增加活动项目品种，设计多样的、参与性强的旅游活动项目，以适应市场的变化趋势。

(3) 综合开发原则

综合开发是指围绕重点项目，挖掘潜力，逐步形成系列产品和配套服务，为了丰富旅游活动内容，延长游客旅游停留时间，提高旅游经济效益，应在保证重点项目开发的基础上，不断增添新项目、新特色；以旅游资源开发为核心，并逐步建立健全食、住、行、游、购、娱等旅游服务和配套设施，形成完善的旅游服务体系。这是旅游开发向深度和广度发展，降低成本，形成规模经济，增加收入的重要途径。

(4) 经济效益原则

旅游业是一项经济产业，旅游资源开发同属经济活动范畴，经济利益是进行旅游资源开发的主要目的之一。因此，应当进行旅游经济投入—产出分析，确保旅游开发活动能带来丰厚的利润。要在充分了解市场的基础上，对旅游资源开发项目的可进入性、投资规模、建设周期、对游客的吸引力、资金回收周期等各方面，都应有细致入微的数据分析；对各种不同类型的旅游资源，应统筹规划，分清主次，选择重点项目优先发展，以产生"轰动效应"，增强对游客的吸引力。

(5) 环境保护与社会效益原则

开发旅游资源的目的是更好地利用旅游资源，而生态环境则是旅游资源赖以存在的物质空间，旅游区之所以必须直视资源与环境的保护，控制污染，是因为它主要依赖旅游资源和良好的环境质量来吸引游客。因此，保护好生态环境与旅游资源本身，不仅是为了长远利益，也是为了当前利益。环境保护包括2个方面，一是保护旅游资源本身在开发过程中不被破坏，正确处理好开发与保护的关系。二是要控制开发后旅游区的游客接待量在环境承载力之内，以维持生态平衡，保证旅游者的旅游质量，使旅游资源能够永续利用，旅游业持续发展。同时，旅游开发还必须注重社会文化影响，必须遵守旅游目的地的政策法规和发展规划，必须不危及当地居民的文化道德和社会生活，使旅游资源的开发为当地提供更多的就业机会，加快基础设施的发展，促进文化交流和信息沟通，以得到当地政府和居民的认可和支持。总之，只有产生良好的环境效益，并实现经济效益、社会效益和环境效益的协调统一，旅游资源的开发才能成功：这是旅游资源开发的一条总原则。

除上述原则外，旅游资源开发中，还必须贯彻执行国家或地方政府的有关法律法规，如《文物保护法》《风景名胜区保护管理实施办法》《森林法》《环境保护法》《水土保持法》等，同时还须注意符合上级或地方经济发展的总体规划。

11.1.4　旅游资源开发的模式

由于旅游资源性质、价值、区位条件、规模及区域经济发达程度、文化背景、自然环境、技术条件和社会制度等多方面因素的不同，旅游资源开发的深度和广度不一，其开发的模式也趋于多样化发展。共同之处恰恰在于都是根据旅游资源的特色、自身条件及市场等具体情况，分析策划旅游资源开发的主题，确定旅游资源的旅游功能和旅游活动的内容，设计旅游活动项目。不同形态类型的旅游资源，在旅游功能的表现形式、旅游资源与游客的互动作用、旅游资源可被利用的方式以及可开发的旅游活动项目等方面也不同，形成不同的旅游资源开发模式。

11.1.4.1　自然风景类旅游资源开发模式

自然风景类旅游资源是指由地质地貌、水体、气象气候和生物等自然地理要素所构成的，具有观赏、文化和科学价值，能吸引人们前往进行旅游活动的自然景物和环境。

(1) 自然风景类旅游资源的特点

自然风景类旅游资源是自然界最具美学特征，是具备形态美、色彩美、动态美、声音美的旅游资源，是重要的观赏对象。自然旅游资源除具有旅游资源共同的特点：广域性、区域性、不可移动性、重复使用性、文化属性外，还具有天然性、季节性、时限性、地带性等特点，这些特点决定了其被开发利用方式的多样性、动态性及开发主题的独特性。自然风景类旅游资源还具有科学性，是人们认识大自然，研究大自然，进行科学考察活动的理想场所。虽然自然风景类旅游资源的各构成要素具有相互独立性，但它们在相互影响、相互渗透、相互补充的过程中形成了各种不同的景观，例如，水体旅游资源总是和山岳资源相提并论，也可与动植物结合，与不同的季节、气候结合，与建筑物结合，构成奇妙多彩、文雅别致、意境盎然的风景类型。旅游资源开发应在突出重点的基础上，兼顾与周围环境的协调。开发规模与建筑设计风格和环境相适，应围绕旅游主题，使风景区各要素能协调一致、构成统一的景观类型。自然风景类旅游资源的原始、朴素和真实性，最能适应人们追求"返璞归真"的心态，故开发过程中要努力保持原始风貌，或进行艺术的处理，集中展现大自然的真实。让人们在"回归大自然"的活动中放松身心，获得天然美的享受。自然风景类旅游资源和环境虽可重复利用，但多为不可再生资源，十分脆弱，一旦被破坏或污染，就无法或很难恢复，因此，自然风景类旅游资源开发利用时要自觉保护旅游资源和环境。

(2) 自然风景类旅游资源的旅游主题策划

围绕旅游资源的主要特征和旅游功能以及游客的心理需求特征，深刻发掘资源的内涵，提炼或设计可以统领全局的理念核心，即旅游主题，成功的旅游资源开发的关键因素之一就是是否有鲜明的主题，如自然保护区、森林公园等地域的旅游资源开发，就应尽量保持自然风景的原始风貌，旅游主题主要根据自然资源的自然特色、功能、价值确定。有些自然风景类旅游资源往往与人文类旅游资源相依存在，人们对这类旅游资源的审美观与对纯朴原始的纯自然景观的审美观是不同的。由于人为因素对大自然的长期作用，往往在风景别致、环境幽雅的地方形成浓厚的历史性和文化性，打上了深深的人文烙印，有的对大自然的风景起到画龙点睛的点缀作用，有的则涵盖并超越了自然旅游资源的各种形态美。故这类自然旅游资源的开发主题应在突出其自然美的基础上，努力划出其深厚的历史文化积淀，做到情景相融，意境无穷。

(3) 自然风景类旅游资源的开发内容和项目

自然风景类旅游资源普遍可以开展游览观赏等较低层次的旅游项目，对各类自然旅游资源再进行深层次开发，开拓旅游活动项目的宽度和深度，还可以开展以下旅游活动项目：登山、探险、攀岩、野营、漂流、游泳、划船、滑水、快艇、垂钓、阳光浴、沐浴、温泉浴、滑雪、滑冰、森林浴、植物栽培、采集、驯兽、喂养、狩猎、动物表演、避暑、疗养、学习、实习、夏（冬）令营、购买土特产品等。旅游者通过参加以上类型的旅游活动，增进对大自然的感知认识，获得自然美的享受。

11.1.4.2 文物古迹类旅游资源开发模式

文物古迹旅游资源，不仅是历史的见证，人类文明的结晶，也是今天开展旅游活动进行历史唯物主义及爱国主义教育的活教材，历史文物古迹类旅游资源是我国旅游资源的优势所在，其开发就显得更加迫切和重要。

(1) 文物古迹类旅游资源的特点及旅游功能分析

文物古迹类旅游资源的最大特点是它具有历史性和时代性。在人类发展进步的漫长历史中，各个阶段的政治、经济、文化教育发展水平都在遗留下来的文物古迹中得以体现。因此，这些文物古迹可以说是人类历史的写照。历史上遗留下来的各种建筑、城池、墓穴、石窟雕刻、遗址、革命纪念地等都深深地打上了历史时代的烙印，反映了当时的科学文化和社会经济水平。历史性和时代特征决定了文物古迹旅游资源开发必须尊重历史事实，结合时代背景，力争真实再现历史。其次，相对集中是文物古迹类旅游资源的又一大特征。文物古迹相对集中地往往分布在自然条件较为优越，历史悠久的国家和地区。再次，文物古迹类旅游资源还具有明显的民族特色和地域特征，因此，开发文物古迹类旅游资源必须突出民族文化特色。另外，文物古迹类旅游资源形式多样，种类繁多，开发亦须形式多样，从不同侧面展示其所含的历史文化价值。最后，由于文物古迹类旅游资源是在漫长的历史进程中逐渐形成的，因而具有不可再生性，一旦破坏，永远消失。

因此，保护文物古迹在开发利用中就显得尤为重要。

文物古迹类旅游资源是人类文化的瑰宝，具有多种旅游功能。首先，文物古迹旅游资源具有较高的文化艺术价值，可供游人参观瞻仰。其次，文物古迹类旅游资源反映各个时期历史现实，是考古研究、历史教育的活教材。例如，万里长城已成为中华民族的象征，每一位中华儿女都会因有如此宏伟的工程产生豪迈的民族情感。最后，以文物古迹类旅游资源为依托，深刻挖掘其历史、科学、文学、艺术和社会学等文化内涵，还可开展形式多样、参与性强的文化娱乐活动。

（2）文物古迹类旅游资源开发主题的策划

文物古迹类旅游资源的魅力在于它的历史性、民族性和科学艺术性，其开发主题也应从展现资源的历史价值、科学价值、艺术价值和民族文化特性等方面入手，即策划能够反映资源所代表的历史时期的政治、经济、文化艺术水平和历史意义的核心理念，塑造鲜明的历史文化氛围。文物古迹类旅游资源开发者应善于把握特定历史时期的时代背景，利用特殊的历史事件、历史人物或文物古迹的科学价值和艺术价值，分析研究其旅游功能，设计科学合理的开发主题。

（3）文物古迹类旅游资源的开发内容与旅游项目

文物古迹类旅游资源的艺术观赏价值决定了它可以普遍进行参观展览。然而，文物古迹类旅游资源在物质空间和规模上毕竟是有限的，且极易被破坏，因此，深层次的开发活动要依据游客的需求变化，深度发掘文物古迹类旅游资源的科学价值、历史文化内涵，开展多种较高层次的专项旅游活动项目，如科学研究、历史考古、寻根问祖、修学旅游等。目前设计参与性强的文物旅游活动项目已成为旅游资源开发中的重点，其研究工作有待进一步加强。

11.1.4.3 社会风情类旅游资源开发模式

近年来人们对社会风情类旅游资源在旅游业中重要性的认识进一步加强，开发社会风情旅游资源，已成为丰富旅游活动、提高旅游产品文化品位的重要举措。

（1）社会风情类旅游资源的特点及功能分析

首先，社会风情类旅游资源是以人为载体的，虽然都是人类创造，文物古迹类资源却多以物为载体，而社会风情则主要是以人为载体的，通过人的生产、生活及人际关系等方式表现出来，如果没有当地人的参与，再丰富的社会风情资源也展示不出来。因此，这类资源的开发必须突出旅游者与旅游目的地居民的交流，要提供各种机会、途径，让游客与当地人接触。游客只有深入到当地居民当中去，才可以体验到纯正的民风民情。其次，由于社会风情类旅游资源是以人为载体的，故其表现形式不是静态的展示，而多为动态的活动。动态性特征要求民俗风情旅游资源的开发必须通过表演等形式集中展现民俗文化，或由游客在实际参与过程中去仔细体会其中的乐趣。第三，社会风情类旅游资源的民族性和地方性色彩更浓，因此，开发民俗风情类旅游资源必须突出其独特的民族性和地方特色。最后，民俗风情类旅游资源还具有自在性，即使没有外在的目的也照常进行，开发中不能矫揉造作，也不一定要很大的投资，只要可进入性强，宣传得力，组织安排好，就可以吸引游人。

利用社会风情类资源设计参与性旅游活动项目则相对容易，可以说，参与性是社会风情类旅游资源的第一大旅游功能。其次，传播文化，增进民族间、地区间的了解、友谊、交流与合作是社会风情类旅游资源开发能带来的又一大功效。

在人与人的接触中，旅游者不仅可以耳闻目睹其他民族的传统风俗，还可以结交朋友，学习地方语言和文化，享受地方饮食，购买地方土特产品等。

（2）社会风情类旅游资源开发主题的策划

社会是由共同的物质条件而互相联系起来的人群，因此，社会风情类旅游资源开发主题应首先突出不同人群社会的民族性、地域性差异，进而突出不同民族最具代表性的社会性活动，突出社会风情类旅游资源的鲜明个性特色。主题的策划不宜固定于社会风情的某些方面，而要从文化综合观念的角度加以概括，所形成的旅游形象不仅可以反映地方民族的生产或生活中单个方面，更应代表整个民族及其文化的形象，从食、住、行、游、购、娱整个旅游活动中塑造异族社会风情。

（3）社会风情类旅游资源的开发内容和旅游项目

社会风情类旅游资源不仅可供游客参观游览，进行社会考察，其更加重要的开发内容是设计推出多样的参与性活动项目，游客可以参观游览当地的民居、社会历史博物馆、民俗村、民族山寨、街巷胡同，考察社会经济发展水平、生活习惯、自然条件，体验风土人情等；可参与的活动如下榻民居，学习方言，访问家庭，举行或参加异族风格的婚礼，参加民族传统节庆活动，观看艺术表演，学习演奏民族乐器，学跳民族舞蹈，学习地方绘画剪纸艺术，参加民族体育比赛，品尝地方风味佳肴，穿着民族服饰留影，学习民族工艺，购买土特产品，学习民族书法，寻求地方名医治疗等。开发这些参与性活动，主要靠发掘当地的历史和社会风情的民族文化内涵，要力求真实自然，强化乡土气息，避免矫揉造作和为表演而表演的做法，淡化商业经营的气氛。要把真实性、艺术性、科学性和参与性相结合，才能真正成为吸引广大游客的活动。目前我国比较成功的民族乡土风情节庆活动，都很好地遵循了这一原则。

11.1.4.4 宗教文化类旅游资源开发模式

宗教是人类的历史文化遗产，宗教文化自然成为旅游资源的重要组成部分，主要包括宗教圣地、宗教建筑、宗教艺术和宗教活动等。

（1）宗教文化旅游资源的特点及旅游功能

首先，所有宗教都具有深厚的哲学理念，宗教旅游资源的文化艺术性极高，可挖掘潜力巨大。其次，宗教文化旅游资源有广阔的客源市场。各类宗教文化旅游资源不仅吸引了大批的非信仰者，对宗教信徒的吸引力更为突出，且游客回头率高。第三，宗教节日、宗教仪式和宗教活动的参与性强，易于开展宗教专项旅游活动。第四，宗教信徒往往是宗教文化旅游资源的主要开发者、经营者和宣传者，因此，宗教文化旅游资源的开发应积极争取宗教信徒的支持与参与。宗教文化旅游资源除具有美学价值，可供观赏外，还具有考古、文化传播等功能，对于宗教信徒来说宗教旅游资源还为他们提供了朝圣、敬拜、祈祷、修行等多种功能。

（2）宗教文化旅游资源的主题策划

宗教文化旅游资源是在人类历史长河中逐渐形成的，富含深刻的哲学理念；宗教圣地所保存下来的历史古建筑、雕塑、绘画等文物古迹，都包含着博大精深的文化艺术，反映着一定历史文化和艺术水平；宗教活动在许多地方都已演变成一种传统民俗文化娱乐活动，成为民俗文化活动的组成部分。因此，其开发主题应集中提炼优选历史沿革、人文风情、宗教信条、地理文脉和社会心理等因素的综合内涵，反映其整体的历史文化积淀，以树立明确的旅游形象，扩大吸引力。

（3）宗教文化类旅游资源的旅游内容及可开发项目

简而言之，宗教文化旅游资源的内容主要是游览观赏、学习、考察和参与宗教活动，其开发的空间表现主要以宗教圣地的形式出现，应努力挖掘宗教文化的历史内涵和哲学理念，开展丰富多彩的可参与性强的旅游活动项目，如参观、学习、考古、文化交流、朝圣、庙会、敬拜、祈祷、占卜、修行等。在宗教圣地开发旅游活动，必须做好宗教文化资源的保护管理工作，防止宗教文物古迹遭到破坏，防止景区容量超载，造成人满为患；防止片面强调旅游的娱乐性、营利性，不顾宗教特点和文化特色，大肆兴建宾馆饭店，破坏宗教圣地的宗教气氛。还应当注意，宗教文化旅游资源的开发必须在法律允许的范围内进行，禁止封建迷信和祸国殃民的邪教活动，必须尊重信徒的信仰和生活习惯。

11.1.4.5 消遣类旅游资源开发模式

消遣类旅游资源是指能满足旅游者愉悦身心、消除疲劳的纯娱乐性质的旅游吸引因素，如各类游乐园、人造乐园、休闲娱乐中心、特殊的体育盛会等。

（1）消遣类旅游资源的特点及旅游功能

娱乐性是消遣类旅游资源的最大特点。

首先，开发消遣类旅游资源就是要为游客提供一种自我放松、寻求刺激、获得快乐的机会，让游客通过参与愉悦身心，消除疲劳，减少或忘记烦躁。

其次，消遣类旅游资源具有再创造性。这是与其他类旅游资源相比的一大优势。只要有旅游需求和旅游投资，就可以修建消遣类旅游设施，如高尔夫球场、保龄球馆等，为某些旅游资源相对贫乏的地区发展旅游活动创造可能。

第三，消遣类旅游资源参与性强，大多都可以由游客亲自操作或参与完成其服务过程，与观光型旅游资源相比，更能调动游客的主动积极性。

第四，消遣类旅游资源与现代科学技术的发展有着最为密切的联系。随着高新技术的发展，新的消遣娱乐活动项目和内容不断增加，这一特征要求旅游开发者必须重视利用高新技术在旅游资源中的含量，设计出新奇刺激的娱乐项目。

最后，在当今的变革时代，人们对消遣类旅游活动项目的需求变化较快，消遣类旅游资源的生命周期相对较短，一项红火的娱乐活动可能转眼不再流行。消遣类旅游资源易逝性的特点要求开发者紧紧抓住游客消费心理，随市场需求的变化，不断推陈出新，设计出具有吸引力的娱乐项目，满足游客需求。

消遣类旅游资源主要满足游客求新、求奇、求刺激、求享受的心理，游客在这里或静心欣赏高雅的艺术（如听交响乐），或遨游于神秘的"科幻世界"（让游客玩科幻电子游戏或进行激烈的体育角逐，能够开阔视野，消除工作疲劳和烦恼，身心得以放松，并获得美的享受，增强身心健康）。

（2）消遣类旅游资源开发主题策划

开发消遣类旅游资源要突出其娱乐性、参与性、大众性，在一定文化韵味的基础上，利用科学技术的现代化手段，创造雅俗共赏，老幼同乐的喜乐气氛。开发主题在内容上要注意适应目标市场的消费心理和发展取向变化，要在新、奇、特、刺激和享受上做文章，在指导思想上要积极健康，在形式上应力求多样，注意与周围环境和其他类型旅游资源的开发相结合。

(3) 消遣类旅游资源的开发内容与旅游项目

消遣类旅游资源开发内容十分丰富。可以涉及室内活动和户外活动的各个方面的内容，人们日常生活中的消遣内容如散步、读书看报、与朋友聊天、看电视电影、唱歌跳舞、网上漫游，也有专门开发设计的人造乐园、缩景公园的各种活动项目，如过山车、碰碰车、碰碰船、高架车、海盗船、摩托快艇、水滑梯、电子游戏等。

值得注意的是，以上各类旅游资源的分类并不是完全绝对的，各类之间存在着一定的重复，只是重心不同而已。例如，在一个旅游景区内有可能同时具有自然风景、文物古迹或宗教文化旅游资源的成分。因此，在旅游资源的开发中，要注意系统地、综合地开发旅游资源的各种功能，使各类旅游资源及其被开发出的各种功能相互协调一致，发挥其整体优势。

11.1.5 旅游资源开发的程序

成功的旅游资源开发离不开科学的开发计划。掌握旅游资源开发的基本程序对有理有节、科学合理开发旅游资源具有重要意义。旅游资源的开发一旦起步，就是一个循环的、逐步提高的系统过程，其开发程序一般包括旅游资源的调查与评价、旅游资源开发的可行性分析与论证、开发导向模式与定位策略的制订、开发方案的设计、方案的实施、市场反馈及方案的进一步修正等六大步骤。

11.1.5.1 旅游资源调查与评价

旅游资源开发首要工作是对旅游资源进行全面的调查研究和评价。调查的内容主要包括旅游资源的类型、数量、分布、景观特色和个性等。对自然景观类旅游资源，应科学解释其成因及演变；对人文旅游资源，应查清其历史渊源及文学艺术价值等，然后对旅游资源进行定性、定量评价，分析其旅游价值、功能、空间组合特征及旅游容量。最后写出旅游资源调查报告及评价总结报告。

11.1.5.2 可行性论证

旅游资源的开发是一项经济技术活动，必须进行可行性论证分析，包括经济可行性分析、技术可行性分析、资源与环境保护可行性分析等，以便确定其开发在经济效益上是否合算，能否产生良好的社会效益和环境效益，在技术上能否达到要求水平，以确保开发工程的顺利进行。

(1) 技术可行性分析

技术可行性分析作为一项技术工程，旅游资源开发必须进行技术可行性分析，判断开发能否达到技术上的预期目的。首先，要分析旅游资源开发的技术要求和施工难度，然后对一定时期内的施工条件、施工设备、施工技术和工作量进行评估。对这些因素都要进行充分论证，提出每一项工程建设的经济技术指标，既做到技术过关，又节约资金，产生良好的施工技术效益。

(2) 经济可行性分析

经济可行性分析是可行性论证分析的主要内容和关键，它可由2部分构成，即市场分析和经济可行性分析。市场分析要求调查研究旅游者的来源地及其空间距离、社会经济发展水平、可支配收入、主要旅游动机以及人口统计学指标特征（例如，游客总量、性别、年龄、民族、教育程度、信仰、职业等），以确定客源市场；再研究市场制约因素，诸如季节因素、与其他旅游资源的相似性及互补互代关系；最后预测旅游客源市场需求的方向和大小。市场可行性分析通常是整个研究过程中最耗时最耗钱的，因为往往要通过实地调查才能获得真实资料。经济可行性分析则主要确定旅游资源的开发项目是否能够产生令投资者满意的经济收益。首先，进行投资条件分析，判断近期远期内可以获得多大规模的投资。然后，进行社会经济基础和开发基础条件分析。最后，进行投资效益评估，预测达到潜在市场水平的开发规模、人均可消费水平，从而测算出总收益；再根据预算投资额、资金流动周期，从中核算出旅游收入额、收回投资的期限、投资回收率和赢利水平。通过经济可行性分析论证，应选择那些投资效益较好的旅游资源优先开发。

(3) 社会环境可行性分析

旅游活动是人在地理空间的运动现象，必然要对旅游目的地带来各种社会影响和环境影响。因此，旅游资源开发必须进行社会环境可行性分析，主要包括当地居民对旅游开发的观念和态度、当地政府对旅游开发的支持力度、有关法律政策对旅游活动的规定、旅游业可能带来的文化冲击和社会影响、旅游资源的脆弱性、生态环境的敏感性、旅游环境容量（包括旅游心理容量、资源容量、生态环境容量、经济发展容量和社会地域容量等）、旅游活动可能造成的资源和环境破坏程度等。

11.1.5.3 开发导向模式与开发定位

（1）开发导向模式

旅游资源开发导向模式是由旅游资源类型结构和市场需求结构的供需矛盾所决定的，要解决的核心问题是旅游资源的开发方向问题。所谓资源导向模式就是旅游资源的开发主要依资源而定，有什么资源就开发什么资源，对客源市场不考虑或考虑较少。市场导向模式就是市场需求什么，就开发什么，将旅游资源的筛选、加工、再创造，导向市场所切实需要的项目。由资源导向转变为市场导向这一必然趋势的主要促成因素有三：一是投资主体的转变，旅游资源开发的主要投资者正在由以往的政府财政投入为主向社会化的引资、集资、贷款和私人投资转变。逐渐形成政府、地方、部门、集体和个人投资的多元化投资模式；无论何种投资，都必须分析研究市场情况，进行可行性论证，然后才决定投资与否。二是市场的变化，即由以往的卖方市场转变为买方市场，市场竞争日益激烈。三是经营体制的转变，实行政企分开，由完全接待型转变为经营型，旅游经营者以追求利润为主要目标。

旅游资源开发导向模式是一项战略性的经营策略，主要包括以下导向体系。

总体功能导向 即旅游资源的总体功能倾向，例如，文化旅游、度假疗养旅游、消遣娱乐型旅游或科学考察、探险型旅游。

市场功能导向 即旅游资源呈现在目标客源市场上的总体形象。它是根据旅游资源在旅游者心目中的受重视程度，为其确定一定的市场地位，即在旅游资源开发后要形成一定的特色，树立一定的形象，以满足游客的某种需求和偏好。在旅游资源开发初期，旅游资源的形象主要是旅游者心中的基础形象，故目标市场的选择和市场定位是形成市场形象的主要因素，它的后期则要靠旅游资源的价值、声誉、市场排序及受游客青睐程度的支撑。

基础形象导向 旅游资源在旅游者心目中的形象主要源于 2 个方面：一是社

会自然的长期教育和影响，以及旅游者个人的经历，即原生形象；二是旅游者在旅游机构的广告促销和公关活动的影响下形成的形象，即次生形象。

旅游资源开发的主题导向 主要根据地区内部旅游资源之间在旅游功能上的分工和协作，制定出旅游资源的主题和相应的控制原则。主要包括4个方面的内容：一是旅游资源具体的功能开发定位，如观赏功能、医疗功能、休憩功能、标志纪念功能等。二是旅游资源开发的风格导向，如民族化导向、个性导向、优势化导向、适用性导向、游客心理导向等。三是开发模式定位，即一次性全面开发或阶段式分步开发模式。一次性全面开发适用于开发主体与旅游开发区具备足够的经济实力，市场需求充足，旅游承载力大，可完全支持全面开发所形成的旅游经济规模的情况；而阶段式分步开发模式适合于旅游资源内涵丰富、文化底蕴深厚，以及旅游开发资金缺乏、技术达不到要求水平等情况。四是旅游资源开发的次序定位，一般实施逐级逐层的开发策略，先开发主题导向型旅游资源和项目，然后再开发陪衬型资源和项目。

（2）旅游资源的开发定位

定位理论产生的基本背景条件：一方面，是产品和信息及广告效应。类似产品的出现和名牌产品被仿造，使得要突出和区分产品的特点和优点越来越难，游客可以选择的旅游地越来越多，旅游点之间的发展竞争越来越激烈；另一方面，旅游本身还要面临与其类似的其他娱乐活动的冲击。因此，旅游资源的开发定位必须考虑如何扩大旅游资源的市场占有率，吸引更多的游客。这是每个经营管理人员必须面对且日益突出的问题。

定位实际上是一种理念的表达，是消费者理念的感知和凝固。从市场营销学的角度讲，旅游开发定位是旅游资源开发者为了适应旅游者心目中的某一特定地位而设计旅游资源的开发方案及营销组合的行为。进行定位的目的是将区域（或组织）的营销策略与竞争者区分开来，实质是制定一种比竞争者能更好地为目标市场服务的营销策略。旅游资源开发定位按营销管理层次可以分为开发目标定位、旅游功能定位和旅游形象定位3个层次。按旅游资源的组合程度还可以分为个别定位、资源组合定位和组织定位3个级别。旅游资源开发定位的原则是：目标定位应当具有号召力，经过努力是可能实现的，旅游功能定位应当是可信的，形象定位必须是独一无二的。

旅游资源的开发定位一般要经过4个步骤才能完成：① 要根据资源的特色和市场竞争状况找出一组具有吸引力的市场机会，即该旅游资源具有竞争优势的市场领域；② 对市场机会进行比较分析之后，选择出自己的目标市场；③ 应制订出包括资源功能、形象、价格、促销、营销渠道等内容的旅游资源定位策略；④ 以恰当的方法通过媒介把旅游资源开发定位观念传递给目标市场。

11.1.5.4 旅游资源开发设计与旅游产品优化

确定了旅游资源的开发方向与定位策略之后，就进入旅游资源开发的具体设计阶段。开发设计是在调查与评价的基础上，本着旅游资源开发的原则和已做出的定位策略，确定旅游规模和开发内容，拟定旅游区的空间布局、功能分区和总体艺术构图，最终制订出旅游资源开发设计的总体方案。

旅游规模的确定是受客源市场和旅游环境容量限制的，开发内容则是按照市场的需求和旅游资源的旅游功能和特性确定的，对要开发的各种旅游活动项目进行相关分析，以确定各种活动之间的相依或相斥关系，从而有效地进行功能分区。然后在各功能分区内为各种设施、活动寻找适当的位置，比如，野餐区必须具备良好的排水条件、稳定的土壤表层和良好的植被覆盖，要有方便的停车场。应依照逻辑顺序推进，以建立理想的空间布局关系。在设计中必须围绕满足游客的需要这个核心，要让人在活动的参与中得到某种身心益处，这就要求找出环境中的一些社会、心理等效益，将它们融入作品设计之中，以满足游客的需求，真正达到创造符合人们生活环境的目的。设计还应同时满足功能上及美学的需求，要建立经济价值观与人类价值观的平衡，将规律性与变化性合理组合，使环境充满生气与和谐。利用线条、形状、质感、色彩效应、封闭效应及优势效应创造一种实质的经历，同时保证管理方便，技术可行，经济上合算。总之，旅游资源开发设计应注意其结构、物质、审美等功能的满足。考虑市场的需求尺度可接受性和经济效益，协调景点与交通的关系，注意资源保护，关注社区的目标及环境保护。

制订好旅游资源开发设计方案之后，进入开发的具体实施和经营运行阶段，但旅游资源的开发并不应就此止步，而要根据市场信息反馈和需求结构的变化，进一步认识旅游资源的价值与旅游功能，优化业已形成的旅游设施与服务系列，维持并不断提高旅游资源的吸引力，形成旅游资源开发的良性循环。

11.2 旅游资源开发规划

11.2.1 旅游资源开发规划的目的和意义

（1）旅游资源开发规划的目的

旅游资源开发规划的目的是充分利用旅游资源，协调旅游者、旅游资源和旅游环境三者之间的关系，建立起一个能满足旅游者需要的、独特的旅游生态环境和安全舒适的生活环境。

（2）旅游资源开发规划的意义

通过旅游资源开发规划，可以拓展旅游内容的广度与深度，优化旅游产品的结构，提高旅游区的综合吸引力，平衡游历体系、支持体系和保障体系的关系，保证旅游地获得良好的效益并促进地方社会经济的发展。

11.2.2 旅游资源开发规划的特点和要求

（1）旅游资源开发规划的特点

旅游资源开发规划具有以下4个主要特征。

第一，旅游资源开发规划是一个高度市场化的规划。这一特征要求旅游资源开发规划改变过去资源导向型的规划设计理念，深入研究市场的需求特征和发展趋势，策划与市场需求高度契合的旅游产品和旅游项目。

第二，旅游资源开发规划是非法定规划。旅游资源开发规划不属于现有的法定规划编制体系，从规划类型上属于非法定规划。加强旅游资源开发规划和其他法定规划，是加强旅游资源开发规划的可操作性、真正发挥旅游资源开发规划的实际作用的有效途径。

第三，旅游资源开发规划是一个旅游发展策划与物质空间规划紧密结合的规划。旅游资源开发规划不仅要落实到物质空间，还要有很好的策划创意，二者就像计算机的软硬件一样不可或缺。

第四，旅游资源开发规划是一个需要衔接不同行政主管部门、协调各种矛盾的规划。

（2）旅游资源开发规划的要求

旅游资源开发规划有以下几个基本要求：① 熟悉旅游资源开发规划的依据、特点和相关分析方法、旅游资源开发规划的理论体系和旅游定位的内容，了解旅游发展战略和发展目标；② 熟悉旅游产品的类型，掌握旅游线路的分类；③ 掌握旅游商品资源的调查，了解旅游商品开发措施；④ 掌握旅游资源开发规划与审批的程序，了解旅游资源开发规划实施管理；⑤ 了解旅游产品策划的内容等。

11.2.3 旅游资源开发规划的类型和内容

11.2.3.1 旅游资源开发规划的类型

按照不同的空间尺度，旅游资源开发规划的规划类型可分为3个主要层次。一是旅游区总体规划，按照旅游区分为综合性旅游区规划、旅游开发区规划、旅游度假区规划、风景旅游（名胜）区规划、生态旅游区规划、文化旅游区规划、城市旅游区规划、休闲旅游区规划、（国家、森林、主题）公园、保护区规划、历史文化名城规划、旅游城市（镇）规划等类型。二是区域旅游资源开发规划，分为产业规划、目的地规划、用地规划、产品规划、项目规划、旅游投资规划、战略规划、营销规划、综合性规划9个种类。三是旅游项目用地（景点）的详细规划（设计），分为适宜开发建设地域的控制性详细规划、近期建设地域的修建性详细规划2个类型。此外，还有概念规划等其他规划类型。

11.2.3.2 旅游资源开发规划的主要内容

旅游资源开发规划是指在旅游资源调查的基础上，针对旅游资源的属性、特色和旅游地的发展规律，根据社会、经济和文化发展趋势，对旅游资源进行总体布局、项目技术方案设计和具体实施。其主要包括以下18项内容。

（1）规划范围的界定

规划范围的界定包括被规划区的占地面积和边界的界定。规划范围的大小多由委托方提出，必要时受托方可以与委托方协商，提出合理的规划范围。

（2）规划依据和原则的提出

规划依据包括中央及地方制定的各种有关的法律、政策、决定（特别是与该地区主要旅游开发规划有关的政策），规划者应充分考虑中央和地方政府的有关要求，最后确定规划原则，一般有环保原则、特色原则、协调原则、效益原则等。

（3）当地的自然社会状况分析

自然状况包括当地的自然条件、环境质量、自然灾害、气候、植被等；社会状况包括历史变革、民族成分、社会经济、民风民俗等。在规划中应对最主要的特征部分加以详细的阐述，甚至在某些方面提供非常具体的材料。例如，社会状况，除了历史情况、民族情况、经济发展状况，还必须掌握各个民族具体的人口数目、人均消费水平等资料。特别是民风民俗比较独特的地区，这一点尤为重要。

（4）同行业的竞争状况分析

旅游开发规划应考虑本地区正在兴建或已经建成的项目经营状况，包括基础设施的档次、规模、安全性、方便性、服务水平的高低,便于分析将来可能出现的竞争情况。

(5) 旅游资源状况和评价

应参照《旅游资源分类、调查与评价》(GB/T18972—2003),建立旅游资源数据库,分析评估旅游资源的种类、数量和分布等,从而确定当地旅游资源的优势以及开发方向、开发时序。若旅游资源的开发具有一定的基础,通常从旅游资源开发的角度进行评价;若不具有一定的基础,通常从旅游资源的角度进行评价。

(6) 客源市场分析

根据旅游资源的特点、旅游项目创意和对旅游业竞争态势的分析,明确规划区的主要客源市场,包括客源市场范围、客源地、客源规模及结构和消费水平。提出规划区旅游客源市场未来的总量、结构和水平,制订相应的扩大客源地和开拓各种旅游市场的营销策略。客源地、客源市场的分析将直接涉及旅游接待设施和旅游服务项目规划,同时对旅游项目创意产生影响。因此,客源市场分析环节在旅游资源开发规划中显得尤为重要。

(7) 用地结构、功能区的划分和线路组织

旅游用地结构组织分为三大类:直接为旅游者服务的用地;旅游媒介物建设用地;间接为旅游者服务的用地。

功能区划分要突出景观和功能的特点,一般分为景观观赏区、休闲娱乐区、野外活动区、医疗度假区、服务中心区、专业园区、副食品供应区、自然保护区等功能区。

设计这些功能区间及与外部联系的线路,设计时需考虑游览的组织方式、游览的交通工具选择与需求量、游览时间安排及游览线路安排。

(8) 旅游项目创意设计

首先根据本地旅游资源状况、客源市场预测、旅游业竞争态势、规划原则和规划目标,明确旅游资源开发规划方向,突出地区旅游特色,避免重复建设。然后对能够充分发挥资源优势的旅游项目进行重点规划创意,使得旅游项目集观赏性、参与性、娱乐性于一体,提高其文化品位。

旅游项目的创意是旅游资源开发规划的灵魂,它最能体现规划者的水平,好的创意直接影响旅游项目的生存与发展,对产品有决定性的影响。

(9) 旅游产品开发规划

旅游产品开发要适应市场需求,与当地经济发展水平相适应,抓住时机进行推销。开发要有超前意识,做到人无我有,人有我优或人有我特。

(10) 旅游环境保护

环境保护是当今世界发展的主题。投资任何项目,生产任何产品,也只有和环境保护联系起来才有持久的生命力。旅游开发规划时注意环境保护,不仅可以保护当地的旅游资源,提高其价值、品位及吸引力,而且可以实现旅游业的可持续发展。

(11) 交通规划

交通规划包括对外交通系统和区内交通系统。对外交通系统规划一般依靠原有的交通条件,故其不是规划的重点,但应保证游客在景区能够"进得来,散得开,出得去"。区内交通系统规划包括游览线路布局和交通方式。景区的游览线路应尽量避免平直、走垂直路线,要充分利用小山、河流等景物,使得道路适当弯曲,让游客获得移步换景的感觉。交通方式要力争多样化，并互相配合，步行道、登山道、索道、缆车、游船、自行车等方式均可采用，让游客有尽可能多的选择余地。

(12) 绿化规划

绿化规划应做好以下几点：① 选用的植物品种应突出地方特色；② 植物品种应注意季节的搭配，适当增加常绿树种；③ 植物品种要兼顾观赏性以及花卉和果品的供应。

(13) 服务项目规划

服务项目包括服务种类、服务方式。服务种类应当丰富多样，具有地方民族特色；服务方式要唯我独有，给游客留下深刻的印象。

(14) 基础设施规划

旅游地的基础设施，如生活和商品供应、供电、邮电通讯、医疗卫生等，其配套要同旅游地性质相一致。另外，建筑在式样上也应独具特色，布局合理，防止旅游区建设出现城市化的倾向。

(15) 从业人员培训计划

从业人员培训计划包括人力资源现状、需求预测与人才培养的指导思想和目标。在规划时就应考虑所需的旅游服务人员的数量、类型等。

(16) 旅游管理规划

旅游管理规划包括对旅游区投资、开发和经营等方面的管理体制及管理机构的设置、管理职能和政策、法律的制定，保证旅游资源开发的顺利进行。

(17) 效益分析

旅游资源开发规划效益分析包括社会效益、经济效益和生态环境效益分析，其中最重要的是经济效益的分析，即旅游资源开发的投入产出分析。

(18) 规划图件制作

一般包括旅游资源分布图、交通位置图、开发现状图、总体规划图、用地规划图、保护规划图、绿化规划图、游览线路图、工程管线图、旅游服务设施图、分期规划图和部分详规图等。

【思考题】

1. 如何理解旅游资源的开发？
2. 旅游资源开发应遵循的基本规律有哪些？
3. 简述各类旅游资源的特点及旅游功能。
4. 旅游资源开发导向模式与定位有何意义？
5. 简述旅游资源保护的意义。
6. 简述旅游资源保护的措施。
7. 旅游资源开发规划的内容是什么？

【经验性训练】

旅游资源开发评价训练

【概述】

对当地某一知名旅游景点的旅游资源开发进行评价。将学生分成若干个团队。

【步骤】

1. 5人一组（人数为单数）。每一组都独立于其他组而工作。团队的任务是对当地某一知名旅游景点的旅游资源的开发进行评价。
2. 团队成员共同商议旅游资源开发评价得分要素，并制作成表格。
3. 依据评价表的内容，到景点调查，记录调查结果。
4. 汇总调查结果，团队成员共同商议，形成一份书面报告。
5. 在课堂上集中汇报各组的评价结果及结论（有严格的时间限制）。
6. 全班一起讨论各组在打分中的相同之处和不同之处；产生分歧时，找出原因。
7. 讨论如何真正地提高旅游资源的开发水平。
8. 查找资料，结合此次调评价的结果，撰写一篇学期论文（每人1份，字数不少于2000字）。

【案例分析】

杭州西湖的深度开发

1. 杭州西湖旅游发展概述

苏东坡一句"天下西湖三十六，就中最美是杭州"道尽了杭州西湖的风流。南宋建都以后，西湖形成游客如云、歌舞遍地的局面，当时著名诗人范成大在《吴志郡》中第一次使用了"天上天堂，地下苏杭"的赞语；画院画师将西湖风光入画，因景作画，因画名景，朝野认可，形成驰名全国的"西湖十景"。元朝时期，马可·波罗将天堂之城的名声传播到了海外。从北宋元祐五年（1090年）至1949年，整个西湖地区的基本图景已经形成，西湖—孤山—湖中三岛—西湖十景的格局完全形成，西湖外围旅游资源开发也得到了进一步的加强，历史积淀已极大丰富，以西湖为中心的区域已成国际知名景点。

20世纪50年代初，杭州作为"风景休疗养城市"，在西湖风景区内修建了大量的休养所、疗养院。之后经过多年的经营改造，随着城市的逐步发展、旅游功能的逐步加强，西湖已经成为游客旅游观光和市民休闲游憩的重要场所，1982年被国务院列为第一批国家重点风景名胜区。西湖环线风景旅游已经成为杭州最主要的游览地。然而，由于西湖周边地域狭小，景点密度高，客流相对集中，旅游环境容量日趋饱和。

2. 杭州西湖改造

杭州市委、市政府提出"构筑大都市，建设新天堂"的战略目标，与此相呼应，杭州市对西湖风景旅游区进行了大规模的综合整治、保护与深度开发工作，从1999年的西湖水质改善、沿湖景观整合和水域面积扩大等八大工程，到2002年的西湖环绕南线整合工程、2003年的西湖三大工程建设、2004年以北山路为基础的15个新景点的推出，"西湖综合整治工程"让西湖更加亮丽，景观结构越加完美。

3. 杭州西湖旅游深度开发

西湖观光游览长期以来一直是杭州最为经典的旅游产品。近年来实施的"西湖综合保护工程"和城市旅游开发，以上述西湖风景旅游区的意向空间为载体，逐步形成了既包括原有西湖水面也包括西湖沿岸景观的新的"大西湖产品"。

3.1 西湖怀旧旅游

以西湖风景区为中心，沿西湖周边地区，西连中国茶叶博物馆，南接南宋官窑博物馆，东南通向中国丝绸博物馆，东北连接时尚女装街，北面朝向运河杭州段，突出传统审美情趣，打造杭州个性化和中国传统文化特色的怀旧休闲游憩中心。

3.2 西湖水上旅游

充分挖掘西湖游船文化，以唐代至南宋时期的西湖古代游船为原型，开发仿古主题游船活动，设计更多体现古代文化的游船以便于游客的水上活动。同时，丰富游船活动的现代休闲内容，如水疗、养生、美食、文化休闲等。

3.3 夜西湖旅游

杭州西湖的夜文化源远流长。早在南宋时，杭州（临安）作为都城所在，其夜色中的兴盛繁华在文学作品中可见一斑。夜西湖旅游产品包括西湖水上夜游和夜西湖节事旅游；

西湖水上夜游以游船为主,创造良好的夜游意境。增加古茶舫、酒舫、歌舞舫情景体验等活动。夜西湖节事旅游如西湖国际烟花节、西湖·中国古典音乐节等。

3.4 环西湖生活文化旅游

杭州保留的中国文化、特别是衣食住行方面的生活文化,在中国具有代表性意义,其中茶叶、中药、美术、丝绸博物馆或学院,都是国字头,在中国占有统治地位,在世界上举足轻重。以此为核心,再加上其他的杭州生活文化艺术,包括南宋官窑博物馆代表的陶瓷文化、杭州美女代表的江南美女文化,同样在国际上、特别是东方国际市场上,具有强大号召力。据此归纳出以"国字号"为基础的"丝茶瓷、药人艺"六大生活文化要素,组合成在国际市场上极具魅力的中国文化之旅。围绕茶叶、丝绸、中药、陶瓷、艺术、时尚这六大文化要素进行系统的环西湖生活文化旅游产品再开发。

3.4.1 茶文化

以中国唯一一家国家级茶叶博物馆——中国茶叶博物馆、龙井茶原产地——龙井村以及周边的龙井山园等为旅游吸引物,开发以西湖龙井茶为代表的中国茶文化产品,以充分展示中国茶文化的精髓,弘扬茶文化的精神。本产品具体包括茶文化展示旅游产品、龙井问茶旅游产品、品茶休闲旅游产品、采茶体验旅游产品、炒茶学艺旅游产品、购茶旅游产品、龙井茶艺表演旅游产品、茶道学艺旅游产品、茶文化节事旅游产品等。

3.4.2 丝绸文化

以中国唯一一座国家级的丝绸博物馆——中国丝绸博物馆为基地,在向国际游客展示精美绝伦的丝绸与刺绣的同时,弘扬中国传统丝绸文化。具体包括丝绸文化相关知识展示、丝绸织品展示、丝绸织造体验、丝绸织造学艺、丝绸品质辨识、丝绸购买、以丝绸为原料的中式服装加工、丝绸文化节事旅游产品等。

3.4.3 中药文化

中药文化旅游产品以胡庆余堂国药号(即胡庆余堂中药博物馆)和胡雪岩故居为基地,向国际游客尤其是亚洲游客展示博大精深的中药及中医文化。具体包括中药文化与名人文化展示、中药材购买、中药加工制作、中医诊治表演、中医药学艺、中医药保健旅游产品、中药SPA美容健身旅游产品、中药药膳美食旅游产品、中药系列节事旅游产品等。

3.4.4 陶瓷文化

中国是世界瓷器之国,青瓷是世界上诞生最早且传承至今的瓷器,而南宋官窑则为中国古代青瓷的珍品。以中国古代名窑——南宋官窑遗址为依托,深入挖掘陶瓷文化,将现有的南宋官窑博物馆和邻近的杭州陶瓷品市场、杭州国际旅游品市场结合起来。陶瓷旅游产品包括陶瓷艺术品欣赏、陶瓷艺术品购买、官窑陶瓷制作过程表演、陶瓷制作亲身体验、陶瓷制作学艺等。

3.4.5 艺术文化

高雅的现代艺术旅游产品——以紧贴西湖的南山路艺术休闲特色街区为主要吸引物,以坐落其中的中国美术学院为艺术策源地,以西湖美景为艺术环境,以周边散布的大小酒吧、茶座、咖啡馆、餐厅、画廊为艺术休闲服务设施,营造浓厚的艺术氛围,凸现艺术休闲特色,开发一系列的现代艺术旅游产品,具体包括艺术品欣赏、艺术品展卖、艺术修学旅游、艺术休闲旅游、艺术赛事等。

市井的民俗艺术旅游产品——以清河坊历史文化街区为主要的旅游吸引物,以各种展示"南宋余韵、市井风情"的颇具民间特色的民俗表演为重要依托,向国际游客展示各种民间绝活,通过具体的体验感受具有中国特色的传统文化。主要包括民间传统杂耍技艺表演、民间工艺品购买及学做、民间手艺绝活展示、民间美食品尝、民间庙会体验等。

3.4.6 时尚文化

时尚文化包括2个方面:一是杭州美女和以杭州为展示舞台的中国、全世界的美女;

二是杭派女装和以杭州为表演窗口的中国时装乃至世界时装。而美女与时装的有机结合，则形成了时装模特这个拓展内涵。

3.5 西湖音乐、文学旅游

杭州音乐历史悠久，名家辈出。经过南宋南北大融合以及以后的逐渐发展，形成了评话、评词、杭曲、小热昏、隔壁戏、滑稽戏等系列传统曲艺形式。民间器乐曲吸收了戏曲和说唱音乐的许多词牌、曲牌、唱腔，发展为城乡流行的常用民间器乐曲。传统音乐、戏曲都是人们，特别是外国游客喜闻乐见的事物，应利用这一优势，在西湖及周边的历史街区开展"游西湖，看戏曲，品龙井"等活动。

3.6 浪漫爱情旅游

以西湖、万松书院、断桥等处为依托开展爱情主题活动和节事活动。充分利用这些爱情故事的资源，举办一些大型、有一定影响力的活动以及推出一些特色项目开拓爱情旅游市场。举办最佳金婚、银婚夫妇评选活动，启动爱情旅游市场；深入挖掘现有的年轻情侣、新婚夫妇爱情旅游市场，主要定位于甜美、闲适、浪漫、休闲，通过旅行社专业化的产品包装和市场促销，开拓伴侣型度假市场。

3.7 环西湖双游径系统

环西湖步行系统——游览西湖，步行是最佳的旅行方式。环西湖步行系统的路线设计包括湖滨路、白堤、孤山、苏堤、杨公堤和南山路的西湖沿岸。

环西湖自行车游径系统——使西湖沿岸景点与较远景点（如灵隐、龙井等）通过自然游径方式较好对接。环西湖自行车游径系统应从西湖向西向南呈放射状，除包括环西湖步行系统的游径外，还包括几条向外的辐射线路：北山路、灵隐路、梅灵北路和梅灵隧道、龙井路、虎跑路、玉皇山路。

【案例思考题】
1. 杭州西湖旅游深度开发运用了哪些旅游开发原理？
2. 杭州西湖旅游深度开发的定位和导向模式是什么？
3. 杭州西湖旅游深度开发属于旅游资源开发规划哪种类型？

【本章推荐阅读书目】

1. 区域旅游规划原理. 吴必虎. 中国旅游出版社，2001.
2. 区域旅游规划理论方法案例. 马勇、舒伯阳. 南开大学出版社，1999.
3. 区域旅游规划、开发与管理. 郑耀星，储德平. 高等教育出版社，2004.

【相关链接】

1. 巅峰智业机构 http://www.davost.com/
2. 区域旅游规划空间站 http://www.plansky.net/

第12章
旅游资源信息系统

【本章概要】
　　主要介绍旅游资源信息系统的定义、旅游资源信息系统的组成、旅游资源信息系统的开发设计和旅游资源信息系统的应用。

【学习目标】
● 掌握旅游资源信息系统的概念及旅游资源信息系统的基本结构；
● 了解旅游资源信息系统的设计和应用，并认识旅游资源信息系统的功能特点及用途。

【关键性术语】
　　旅游资源信息系统、信息系统数据库、信息系统应用。

【章首案例】

> **加拿大旅游信息交流系统**
>
> 　　加拿大旅游信息交流系统CTX是加拿大旅游委员会于1999年5月投入运用的旅游目的地信息系统。CTX是以Internet为基础，在加拿大旅游界进行旅游信息联络、旅游在线营销、旅游研究信息共享的工具，是加拿大旅游信息化发展战略的重要组成部分。
> 　　CTX主要功能包括：①面向全球Internet用户，提供加拿大网络旅游信息服务，包括综合性旅游研究报告、旅游统计和加拿大国家旅游形象营销等；②对加盟旅游分销商提供信息服务；③提供旅游广告服务；④提供个性化的在线旅游新闻中心服务；⑤相关旅游信息网站的链接等。
> 　　CTX系统不是传统的以消费者为对象的目的地管理系统，而是一个面向全球旅游分销商的B2B的商业性旅游信息系统，为全球加盟会员提供加拿大全国的旅游产品信息服务。其目标是通过加拿大旅游信息化战略，加强加拿大旅游业的竞争力。
> 　　加拿大旅游信息交流系统CTX有4个主要功能模块：信息交流模块、促销与营销交流模块、就业交流模块和会议交流模块。通过CTX系统可以使加拿大旅游委员会建立与旅游企业之间的旅游商业信息渠道，可以使用户查询潜在的客户或合作伙伴。

12.1 旅游资源信息系统概述

　　旅游资源是国家基础资源之一，现代旅游业的管理越来越多地依赖旅游资源信息工作的支持。旅游资源信息不仅包括资源类型、数量、分布和特色在内的旅游资源自身信息，还包括资源赋存的环境信息。这些信息是今后旅游资源评价、旅游区开发规划、旅游业政策制定及旅游产业管理的依据。而这些信息的数量巨大，传统的管理模式已不能适应，所以建立旅游资源信息系统成为旅游资源研究的一个重要内容。

12.1.1 数据与信息

数据与信息是密不可分的相对概念，数据是对客观世界中事物或事实变化的记录或表示，数据也被叫作资料。数据是由一些可以鉴别的物理符号组成，也可表现为图形、图像、声音等。

信息是有一定含义的数据，是客观事物属性的反映。信息是任何一个系统的组织性、复杂性的度量，是有序化程度的标志。

数据与信息的关系，可以形象地解释为原料和产品之间的关系；把数据看作原料，把信息看成是产品。数据和信息是不可分割又有一定区别的2个概念。

12.1.2 信息系统

信息系统是具有采集、管理、分析和表达数据能力的系统。在计算机时代，信息系统全部或部分地由计算机系统来支持，并由计算机硬件、软件、数据和用户四大要素组成。智能化信息系统还可包括知识。

12.1.3 旅游资源信息系统概念

旅游资源信息系统的概念为：以旅游资源空间数据库为基础，由计算机硬件、软件、数据和用户四大要素组成，可以对空间相关数据进行采集、储存、管理、分析、操作、描述、模拟和显示，适时提供空间、动态的旅游资源信息，为管理和决策服务的一类信息系统。

旅游资源信息系统可以属于管理信息系统，但是其不是一般意义上的管理系统。其最大特征是其处理的数据具有空间特征，而不是传统管理信息系统所管理的属性数据没有空间特征。

12.2 旅游资源信息系统的组成

旅游资源信息系统作为一个系统，由软硬件系统、数据库系统、系统使用和管理人员几个部分组成。

12.2.1 计算机系统

旅游资源信息系统建立在计算机系统基础之上，计算机技术是其构成中的最关键因素。计算机系统由软件系统和硬件系统2个部分组成。

12.2.1.1 计算机软件系统

旅游资源信息系统的软件系统由2个部分构成，分别是计算机系统软件和应用软件。

(1) 计算机系统软件

计算机系统软件是指一般由计算机厂家提供的，可为用户使用和开发者提供方便的程序系统。主要由操作系统、数据库软件和软件开发平台3个部分组成。

操作系统 是电子计算机系统中负责支撑应用程序运行环境以及用户操作环境的系统软件，同时也是计算机系统的核心与基石。它的职责常包括对硬件的直接监管、对各种计算资源（如内存、处理器等）的管理，以及提供面向应用程序的服务等。目前比较流行的操作系统包括 Windows 系列（目前常用的是 Windows Vista、Windows XP、Windows 2000 中文版等），还有 UNXI、LINUX 等。其中只有 LINUX 是完全免费。源代码开放的操作系统是未来操作系统的发展方向。

数据库软件 包括大型和小型的。大型的数据库软件包括 SQL server、Lotus、Sybase、oracle 等，这些软件功能强大，但缺点就是价格昂贵、技术难度大，不易操作。小型的数据库软件包括 Microsoft Visual FoxPro、Microsoft Office Access 等，优点是入门较易，但功能比较简单。

软件开发平台 传统的包括 Visual C++、Visual Basic 企业版等，但目前网络操作系统是未来的发展趋势。

（2）应用软件

应用软件主要包括 3 个大类型：地理信息系统软件、图像处理软件和应用分析软件。

地理信息系统软件 这部分软件目前国内外都有成熟的软件可供选择，主要包括遥感图像处理软件和 GIS 开发软件。前者主要有 Erdas、ER Mapper 等，都是国外软件。后者国内有成熟软件，包括武汉中地公司的 GIS 软件系列 MapGIS、武汉吉奥的 GIS 软件系列 GeoStar、北京灵图公司的软件 VRMap 等。其中 VRMap 主要应用于三维 GIS。国外部分主要包括美国 ESRI 的 ArcGIS 系列产品，其包括桌面 GIS、服务器 GIS、嵌入式 GIS 等。比较常用的有 ArcInfo、ArcView 及美国 MapInfo 公司的 MapInfo Professional 等。

图像处理软件 主要进行各种图片的处理，可以进行图形格式的转换，主要包括 Adobe Photoshop、AutoCAD 等。

应用分析软件 主要进行统计分析工作的软件。这一部分的软件主要是信息系统的开发人员或用户，根据专题需要或专题分析模型而编设的用于特定目的的程序，是信息系统的扩充和延伸，一般需要由专业人员来完成编设工作。如 SPSS 系列、Origin 等软件可以进行专业分析工作。

12.2.1.2 硬件系统

旅游资源信息系统硬件一般由 3 个部分构成。

（1）计算机主机

目前计算机硬件技术突飞猛进，硬件技术经常需要更新。计算机主机主要包括 CPU、内存、显卡、声卡、网络适配器、调制解调器、硬盘、光盘驱动器、主板及一些芯片。过去的主机还配有软盘驱动器，但随着存储设备的日新月异，许多主机已不再装配软盘驱动器。旅游资源信息系统对这些设备的要求如下。

CPU 本系统需要的硬件配置主要是 CPU 的速度和图形处理的速度，所以要求 CPU 的速度要较快，目前主流 CPU 的速度均可，所以不论是奔腾系列还是赛扬系列均可。

内存 要求大一些，其影响计算机的整体性能，要求大于 256 兆。

显卡 决定图形的显示质量，要求显存比较大，最好大于 256 兆。

声卡 决定系统的声音质量，决定声音文件播放的效果，对多媒体系统很重要，所以要质量较好的声卡。

（2）数据输入设备

数据输入设备用来将各种所需数据输入计算机。并将模拟数据转换成数字化数据。目前输入设备多样，包括手扶跟踪数字化仪、扫描数字化仪、数字摄影测量仪器、遥感图像处理系统、图形处理系统等。我们选择比较常用的设备（如扫描数字化仪）加以介绍。

扫描数字化仪是一种计算机外部设备，通过捕获图像并将之转换成计算机可以显示、编辑、储存和输出的数字化输入设备。可以将照片、文本页面、图纸、美术图画、照相底片，甚至纺织品、标牌面板、印制板样品等二维图象作为扫描对象，提取和将原始的线条、图形、文字、照片、平面实物转换成可以编辑及加入文件中，并可用来处理栅格数字数据输入。扫描数字化仪发展速度较快，扫描速度和精度提高明显，正广泛地应用于数据输入。幅面有 A0、A1、A4 等几种。扫描仪的性能指标主要有光学分辨率和色彩深度、灰度值。

光学分辨率　是扫描仪最重要的性能指标之一，它直接决定了扫描仪扫描图像的清晰程度。扫描仪的分辨率通常用每英寸长度上的点数，即 dpi 来表示，市场上售价在 1000 元以下的扫描仪其光学分辨率通常为 300×600dpi，而价格在 1000～2000 元之间的扫描仪其光学分辨率通常为 600×1200dpi。从个人用户的应用角度来看，300×600dpi 的扫描仪就能够满足需要，但 600×1200dpi 的产品价格与其相差有限，为了适应技术发展的需求，推荐使用 600×1200dpi 的扫描仪。

色彩深度　就如显示卡输出图像有 16bit、24bit 色的分别一样，扫描仪也有自己的色彩深度值，较高的色彩深度位数可以保证扫描仪反映的图像色彩与实物的真实色彩尽可能一致，而且图像色彩会更加丰富。扫描仪的色彩深度值一般有 24bit、30bit、32bit、36bit 几种。一般光学分辨率为 300×600dpi 的扫描仪其色彩深度为 24bit、30bit；而 600×1200dpi 的为 36bit，最高的有 48bit。

灰度值　是指进行灰度扫描时对图像由纯黑到纯白整个色彩区域进行划分的级数，编辑图像时一般都使用到 8bit，即 256 级，而主流扫描仪通常为 10bit，最高可达 12bit。

（3）数据输出设备

通用数据输出设备包括显示器、绘图仪、打印机。

显示器　是重要的终端，也是数据的显示设备。显示器包括 CRT 显示器和 LCD 液晶显示器 2 种。前者价格较后者便宜，但显示效果不如后者。后者有可能成为以后显示器的主流。

绘图仪　有彩色喷墨绘图仪、静电绘图仪、热敏绘图仪等。幅面分为 A0、A1、A4 等几种幅面，不同型号绘图仪对绘图纸有不同的要求。在这里绘图仪不低于 A1 幅面。

打印机　打印机有针式、喷墨和激光打印机 3 种。目前主流打印机主要是喷墨和激光 2 种。较之后 2 种，针式打印机的速度显得较慢，目前使用得较少。而在打印大幅图表时，喷墨选择得较多。

12.2.2　数据库系统

数据库是一种数据管理技术，是计算机科学的重要分支。数据库概念由数据库系统、数据库、数据库管理系统等组成。

12.2.2.1 基本概念

(1) 数据库系统 DBS

数据库系统 DBS (Data Base System),是指在计算机系统中引入数据库后的系统构成,能正常进行数据库操作和处理的整个系统。目的是实现用户对数据的使用。该系统包括应用程序、数据库管理系统、数据库和数据库管理员(用户),其组成如图 12-1 所示。其特点是数据冗余度小、独立性高、共享性好,由 DBMS 统一管理。

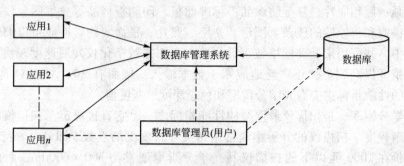

图 12-1 数据库系统组成

(2) 数据库 DB

数据库 DB (Data Base) 是长期存放在计算机内的、有组织的、可共享的数据集合(是一种特殊的数据结构)。数据库按照一定的数据模型组织、描述和存储数据,具有较小的冗余度、较高的数据独立性和易扩展性,并可为各种用户共享。

(3) 数据库管理系统 DBMS

数据库管理系统 DBMS (Data Base Management System) 即管理数据库的软件系统。它可以实现数据库系统的各种功能,是数据库系统的核心。数据库管理系统是位于用户和操作系统之间的一层数据管理软件。它负责有效、科学地组织、存储、维护、访问数据,在 DBMS 的支持下,用户可以方便地定义数据、操作管理数据,并保证数据的完整性、安全性。

12.2.2.2 旅游资源系统中数据库系统

旅游资源信息系统中的数据库是存放在计算机存储设备上的、相互并联空间数据的一个集合,是信息系统的基础。该数据库设计时应针对用户的不同需求和使用方式,(数据依其本身特点)进行组织,其结构应尽可能反映出不同用户的要求,支持各种应用程序和应用目的。结合数据库的特点和旅游资源信息的数据特征,旅游资源信息数据库的特点:① 最小冗余度,即数据尽可能不重复;应用程序对数据资源共享,即数据集合以最优方式服务于一个或多个应用程序;② 数据集合应有独立性,和使用它的应用程序分离单独存放;③ 数据集合可用一个软件统一管理,为数据维护、更新、增删、检索等操作提供方便。

12.2.2.3 旅游资源系统的数据类型

旅游资源信息系统的数据包括空间数据和非空间的属性数据组成。

(1) 空间数据

空间数据是指表示地球表面要素(如地形、水文、植被、气象气候、居民地、交通线、境界线、独立地物等）的空间位置特征的数据。其数据由几何坐标和实体间的空间相关性，即实体间的拓扑关系组成。

(2) 非空间的属性数据

非空间的属性数据指数据的属性与几何位置无关，即非几何属性。它表示和实体相联系的变量或地理意义，一般是抽象的概念，通过分类、命名、量算、统计等方法得到。其数据由定性非几何属性数据和定量非几何属性数据2种构成。

定性非几何属性数据包括名称、类型、特性等，如河流类型、植被种类等。

定量非几何属性数据包括数量、等级等，如面积、长度、资源等级、游客数量等。

12.2.3 系统使用和管理人员

旅游资源信息系统是一个复杂的人机系统，除了以上描述的各类软硬件设备以外，还需要有系统管理人员对其进行管理；信息系统的使用人员则是系统的最终用户，系统的价值要靠这些人员的操作才能发挥最大价值。而本系统又是与旅游资源密切相关的系统，所以在选择使用人员时，要选择对旅游知识有一定了解的又懂技术的人员担任，同时还要进行进一步的培训。

12.3 旅游资源信息系统的设计

12.3.1 旅游资源信息系统的框架结构

系统设计的首要工作是系统的框架结构设计。为了实现对旅游资源进行全面的管理与分析，基于 GIS 开发研制的旅游资源信息系统是一个多功能、多模块集成的管理系统。旅游资源信息系统的框架结构如图 12-2 所示，由人机交互层、系统功能层、数据管理层、系统支持层、系统驱动层和硬件驱动层 6 个层面组成。GIS 在其中起着重要的核心作用。6 个层面组成如下。

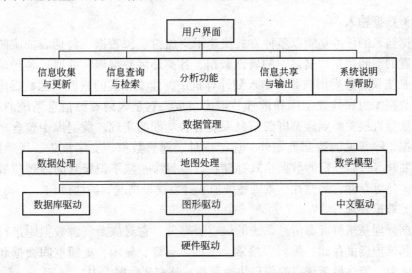

图 12-2 旅游资源信息系统基本框架结构图

(1) 人机交互层

人机交互层又可称为用户界面，本层为系统与终端用户的接口，由鼠标和键盘支持的全汉字界面组成,可以用人机对话的方式进行操作,使用方便,简单易学。

(2) 系统功能层

系统功能层为整个信息系统的核心部分,共有信息收集与更新、信息查询与检索、分析功能、信息共享与输出以及系统说明与帮助等功能模块。

(3) 数据管理层

数据管理层管理数据库中各不同种类、不同属性的数据,保持数据的安全性和正确性,便于系统各模块调用数据;同时该层也是系统功能层与系统支持层的协调层,对于系统功能的实现与稳定起着重要的支持作用。

(4) 系统支持层

系统支持层用于支持系统功能层,主要包括数据处理、地图处理和数学模型。

(5) 系统驱动层

系统驱动层包括数据库驱动(为数据库系统提供支持)、图形驱动(为地图显示、图层分析等提供支持)和中文驱动(为中文菜单显示及汉字标准等提供支持)等。

(6) 硬件驱动层

硬件驱动层用于驱动各类硬件,包括显卡、声卡、网卡、打印机、绘图仪、数字化仪、扫描仪及调制解调器等。

12.3.2 旅游资源信息系统的功能

旅游资源信息系统的功能由2部分组成。一部分是系统一般功能;一部分是本系统的专有功能。

12.3.2.1 一般功能

旅游资源信息系统具备传统系统的全部功能,即数据输入功能、数据转换功能、编辑功能、数据维护功能、数据检索功能、数据分析与处理功能、成果输出功能。

(1) 数据输入

数据输入的任务是能以多种方式快速采集旅游资源数据,包括表征旅游资源空间位置的空间数据和描述它的属性数据、各类环境数据等。并通过各种输入设备(如扫描仪、数码相机等)输入到计算机中,建立相关的旅游资源数据库。旅游资源数据库由属性数据库和地理数据库组成,它是旅游资源信息系统的核心,其数据质量直接关系到旅游资源信息系统各种功能的实现。数据库中包含多种类型的数据,除常见的数据类型外,还把图件、遥感数据、文字报告、视频影像、声音、照片等按照一定的数据格式存储在计算机中。除了记录它的地理位置和范围以外,还可存储它的照片、景观特征值、开发建设情况等属性信息。

(2) 数据管理

数据管理是旅游资源信息系统的最重要部分。它对旅游资源数据库进行统一的管理和维护提供存储、编辑、检索、查询、运算、显示、更新空间数据和数据挖掘的能力,能将最新获得的信息快速更新、补充到数据库中。

(3) 数据检索功能

除具备常见的信息系统查询功能外,旅游资源信息系统还提供空间数据查询功能,即各种旅游资源、服务设施、交通线路等均标明其地理位置和坐标参数。

用户还可以以空间位置的点、线、面等方式进行空间信息查询。同时，还可以进行多媒体查询。查询的内容除旅游资源信息外，还有地图、交通线路、旅游商品、政策法规、消费娱乐、天气预报、医院药店、公安消防等与旅游相关的信息。旅游资源系统中配有各行政区的旅游资源情况和各种统计分析程序，用户可以根据需要，对数据库中的数据进行分析。

（4）数据输出

数据输出可采用图件、照片、报告、表格、统计图、影像、拷贝数据等形式输出。信息管理系统可为用户提供包括多媒体在内的丰富的输出形式。旅游资源信息系统的一个特点是利用 GIS 实现数据输出的地图化表示。旅游资源信息有地理属性，可以在地图上表示信息。旅游资源信息系统中的 GIS 具有很强的图形编辑功能，可大大降低出图成本，避免传统制图的繁琐工序，可以根据用户需要分层或叠加输出各种专题图。例如，将旅游资源质量评价等级图、旅游资源分布图、地形图、道路交通图、服务设施分布图和地形图叠加，可以为游客提供一幅详细的导游图。

12.3.2.2 旅游资源信息系统的专有功能

除了具备以上传统系统具备的一般功能，旅游资源信息系统还具备为最终用户的应用设计的专业应用功能。这部分功能是本系统才有的功能，显示与其他系统的差别，是自己的特色。对其具体各项功能描述如下。

（1）管理功能

此系统可以实现对旅游资源信息的数字化管理、合理调度、资源的科学配置与协调。该系统能够逐渐形成以计算机为核心的旅游资源动态管理系统，可对旅游资源进行现代化管理，利用信息的快速查询检索、可视化输出表达和实时交换，达到资源统一管理、数据共享和促进办公管理自动化。旅游资源信息系统属于行业部门的信息系统，可应用于旅游行业机构管理部门或旅游教学、研究单位及旅游企事业等，如国家旅游局以及省、直辖市、自治区、县旅游管理部门。应用于有关政府部门对旅游业的管理、监控工作。

（2）分析评价功能

此系统可以完成对旅游资源进行综合性分析，通过建立不同分析模型，如资源等级、规模、吸引力等，进行综合分析评价，提供旅游资源的定性或定量综合评判，为各级主管部门或企事业单位提供有效的科学参考信息。

（3）开发与决策功能

此系统根据旅游资源开发现状、潜力及发展趋势等综合因素，利用不同资源开发模型及不同决策因素，全面考虑市场格局，模拟不同的开发类型和开发决策，获得最优路线设计、最佳资源开发设计等，为管理部门、企事业单位在决策时提供决策参考。

12.3.3　旅游资源信息系统数据库的设计

旅游资源信息系统数据库是旅游资源信息系统的重要子系统，是其核心组成部分之一。数据库设计和建设的工作量一般要占整个系统设计和建设工作量的大部分。根据数据库设计质量的好坏，影响着整个系统建设的速度和资金费用，以及系统的应用、维护、更新、扩充等质量水平。

旅游资源信息具有空间地域性、不精确性、多样性与复杂性、时变性、结构上的镶嵌性和成层性等特征。面向对象数据模型与人们认识事物的观点和分类方法较接近，可自然清晰地表达旅游资源信息之间的关系。

12.3.3.1 旅游资源信息系统数据库设计的原则

最小数据重复原则 数据库中的数据用非冗余结构予以定义。

最大服务面原则 根据需要，数据库能同时为不同用户服务。

最小影响原则 在插入、修改、删除数据元素时，数据元素的结构、从属性、相互关系能保持不变或影响最小。

独立性原则 数据独立，即应用程序不依附于数据库中的数据组织方法和存放位置。

安全性原则 系统能对数据库中数据的存取进行有效控制，防止非法用户对数据的非法存取。

正确性和兼容性原则 系统能保证数据在逻辑意义上的正确性和兼容性，具有差错检查修复等保护手段，并可进行扩充和更新。

12.3.3.2 旅游资源信息系统数据库的分类

（1）基础信息数据库

基础信息数据库是反映旅游资源所处区域的自然、社会经济环境信息的数据库，属于空间型数据库。其主要内容是旅游资源区的地形图内容的数字化数据，其中交通要素要详细，且包含航空线，同时，附加气候、人口、经济信息等内容。

（2）专题信息数据库

专题信息数据库是将专题资料经数字化处理后所构建的数据库，属于空间定位型关系数据库。按专题内容不同可进一步划分为旅游资源数据库、旅游条件数据库、旅游区位数据库、旅游客源市场数据库几个部分，均可为子系统调用。

12.3.4 旅游资源信息系统应用模块的设计

旅游资源信息系统开发有2种途径：一种是以地理信息系统软件为其基础软件进行二次开发。地理信息系统软件虽已具备了应有的基本功能，但还满足不了旅游资源管理用户的最终要求，需要把系统基础软件与相关的程序软件或自带的程序软件相结合，开发旅游资源信息系统应用模块。通常要在地理信息系统基础软件的基础上采用二次开发的方法。

旅游资源信息系统的应用模块主要包括三大模块，即管理功能模块、分析评价功能模块和开发与决策功能模块。具体模块的设计如下：

（1）管理功能模块

管理功能模块在设计时主要包括数据（包括文字信息和图形数据）的输入功能、数据的输出功能和数据的存储功能。在具体模块设计时设置如下几个小的功能模块（如图12-3所示），包括数据输入、数据查询、数据的修改和更新、数据输出和运行维护5个模块。数据来源可以是各种格式：旅游资源数据的查询；旅游资源数据的显示（包括以文字形式和图形方式）；数据的修改和更新。

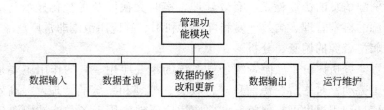

图 12-3　管理功能模块图

(2) 分析评价功能模块

分析评价功能模块按照旅游资源分类标准对研究范围内各种旅游资源分类，并提供旅游资源评价的数学模型，对其进行分析评价。还可提供旅游资源评价数值。

旅游资源分析评价是旅游资源信息系统的重要功能之一。旅游资源评价按其侧重面不同可分为旅游资源价值评价、旅游资源开发评价和旅游资源综合评价3类。其中旅游资源综合评价较为常用。其模块的具体组成如图12-4所示，包括统计报表的生成、绘制统计图、资源的评价、输出功能、资源分析5个模块组成。

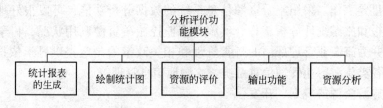

图 12-4　分析评价功能模块图

(3) 综合决策功能模块

根据开发评价的结果，要进行开发旅游资源的决策，还要经过旅游资源环境容量分析、生态容量分析、投入产出分析预测3个模型库，进行整合优化，才能最终辅助决策部门进行决策。其设计时主要包括（如图12-5所示）统计报表输出、生态容量分析、旅游资源环境容量预测、投入产出分析预测和统计图输出5个模块。

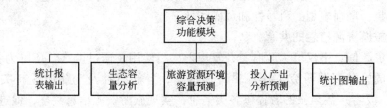

图 12-5　综合决策功能模块图

12.4　旅游资源信息系统的应用和发展

12.4.1　旅游资源信息系统的应用

旅游资源信息系统可以实现对旅游资源的数字化、标准化、现代化管理，可与旅游管理自动化办公成为一体，充分发挥管理信息系统的信息扩展容易、数据更新能力强、事务处理快捷的优势，从而达到资源共享、统一管理、有效监管，形成旅游资源信息的快速检索、有效处理、实时交换以及可视化显示与输出，实现旅游资源的科学管理、高效开发和可持续利用。其应用范围非常广泛。

(1) 旅游资源的调查、分析

旅游资源分析评价是旅游资源信息系统的重要应用。它的作用主要是以计算机替代手工劳动，对旅游资源信息进行收集、整理和系统的管理，提高效率，为旅游资源信息利用提供可靠保障。此项应用广泛地应用于各类旅游资源信息系统中，如旅游资源规划中的分析管理、旅游资源信息的预报、旅游统计分析等。

旅游资源的普查、评价工作是旅游资源管理中一项重要工作，而且需要调查和评价的数据数量巨大，传统的手段已很难很好地完成此项任务。旅游资源信息系统管理应用于旅游资源的普查、评价工作，可以很好地提高工作效率。此系统既可以应用于旅游资源数据的录入、储存、修改和删除，还可以应用于旅游资源信息的分析、评级工作。

(2) 政府工作中的应用

政府部门对旅游业的管理、监控工作包括日常旅游目的地各项旅游信息的收集、特别是旅游黄金周的信息收集。每年黄金周之前各项旅游信息的收集和发布均是一项重要工作。采用旅游资源信息系统的数据分析功能，可以很好地完成旅游信息预报和旅游统计分析工作，实施动态监控旅游资源利用状况，科学评价旅游资源，并为旅游业管理部门的日常管理和相关政策的制定提供科学依据。具体的应用有各类旅游行业管理信息系统、旅游地信息管理等。

(3) 旅游资源的规划、开发

旅游资源信息系统是一个旅游决策支持系统，可以多种形式支持旅游资源的规划、开发。其既可以进行旅游资源的日常事务管理，又可以对旅游资源进行开发论证，辅助规划部门进行决策。在实际应用中还可以为旅游资源规划管理服务。

旅游资源的规划、开发和可持续利用工作包括旅游资源的分析工作，利用旅游资源信息系统可以实现旅游开发项目的数字化管理。使用此软件可以将地理信息系统（GIS）、遥感技术（RS）、多媒体信息等技术引入到规划开发中去，对规划信息进行收集、存储、分析、管理、维护及辅助决策支持。可以将传统的、静态的、二维的规划形式，实现动态的、网络化的规划方式，极大地弥补传统旅游规划的不足，增强规划的科学性和可操作性。

(4) 旅游资源信息的共享

旅游资源信息不仅可为政府、开发规划部门使用，通过网络，还可为各学校、科研机构的旅游资源研究工作提供可靠数据，各旅行社及与旅游业有关的部门（如宾馆、饭店）甚至旅游者提供各类信息，实现旅游资源信息共享，促进旅游业的全面发展。

12.4.2 我国旅游资源信息系统的应用情况

旅游业作为我国国民经济发展新的经济增长点，越来越受到各级政府的高度重视。而旅游业的发展水平取决于旅游资源地的开发程度，所以，旅游资源开发、管理成为一个地域旅游业管理中的一个及其重要的问题。目前，国内旅游资源信息系统的研究建设尚处于初始阶段，旅游资源信息利用粗放，缺乏专业性、系统性；在互联网上有几千家和旅游相关网站推出，提供景点浏览、旅游线路介绍和客房、旅游商品预售等项服务，但各自独立、无序，不能信息共享，难以形成规模，使得旅游资源信息系统的研究和建设成为旅游业发展日益突出的重要课题。但已经有许多学者在此领域做出了研究，而且目前国家对此也越来越重视，其中一个工作就是金旅工程（将在下面案例分析中具体介绍）。

【思考题】
1. 旅游资源信息系统软硬件包括哪些？
2. 旅游资源信息系统有什么功能？
3. 旅游资源信息系统应用前景如何？

【经验性训练】

旅游资源信息系统操作训练

【概述】
通过对本章内容的学习和实际操作，掌握操作旅游资源信息系统。
【步骤】
1. 进机房，老师讲解有关旅游资源信息系统的操作方法。
2. 学生了解相关的操作系统，并能熟练操作，了解相应功能。
3. 全班同学的讨论，探讨可否建立适合本地旅游发展的旅游信息系统，老师点评总结。

【案例分析】

金 旅 工 程

1. 金旅工程简介

金旅工程是国家信息网络系统的重要组成部分，是旅游部门参与国家旅游业信息化建设的重要基石。金旅工程是覆盖全国旅游部门的国家—省—市—企业四级的计算机网络系统，建成后，将为提高旅游行业整体管理水平、运行效率、改进业务流程、重组行业资源等方面提供强有力的技术支持；同时，全面发展旅游电子商务，与国际接轨，为世界旅游电子商务市场提供服务。"金旅工程"可概括为"三网一库"，即内部办公网、管理业务网、公众商务网和公用数据库。内部办公网将国家旅游局与国务院办公网相连，为国家旅游局提供一个与国务院办公网和各部门进行安全保密和内部文件交换网络，实现内部办公自动化。业务管理网则着力建立一个旅游系统内部信息上传下达的渠道和功能完善的业务管理平台，实现各项业务处理的自动化。公众商务网主要建立一个可供各旅游企业进行供求信息交换、电子商务运作的中国旅游电子商厦，向旅游企业提供整套的电子商务解决方案。旅游企业在内可从事网上同业交易，为全球互联网用户提供旅游产品在线订购等电子商务活动。公用数据库则是以上三网的公用数据库。

2. "金旅工程"的目标和建设方针

现阶段旅游部门信息化工作的重点是建设"金旅工程"。金旅工程是国家信息化工作在旅游部门的具体体现，也是国家信息网络系统的一个组成部分。金旅工程由2个基本部分组成：一是政府旅游管理电子化，利用现代化技术手段管理旅游业；二是利用网络技术发展旅游电子商务，与国际接轨。总的目标是最大限度地整合国内外旅游信息资源，力争在3～5年内，建设和完善政府系统办公自动化网络和面向旅游市场的电子商务系统。

为了实现上述目标，国家旅游局计划在2001年初步建立全国旅游部门的国家—省（自治区、直辖市）—重点旅游城市—旅游企业四级计算机网络，重点建立起面向全国旅游部门的，包含旅游业的业务处理、信息管理和执法管理的现代化信息系统，初步形成旅游电子政府的基本骨架；同时，该系统也将建立一个旅游电子商务的标准平台，建立行业标准，提供对旅游电子商务应用环境与网上安全、支付手段的支撑，支持国内企业向电子旅游企业转型。

3. 金旅工程进展

2001年1月11日在全国旅游工作会议上，金旅工程建设正式启动。经过1年的组织推动和大力宣传，全国旅游信息化建设进入了快车道，信息化的作用得到了广泛的认同，多数旅游部门启动金旅工程建设，金旅工程试点省份和城市进行了行业信息化的试点探索。目前，广东、浙江、山东、黑龙江、桂林、大连、厦门、三亚都建立了试点。

【案例思考题】
1. 请谈谈金旅工程与旅游资源信息系统的异同？
2. 金旅工程建立后对旅游发展将起到怎样的作用？

【本章推荐阅读书目】
1. 旅游电子商务. 巫宁. 旅游教育出版社，2004.
2. 现代旅游电子商务教程. 杨路明. 电子工业出版社，2004.

第 13 章
旅游地图的编制

【本章概要】

本章主要介绍旅游地图的定义、特征、功能与作用；旅游地图的地理基础；旅游要素的表示方法；旅游地图符号的设计；旅游地图的色彩设计；旅游地图的编制。

【学习目标】
- 理解旅游地图编制的必要性；
- 理解旅游地图的三要素；
- 掌握旅游地图符号设计方法；
- 掌握旅游地图的色彩应用；
- 了解旅游地图的编制过程和方法。

【关键性术语】

旅游地图、旅游地图的要素、旅游地图符号、旅游地图注记、旅游地图色彩、旅游地图编制。

【章首案例】

福建省旅游资源分布图的编制

福建省旅游资源分布图的编制按照编图计划、资料准备、地图设计、编绘印制4个步骤进行。

1. 编图计划

依据使用需要，确定纵向A3幅面为福建省旅游资源分布图的基本规格，使用计算机技术进行地图的绘制。根据地图负载量，确定以福建省所有五级、四级旅游资源为专题内容，以数种符号表示旅游资源类型。

2. 资料准备

以1:100万福建省地图作为工作底图，收集整理旅游资源，并对照实地标注在相应的位置，收集重要交通信息，再选取主要的河流、山脉等地理基础信息。

3. 地图设计

首先是专题设计。对照旅游地图符号设计的形状象征性、位置精确性、分类逻辑系统性、色彩联想性、总体艺术性等要求，确定以计算机中常见的8种几何符号表示8大类旅游资源类型，分别以青、蓝、绿、紫、棕、红、黄、橙色来强化符号的类型特征。按照专业习惯选用旅游地图注记的字体、字号和颜色的使用。有些区域资源较为集中，资源符号及其标注容易重叠，则保留最重要的资源位置不变，其他资源通过标线引注。

其次是基础地理信息的选取。确定省、市、县3级居民地和境界线，已建、在建（或规划）的铁路、高速路、国道、省道和其他连接重要资源的交通线，主要的河流、山脉等地理基础信息，邻省则选取最重要的相关信息。再根据图名、图例、附图以及指北针、图廓等内容规划地图构图。

最后是色彩设计。按照地图色彩设计要求，以高纯度的颜色突出表示旅游资源，其他次要内容则选用亮度较大的色调，例如，福建、邻省省域和台湾海峡等面状符号所占面积相对较大，故分别使用浅黄、浅灰和浅蓝等亮度较大的色彩，做到整幅地图色彩对比和协调相统一。

4. 编绘印制

利用计算机绘图软件，在扫描底图基础上转绘地图的数学基础，如地图图廓点、经纬网等。再转绘地图内容，突出表示旅游地图专题要素；对照实地的位置转绘旅游资源；转绘居民地、境界线、交通线、河流、山脉等地理基础信息。然后添加图名、图例、附图、指北针以及图廓等内容。最后根据打印机打印精度，在计算机绘图软件中缩小地图，并设置为 A3 尺寸打印页面和至少 200dpi 以上的分辨率，打印出精美的旅游资源分布图。

13.1 旅游地图的定义、特征、功能和作用

我国最早的古籍之一《山海经》在记录古人旅游活动的同时就绘制有关于山水、动植物，是原始的旅游地图。长沙马王堆汉墓出土的用象形符号表示建筑物的地图，是迄今世界上最早以实测为基础的城市旅游地图。唐代诗人王维绘制、后人重新绘制的《辋川图》，表示了蓝田辋川王维隐居处沿途风光 20 景，是现存最长的早期导游图。我国古代地图包括旅游地图制作水平一直居于世界前列。近年来，我国旅游发展迅速，伴随着现代地图学的发展和计算机技术的应用，旅游地图有了新的发展。

旅游地图和素描画、航空照片和卫星照片不同，它有其独特的旅游空间信息表达方式。

13.1.1 旅游地图的定义与特征

理解旅游地图的定义，明确旅游地图是众多纷繁复杂的地图中特殊的一类，既具备一般地图的特征，又有旅游地图的独特特性。

13.1.1.1 旅游地图的定义

地图是按照一定的数学法则，将地表上的自然要素和社会经济要素综合，以符号图形缩小表示在平面上的图像。

旅游地图则是突出表示旅游区域的一种或数种旅游要素，反映旅游客体、主体和媒介时间、空间的分布、联系及其变化的地图。例如，旅游资源分布图、旅游总体规划图、导游图等。

旅游地图除了描绘旅游区空间主体内容外，一般还包括图名、图例、指北针、比例尺、图廓和其他文字或图片等附属内容，表达完整的旅游信息。

13.1.1.2 旅游地图的特征

旅游地图具有地图的基本特征，包含特殊的数学法则、特定的符号系统和特异的制图综合。

(1) 特殊的数学法则

地图是按照一定的数学法则表现空间事物的。平面地图要表现地表曲面就必

须按照数学法则，利用地图投影，将地球自然表面的事物按比例尺缩小到可见程度反映到地图平面上。数学法则使得平面地图具有足够的数学精度、可测量性和可比性。

（2）特定的符号系统

地图符号系统采用符号、颜色、注记等反映地表可见和不可见的事物，是地图的语言，使地图具有直观性和易读性。

（3）特异的制图综合

制图综合就是通过科学的综合选取反映地表重要的、基本的、本质性的事物，舍去次要的、个别的、非本质性的事物，表示制图区域的基本特征，使地图具有清晰性和一览性。

13.1.1.3 旅游地图的特点

旅游地图除了具有地图的基本特性外，本身还包含以下特点。

（1）符号形象、直观易读

旅游地图的符号系统大多采用象形符号和透视符号，形象直观、象征性强，具有一定的艺术性、美观生动，可以较好地传输信息。

（2）色彩艳丽，吸引力强

旅游地图的色彩设计一般艳丽协调，漂亮悦目。鲜艳的色彩比浅淡的色彩对读者会产生更强的视觉冲击力，会有更强的吸引力。

（3）表现方法灵活多样

旅游地图常采用"多层平面表示法"，即主要旅游内容放第一层面，次要内容放第二层、第三层面，相关内容放底层。另外，在表现手法上，旅游地图常用彩色线划符号、彩色晕渲、彩色素描、透视立体图等方法，烘托主题，增强感染力。

（4）图文并茂，生动活泼

旅游地图的内容丰富多样，以图为主，地图、文字、彩照结合，综合反映主题内容。此外，旅游地图上还常附加透视立体图、素描图、鸟瞰图等，增强直观效果和感染力。

（5）便于浏览，轻巧实用

旅游地图开本和装帧适应在动态中使用较多的特点，轻巧实用。开本常见的是4开或8开，采用形式多样的展开折叠型，双面彩色印刷，纸张多为耐磨的铜版纸，装潢考究美观，力求实用。

13.1.2 旅游地图的功能与作用

旅游地图具有获取信息、模拟客观、载负信息、传输信息和感受信息的功能，只有理解地图这些功能才能深刻领会旅游地图的作用。

13.1.2.1 旅游地图的功能

（1）获取信息功能

旅游资源图是一种专题地图，通过地图量测，获取区域旅游资源的空间位置、长度、坡度、面积、体积、深度、密度、曲率、比率等具体数量指标。对地图进行分析，获得各种制图对象的参数数据、历史变迁、区域规律性以及发展趋势等信息，还可获得区域旅游资源直观分布及随时间变化的情况。

（2）模拟客观功能

地图是对客观世界的缩小和概括。它具有严密的数学基础、直观的符号系统和科学的制图综合，可以说地图是客观世界的抽象化、公式化和符号化，是对客观世界的模拟，能表示客观世界的自然、社会经济现象的空间分布、结构组合、相互联系以及发展变化。它是用符号系统反映制图对象的形象符号模型，用数学图形方法表示制图对象的数量、质量特征的图形数学模型；是用抽象和概括的方法再现客观世界制图对象的分布和结构组合的空间模型，具有精确性、直观性、一览性、概括性、抽象性、合成性、可量测性和相似性等。通过地图，可以根据需要建立各种模型，再现和模拟复杂多样的客观世界。

（3）传输信息功能

地图是信息传输的通道和工具。编图者（即信息发送者）把对客观世界（信息源）的认识经过选择、概括、简化、符号化（即编码），通过地图（即传输通道）传送给用图者（即信息接收者）；用图者经过符号判读分析（即译码），形成再现的对客观世界的认识（如图13-1）。显然，地图传输信息功能涉及编图者和用图者，制图和用图的过程。这就要求地图编制者深刻认识客观世界，经过加工处理出现在地图上的信息要准确、易读，不出现伪信息；而用图者要懂得地图符号语言，正确分析判读，准确译码，没有错误信息。地图传输信息功能把地图生产和地图应用连成了一个有机的整体。

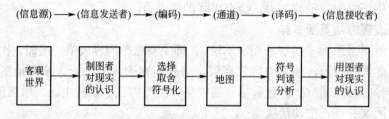

图13-1　地图传输信息功能示意图

（4）载负信息功能

地图是容纳和储存地表环境信息的载体，或者说是储存信息的工具或手段。地图存储着大量的信息，它们是依据图形线划符号来储存、表达和传递的。地理信息包括直观信息和潜在信息，直观信息即地图上的线划符号图形；而潜在信息只有通过分析、解译、判读才能获得。地图的直观信息是有限的，而潜在信息却是不可计量的。人们根据需要，可以从地图上提取各种所需信息。地图是一个信息集合体，它载负着各种各样不同种类、不同范畴的环境信息。

（5）感受信息功能

地图是信息的载体。从某种意义上来说，地图也是一个信息源。任何人都会对地图产生一个感受过程，都能从地图上感受到信息。制图是为了在实践中应用。从制图者的角度考虑，要从用图者的感受过程和特点出发，分析其心理特征、视觉效果，研究怎样的图形符号、整饰效果，能最大限度地发挥地图的各种作用，获得最多的地图信息。采用不同的符号图形和图面整饰，制作的同一制图区、同一主题的地图，对用图者将会产生不同的感受效果。相反，同一地图，对不同年龄、不同文化层次、具有不同地理知识的用图者，现将会产生不同的感受效果。另一方面，也要考虑怎样的地图设计、符号系统，读者容易接受；另一方面，也要考虑不同的地图设计、符号系统，针对不同类型的读者。从符号与符号、符号与制图对象、符号与用图者 3 种关系入手研究，作为地图符号系统设计、地图整饰的理论基础，从而得到最佳的地图感受效果，最优化地发挥地图感受信息功能的作用。

13.1.2.2 旅游地图的作用

地图在国民经济建设、国防军事、科学研究、文化宣传教育等领域得到了广泛的使用。可以说各行各业都会不同程度地应用地图，都会直接地或间接地与地图发生关系。旅游地图的发展经过了一个漫长的时期。在旅游事业发展的过程中，旅游地图得到了越来越广泛的应用。旅游地图被称为旅游的"向导、指南、参谋、工具、手段"。旅游地图的作用可归纳为以下几个方面。

(1) 旅游者的"指南"

旅游是一个集合概念，它包括的范围很广，但通俗地讲，旅游就是离开家的游览活动。也可认为，旅游是以各种不同方式的空间移动和时间利用的消费现象。如果有较为详细的旅游地图，表示出游客所关心的这些问题，将会起到导游的作用。在旅游前，使游客不至于迷失方向，正确选择旅游路线和旅游工具，恰当确定就餐、休息地点，对旅游区概况有所了解，做到心中有数，从而使旅游活动能够做到有计划、巧安排，有效地利用时间、费用。在旅游中，游客还可随时阅读、使用旅游地图，不断地用它来解决所碰到的各种问题。旅游者如果能正确地使用地图，就可以利用旅游地图的数学精确性、空间定位准确性、可量测性以及一览性等特征，充分发挥地图的获取信息、感受信息的功能，使旅游地图成为旅游者的"向导""指南"，以便于正确地利用时间和科学地分配时间。

(2) 导游的"工具"

旅游事业发达的国家，旅游地图知识的普及程度较高，都相应地出版了大量的旅游地图，这些地图对于旅游发挥了极大的作用。比如，家庭自驾车旅游，就可借助于旅游地图走南闯北。我国近年也出版了大量的旅游地图，而且还在不断地增加地图品种，但受到旅游地图知识的普及性的限制，旅游地图仅仅可能被用来找找地方，看看路线而已，从图上获得的信息并不是很多。所以导游应该充分地利用旅游地图这个有力工具，正确地引导旅游者，从宏观上可以利用旅游地图的一览性，综合地介绍旅游区全貌；从微观上，利用旅游地图的"精确性"，详细地解说旅游区细部。同时，在游览过程中，还可以利用地图的模拟客观功能，采用图、地对照的方法，来生动地介绍讲解；通过粗略的图上量测，来增加游客的兴趣，提高导游质量。旅游地图能起到语言起不到的作用，是导游者不可缺少的非语言"工具"。

(3) 旅游管理的"参谋"

旅游管理是一个综合系统工程，在旅游管理工作中离不开旅游地图。旅游管理者可以根据旅游地图来指挥安排旅游活动，规划设计旅游点建设，投资开发旅游资源，添置配套旅游设施，科学设计旅游路线，有效组织旅游客源，合理确定疗养基地，正确制定旅游决策，综合研究旅游对策，全景式酝酿旅游方针等。例如，根据旅游设施分布图可以发现旅游设施布局改造的需要；根据综合旅游图，正确地指挥管理旅游活动，合理地计划安排旅游路线；根据旅游资源分布图，通过野外考察和地图分析研究，科学地规划建设新的旅游点，开发旅游资源；根据旅游交通图，采用优选法，优化设计旅游交通路线和交通工具；根据各种旅游系列图，通过综合分析讨论，正确制定旅游决策和方针。

（4）旅游研究的"手段"

旅游地图是旅游科学研究的重要手段。发展旅游事业需要研究旅游的发生、发展规律及其与环境的相互关系，研究旅游主体的形成、移动特征、旅游客体（旅游资源和娱乐）的分类、评价、保护以及开发论证；研究旅游媒介（旅游手段、宣传、组织、运输、接待）的功能、构成特点和组成旅游活动的主体、客体、媒介三者的综合关系等。地图被认为是地表环境的缩小和概括。地图具有模拟客观功能，也可以说地图是地表制图对象的缩小概括的图形模型。旅游地图当然也是图形模型。旅游研究者可以利用这种模型，综合分析各种旅游相关要素的空间分布规律、时间动态变化以及相互关系，从而得出科学结论和建立假说，或做出综合评价、总结规律和预测预报。分析研究旅游地图的方法多种多样，常见的有图形量测分析法、图表分析法、数理分析法、对比分析法、综合分析法，实践证明这些方法是有效的、可行的。例如，通过对旅游资源图进行量测分析、综合分析，可以综合评价旅游资源，进行区划、规划，为旅游资源开发提供重要数据。通过对同一区域不同年代旅游分布图进行对比分析，可以发现旅游对环境的影响规律。旅游地图同时还是旅游研究成果的极好表达形式，例如，旅游资源评价、旅游区域研究、旅游发展趋势预测研究，都可以利用地图的形式来充分显示。

（5）旅游宣传的广告和纪念品

旅游地图是极好的旅游广告。由于其广泛的发行面、大宗的发行量和独特的表现形式，使得它在宣传的广度和深度方面，并不亚于电视、报纸和杂志刊物等形式，且经济实惠、多方受益。同时，设计精美的旅游地图又是一种极佳的工艺纪念品。如果旅游景区发售美观的旅游地图，由于它的易携带性、色彩悦目、引人入胜、美观活泼以及经济实用等方面的因素，一般很受旅客欢迎，让旅游者留下美好的回忆，成为人生的备忘录，那将能在一定程度上满足旅游者的这种恋游心理，成为旅游的最佳纪念品。工艺精美的旅游图还可用来馈赠友人，成为受欢迎的佳品，无形中成为旅游景区的宣传广告。

13.2　旅游地图的要素

旅游地图的要素包括数学要素、地理要素、辅助要素。其中数学要素指地图比例尺、投影、坐标网、控制点等；地理要素指水系、地貌、土质、植被、居民点、交通线、境界线以及专题内容信息，通常以符号和注记方式表示；辅助要素则指图名、图例、附图、图廓、图号、制图单位、成图时间和有关说明等。下面主要介绍比例尺、符号与注记等最基本内容。

13.2.1　比例尺

（1）比例尺的含义

旅游是旅游者离开日常生活的环境位移到其他空间区域的活动，旅游地图就是把这些广阔区域多维的景观信息描绘在二维有限幅面的平面图纸上，必然遇到以小见大、以二维平面表现多维的矛盾。解决矛盾的办法就是按照一定数学法则，运用符号系统、经过制图综合，将有用信息缩小表示。为了使地图的制作者能按实际所需的比例制图，让地图的使用者能够了解地图与实际制图区域之间的比例关系，便于用图，在制图之前就必须明确制订制图区域缩小的比例，在制成的图上也应明确标示出缩小的比例。

地图上线段的长度与地面上相应距离的水平长度之比，叫比例尺。

（2）比例尺的形式

地图上表示比例尺有以下几种形式。

数字式 用阿拉伯数字表示。例如，1∶100 000、1∶50 000、1∶25 000 或简写 1∶10 万、1∶5 万、1∶2.5 万等，也可用分数 $\dfrac{1}{100\,000}$、$\dfrac{1}{25\,000}$、$\dfrac{1}{50\,000}$ 表示。

文字式 用文字注解的方法表示。例如，"百万分之一"，"图上 1cm 相当于实地 10km"等。表达比例尺长度单位，在地图上通常以厘米计，在实地以米和千米计。

图解式 用图形加注记的形式表示的比例尺。例如，地图上通常用直线比例尺（图 13-2 图解比例尺）。

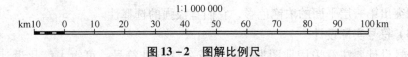

图 13-2 图解比例尺

小比例尺地图上，往往根据不同纬度的变形不同，绘制一种复式比例尺，又称纬线比例尺（图 13-3），是变形随纬度不同而变化的纬线比例尺。

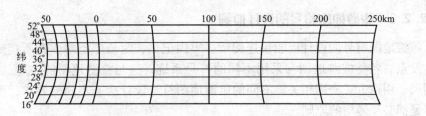

图 13-3 随纬度不同而变化的纬线比例尺

电子地图出现后，传统的比例尺概念发生新变化。在以纸质为信息载体的地图上，地图内容的选取、概括程度、数据精度等都与比例尺密切相关；而在计算机生成的屏幕地图上，比例尺主要表明地图数据的精度。屏幕上比例尺的变化，并不影响上述内容涉及的地图本身比例尺的特征。

13.2.2 旅游地图符号的设计

按照一定的步骤、遵循一定的原则才能设计出合适的旅游地图符号。

13.2.2.1 旅游地图符号设计的步骤

旅游地图符号设计中的步骤通常要经过熟悉地图内容、分析区域资料、确定的视觉感受特性、拟定符号构成元素和符号的实际设计等环节。

（1）熟悉地图内容

符号设计的过程，也是表达地图内容的过程。只有全面了解地图的内容，才能进行正确的地图符号设计。这一环节，符号设计者要具有一般的地图制图知识、深刻地领会地图作者的设计思想。

（2）分析区域资料

对于区域资料，必须认真分析检查，了解其质量、现实性、可用程度以及所表示的旅游要素特征。显然，这种分析除了必须具有旅游学的知识外，还应有一些地理知识。

(3) 确定符号视觉感受特性

符号的每一种构成元素都有其独特性。符号设计在地图内容和区域资料分析基础上，研究确定其视觉感受特性。一幅地图要全部利用符号的各种视觉感受特性是非常困难的，一般只能突出一种或几种。比如，要设计"福建旅游资源分布图"的符号，在充分研究地图所选内容和资料之后，以选择感受和联想感受作为符号主要视觉感受特性。这就为后边的选择符号构成元素打好了基础。

(4) 拟定符号构成元素

拟定符号构成元素就是确定采用何种符号形式去表达旅游信息。构成元素选择既要考虑和前面确定的符号视觉感受特性一致，还要注意地图使用的要求。例如，福建旅游资源分布图，确定符号视觉感受特性为选择感受和联想感受，符号设计即用色彩和形状元素结合表示。符号设计即用联想性极强的象形符号表示，采用能突出第一层平面的浓艳色彩，它们有极强的选择性。

(5) 符号实际设计

符号设计要注意采用地图惯用符号或公认标准符号，可大大简化设计步骤。要注意了解地图生产和印制过程中所需材料和作业方法。另外，还必须具有一定的绘图技能，也不可忽视符号的艺术性。

13.2.2.2 旅游地图符号的设计原则

旅游地图符号的设计以能快速阅读、牢固记忆，为最广泛的读者所接受为基本出发点。各类旅游地图常采用不同的符号系统，这与旅游地图的主题、内容、比例尺、用途方式密切相关。不同的旅游地图符号设计会有不同的要求，但以下内容是都必须遵循的原则。

(1) 符号要图案化

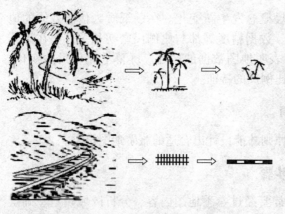

图 13-4 符号的图案化过程

符号的形状应反映景物的实际形态和特征。设计时，要以景物的真实形状为主要依据，经概括、抽象，达到图案化，且要清晰易读，便于绘制。图案化就是要突出事物最本质的特征，舍去次要的碎部，使图形具有象形、简洁、醒目和艺术的特点，使读者能"望文生义"，图案化的过程，也是一个艺术概括和综合的过程。例如，椰树和铁路的图案化过程就是很好的案例（图13-4）。

经过高度概括和抽象的符号具有显著的特点，既能反映现实，同时又高于现实。对于一些无明显形状的事象，如旅游线路、境界线、行政等级，则采用会意性符号，以几何图形为基础，经适当变化、简单组合而成。

(2) 种类要简化

符号的种类并不是越多越好。现代科学的发展使得人们能够用简单来代替复杂。符号过于冗杂将影响到读者的读图速度，给读图带来困难。性质相同，外形特征类似的物体，可用同一种符号作为基础，加以适当变化来区别。例如，在旅游资源图上表示同一主类的旅游资源时，只需用同一形状符号以不同尺寸表示等级差异即可。另外，符号本身的形状也是越简单越好。在设计中，能用简单而生动的符号，就不要用复杂而呆板的符号，例如，地文景观类资源就可以用接近习惯和山体外形的三角形符号表示。简单符号由于笔画较少、结构简练，故易于阅读和记忆，绘制也方便；又如用飞机符号表示机场和着陆场，用锚符号表示港口和停泊场，就非常有利于读者阅读。

(3) 位置要精确

任何形状和大小的符号都要求符号图形具有较准确的定位点或量度中心，以便于确定物体在图上的相应分布位置。能依比例表示的符号，按其垂直投影的轮廓应以实线、虚线或点线表示。非比例、半依比例符号要求有一个定位点或一条定位线代表其中心位置。这样，就会提高旅游地图的精确性。

(4) 符号要有对比协调性

符号既要有对比性，又要有协调性。符号的对比性指不同符号间应区别明显、主次分明。借助于符号的构成元素（如形状、大小、色彩、网纹、方向等）的多种变化，使之能相互区别。凡图上较重要的物体，其符号应突出醒目，使读者能快速感受，一般将其置于地图的第一层平面；次要、一般的物体，符号不宜太突出，将其置于第二层面；再次者，则将其置于第三层面或底层平面。例如，在旅游交通图上，铁路用浓艳鲜明的红色粗实线表示；航空线用蓝色实线表示；一般公路用橙色或棕色实线表示等。符号的协调性是符号大小的相互联系及配合。例如，街道与公路、路与桥、铁路与车站相连时，其宽度应取得一致，符号本身尺寸的配字也应协调，不要产生极大极小的差异。

(5) 符号要有逻辑系统性

用形状变化，可反映景物的质量特征。图上符号形状变化不能过于复杂，以免影响地图易读性。同一类符号，在其性质相近的情况下，通常保持相似，使之在系统上具有一定的联系，形成一种系列。例如，古宝塔、铁塔、烟囱、亭阁、水塔等，一般都采用侧形符号，保证了符号相似。同时，符号的内容要有内在的有机联系，比如，符号形状的大小，线划的粗细和虚实，要能显示事象占有空间位置的大小主次。一般用实线表示稳定的（如常流河），地上的（如铁路、公路）、准确的（如实测的等值线）和可见的（如旅游路线）制图对象；用虚线或点线表示不稳定的（如时令河）、地下的（如隧道、地下通信电缆）、不准确的（如推测草绘的等值线）和无实物的（如境界线、航空线）制图对象。再如，黑、棕、蓝色齿线分别表示人工的、天然的和水中的地物，经与其他要素配合或本身的组合，可派生出大量的齿线符号系列。

(6) 色彩要有象征性

五彩缤纷的大自然长期给人们造成了概念印象，使色彩逐渐形成了习惯象征含义。符号设计如能善于利用这些象征意义，就会加强旅游地图的显示效果。例如，水体用蓝色、植被用绿色、山体用棕色；热用红色、冷用蓝色。

(7) 总体要有艺术性

在保证符号科学性的基础上，一定要注意符号的总体艺术性。设计的符号应有一种美的感受。符号本身应构图简练、美观、色彩艳丽、鲜明，高度抽象概括。符号与符号之间，则要求互相协调、衬托，成为完整系统。

符号设计工作是一项复杂而细致的研究工作。要广泛收集，认真研究已有的各种符号，借鉴前人经验。搜集国内外出版的公众优秀地图资料，分析有关地图符号的研究、试验论文，寻找要设计的图像材料（如照片、图案），必要时要实地调查、写生、摄影，取得第一手资料。这些工作，对符号设计有极大帮助。

13.2.2.3 点状符号的设计

点状符号在图上所占的面积相对较小，几何符号、象形符号、透视符号、文字符号都是点状符号。此处，仅以几何符号为例，讨论点状符号的设计。

几何符号是有一种或几种基本几何图形构成的符号。几何符号构图规则、简单明了、易于定位，是旅游地图中应用较多的符号之一。凡是能用此种符号表示的景物，应尽量采用。几何符号，一般以圆形、方形、三角形等为基础进行变化，构成反映景物质量、数量特征的不同符号系统。

（1）符号形状变化

用形状变化，可反映景物的质量特征。图上符号形状变化不能过于复杂，以免影响地图易读性。

个体几何符号主要有轮廓形状变化和图形内部结构变化（图13-5）。改变符号轮廓，可使圆的轮廓线发生粗、细和实、虚变化，其中轮廓线粗、实的对比性明显，其他几个不易区分。实践中，圆内常要加上颜色或线条。改变符号轮廓及内部结构后，同样尺寸的符号就能产生大小不同的感觉。其中，黑白对比明显的符号产生的视觉效果较好。

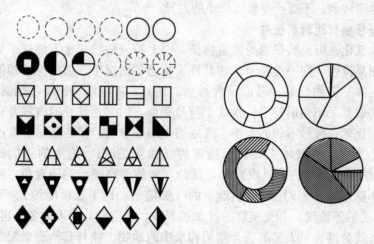

图13-5 几何符号的形状变化和内部结构变化

改变符号结构。可用线条来变化圆、矩形、方形、三角形、菱形的内部，也可用黑白对比变化，来改变其内部。显然，后者优于前者。表示多种统计数值的结构符号（图13-5），虽然可以用圆的分割比率表示各种要素所占的百分比，但效果不如环形结构符号明显。这种符号除用网纹表示外，也可用不同颜色表示，且后者效果更好。

为提高符号的对比性，设计时应注意：改变轮廓线，以粗线条为主，不宜采用虚线点线。内部变化的符号，以实虚结合为主。用晕线变化符号内部结构时，晕线间隔不易太小，且应比轮廓线细。

组合几何符号可以抓住景物的本质特征，把个体几何图形生动地结合在一起，使之具有一定的代表性和象形特点。表示人，主要反映人的某种形态。表示动物，其特点是构图的线条配合恰当，夸张表现动物的典型特征。表示植物，以外貌为主，突出总体，舍去局部。表示建筑物，以正方形、三角形为主，用实虚结合表现几种房屋的不同特点。表示交通工具，在于反映其一个侧面，图形夸张，例如，图上的飞机图案，就是作了高度概括和夸张。

（2）符号大小及其内部变化

几何符号的大小常用来表示旅游要素的数量指标。设计时注意与地图用图的一致和与事物等级一致。

与地图用图一致　设计符号，首先应考虑地图用途。如教学用挂图，比例尺一般都偏小，为适应教学要求，符号应设计得大一些，线划应粗，结构变化应简明；同类符号基础应统一。参考性地图，内容相对多而复杂，符号应设计精细一些。

与事物等级一致　表示事物数量或分级的符号，其大小应与事物等级一致。确定符号的大小，应以最小一级的符号尺寸为基准，依次确定其他各级符号大小。同类符号形状应统一，大小应对比明显。同一种形状的符号大小，不能表示同一事物的2层含义，为使上下2级符号区别明显，需变化符号结构。例如，小比例尺旅游地图上的居民点符号，一般兼有表示人口数和行政意义的2种关系。用大小来表示居民点的人口数和行政意义，显然不够明显，例如，用圆形表示居民点，圆的大小表示人口数的多少，圆的内部结构表示行政意义，2种关系均能表示出来。

几何符号立体装饰可进一步提高符号的直观性，使所表示对象更加鲜明。立体装饰形式有晕线、阴影、色彩装饰等。

（3）符号颜色变化

几何符号的颜色常用来表示事物的质量特征，颜色的差异比形状的差异更为明显，故表示重要的、主要的类别和性质变化。符号的颜色变化包括符号本身线划颜色和其内部面状色的变化。可用色相的变化表示不同的制图对象。设计几何符号要研究符号本身形状、尺寸和装饰方法，也应注意符号的协调、对比关系。在一幅地图中，要避免出现符号图形大小、线划粗细极为悬殊或彼此不易区分、相互不谐调的情况。

13.2.2.4 线状符号的设计

线状符号是指长度依比例尺显示、宽度常不依比例尺显示，表示线状或带状事物的符号。地图内容大多都是利用线条来显示的。线状符号既可以表示线状或带状延伸的地物；也可以表示类型或区域的分界线，例如，地貌类型界线、区划界线等；亦可表示有形或无形的趋势面的总体概貌及定量特征，比如旅游人口等密度线等。

（1）定性线状符号

表示定名量表数据的线状符号为定性线状符号。通常符号的宽度不做变化，常使用色彩、形状等视觉变量来表示制图对象的性质类别。

视觉变量的选择主要利用色相的变化，不宜采用纯度或亮度的变化来设计。

例如，用同粗的黑实线表示铁路；蓝线表示航空线（渠道或水涯线）；红实线表示公路等。

形状视觉变量的设计主要使用一种或几种图形元素的重复、连续变化以及虚实变化、图形变化，来表示制图对象的性质，亦可表示类型、区划界线；显示有大致相同感受效果，同粗的线状符号的形状变化。

（2）等级线状符号

等级线状符号是指表示顺序量表数的现状符号。主要利用尺寸视觉变量表示制图对象的等级、强度；利用色彩、形状等视觉变量辅助表示。

尺寸变化（主要用线划粗细的变化）能较好反映制图对象的等级强度。例如，在某比例尺的交通图上，用同为红色的 0.8mm 线条表示高速公路，0.5mm 线条表示一级公路，0.3mm 线条表示二级公路，0.1mm 线条表示三级公路。即用线条的粗细来区分顺序量表数据。

尺寸视觉变量可表达等级概念，但区分度不一定非常明显。实践中常使用色相或形状变量辅助表达等级、强度概念。比如上例，在用尺寸变化的同时，结合色彩变化，即高速公路用红色，一级公路用棕色，二级公路用橙色，三级公路用黄灰色，可较好区别出等级。

等级线状符号如果用尺寸变化结合形状变量来表达，则在变化线条粗细的同时，也变化线条的单双（线）、虚实、结构及附加短线，亦可较好表达等级顺序、强度概念。

（3）趋势面线状符号

趋势面线状符号是指表示连续分布、逐渐变化的实际或理论趋势面（前者如地势等高线，后者如人口密度等值线）按一定顺序排列的等值线、连续剖面线等线状符号组合。按理呈面状分布的事物用面状符号表示较好，但在趋势面上按一定间隔测量或统计出的数值点，连接成线并按一定顺序连续排列，却能很好地刻画出趋势面的数量特征及其总体概貌。例如，等高线至今还是表达地势的最好方法；反映人口疏密变化及其密度数量的人口密度等值线，能较好表达人口分布状况。

13.2.2.5 面状符号的设计

面状符号是指表示实地呈面状分布事物现象的符号，常用轮廓界线的空间位置表示事物的空间分布，用轮廓内的晕线、花纹或色彩表示事物的质量、数量特征。

（1）晕线面状符号

晕线面状符号是由不同方向、不同形状、不同粗细、不同疏密、不同颜色、不同间隔排列的平行线组成。其中，晕线方向、形状、交叉排列组合及粗细的变化可表示定名量表数据；晕线粗细、疏密、间隔排列的变化可表示顺序量表、间隔量表和比率量表。

（2）花纹面状符号

花纹面状符号是由大小相似、不同形状、不同颜色的网点、线段、几何图形等花纹点构成。其中，花纹点的形状变化可表示定名量表数据；网点或短线段的疏密变化可表示顺序量表、间距量表和比率量表数据。花纹和晕线也可互相结合，构成千变万化的面状符号系列。

（3）色彩面状符号

色彩面状符号是指不同范围内的面状色（普染色）符号。它比晕线、花纹面状符号的鲜明性和视觉刺激力更强，表现力较好，较为常见。

不同色相的面状符号可表达定名量表数据；不同纯度、亮度和色相的变化可表达顺序量表、间距量表和比率量表数据。

设计面状符号时应注意：① 晕线、花纹面状符号强调面的概念（即整体感受效果）而不突出个体细部；② 晕线面状符号的线条不宜过粗，和背景间的反差不宜过大；③ 花纹面状符号的花纹点不宜太大，花纹点间隔不宜过大；④ 晕线花纹面状符号图面载负量较大，不宜和线状符号叠加配合，但却和色彩面状符号较易配合；⑤ 色彩面状符号常用浅色系列，其图面载负量小，宜和线状、点状符号叠加配合。计算机制图的飞速发展，使得复杂的晕线、花纹符号设计逐渐转变为直接在制图软件或在电子出版系统符号库中选择现成的晕线或花纹符号，地图符号设计变得越来越简单，但符号设计的原理却是设计者必须掌握的理论基础。

13.2.3 旅游地图注记设计

地图注记是地图符号系统中不可缺少的一个组成部分，对地图符号起着重要的补充作用。

13.2.3.1 地图注记的意义和种类

地图上的文字和数字总称为地图注记。地图注记是地图内容的重要部分。注记并不是自然界中的一种要素，但它们与地图上表示的要素有关，没有注记的地图只能表达事物的空间概念，而不能表示事物的名称和某些质量和数量特征。所以注记与图形符号构成了一个整体，是地图符号系统的组成部分。

地图上的注记可分为名称注记、说明注记和数字注记。

名称注记说明各种事物的专有名称，例如，居民地名称，海洋、湖泊、河流、岛屿名称，山和山脉名称等。名称注记在地图上的量最大，分布范围也广，从一个小地方到整个大陆，均有名称注记。在地图的使用中，它们显得尤其重要，无论是一般的浏览，还是详细的分析地图，都离不开名称注记。

说明注记表明各种事物的种类、性质或特征，用于补充图形符号的不足。说明注记常用简注表示，如石油管道用油、输水管道用水、石质河底用石、松树用松等。

数字注记说明某些事物的数量特征，例如，高程、比高、路宽、水深、流速、桥长、载重量，等等。

13.2.3.2 注记的字体、字级和颜色

旅游地图注记的字体、字级和颜色的使用有讲究，应按照习惯进行设计。

（1）字体

地图上常用不同的字体表示不同的事物。常用的字体主要有：宋体、等线体、仿宋体和横线体。

宋体字 特征是：字形方正、横平竖直、横细竖粗、棱角分明。按笔画粗细，可分为细宋、中宋和粗宋体3种。由于它端正清晰，横细竖粗，适合汉字横笔画多、竖笔画少的特点，在地图上应用较广，如用于注记居民地等。但一般不做最

高等级的注记字体,因为这种字太小,不如等线体粗壮,显得软弱无力;也不宜做最低级的注记字体,因为这种字笔锋装饰多,不易印刷清楚。

等线体字 特征是:字形端正、横平竖直、笔画等粗、庄严醒目。按笔画粗细,可分为粗等线体、中等线体和细等线体3种。由于等线体字造型简单,基本上无装饰,字体醒目、朴素,在地图上应用很广。粗等线体庄严有力,可做标题、图名和大型居民地的注记。中等线体笔画均匀,是较大居民地注记的重要字体。细等线体清秀明快,是地图上最小注记的基本字体。

仿宋体字 特征是:宋体结构、楷书笔法、粗细匀称、清秀挺拔。由于它笔画粗细差别不大,没有加意的笔端装饰,可用钢笔直接写成,常用于编稿图上。

横线体字 特征是:字形扁方、横细竖粗、棱角浑圆。这种字清晰、大方,多用于政区名称的表面注记。

出版地图上的注记,都是通过照相排字机获得的。照相排字机的摄像原理和一般的照相机相同,它是将玻璃字盘上负像形式的文字和数字通过透镜摄像于暗箱内的普通相纸或透明感光片基上。由于排字机上有20组不同焦距的主透镜和24种变形透镜,每个字通过主透镜可以获得20种不同尺寸,又能通过变形透镜把一个字变成25种形状(加上原来的正方形字),因此,一个字可以有500种尺寸和形状的变化,完全可以满足出版地图上注记的需要。字盘上的正方形字,通过变形透镜可以成为左斜、右斜、耸肩、扁方、长方等不同字形;这种变形不变体的字,称为变形字,多用于注记水系、山脉等,如左斜用于表示河流、湖泊等,右斜用于表示海峡、海洋,耸肩用于表示山脉。

(2) 字级

地图上注记尺寸的大小选择,应考虑它在一幅图上按照事物的重要程度和意义来确定,采用不同的字级,使注记大小与图形符号相对应,差别明显,图面清晰。

(3) 注记的颜色

注记颜色只有色相的变化。颜色的选用要与注记所表示的事物类别相联系。例如,一般图上居民地注记用黑色,河流注记用蓝色,政区表面注记用红色等。

13.2.3.3 注记的排列和配置

地图上注记数量较多,它们可以位于地图空间的任一部分,各种注记的穿插也比较复杂,注记的排列和配置是否恰当,常常影响读图的效果。

(1) 注记排列

注记排列有2种基本方法:一是注记的字向指向北方(或图廓上方),构成雁行字列;二是注记的字向与注记文字中心线垂直或平行,构成屈曲字列。雁行字列与屈曲字列的特例就是垂直字列和水平字列。这就形成了地图上汉字的4种排列法。水平字列注记文字中心的连线与南北图廓线或纬线平行,多用于居民地或图形呈水平分布的事物注记。垂直字列注记文字中心的连线与南北图廓线垂直,用于图形呈垂直分布的事物注记。雁行字列注记文字中心的连线呈一条与南北图廓线或纬线斜交的直线,当交角小于45°时,文字由左向右排列,交角大于45°时,文字从上向下排列,常用于山脉、山岭注记。屈曲字列注记文字中心的连线呈曲线或折线,沿被说明事物的形状排列,字向可直立、可斜立,文字排列方向随事物形状与南北图廓线或纬线的关系而异,可自左向右、可由上而下地排列,多用于线状物体的注记。雁行排列的字向指向北方,便于阅读。但注记密度较大时，易受其他注记干扰，影响注记的连贯性。屈曲排列的字依注记中心线而改变，连贯性好，在地图密度较大时便于显示各种散列注记。

(2) 注记配置的基本原则

注记配置的基本原则有以下 2 条。

第一，不应使注记压盖图上的重要内容。

第二，注记应与其所说明的事物关系明确。注记配置的方法：① 对于点状事物，以点状符号为中心，在其上、下、左、右 4 个方向中的任一适当位置配置注记，注记呈水平方向排列；② 对于线状事物，注记沿线状符号延伸方向从左向右或从上向下排列，排列方法可采用雁行字列或屈曲字列，字的间隔均匀一致，特别长的线状地物，名称注记可重复出现；③ 对于面状事物，注记一般放在面状符号之内，沿面状符号最大延伸方向配置，字的间隔均匀一致，排列方法可采用雁行字列或屈曲字列。

13.3 旅游地图的色彩设计

优美的旅游地图，须色彩协调，方能使读者爱不释手。旅游地图的设计者应深刻领会色彩的知识，并遵循色彩设计的原则。

13.3.1 色彩的作用

色彩鲜艳的旅游地图能使制图区域的信息表达更加明晰。

(1) 突出旅游地图的主题

色彩可以强化主题。比如，在中华名胜分布图上，以非常浅淡的色彩涂染制图区域，以对比强烈、饱和鲜艳的色彩绘画名胜符号，名胜分布的主题便可衬托得特别突出。

(2) 提高旅游地图内容的显明性和表现力

用各种色彩可以明显而突出地反映出制图范围内旅游要素的空间分布特征及其质量的差别。例如，在旅游点分布图上，以棕色的等高线表示地形，以蓝色表示水系，以绿色表示自然景点，以红色表示人文景点，这样就好比用色彩将图上各个要素进行分类，既清晰、美观，又鲜明醒目，易于阅读。

(3) 强化旅游地图的信息

内容丰富的单色图，即使画得很好，仍会给人以单调的感觉。且内容较多的单色地图，在阅读时往往会发生困难。比如，善于运用色彩区分要素，按事象重要程度用浓淡色彩分层，就会改变这种状况。因为用色彩区别各要素，以色彩浓淡分层，就可使人一目了然。即可增加旅游地图的信息，又能将特征明显、具有重要意义的景观要素，突出地显示于地图上。

此外，色彩还可以增强旅游地图的直观性和艺术感染力。由于色彩的使用，就大大提高了旅游地图的应用价值，因此，编制旅游地图时，除要注意地图的编绘质量之外，还不应忽视色彩的作用。作为科学的现代地图学的组成部分——地图整饰，就是根据地图应用的绘图技术和色彩学，专门探讨以图形（线划、色彩与注记）来表示地图内容的方法。

13.3.2 色彩设计的基本要求和基本方法

旅游地图特别注重色彩设计的基本要求和方法，色彩的色相、明度和纯度这三要素的理解最重要。

色相指各种色彩的固有相貌，体现色彩质的差异。例如，色光中红、橙、黄、绿、青、蓝、紫等色。任一色相，都是由其投射或反射到人眼中的光波来确定的。色相的不同，是光波波长的不同。各种常见的颜色可以按照色相的相互关系排列成环状，称之为色环，按照极坐标的0°～360°的角度值确定各种色彩的色相。

明度指色彩本身的明暗程度，亦指某色反射色光的强度，以0～100%的数值确定。

纯度亦称饱和度或色度，指色彩的纯洁程度，也指色彩接近标准色的程度，以0～100%的数值确定。正午日光通过三棱镜被折射而分解出的光谱色，纯度最高，被认为是各色的标准色。将某彩色和中性灰比较能较好理解纯度概念。给中性灰中渐加入不等量某彩色，纯度由0，渐变为极端值100%（完全饱和）；消色的纯度为0。人眼对纯度变化的敏感性不强。纯度和亮度的关系极为密切。某色相纯度的变化必然引起亮度的变化，亮度差是由纯度变化引起的。在制图实践中，纯度应用还是很重要的。

13.3.2.1 色彩设计的基本要求

色彩设计优秀的地图，必须主题鲜明，层面丰富，内容清晰，色彩协调，表现力强，能使读者爱不释手。概括地说，就是既有对比性，又有协调性，内容和形式达到统一。所谓对比指地图整体中各个组成部分在色彩方面的区别与差异，有差异就会形成对比。所谓协调，指图面上各种色彩形式具有某些共同特征、恰当的比例和彼此相互关联、依存、呼应的关系，形成一个有机整体的画面。协调的色彩设计必然是"悦目"的，吸引读者；失败的色彩设计必然是"刺眼"的，使读者丧失阅读兴趣。

一幅地图通常由点、线、面3种符号构成。点状、线状符号所占面积较小，一般用纯度大的色彩（纯度可达100%），形成强刺激；面状符号所占面积相对较大，且具有背景、底色的含义，故常使用浅色调、亮度较大的色彩，能和点、线状符号形成"层面性"。另外，要考虑利用符号色相、亮度和纯度的变化，表达制图对象的空间分布范围、质量特征、数量指标、内部结构以及发展动态等。

地图符号色彩的配合类型复杂多样，按照色环上相应色彩的配合有以下4种方法。

同种色配合 将某色相逐渐变化其亮度或纯度，分成不同色级，其协调性最好，但对比性最弱。

类似色配合 色环上相差在90°范围内的各色都含有共同色素，称为类似色，其配合协调性较好，但对比性较弱。

对比色配合 色环上任一色与其相隔90°～180°以内的各色皆称为对比色，这种配合对比性较好，但协调性较弱。对比色配合特例为原色配合，即三原色之间配合在一起，对比强烈、单纯质朴，但协调性较弱。

互补色配合 为对比色配合特例，即色环上相差180°相对的2色配合，这种配合对比性最强烈，协调性最差。

13.3.2.2 色彩设计的基本方法

色彩设计的基本方法主要是注重色彩三要素的设计，包括色相、明度和纯度的选择。

(1) 色相的设计

色彩三要素中色相是最能引起人兴趣的要素，是色彩的第一量值。人们常偏爱或厌恶一些颜色，看某物外观时，一般先于亮度或纯度指出它的色相。色相的主观象征使得其具有文化内涵，并在生活生产实践中得到应用。如喜事用红色，丧事用黑色等。不同色相的视觉感受力不同，且因人而异。若不考虑亮度，色相对大多数人眼睛的吸引力（即敏感度）按红、绿、黄、蓝、紫的顺序排列。

色相的变化常用来表示制图对象的类别和性质。色彩设计时要特别注意习惯用色。色相是表示质量特征最理想的色彩要素。色相的类似色组合模式，既可表示制图对象的质量特征，又可表示其数量指标。例如，绿、黄绿、黄色，既可表示已开发、正在开发和未开发的旅游区；又可表示旅游资源密度高（如30%）、中（如20%）、低（如10%）的旅游区。色相变化加其亮度或纯度的变化，可表示制图对象的数量指标。

(2) 亮度的设计

亮度是决定清晰性和易读性的基础，在决定图面分辨率中有重要作用。从可感受性观点看，亮度是最重要的色彩要素。亮度对比越大，分辨率越高，清晰易读性越好。从生理学观点看，人眼对亮度的差别并不敏感，认出某一特定亮度的能力是有限的。故符号设计对同一色相的亮度变化最好限制在5~6级以内。

亮度变化具有传输数量变化的含义，故常用来表示制图对象的数量指标。暗色一般表示的数量指标大，亮色表示的数量指标小。因为亮度变化常被赋予数量含义，故用它表示质量特征要特别慎重，往往是和色相变化结合在一起表示质量特征。亮度变化的色彩组合模式有同种色组合、类似色加亮度变化组合、对比色加亮度变化组合。

(3) 纯度的设计

色彩的纯度变化常用来表示制图对象的数量指标。纯度越大，表示的数量意义越大，反之亦然。纯度变化亦可表示制图对象的质量特征，但常和色相变化结合，使其象征性更强。纯度设计的色彩组合模式有同种色组合、类似色加纯度变化组合、对比色加纯色变化组合等。

13.4 旅游地图编制

遵循旅游地图编制的原则和方法，按照编制的步骤才能最终创作出好的旅游地图。

13.4.1 旅游地图编制的一般过程

旅游地图的编制一般先经过外业测量，得到实测的原图（地形图），或根据已成地图和编图资料，通过内业编绘的方法制成编绘原图。然后经清绘、制版和印刷，印制出大量的地图。地图制作的主要过程有4个阶段：地图设计、原图编绘、印制准备和地图印刷。

（1）地图设计

地图设计又称为编辑准备，它是地图制作的龙头，是保证地图质量的首要环节。地图设计包括确定地图的基本规格、内容及详细程度、表示方法和编图工艺。地图的用途和要求是地图设计的主要依据。地图设计通常包括下列内容：地图设计准备、地图内容设计、编写地图设计书。地图设计阶段的最终成果是完成地图设计书。

（2）原图编绘

编绘原图就是根据地图的用途、比例尺和制图区域的特点，将地图资料按编图规范要求，经综合取舍在制图底图上编绘原稿。它集中地体现新编地图的设计思想、主题内容及其表现形式。地图编绘既不是各种资料的拼凑，也不是资料图形的简单重复；原图编绘是地图编制的关键阶段。经过充分的准备后，转绘地图的数学基础，如地图图廓点、经纬网等，再转绘地图内容，突出表示旅游地图专题要素。

（3）印制准备

印制准备是为了完成出版原图。印刷原图，就是根据编图大纲和图式规范的要求，采用清绘或刻绘方法制成的复制地图的原图。印制准备是为大量复制地图而进行的一项工作。一般编绘原图的线划和符号质量达不到印刷出版要求，故需要将它清绘或刻绘制成出版原图，才能进行制版印刷。

（4）地图印刷

地图印刷，是利用出版原图进行印刷，获得大量的印刷地图。目前印制地图多采用平版印刷。印制过程包括照相、翻版、分涂、制版、打样等过程。

13.4.2 旅游地图编制的基本原则和思想

旅游地图内容广泛，地域性、学科性、技术性和直观性较强，应充分理解旅游地图编制的基本原则和思想。

13.4.2.1 旅游地图编制的基本原则

编制旅游地图，要融科学性、精确性、艺术性、形式多样性和实用性于一体。

（1）严密的科学性

编制旅游地图应以科学性作为核心。地图内容和形式应具有科学性，资料翔实可靠，准确无误，且现实性强，结论、推论要有充分的科学依据，并有权威性。编制中要重视试验工作，体现事象的科学真实性，即反映出制图区的系统规律和区域特征。制图综合不能简单地机械取舍，要注意展示制图对象的本质特点。表示方法要适宜恰当，且协调一致，层面清晰明显。旅游地图野外使用较多，所以图面载负不宜太大。符号设计、色彩整饰要有象征性、联想性、直观性和易读性。地图的内容要主次明显、目的明确、能体现地图的用途。

（2）较好的精确性

尽管对旅游地图的精度要求不像地形图那样高，但应具有一定的精确性。精确性在某种意义上决定了地图的使用价值，所以即使是旅游略图或旅游示意图，也应有一定的相对精度。

地图的数学基础决定了地图的数学精确性，所以要正确选择地图投影和比例尺。地形图是精度较好的地图，且国家已完成全国的系列比例尺图种，搜集方便，编制旅游地图应尽量选择地形图作为底图，保证图幅的精确性。比例尺的选择计算，尽量接近地形图系列，不易接近的，要设法凑为整数。资料数据要精确，不能错漏。转绘旅游要素时，定位要相对精确。

(3) 完美的艺术性

旅游地图除了具有科学性以外，还应具有精美的艺术性。内容和形式是不可分割的整体，旅游地图科学的内容是通过地图整饰手段这个特殊的艺术形式来表达的。地图整饰手段除了之前介绍过的符号设计、色彩设计外，还包括地貌显示、图面配置和地图装饰等。地貌是地表的重要要素之一，它可显示主题、衬托主题，增强直观性和空间立体感，提高地图表现力。显示地貌主要依光照和地面的关系，以及颜色的立体效应，在平面上制作富有一定立体感的地貌图形。应用较广泛的表示法有等高线法、晕渲法、分层设色法、写景法及其组合运用。其中等高线法科学精确；晕渲法、写景法立体感强；分层设色法能显示区域类型特征。要有一定的立体感，地貌显示应突出精确性和直观立体效果。至于图面装饰，则是指图廓、图边等内容的装饰应图案化、艺术化，能衬托主题，并有显明的区域特点（即地方特色），达到美化图面的效果。

(4) 生动的形式多样性

旅游地图的表现形式不能单纯局限于图纸式，也可制成二维模型式（块状袖珍模型、地球仪式模型）、绸缎化纤布式、塑料式、手绢式、伞式、衣式等品种，适应游客猎奇心，从形式上产生强烈感受效果。

(5) 突出的实用性

旅游是一种移动性的活动。旅游地图应直接为这种活动服务。旅游地图可面向游客、旅游管理、旅游服务、旅游科研规划等部门来编制，但不管面向哪一类使用对象，都要突出实用性，才能使旅游地图有生命力，有使用价值。游客需了解旅游区的概貌；导游利用旅游图来"导游"，选择路线、交通工具、用餐、住宿、游玩等；管理人员需了解旅游效益、设施、交通、餐饮、食宿等情况；服务人员需了解旅游客流量、人员组成等；科研规划人员需研究旅游资源分布利用、旅游开发、发展规划、可利用潜力及可行性等情况。这些都是具体的问题，编制旅游地图，就要以此为出发点，努力去反映这些问题，才能突出旅游地图的实用性。突出实用性，选题针对性要强，资料处理、内容取舍、符号及颜色设计、表示方法选择等方面，必须以方便实用为前提。

13.4.2.2 旅游地图编制的基本思想

编制旅游地图的基本思想，要着重从以下几个特点考虑。

(1) 地域特点

旅游要素离不开空间分布，离不开一定的自然环境和社会环境。例如，位于亚热带环境的著名风景区武夷山、庐山、黄山等和位于暖温带的泰山、华山等，由于自然条件和人为因素的差异形成了上述景区不同的地域特点。旅游地图就是要尽量突出表现这些特点的不同。

地域特点还表现为各旅游要素所处的特定空间环境。如"春城"——昆明位于北纬25°附近、海拔约1900m的云贵高原；而"不夜城"——漠河则坐落在我国境内最北端，北纬52°10′～53°33′；"中国的绿珍珠"——吐鲁番的葡萄，产于干旱、少雨、昼夜温差大、日照时长的内陆盆地;"福建水仙"则多出于四季常花、有"水果之乡"美称的福建漳州。这些以独特风格出现的旅游点都是在特定的自然条件、历史、人文、居民生活环境影响下形成的,具有鲜明的区域地理位置差异性。通过旅游地图的形式,各类旅游要素的地域特征能很好地表达出来。

(2) 时间特点

时间特点是指旅游要素在时间上的变化,这种变化可表现在长期方面。例如,武夷山在最初作为旅游点时,它是什么状况,随着旅游的发展,时代的更替和各种人为因素的影响,它的面貌,包括旅游设施、景观美化、交通条件等方面,又发生了哪些变化。另外,还有季节性变化,比如在夏季,庐山作为长江流域的一个避暑胜地,吸引着大批游客,可到了冬季,这里几乎很少有游客上山。据研究,旅游活动经常出现2种客流趋势:① 冬季半年居住严寒地区的人喜欢到温暖、富有阳光的旅游区去游览;② 夏季半年居住在湿热地区的人喜欢到温暖和凉爽的地方去旅游。这种旅游时间上的季节活动,直接影响旅游区、点的规划和地域组合与分工。所以编制旅游地图时,要突出表现这些旅游要素历史的、季节的变化。

(3) 综合特点

旅游者到某地游览,对观览对象的要求通常是要有多样性、变化性和趣味性。例如,到北戴河海滨,不同的旅客尽管怀着不同的游览目的,但他们都渴求观览蔚蓝的大海、葱郁的林木、多姿的海岸、绚丽的贝壳、舒坦的海水浴场等。有些旅游点,虽以历史文化古迹为观览内容,但也要有自然风景的点缀,如修建花园、栽植观赏树木等,绿化、美化旅游环境。为使具有综合特点的旅游点、区,直接、鲜明地展现在旅游者面前,使他们能更好地选择自己喜爱的和需要了解的对象,就要求旅游地图能够综合地表示旅游要素,全面、统一地反映风景名胜、文物古迹、寺庙、自然保护区、古墓葬、古筑工程以及围绕旅游点设立的公共服务设施等。

(4) 方便特点

旅游资源的开发和利用,往往以交通条件为先导。一个位于偏僻地方的游览点,在没有解决交通问题之前,即使它有多么浓厚的吸引力,其利用价值也难充分发挥出来。相反,如果既考虑了旅游资源的合理布局,又考虑了供旅客使用的交通工具,那么这种旅游资源就可能获得最大的经济效益。所以,方便程度是直接关系到旅游资源能否充分发挥作用的前提,联系各旅游点、区的交通线路(例如,铁路、水运、公路、驿道等),要能直接而形象地表现在地图上,这对旅游者、导游者、管理者都是好的"向导"。所以,旅游地图要突出表现各旅游区、点的交通。

(5) 知识特点

旅游的内容非常广泛,形式多种多样,富有知识性,解答种种自然的、历史的、社会的问题。例如,在游览喀斯特地貌时,通过旅游地图提供的信息,了解溶洞、钟乳石的形成成因;自然风景方面的问题,可以借助地图中提供的地质、地貌、水文、气候、生物的知识介绍进行综合了解。旅游地图可谓是学习百科知识的"信息库"。

13.4.3 旅游地图编制方法

旅游地图的内容丰富多样，地图比例尺和用途也不同，表示方法和制图方法有很多差异。归纳起来制图方法主要有以下3种。

(1) 旅游地图资料制图

这是室内制图主要的方法。现有的各种旅游地图资料，包括各种旅游地图、相关的专题地图、制图区的调查报告、研究成果等，是编制旅游地图重要的、必须的资料。这些资料，有些基本符合编图要求，可作为基本制图资料直接选择使用；有些是质量和精度不符合要求，可勉强作为基本资料，但需进行加工、分析整理和研究处理。一些辅助性的资料，仅能起到一般参考的作用。例如，编制陕西省旅游资源图，要收集整理陕西省现有的各种旅游地图、旅游点导游图、交通图等资料图件，经过加工整理、内业编纂，制成该图。

(2) 地形图资料制图

地形图能够形象反映出地区的自然及社会状况，特别是大比例尺地形图，是内容最详细、全面，精度最好的普通地图。它包括了制图区的自然要素和社会经济要素。现代大比例尺地形图基本都采用航空摄影成图，精度好，可用性强。编制有关的旅游地图，就可直接利用地形图。但要经过分析研究和综合选取和旅游关系密切的有关要素，并可提取更大比例尺地形图上的相关要素，舍去其他次要要素，从而编成该图。比如，编制1:100 000旅游资源分布图，可选比例尺更大（如1:50 000或1:25 000）相应区域的地形图，经过概括取舍制成旅游资源分布图。同时，还可以运用分析阅读法、地理相关法来编制有关的旅游地图；也可结合其他专题地图来编制新图。

(3) 野外调查制图

旅游活动主要是在野外进行的，因而旅游地图要突出野外性强的特点。在编图资料不完备或不全面的情况下，要通过野外调查来编制新图。

野外调查制图就是通过野外实地踏勘、考察、填图、调绘和地形图补测，进行观察、分析、补测、绘图，在已有的地形图上填绘专业内容和勾绘轮廓界线。它是编制旅游地图的重要方法之一，常用来编制旅游资源分布图、导游图等。

野外调查常用大比例尺地形图作为资料，按照预先制订的调查目的，拟定规范、指标、图例等细则；在野外补测和填图结合，调绘和访问结合，观察和分析结合，点、线、面（或剖面）调查结合进行作业。在野外调查填绘所得草图的基础上，室内再进行归纳整理、加工处理，编绘出整个制图区的专业内容和轮廓界线，从而设计出原图。在野外调查制图的过程中，要注意旅游专题要素的定位、定量和利用其他地图验证等工作。

【思考题】
1. 简述旅游地图的定义、特征、功能与作用。
2. 说明旅游地图符号设计的原则。
3. 旅游地图色彩设计的基本方法有哪些。
4. 旅游地图注记的排列和配置的要求有哪些。
5. 简述旅游地图编制的一般过程。

6. 进行某旅游区旅游资源分布图的设计。

【经验性训练】

旅游地图绘制练习

【概述】

通过本章的学习，了解旅游地图绘制的基本思想及学会运用旅游地图中的色彩，并能绘制相对美观的旅游地图。

【步骤】

通过老师示范绘制地图的步骤，同学们根据步骤设计某一区域的旅游资源分布地图。要求精确，色彩运用相对比较美观，生动形象，并且实用性比较强。

【案例分析】

旅游资源分类符号的设计

旅游资源分类符号是编制旅游资源分布图的关键环节。

某研究所在编制旅游资源分布图时对照旅游符号设计要求，在分析了新的国家标准《旅游资源分类、调查与评价》（GB/T 18972—2003）的符号体系后，发现它存在一些不足：国标是以正方形符号同时表示五级和二级旅游资源，以圆形符号同时表示四级和一级旅游资源，在外形上没有区别，而且表示一级旅游资源的空心圆符号容易与居民地符号混淆。在符号的色彩方案中，以蓝色表示自然旅游资源，以红色表示人文旅游资源，如果图件复印成黑白将不易区分旅游资源类型。按照旅游地图符号设计的形状象征性、位置精确性、分类逻辑系统性、色彩联想性、总体艺术性等要求，分析了旅游资源亚类和基本类型种类过多，只宜用旅游资源8大类为设计内容，便确定了以下方案：以三角形表示地文景观类旅游资源，倒三角形表示水域风光类旅游资源，菱形表示生物景观类旅游资源，五角星表示天象、气象与特殊景象旅游资源，平底的五边形表示遗址遗迹类旅游资源，方形表示建筑与设施类旅游资源，圆形表示旅游商品类旅游资源，底尖平顶的五边形表示人文活动类旅游资源，分别赋予青、蓝、绿、紫、棕、红、黄、橙色来强化符号的类型特征，并以不同尺寸的符号来区分旅游资源的等级，形成系统完整、内容突出、色彩鲜明的旅游资源分类符号体系。

【案例思考题】

1. 你认为国家标准中的旅游资源符号体系与本案例设计的符号体系各有何优缺点？
2. 你认为应该如何设计旅游资源符号体系？

【本章推荐阅读书目】

1. 旅游地图制作. 马耀峰. 西安地图出版社，1996.
2. 电子地图学. 龙毅. 科学出版社，2006.
3. 实用地图学. 陈逢珍. 福建地图出版社，1998.

第14章 旅游资源保护与可持续发展

【本章概要】

本章从探讨旅游资源保护的意义入手,研究了旅游资源破坏的因素以及旅游可持续发展的内涵、实质、原则和内容,提出了旅游资源的保护措施,以及旅游业可持续发展的实现途径。

【学习目标】

- 了解旅游资源保护的意义;
- 了解旅游资源的破坏性因素;
- 掌握旅游资源的保护措施;
- 正确理解旅游业可持续发展的内涵、实质;
- 掌握旅游业可持续发展的内容及原则;
- 掌握旅游业可持续发展的实现途径。

【关键性术语】

旅游资源保护、生态环境、人文环境、自然破坏、人为破坏、公众保护意识、可持续发展特征、可持续发展原则、可持续发展途径、环境承载力、生态旅游。

【章首案例】

澳大利亚的环境保护意识

澳大利亚地处南半球热带、亚热带,有600多万km^2国土,3000多万人口,地广人稀,天高气爽,国内除中部为沙地外,主要以绿色为基调,古木参天,绿草如茵,共有11个大型国家森林公园。考拉、袋鼠、海狮、企鹅等动物大都性情温柔,喜欢和人们亲近……

澳大利亚良好的生态环境来自于上苍的赐予,也离不开后天的保护。澳大利亚在发展经济中十分注意环境和资源的保护,政府在立法保护生态环境方面的力度是非常大的。专门有一个环保组织代表政府管理、监督景区的环保工作。昆士兰州的大堡礁和热带雨林是2个世界著名的景区。为保护自然生态,海水落潮时,不准游客在珊瑚礁上走路,每年100万参观者只能乘船、潜水看海底世界。热带雨林的管理更加严格,为了不砍伐树木,不修盘山公路和停车场,而架设了一条7.5km长的空中缆车,游人乘缆车往返。按照规定,景区管理公司向环保组织缴纳100万澳元作为保证金,如果自然生态遭破坏,保证金即被没收。

同时,澳大利亚政府十分注意提高公民保护环境的自觉性。通过新闻媒介发布各种公益广告,对全体公民进行爱护自然、保护环境的教育。使强制性的法律与国民自律的道德规范相结合,在政府和全社会的倡导下,澳大利亚人的环境保护意识十分强烈。不论在内陆或是海滨,不论是官方或民间,也不论是老人或小孩,保护环境、种草、种花、种树,已成为一种全民的时尚,是日常生活的重要内容。

14.1　旅游资源保护

旅游资源的保护是相对于旅游资源开发提出来的。它不仅包括旅游资源本身的保护，使之不受损伤、破坏，特色不被削弱，而且还涉及周围环境的保护问题。目前，世界各国在大力开发旅游资源的同时，都十分重视旅游资源的保护问题，并把其视为旅游业能否持续兴旺发达的根本保证。

14.1.1　旅游资源保护的意义

旅游是人们追求更高境界的一种活动，旅游业就是为了向旅游者提供其日常生活中难得的理想环境。因此，旅游业的存在是以环境为资源、为依存的。没有环境就没有旅游业，没有资源就没有旅游业。

（1）保护旅游资源就是保护旅游业的可持续发展

旅游资源是旅游开发的必备条件之一，是构成旅游产品的重要组成部分。没有旅游资源，就没有旅游业的生存和发展。然而，旅游资源在经过开发成为旅游产品后，会受到不同程度的影响和破坏，从而降低或失去自然旅游资源的美学特征及观赏性，或使人文旅游资源丧失历史文物价值及文化内涵，最终减弱旅游资源对旅游市场的吸引力；严重者甚至缩短旅游资源"重复使用性"的时限，严重地影响旅游业的发展。因此，从这一角度上讲，保护旅游资源就是保护旅游业的可持续发展。

（2）保护旅游资源就是保护生态环境

旅游资源按其形成机制分为大自然赋存的自然旅游资源和以人类历史文化遗产为主的人文旅游资源。自然旅游资源作为地理环境的重要组成部分，是历经亿万年的自然和人类演变过程而得以保存下来的具有旅游价值的珍贵资源。一些自然旅游资源主要由再生资源组成，如植被、水景，若在开发过程中破坏不甚严重，有可能通过自然调节和人为努力得以恢复。但更多的自然旅游资源属于不可再生资源，如山岩、溶洞，我们熟知的桂林山水、云南石林以及世界自然遗产就属于此类资源，一旦遭到破坏，数亿年演化遗留的珍贵自然遗产将毁于一旦，从此在地球上消失。自然旅游资源是生态环境的重要组成要素，生态环境更是自然旅游资源的载体。可见，保护自然旅游资源就是保护生态环境。

（3）保护旅游资源就是保护人文环境

反映人类社会发展历史长河各个阶段的活标本和缩影的地方文化是人文旅游资源中最富吸引力和生命力的组成部分；人类活动所创造的宏伟建筑、文物古迹以及历史文化等不仅是重要的旅游资源，其中的精华还以其极高的历史、文化和艺术价值，成为珍贵的世界文化遗产。正如历史不可逆转一样，这些遗留下来的历史文化古迹，一旦被破坏就无法真正恢复原样，即使付出极大的代价仿造，其意义已截然不同。因此，保护旅游资源就是保护旅游地的人文环境。

14.1.2　旅游资源破坏的因素

目前，旅游业已成为世界公认的大产业，但在旅游业一片繁荣的同时，千百年的风雨侵蚀和人为破坏，旅游资源已出现衰败的迹象，旅游业也将面临严峻的挑战。

14.1.2.1 旅游资源的自然破坏

旅游资源是大自然的一部分，大自然的发展、变化都会影响旅游资源的变化。地震、火山喷发、海啸的出现，都会直接改变一个地区的面貌，毁掉部分或一切旅游资源，这是突发性的。例如，雕塑于公元前4—前2世纪的世界古代七大奇迹之一的罗得岛上的太阳神像就是毁于地震。在1994年的大地震中，中国历史文化名城云南丽江大研镇的部分古建筑也遭到破坏。1997年8月12日，夏威夷岛最古老的瓦吼拉神庙，被基拉威火山喷出的岩浆淹没，一座有700年历史的名胜古迹就此毁于一旦。当然，这样的突发性破坏并不会随时发生；然而，几乎所有的名胜古迹都会受到寒暑变化、烈日曝晒、风吹雨淋等自然风化的影响，天长日久旅游资源的形态和性质将会慢慢地改变。如埃及的基奥普斯大金字塔，近一千多年来的风化所产生的碎屑体积已达5万m^3，平均每年损耗$50m^3$，即整个金字塔表层每年损耗约3mm。中国的敦煌、龙门、云冈三大石窟及其他帝王陵墓石雕也同样受到自然风化的破坏。鸟类的粪便对旅游资源的化学分解作用，也属于自然风化。养鸽在欧洲的许多城市流行，它能增加城市的生气，但同时鸽粪落到屋顶或檐口下的雕塑上，就很难清洗，而鸽粪对雕塑的化学分解作用，远大于工业废气。曾有人主张在天安门广场放养万只鸽子，后来有关部门考虑到故宫的文物保护而未实行；此举实为北京文物保护的一大幸事。

14.1.2.2 旅游资源的人为破坏

旅游资源的人为破坏，是严重的、也是多方面的，大多超过自然风化破坏的程度，有的甚至是毁灭性的。按破坏产生的根源来看，我们可将之分为建设性破坏、生产性破坏和旅游活动导致的破坏3种。

（1）建设性破坏

主要指工程建设、市镇建设和旅游资源开发建设中的规划不当，导致旅游资源遭到破坏，其破坏方式主要包括以下3类。

直接拆毁或占用文物古迹 中国拥有五千年的悠久历史，有旅游价值的文物古迹比比皆是。但是由于无知，这些古迹在建设中遭到很大破坏。例如，中国的古城墙，除西安及少数地方尚保存较为完好外，其他地区包括北京的古城墙大部分被拆除。又如，苏州在城市建设中，有61.9%的古典园林和庭院遭到破坏，昔日有"十八景"盛誉的洽隐园被某单位占用后，玲珑剔透的假山被烧成石灰，山洞埋入地下，楼阁不见踪影；西园、济园、五峰园、塔影园、梅园、楼园、瑞云园等已从地图上消失。

工程建设损坏景观环境 在风景区，工程建设不当破坏了风景区周围的景观和谐及古建筑的风格意境。例如，中国四大名园之一的苏州拙政园，周围盖了6个工厂，烟囱、水塔、高楼等建筑挡住了人们的视线，破坏了风景区的整体环境，站在园内已无法见到雄伟挺拔的北寺塔。再如，杭州西湖四周的现代建筑、桂林市内的高层建筑、沈阳故宫周围的高楼等，都属于类似的情况。

旅游资源开发不当造成的破坏 旅游开发实质上就是在自然山水或原有风景区的基础上添加人工建筑，使之适应旅游活动开展的需要。当这种"添加"与原有景观的美学特征相悖时，就会对自然本身产生破坏作用，此种教训当前屡见不鲜。旅游资源开发者由于自身文化素养的限制，对旅游资源的文化价值认识不足，造成景点建设中的破坏。表现在对古建筑的修复过程中，一方面不尊重历史，无法很好地挖掘其文化内涵和科学内涵，使旅游资源不能体现其应有的艺术观赏、历史文化和科学价值。另一方面，盲目采用现代的工艺技术和建筑材料，粗制滥造假古董、假文物，在体量、高度、色彩和风格方面与开发区原有资源冲突，导致建筑景观的整体性与协调性遭到严重破坏，降低了整个开发区的资源品位。例如，云南大理在开发中片面考虑古城石板地面不利于旅游车辆的行驶，将其改为柏油路，与古城风貌格格不入；泰山南天门景区内修建"南天门娱乐城"与岱顶古朴、超脱的氛围极为不符；部分经营者甚至在溶洞里设置大量的人工景观，立各种神话传说雕像、搞洞中抬花轿以吸引游客。这些现象都严重影响了开发区的品味，成为旅游景点建设中的败笔。

> **过度建设的代价**
>
> 　　位于湖南省境内的世界自然遗产地张家界，每年接待数百万游客。然而，由于景区的过度开发和建设，造成了自然环境的严重污染、风景资源的严重破坏。到1998年为止，充斥在武陵源景区内的宾馆等建筑面积已超过36万m^2，违章建筑3.7万m^2。著名景点锣鼓塌更是容纳了一座"宾馆城"，美丽的大峡谷金鞭溪每天被迫接受千吨污水，景区几乎濒临被"摘牌"的境地。如今张家界为植被恢复项目和拆迁安置需要投入2亿多元的费用。
>
> 　　素有"天堂"美誉的杭州，2002年开始了大规模拆除行动。被称为杭州违章建筑"代表作"的绿晶大酒店和新世界娱乐城2栋大型建筑被强行拆除，另有西湖南岸风景区内7家宾馆、公园、机关大院的围墙和数十处大小建筑都将被拆除，以恢复这一地区历史上曾有过的诸多人文、自然观景，整个拆除工程总投资将近2亿元。

（2）生产性破坏

生产性破坏指工农业生产对旅游资源的破坏和对旅游环境的污染。工业生产对旅游资源以及旅游区自然生态环境的破坏，往往是相当严重的。例如，被称为"浙江旅游生命线"的富春江，过去江水碧波荡漾、清澈见底。近年来，沿江修建的一批小化肥厂、小农药厂、小造纸厂，将大量污水废渣排入江中，使江水混浊，富春江南岸废渣堆积长达500m，约3000m^3。又如，西安是中国古代风貌保存最好的城市之一，古老的城墙、鼓楼、大雁塔、秦始皇兵马俑等景观，每年吸引无数中外游客，然而，这座文化古城正在遭受多种工业带来的大气和水的严重污染，那些缺少保护措施的历史遗迹，因此而蒙受破坏。

落后的农业生产方式，无计划的过度采石、伐木、取水，对风景旅游景观的破坏不仅严重，而且其后果将是不可逆转的。比如，成批的农民涌入国家重点风景名胜区云南石林采石，将造型优美的高石芽截去半截，用于烧石灰或造水泥，使石林伤痕累累；安徽九华山，30多年前四周林木郁郁葱葱，20世纪70年代只留下少许残林，其余均被砍伐，开垦为农田，昔日"天河挂绿水，绣出九芙蓉"的九华山，如今已出现光秃秃的山岭。

（3）旅游活动对旅游资源的破坏

游客数量超载，破坏旅游开发区环境　　旅游活动的开展造成大量的游客涌入，加速了自然风化的速度，导致古迹的破坏。目前我国许多旅游开发景区人满为患，超出开发景区环境容量的大量游客的涌入，成为破坏旅游资源开发区环境的隐性杀手，不但使景区生态环境遭到破坏，也严重影响了游客的旅游感受。例如，世界自然遗产张家界自然保护区在 2000 年共接待游客 514 万人次，是 1995 年的 3 倍，游客的猛增造成了严重的环境污染，联合国教科文组织的官员指出，如果再不改善污染状况，该区将因此失去作为世界遗产的资格。又如，中国著名的敦煌石窟，过去窟中空气干燥，自然风化缓慢，艺术品经千百年仍然栩栩如生，但随着近年大量游客进入石窟，人们呼出的水气和二氧化碳改变了石窟内的空气环境，许多壁画的逼真细节已失去光泽，红色和肉色逐渐变为黑色。再如，为满足游客旅行游览需求而配备的机动车、船排出的大量废油、废气，污染了旅游地的大气和水体；游客食宿产生大量的生活污水和生活垃圾，就近排入景区。这些对旅游资源和环境都造成了严重的污染和破坏。

游客素质低下造成环境污染和破坏　　近几年来，国民生活水平的提高和国家拉动内需政策的引导促使国内旅游者规模迅速壮大。但从整体来看，目前我国旅游者素质偏低，环境意识淡薄，不文明旅游行为比比皆是，由此而导致生态破坏和环境污染的现象比较普遍，旅游者自身正在成为新的污染源。旅游者随地吐痰、乱扔废弃物，对珍贵文物随意抚摸、刻画等不文明行为，对旅游资源和旅游环境都造成了严重破坏。

人满为患的旅游景区

我国很多旅游景区在旅游旺季人满为患，游客满意度急剧下降。据统计，云南古城丽江，1995—1999 年接待海内外旅游者从 84.05 万人次增加到 280.4 万人次；2000 年突破 300 万人次；到 2002 年古城已完全失去和谐、宁静的气氛，到处拥挤不堪，游客的满意度急剧下降。

2002 年"五一"期间，泰山岱顶 $0.6km^2$ 的地方同一时间段内达到 6 万人，而据专家研究，岱顶的生态非常脆弱，同时最多只能容纳 1 万人，由于激增的游人踩踏，山上的草已无法生长，狭小的空间，满目的人头，让人完全没有了"一览众山小"的感觉。

一些溶洞景观，也因为游客过多，呼出的二氧化碳使景物的色泽受到影响，溶洞中保存的一些壁画、岩画和书法作品也遭到腐蚀，使景观质量大大下降。

14.1.3　旅游资源的保护措施

旅游资源的衰败和破坏是多方面的，既有自然衰败，更有人为破坏，故旅游资源的保护对策也应多元化，应用持续发展理论和人与自然共生理论，对旅游资源采取相应的以防为主、以治为辅、防治结合的保护措施。虽然灾难性的自然变化不可避免，但可以采取措施，减弱自然风化的程度，延缓其发展速度；而人为破坏，则可以通过法律、政策、宣传和管理途径给予杜绝；至于已遭破坏的旅游资源，视其破坏轻重程度和恢复的难易程度，采取一定程度的维修和重建措施。

（1）减缓旅游资源的自然性破坏

减缓旅游资源自然性破坏主要是指减缓寒暑变化、流水侵蚀、风吹雨淋等自然风化对旅游资源造成的影响和破坏。裸露于地表的旅游资源要完全杜绝自然风化是不可能的，但在一定范围内改变环境条件使之风化过程减缓是完全可能的。比如，将裸露的风吹日晒下的旅游资源加罩或盖房予以保护，乐山大佛（唐代名为大像阁，宋代为天宁阁）曾建有 13 层的楼阁覆罩其上，既金碧辉煌，又保护了神像，后毁于战火。类似的建筑应予恢复和建设。

（2）恰当处理旅游资源开发与保护的关系

旅游资源的保护与开发是相辅相成、有机联系在一起的矛盾统一体，二者不能割裂开来。良好的旅游资源是旅游业生存和发展的基础，旅游资源保护完好才具有开发价值；而旅游资源的人为破坏很多是在旅游资源的开发和管理过程中出现的，因此要恰当处理好旅游资源开发与保护的关系。旅游资源开发的目的是利用资源而不是破坏资源，在开发旅游资源过程中，应当把保护工作提到更重要的地位上来，并且将保护意识始终贯穿于这一过程之中。旅游资源保护是关系人类长远利益与发展的大事，但人们往往从近期利益出发，着眼于短期目标，为了生产和生活的需要而置保护于不顾，如侵占土地、肆意毁坏森林、滥捕动物等，往往损害长远利益，从而给旅游业甚至整个社会发展带来威胁。因此，我们必须树立可持续发展的意识。

乌镇的开发与保护

乌镇位于浙江省桐乡市，是著名的水乡古镇。镇上有修真观、昭明太子读书处、唐代古银杏、转船湾、双桥等景点，西栅老街是我国保存最完好的明清建筑群之一。乌镇虽历经2000多年沧桑，却仍完整地保存着原有的水乡古镇的风貌和格局。全镇以河成街、桥街相连，依河筑屋，深宅大院，重脊高檐，河埠廊坊，过街骑楼，穿竹石栏，临河水阁，古色古香，水镇一体，呈现一派古朴、明洁的幽静，是江南典型的"小桥、流水、人家"景观。古旧木屋，还有清清河水的气息，仿佛都在提示着一种情致，一种氛围。乌镇1991年被命名为省级历史文化名镇。2001年初，桐乡市先后投资8000多万元进行大规模的古镇保护与开发，确立了100年前清朝末民国初的时空定位和挖掘民俗民间文化特色的个性定位。在开发古镇全过程中，乌镇人始终把"领先一步"和"开拓性的创新"贯穿其中，以生态保护、环境第一和现代化为原则，很好地处理好开发与保护的关系，使景区一直保持着水乡古镇的风貌和格局。

（3）加强旅游资源保护宣传教育，增强公众保护意识

在旅游资源的人为破坏中，有相当多的情况是由于人们缺乏保护意识，对旅游资源价值的无知所造成的。这就要求我们通过各种途径大力宣传旅游资源的价值和旅游资源保护的知识，增强公众的保护意识。因此，旅游资源的保护首先要解决的是广大民众的旅游资源保护意识问题，让民众了解旅游资源是千百年自然造化和人类文化遗产的精髓，是人类精神需求的宝贵财富，保护旅游资源是对自己负责，也是对子孙后代负责。让他们清楚地认识到，旅游资源是脆弱的，一旦破坏，难以复原。当然，旅游资源保护意识、法规、条例的宣传工作是一项长期而艰巨的任务，我们必须充分认识到决策者和旅游者法律意识的提高，绝不是一朝一夕所能奏效的。因此，一定要坚持不懈。首先，对旅游资源开发区所在地的政府官员、开发商、旅游管理人员和从业人员进行培训，使他们充分认识到旅游资源和旅游环境是旅游业赖以生存的基础，认清当前旅游发展趋势，在旅游开发经营中自觉运用资源保护意识，对旅游资源进行科学、合理的开发；其次，通过形式多样、喜闻乐见的宣传教育活动提高游客的旅游资源保护意识、环境意识和可持续发展意识；再次，对当地居民和社会公众进行宣传，通过标本、图片、影视、录像及宣传资料普及旅游资源保护知识，提高全民保护的自觉性。

（4）建立健全旅游资源保护法制体系

旅游资源的破坏，不少是由于法制不健全、人为原因所造成的，为了能有效保护旅游资源，世界各地均运用立法和订立公约等法律手段来加强环保的法制化对策。联合国教科文组织于1972年在巴黎公布了《保护世界文化与自然遗产公约》，该公约是唯一利用国际非政府组织作为"技术仲裁人"的国际公约，现已有109个缔约国。公约承认所有国家对保护独特的自然和文化区域所承担的义务，分批公布了世界遗产保护点，并建立了"世界遗产基金"，以保证保护措施能落到实处。由于有公约的支持和资金的保障，我国现有的23处世界遗产保护点得到了较为有效的保护。此外，我国也先后颁布了《文物保护法》《环境保护法》《森林法》《风景名胜区暂行管理条例》等。《文物保护法》（1982年）规划了具体保护对象及单位，并在第十一条中规定："文物保护单位的保护范围内不得进行其他建设工程……"《环境保护法》（1989年）第二条规定了其具体保护对象为："……影响人类生存和发展的各种天然和经过人工改造的自然因素的总体，包括大气、水、海洋、土地、矿藏、森林、草原、野生生物、自然遗迹、人文遗迹、自然保护区、风景名胜区、城市和乡村等。"其中将旅游资源划定在它的保护范围之内，并在第十三条中规定："城乡建设应结合当地自然环境的特点，保护植被、水域和自然景观，加强城市园林、绿地和风景名胜区的建设"，并规定了相应的奖惩条文。上述保护旅游资源及环境的法制对策，对我国旅游资源的建设性破坏具有极强的针对性，为杜绝旅游资源的建设性破坏奠定了法律基础。但是，就在这些法律出台后，旅游资源还在受到人为破坏。究其原因：一是保护法的宣传普及不深入、不广泛，许多人根本就不知道自己做的事违反了法律条例；二是即使知法，也因执法不严，只顾眼前经济利益而牺牲长远利益，置法于不顾。这就向我们提出了既要有法，还要宣传法、严格执法，真正健全旅游资源法制管理体系。

国外的旅游资源保护法规

一些旅游业较为发达的国家，都制定了一系列的旅游资源保护法规，详尽地规定了保护各种旅游资源的具体条款。如瑞士《森林法》规定：每年种树数量要多于砍伐数量，不论是谁，即使是自己私有的树木也不能随便砍伐。《埃及旅游法》规定：除非旅游部长许可，任何人不得以任何方式利用、开发、占有或处置任何旅游区或其中一部分。

（5）大力开展旅游资源保护的研究和人才培养

旅游资源的保护，不仅要有良好的愿望，更应建立在科学的基础之上。旅游资源由于类型多、分布广、引起破坏的原因多种多样，故旅游资源的保护涉及多门学科、多种技术，因此，旅游资源保护的研究是一项重要的科研项目。许多现存的资源保护问题和随着旅游业进一步发展出现的诸如旅游资源保护方法论、旅游资源保护政策、旅游资源保护工程等新问题都等待着系统的保护理论和技术措施来解决。但是，近几年，随着旅游业的迅猛发展，在旅游业人才培养中，重视的是旅游业开发人才、管理人才，而对保护人才的培养重视程度相对不够。"保护"一词只是挂在嘴上的一种宣传。在具体规划和开发中由于缺乏环境保护专业知识的专门人才，即使有了保护意识，也因缺乏专业知识而"好心做坏事"，造成对旅游资源及环境的无意破坏。这就说明在旅游资源规划和开发中，需要有大批专业人才来规划和实施旅游资源及环境保护的具体方案，真正把旅游资源保护落到实处。因此，在旅游业发展的今天，旅游资源保护专门人才的培养迫在眉睫。

(6) 强化旅游资源保护管理

在旅游资源保护管理中，宏观上应严格按法律条例执行，微观上还得有一套适合当地特点的保护管理措施。

首先，应根据具体景区的资源和环境特点，慎重确定旅游活动项目。对于那些会导致景区内水体、空气污染的旅游活动项目，要严格限制开发，甚至完全拒之门外，以保护景区优良的自然生态环境。对于那些以保护珍稀野生动植物为目的而设置的自然保护区，则要限制旅游活动的空间范围，在有关专家的协助下，科学划分"核心区""缓冲区"和"实验区"，并将旅游活动尽可能控制在实验区范围内，适度向"缓冲区"伸展。

其次，针对旅游旺季一些旅游景点人满为患的实际情况，要采取有效措施对游客进行疏导、分流或限制。例如，四川九寨沟，通过调整门票价格和限制游览人数来保护旅游资源和改善旅游环境气氛。

再次，要加强对游客行为的管理和引导，积极开展宣传教育。在旅游区设立具有环境教育功能的基础设施，例如，关于生态环境景观的相应解说系统，以及提醒游客注意环境卫生的指示牌与废物收集系统；在门票、导游图、导游册上添加生态知识和注意事项等；实施奖惩措施，对一些习惯好、素质高、能自觉保护景区的游客给予一定的奖励，对少数损害景区环境的游客，要给予应有的经济惩罚；对其中情节严重者，应按有关法律法规处分，而不能一味姑息迁就。

14.2 旅游业可持续发展

可持续发展已成为人类社会的共识，旅游作为一个涉及经济、社会、环境等多部门的综合性行业，无论是理论研究还是实践工作引入可持续发展理论及思想都有着极为重要的作用和意义。

14.2.1 旅游业可持续发展的内涵

目前关于旅游可持续发展内涵的研究十分活跃，国内外的一些专家学者根据可持续发展思想，对可持续旅游进行了多方面的研究，有了比较全面而深刻的理解。

14.2.1.1 可持续发展的提出

可持续发展思想的历史源远流长，在中国古代就有"莫竭泽而渔，毁林而猎"的说法；在民间，也有"劝君莫打三春鸟，仔在巢中盼母归"之说，更有"杀鸡取卵"的成语，可见中国古代人们就已开始重视人与自然的关系，并认识到自然资源的开发不能过度，否则后续开发难以为继。但一般认为，人类对经济及其对环境影响问题的研究始于20世纪60年代。美国女海洋学专家Carson的《寂静的春天》一书在1962年问世，标志着人类关心生态环境的开始，包含着可持续发展的思想萌芽。1972年罗马俱乐部出版的《增长的极限》罗列了经济增长所导致的种种环境危机；同年，人类环境污染会议在斯德哥尔摩召开，第一次提出了环境与发展这一主题。

对可持续发展问题的正式探讨始于20世纪80年代初。1980年，国际野生动物与自然资源保护同盟在制定《世界自然保护大纲》中首次提出了可持续发展的概念；1987年世界环境与发展委员会出版了《我们共同的未来》一书，掀起了可持续发展的浪潮；1992年，联合国环发大会上，全球一百多个国家的首脑共同签署了《21世纪议程》，即著名的地球宣言，宣言号召全世界人民遵循可持续发展原则，并采取一致行动，使可持续发展上升为国际准则。

我国1994年国务院第十五次常务会议通过了《中国21世纪议程——中国21世纪人口、环境与发展白皮书》，这是中国的"可持续发展纲领"。1996年国务院办公厅转发了关于进一步推动实施中国21世纪议程意见的通知，表达了中国走可持续发展道路的决心。

14.2.1.2 可持续发展的特征

按照世界环境与发展委员会（WCED）的定义，可持续发展是指"既满足当代人的需要，又不损害后代人满足其需要的能力的发展"（WCED，1987）。可持续发展是生态、社会和经济全方位的发展问题。它具有如下特征。

（1）发展性

发展是人类永恒的主题，是人类共同的、普遍的权利和要求。不论发达国家还是发展中国家都享有平等的、不容剥夺的发展权利。发展是可持续发展的基点，偏离发展，可持续发展也就无从谈起。这里的发展包括经济、社会和自然环境在内的多种因素的共同发展。

（2）持续性

可持续发展要求人类对地球生物圈的作用必须限制在生物圈的承载能力之内，要求人们根据生态系统持续性的条件和限制因子调整自己的生产、生活方式和对资源的要求，在生态系统可以保持相对稳定的限度内确定自己的消耗标准，也就是对发展规模、发展速度要有一定程度的限制，改变长期以来人类在追求发展、经济利益的过程中以牺牲生态环境、历史文化遗产为代价的做法，以保证地球资源的开发利用能持续到永远。

（3）公平性

资源合理分配是可持续发展的关键。资源分配在时间、空间上都应该体现出机会选择的平等性，即公平性，既应该允许当代人平等享受，也应该保持代际间的公平分配和发展，反对为满足自身需要而损害或剥夺后代人公平开发利用资源的权利。同时还应做到不同区域间或同一区域内资源利用和环境保护的公平负担和分配。总之，要求实现代际间、不同区域间、不同国家间、不同人群间的公平。

（4）环境与发展的整体性

可持续发展认为，发展与环境保护相互依赖、相互作用，是一个有机的整体。环境建设不仅是实现发展的重要内容，而且是衡量发展质量、发展水平和发展程度的客观标准之一，尤其是现代社会的发展对环境和资源的依赖性越来越强，而环境和资源为发展提供的支持力量却越来越有限，所以有人把环境保护作为区分可持续发展与传统发展的分水岭。

（5）摒弃传统的生产消费方式和自然概念

可持续发展以自然资源为基础，同环境承载能力相协调。可持续发展观要求人们必须坚决放弃和改变传统的发展模式，即要减少和消除不能使发展持续下去的生产和消费方式。"地球所面临的最主要的问题之一，就是提高生产效率，改变消费，以最高限度地利用资源和最低限度地生产废物"（《21世纪议程》）。因此，人类在告别传统的发展模式，实行可持续发展的时候，必须纠正过去那种单纯依靠增加投入、加大消耗实现发展和以牺牲环境增加产出的错误，使人类自身发展与资源环境的发展相适应。同时，人类应用现代生态学观点重新调整人与自然的关系，改变以往传统的观念，把人类看作自然界的成员，而不是自然界的主人，真正完全树立可持续发展的世界观和价值观。

14.2.1.3　旅游业可持续发展

旅游是经济、社会、文化等现象的综合反映，这一特性决定了旅游业的发展必然会对旅游地区的社会、经济、文化与自然生态环境带来一定程度的影响。旅游业发展的初期，特别是大众旅游盛行的时期，人们只注意到旅游带来的经济效益，而没有进行综合效益的评估，其后果是旅游业被列为优先发展项目快速发展，对旅游资源过度甚至掠夺式开发；对景点粗放式管理；旅游项目大量上马，病态扩张。这一切都损害着旅游业赖以存在和发展的环境，威胁着旅游业发展的长期利益。20世纪80年代后，可持续发展的思潮在世界范围内兴起。旅游业人士认识到如果旅游与环境不能和谐共存，旅游业将成为短命产业。

"旅游业的发展对人类和自然遗产的依赖，对生态系统稳定性和持续性的影响，旅游需求对现代人尤其是对未来人类基本需求的重要性，旅游开发过程本身所涉及的界面之广泛和复杂，以及目前世界旅游业迅速膨胀的事实以至业已形成的生态效应"（谢彦君，1994）都说明旅游业应该成为可持续发展的产业。旅游业的生存和发展既依赖于环境，同时又可能损害甚至破坏环境。这一事实迫使人们不得不认真思考能使旅游业长期持续发展的途径，以期获得持续的经济和非经济利益。可持续发展观的兴起为旅游业的未来发展指出了一条光明之路。其实，旅游业与可持续发展之间有着一种天然的耦合关系（魏小安，1997），因为从旅游业对自然环境和文化遗产的依赖来看，旅游业是最需要贯彻、同时也是最能体现可持续发展思想的领域。在某种意义上，旅游业是一个在实现可持续发展方面直接受益最为明显的产业。另外，由于当今的旅游业已是世界上最大的产业，从道义上讲，旅游业也有责任带头落实可持续发展（《21世纪议程》）。

在此背景下，旅游可持续发展的思想孕育并发展起来。目前对旅游可持续发展的概念还没有统一的表述，将各位学者的定义进行比较、综合，得出旅游可持续发展就是在充分考虑旅游与自然资源、社会文化和生态环境相互作用和影响的前提下，把旅游开发建立在生态环境可承受的前提下，努力谋求旅游业与自然、文化和人类生存环境的协调发展，并能造福于后代子孙的一种旅游经济发展模式；其目的在于为旅游者提供高质量的感受和体验，提高旅游目的地人民的生活质量，并切实维护旅游者和旅游地人民共同依赖的环境质量。

14.2.2　旅游业可持续发展的实质

《可持续旅游发展宪章》指出："可持续旅游发展的实质，就是要求旅游与自然、文化和人类生存环境融合为一个和谐的整体，自然、文化和人类生存环境之间的平衡关系使许多旅游目的地各具特色，旅游发展不能破坏这种脆弱的平衡关系。"因此，对资源和环境的保护就成为旅游可持续发展的基本出发点。这一出发点要求旅游业的发展必须建立在生态环境的承载能力之上，避免对自然资源、生物多样化和生态环境造成负面影响；要求旅游业的发展能够有效地维护地方特色、文化和旅游地的特色；避免对当地文化遗产、传统风俗和社会生活方式造成负面影响。因为丰富多彩的自然资源和文化遗产既是旅游业赖以生存和发展的基础，也是旅游产品具有较强吸引力和特色的根本所在。一旦破坏了这些资源和环境，就破坏了旅游业赖以发展的基础条件，破坏了旅游产品的特有魅力，旅游业也不可能持续发展。

14.2.2.1 旅游业可持续发展的原则

尽管目前对旅游可持续发展的概念还没有统一的表述，但是却存在着一个共同点，那就是对旅游业可持续发展原则的揭示。即旅游业可持续发展的原则包括可持续性原则、公平性原则和共同性原则。

（1）可持续性原则

可持续性原则（sustainability）强调资源的开发和旅游业的发展不应超越自然资源、生态环境和社会环境的承载能力，保持生态生命支持系统和生物多样化，保证可更新资源的持续利用，使不可更新资源的消耗最小化，同时适应旅游接待地区的社会经济发展计划以及当地的社会行为和道德规范。因为旅游业的发展对不可更新资源的消耗是绝对的，且随着开发利用程度的增强而生命周期呈缩短趋势。旅游业的发展既要能够吸引足够数量的游客来访，并保证其来访期间的经历质量，又不至于使当地的环境和社会出现不可接受的消极变化。这一平衡点便是旅游学研究中所称的旅游承载力，即"在没有产生不可接受的物质环境影响下，在没有明显降低游客旅游经历质量的前提下，能使用某一旅游目的地的最大游客量"（Reily，1986）。旅游业的发展超过了这一临界点，当地生态环境和社会环境的可持续性都会受到威胁，旅游业的发展自然也会难以为继。为使后代人公平享用旅游资源，必须对利用和发展提出速度和规模的限制。这正是可持续发展与以往任何发展思想明显的区别所在：反对为满足本人需求和牟取短期利益而掠夺性开发旅游资源。

（2）公平性原则

所谓公平性（fairness）指的是机会选择的平等性。这里主要涉及2层意思：① 同代人之间的平等。可持续旅游发展要求人们必须重视东道社区对旅游者的经历质量所做的贡献，因此，旅游接待地区居民有权参与本地旅游开发的重大决策，就其所期盼的社区类型出谋划策，并分享旅游业带来的收益。② 代际公平，即世代人之间的纵向公平性。当代人留给后人开展旅游活动和发展旅游业的环境资源不应少于目前拥有的程度，每一代旅游开发者和经营者都应为下一代人的发展机会负起同样的责任。这一公平性应充分体现在人与人之间、民族与民族之间、地区与地区之间和国家与国家之间。

（3）共同性原则

由于各国的历史、文化和发展水平的差异性，可持续发展的具体目标、政策和实施步骤自然不可能完全整齐划一。但是，可持续发展作为全球发展的总目标，所体现的公平性和可持续性的精神则必须共同遵守。而且为了实现这一总目标必须采取联合行动，既尊重所有各方的特色与利益，又要采取国际统一行动。从根本上说，贯彻可持续旅游发展理论就是要促进人类之间和人类与自然之间的和谐，共同肩负起保护人类旅游资源的责任。

14.2.2.2 旅游业可持续发展的内容

可持续旅游发展的实现最终将体现于旅游业和旅游活动的长期生存和发展，但是，旅游业和旅游活动的生存和发展能否具有可持续性，取决于其所处背景中的众多层面环境因素可持续性的能否实现。因此，旅游业可持续发展的内涵极其丰富，主要包括生态环境的可持续性、社会发展的可持续性、文化发展的可持续性和经济发展的可持续性。

(1) 生态环境的可持续性

生态环境的可持续性指在一定限度内维持生态系统的生产力和功能，维护资源和环境基础，保护其自我调节、正常循环能力，增加生态系统的完整性、稳定性和适应性。旅游活动的开展，对旅游地区的生态环境可能会产生各种不良影响。因此，要想实现旅游可持续发展，应当在开发和发展旅游业的同时，努力避免破坏其赖以生存的自然资源和环境资源，这也是为整个社会实现可持续发展承担义务和做出贡献。要做到这一点，就必须防止和尽可能减小旅游活动对生态环境的有害影响。在防止或尽可能减小旅游活动的开展对环境的负面影响和维护生态的可持续性方面，最基本的方法便是根据旅游接待地区的环境和生态系统的特点，评价该地的旅游承载力，并将旅游开发的规模和旅游活动的程度控制在这一承载力的极限之内。

(2) 社会发展的可持续性

社会发展的可持续性一方面指一个旅游目的地在吸纳旅游者来访的同时，该地社会的各项职能能够维持正常运转，社会状况能够维持健康和稳定，不会因这些外来人口的进入和影响而造成当地社会发展的不协调，或者说旅游目的地社会能够自动通过社会职能的发挥，将这些不协调问题控制在不影响当地社会健康发展的程度之内；另一方面就是要满足社会和人类的基本需要，保证资源和收益的公平分配，包括同代人的公平发展和公平分配以及代际间的公平发展和公平分配。因为旅游业的发展促使旅游接待地区产生原先并不存在的社会阶层，或者是使原有的社会阶层状况出现恶化，主要表现为扩大了从旅游业发展中受益者与被排斥在外的非受益者之间的阶级差别，分别加大了旅游者生活区与当地居民生活区以及当地富人区与穷人区的隔离。消除这类不良的社会状况，是旅游接待地实现社会发展可持续性需要解决的重要问题之一。

(3) 文化发展的可持续性

旅游者以及外来人口的进入所带来的种种文化差别，往往会对旅游接待地区社会造成影响。如果旅游者来访规模不大，当地社会受影响的程度有限，因而仍然保持和谐状态，则该社会的各种职能仍可正常运转。但是在许多情况下，该社会中的各种关系、人们之间的交往方式、生活方式、风俗习惯和文化传统等，都会由于旅游者带来的不同生活方式、风俗习惯和交往方式的影响而发生变化。在这种情况下，该社会虽然有可能继续维持运转，但其文化却往往会发生不可逆转性的改变。尽管文化上的动态性是人类生活的一般特点之一，但上述文化改变有时是不利于当地社会的。为了避免这种不良后果的出现，同时也为了维护自己在文化方面的旅游吸引力，旅游接待地区自然有必要保护自己文化传统特色的持续存在。这里所说的文化发展的可持续性，主要是指旅游目的地社会能够保持自己的民族文化和地区文化，从而使自己具有不同于他人的文化特点和不被外来文化同化的能力。

（4）经济发展的可持续性

经济发展的可持续性是指用最小的资源成本和投资获得最大的经济效益，同时保证经济效益的稳定增长，防止任何急功近利的短期行为。即是说旅游接待地区通过发展旅游业所获得的经济收益必须能够补偿任何为接待旅游者来访而付出的直接成本，以及为预防和消除旅游所带来的各种负面影响和问题而采取必要措施和行动所带来的社会成本，并且还应能使旅游接待地区社区居民因在旅游发展中蒙受的种种不便而获得适当的经济补偿。

14.2.2.3 旅游业可持续发展的途径

旅游可持续发展是全球旅游业发展的总目标，保护旅游资源与环境，走可持续发展之路，是当今世界各国旅游业面临的共同任务。因为旅游业比任何行业都更依赖自然、人文环境的质量，保护好生态环境就是保护好旅游业自身。在旅游可持续发展思想的实际推广过程中，应根据各地的具体情况，至少通过以下几个途径的综合，达到可持续发展的目的。

（1）进行环境效益评估

环境是旅游产品的载体，旅游环境质量的优劣直接关系着旅游产品的质量。将环境评估引入到旅游资源开发中，能够将旅游业发展对自然环境、社会文化等的冲击和影响做出准确的评价和估计。以评估结果作为理论依据，可以帮助旅游投资商、旅游开发商、旅游地的旅游管理部门减少或取消对一些将严重破坏环境，且发展潜力小的项目的投资，避免资金的浪费。环境效益评估，是环境管理的有效工具，是一套对环境问题进行识别、分析和评估的综合系统，是实现旅游业可持续发展的必要途径。

（2）旅游开发应以旅游承载力为基础

应以旅游承载力为依据，来判断旅游资源开发与规划是否有利于旅游业的可持续发展。旅游可持续发展的实质是谋求旅游与自然、文化和人类社会环境融合为一个和谐的整体，因此，对资源和环境的保护就成为可持续旅游发展的基本出发点。这就要求旅游业的发展必须建立在生态环境的承载力范围之内，避免对自然资源、生物多样性和生态环境造成负面影响。旅游承载力是旅游环境系统本身具有的自我调节功能的量度，只有把旅游活动控制在这一范围内，才能保证旅游资源的可持续利用，才会使旅游资源开发地的旅游业实现可持续发展。

（3）加强运用可持续发展教育和法律手段

旅游是一种以"人"为中心的综合性活动，旅游业对环境的破坏主要是由于人的活动而引起的。因此，要实现旅游业可持续发展必须对包括旅游者、旅游业从业人员和旅游地居民在内的"人"进行旅游业可持续发展及环境保护重要性的教育，使他们在涉及旅游的各种活动中，都能自觉地恪守旅游业可持续发展的准则。对于旅游者而言，能否获得高质量、高品位的旅游经历取决于自然、人文旅游资源以及旅游环境的受保护程度。对旅游者进行教育，除传统的教育方式（如利用幻灯片、录像片等）外，更行之有效的是通过潜移默化的方式将旅游业可持续发展的观念渗透到旅游者的头脑之中，培养他们自觉保护环境的意识。

对旅游从业人员进行旅游业可持续发展教育，是旅游地成功开发和未来发展的关键。通常做法是对从业人员进行岗位培训或在职教育，实现员工不仅具有环保意识,而且能够自觉地通过各种方式对旅游者及旅游地居民进行宣传教育。对旅游地居民进行教育,是实现旅游业可持续发展的不可或缺的环节,同时也是一个长期的、持续的过程。对旅游地居民进行教育,可以通过当地电视、报刊、制作宣传册、出版旅游期刊等方式进行,力求最大限度地帮助旅游地居民树立环保意识,用长远眼光看待问题。此外,还要帮助旅游地政府提高对旅游业可持续发展重要性和迫切性的认识,以获得当地政府的最大支持。不可否认,无论宣传教育做得怎样到位,总有一些人不惜以破坏环境、毁坏资源为代价来获得个人私利。因此,必须出台关于旅游业可持续发展的法律法规,运用法律手段制止不法分子的破坏行为。

(4) 转变旅游开发观念和强化旅游管理力度

为了消除长期以来缺乏规划或规划不合理的旅游开发给我们带来的种种危害,各级政府、企业及有关单位必须转变旅游开发观念;要充分认识合理规划对旅游经济可持续发展的重要意义,从而在旅游业发展中认真、科学地制定好旅游业总体发展规划和旅游资源开发规划,尽可能使规划与可持续发展的目标一致;要通过合理的旅游开发,切实保护旅游资源和环境,使旅游资源可以永续利用,不仅为当代人的生存和发展提供机会和条件,也能为后代人留下持续发展的可能性;要认真评价和鼓励那些有利于环境和文化的旅游需求的发展,合理地开发和提供各种旅游产品,促进旅游供给多样化,提高旅游供给的质量。

加强对旅游业的管理,与旅游的规划和开发同等重要;从旅游经济可持续发展的角度看,甚至比旅游规划和开发更为重要。因为许多旅游目的地不经规划就进行开发,或者在旅游开发中不按规划进行,其根本问题就在于旅游业的管理薄弱,特别是目前我国正处于市场经济向成熟发展的过程中,加强对旅游业的管理不仅直接影响到旅游业的发展,更是旅游业可持续发展的重要保障。加强对旅游业的管理,要求建立一个高效有力的旅游管理机构来行使政府的职能,通过政府的主导作用和各种行业协会的配合来提高旅游者和旅游企业对环境保护重要性的认识;要求建立一个旅游信息系统来为旅游市场营销、旅游资源开发和旅游业运行监督提供信息,及时开展科学研究、传播可持续发展的知识和环境方面的技术等;要通过对旅游业发展政策、旅游规划和旅游开发是否符合可持续发展要求的评价和检查,加强对旅游经济运行的监督与管理,及时进行引导或调整,以保证旅游的可持续发展。

镜泊湖开发中的生态意识

位于我国东北地区牡丹江东南的镜泊湖,属于世界上第二大高山堰塞湖。2002 年 6 月,湖区管理部门引进了 15 台达到生态环保标准的电动旅行车,既能保证游客方便快捷地进出景区、无任何尾气污染,又使景区的卫生和安全工作得到保障,受到游客的好评。为确保湖区的生态平衡,科学发展旅游事业,镜泊湖风景区管理部门严格控制并统一规划景区主体和配套建设项目,早年建成的部分污染环境或影响观瞻的建筑和设施已被分期拆除。同时,制定了严格的奖罚条例,将湖区的生态保护工作引入了健康和有序的轨道。

---

(5) 大力发展生态旅游

生态旅游是一种新兴的旅游方式,这种方式既能保护环境又能为旅游者提供难忘的旅游经历,还能最大限度地造福于旅游地。因此,生态旅游是目前和未来促进旅游业可持续发展的最佳选择之一。

生态旅游的概念 "生态旅游"的概念源于绿色旅游或自然旅游,最初指的是以自然环境为基础的旅游。而目前,生态旅游的概念,一直是国外学术界争论较多的一个问题,迄今为止,国外已有20多个生态旅游的定义。关于生态旅游的概念与内涵虽然还处于百家争鸣阶段,尚未最终达成一致的看法,但在以下几个方面已达成共识:

● 旅游地主要为受人类干扰破坏很小、较为原始古朴的地区,特别是对生态环境有重要意义的自然保护区;

● 旅游者、当地居民、旅游经营管理者等的环境意识很强;

● 旅游对环境的负面影响很小;

● 旅游能为环境保护提供资金;

● 当地居民能参与旅游开发与管理并分享其经济利益,因而为环境保护提供支持;

● 生态旅游对旅游者和当地社区等能起到环境教育作用;

● 生态旅游是一种新型的、可持续的旅游活动。

生态旅游的内涵 主要包括以下几个方面。

第一,生态旅游是一种依赖当地资源的旅游,旅游对象是原生、和谐的生态系统。这里的生态系统不仅包括自然生态,也包括文化生态。自然保护区或较少受人类影响的自然环境可以开展生态旅游,历史文化浓厚的旅游地同样可开展生态旅游。自然生态旅游资源能够使人类感悟大自然魅力所在,人文生态旅游资源则能够实现人类灵魂的升华。

第二,生态旅游是一种带责任感的旅游。这些责任包括对旅游资源的保护责任,以及尊重旅游目的地经济、社会、文化并促进旅游目的地可持续发展的责任等。生态旅游不仅是一种单纯的生态性、自然性的旅游,更是一种通过旅游来加强自然资源保护责任的旅游活动。所以,生态保护一直作为生态旅游的一大特点,也是生态旅游开展的前提,并且还是生态旅游区别于自然旅游的最本质特点。

第三,生态旅游是一种高品位性的旅游活动。旅游本身是一种高层次的精神享受,生态旅游则更具有高品位的特性。它以回归大自然、追求原汁原味的自然情调和文化享受为目的,只有旅游者置身于生态旅游中才能真正体味到"人地合一"的旅游美。另外,生态旅游的参与者一般具有较高的教育背景或文化素养,生态意识水平较高,能自觉地维护旅游地生态环境。他们多是被大自然美景和奥秘所吸引,以观赏自然美景、获取自然生态知识和人文历史知识为目的而开展旅游活动的。

由以上论述可以看出,生态旅游是以自然风光以及具有地方特色的风土民情为基础,以生态思想为指导,集环境教育、解释和管理于一体的可持续发展的旅游体系。即生态旅游不仅要满足旅游者的回归自然的需求,更应使旅游者在旅游中获得环保教育和环保意识的提高;不仅要为旅游地获得经济发展,同时更能使旅游地获得生态效益。所以说,生态旅游是以生态环境为依托,以保护生态环境和旅游资源为前提,以欣赏和研究自然景观、野生生物及其相关文化特征为目标,以对公众提供环境教育、普及自然文化知识为核心内容的较高层次的旅游活动。简而言之,它是立足于自然、人文环境,实现生态效益、社会效益和经济效益相统一的旅游体系,而这正是旅游景区可持续发展的终极目标。

一般,常见的生态旅游形式有文化型生态旅游、科普型生态旅游、生活型生态旅游和自然保护型生态旅游。

各种各样的生态旅游

　　南太平洋中的岛国斐济别出心裁地设立了一处古朴典雅而又新颖别致的生态游览胜地——古代文化中心。这里有古代斐济人抵御外来侵略者时修建的堡垒和作战用的矛枪；游客可以在模仿18世纪以前古代斐济人的茅舍里参观当地人用古老的方式制作各种手工艺品、编织草篮和草席、在木器上雕刻花纹和图案，以及制造独木舟。入夜，在古堡旁举办的土著艺术家传统的歌舞表演把人们带入了古代斐济浓郁的异国风情之中。一种称为"走火"的民间艺技，即土著人赤足在被烧得滚烫的卵石上神态自若地行走，体现了古代土著人的特色文化。

　　在新西兰毛利人的营地，生态旅游者们与土著人一起跳充满野性的、狂放的舞蹈。在靠近极地的、至今仍过着原始生活的爱斯基摩人居住地区，生态旅游者与当地人围坐在帐篷里的火炉旁通过交谈来了解当地人的习俗，还可以买到其他地方绝不会有的爱斯基摩人手工雕刻的兽骨工艺品。

　　美国新开发了一种地震旅游，引起许多生态旅游者的极大兴趣，游客在经历了一场逼真的"地震"以后，不仅能够完整地了解一次地震的全部过程，而且还学会了在紧急状态下保护自己的方法。与众不同的美国夏威夷火山群在火山喷发时以其宁静的喷出高度、流动性的玄武熔岩，而不是爆炸式的火山发作而成为著名的生态旅游胜地，美国政府将该火山群设立为夏威夷国家火山公园。美国国家地质调查局还专门在该国家公园内建有一座火山观测台，一方面用于研究人员研究和监测火山活动的情况；另一方面则为生态旅游者提供了解火山活动的场所。

　　巴西政府更是提出了"生态旅游——为了认识大自然，尊重大自然"的口号。巴西有着闻名于世的亚马逊大森林、令人神往的马托格罗索沼泽地的野生动物天堂、美丽而独特的伊瓜苏大瀑布等著名生态旅游场所，利用这些得天独厚的自然财富发展"无烟工业"，使得巴西人受益匪浅。在巴西的高原地区有一些已不再耕种的庄园，政府组织农场主们将庄园内闲置的房舍改造为博物馆、手工艺品作坊和旅店，办起了庄园旅游。这一生态旅游形式满足了现代城市居民渴望返璞归真、回归大自然的需求，因而一出现便受到广泛的欢迎。同时，它也为当地农民带来了大量的工作机会，在一定程度上缓解了因农村人口涌向城市而给国家造成的就业压力。

　　当前，风行日本的生活型生态旅游是务农旅游。每年春天插秧和秋天收割的季节，很多旅游者奔赴农村去体验农民的生活。生态旅游者与农民一道，黎明时分下田，披星戴月而归，除了挥镰割稻外，他们还挖红薯、收蔬菜。去沿海地区的生态旅游团还可以参加捕捞虹鳟和采集、加工海带等劳动。岩手县的一个渔村已经成为生态旅游专业渔村。日本水果之乡青森县的川世牧场则以草场放牧、牛棚挤奶和果园摘果作为其特色生态旅游活动。

　　地处中欧喀尔巴阡盆地的匈牙利是个内陆国家，没有蜚声世界的名山大川，但其80%的国土蕴藏着地下热水，被称为"浮在温泉上的国家"。这些地下热水含有多种特殊的化学成分、有机物和气体，可治疗疾病。匈牙利政府极为重视在国民经济中比重已经超过农业、建筑业、金融业等部门的旅游业的发展，强调要使温泉保健旅游成为国家经济发展的新动力。因此，匈牙利将其欧洲最大的温泉湖、世界上唯一被开发的水中混有瓦斯气体的温泉池及水温高达96℃的温泉井视为发展旅游业的法宝，让其独树一帜的温泉保健旅游以更大的魅力吸引更多的海外游客。

　　非洲的马达加斯加利用当地特有的"世界奇树"——猴面包树开展生态旅游，并取得了良好的效果。马达加斯加岛上生长的猴面包树是植物王国的寿星，树龄达 4000～6000 年，其树杈千奇百怪，酷似树根，远看就像是树根长在了"脑袋"上，树干像一个大肚子啤酒桶，高超过10m，周长超过20m。这种树的果实巨大，甘甜汁多，是猴子、猩猩最喜欢的美味食品，"猴面包树"的美称因此而得名。"猴面包"也是当地居民的天然粮食。猴面包树的树干中松软的木质常被当地居民挖空成洞，成为避暑乘凉的好地方。树洞非常宽大，大的可藏 50～60 人或成群的牛羊。猴面包树"神仙洞"成为生态旅游者必到的旅游点，而"猴面包"也是生态旅游者必要品尝的食物。

哥斯达黎加的国土面积只有5万 km²，但是森林和草地占国土面积的71%，保护了世界5%的动植物物种。该国利用这些自然资源，在全国建立了20多个"生态保护区""自然保护区"和"国家公园"，其总面积占国土面积的1/4，成为世界著名的"生态保护国"。哥斯达黎加旅游部门推出的"热带雨林游览""乌龟探秘""海底观赏""蝴蝶之家"等许多生态旅游项目吸引了大量国内外游客。

【思考题】
1. 简述旅游资源保护的意义。
2. 旅游资源破坏的因素有哪些？
3. 阐述资源保护的措施。
4. 简述旅游业可持续发展的实质和原则。
5. 试述旅游业可持续发展的内容。
6. 环境容量与旅游可持续发展有什么必然联系？
7. 阐述旅游业可持续发展的途径。

【经验性训练】

实地考察旅游景区的资源与环境保护

【概述】
学生们将分成若干个团队，考察当地的一处旅游景区，了解当地政府和旅游开发机构采取了哪些措施对旅游资源和旅游环境进行保护？

【步骤】
1. 分成5~7人一组，每一组都将成为一个独立单位。每组的任务是运用所学知识评价景区的资源环境保护质量。
2. 团队成员共同商议景区资源环境质量评价得分要素，并制作成表格。
3. 依据评价表的内容，到景区实地考察，记录考察结果。
4. 汇总考察结果，团队成员共同商议，形成一份书面报告。
5. 在课堂上集中汇报各组的评价结果及结论，讨论如何真正提高景区资源环境保护质量。

【案例分析】

五大连池的建设与发展

五大连池风景区是黑龙江省唯一的国家级风景名胜区，也是黑龙江省开发建设最早的旅游风景之一，1983年被批准为国家级风景名胜区。曾被誉为我国最完整、最典型的"火山博物馆"，也被确定为我国第一座火山熔岩地质保护区。1980年，黑龙江省将五大连池列为省级自然保护区，成立了五大连池管理局；1983年，又设立了五大连池市。遗憾的是，20世纪80年代末，五大连池既不注意保护风景资源，增加森林覆盖率，又不制止开山取火山石和乱砍伐森林，而是把国家财政拨给的少量资金，用于建造亭廊。于是有"国宝"之称的喷气锥被人拿去作为建筑材料，火山砾被大量开采出卖，旅游污染物使地下水和矿泉水受到严重污染，最终导致五大连池的火山熔岩地貌和优质矿泉水受到损毁，这等于毁掉了五大连池市旅游业赖以生存和发展的物质基础。到2000年国内外旅游人数仅为6.9万人次，景区门票收入也只有120万元。令人欣慰的是，黑龙江省委省政府意识到了保护资源的重要性，2002年7月省长现场办公要求：把五大连池建成世界级的旅游疗养胜地。强调了可持续发展的重要性,提出五大连池开发建设的五个结合的指导思想:旅游开发要同矿产资源的开发相结合;旅游开发要与疗养保健开发相结合;资源开发与资源保护相结合;物质开发同精神文化相结合;国内市场和国际市场相结合。经过几年的努力,五大连池相继成功申报中国国家地质公园、中国生物圈保护区、国家森林公园、世界生物圈保护区、世界地质公园、全国创建文明风景旅游区先进单位等几项国家级和世界级殊荣,极大地提高了五大连池的知名度。2005 年国内外旅游人数增长到 45 万人次,年均增长 45.5%;景区门票收入增长到 1000 万元,年均增长 52.8%。

【案例思考题】
1. 你认为五大连池兴衰的原因是什么?
2. 坚持可持续发展观对旅游资源的保护和旅游景区的经营会带来哪些好处?

【本章推荐阅读书目】
1. 中国旅游可持续发展研究. 李天元. 南开大学出版社,2004.
2. 旅游环境保护概论. 林越英. 旅游教育出版社,1999.
3. 风景旅游区的保护与管理. 崔凤军. 中国旅游出版社,2001.

【综合案例分析】

黄山旅游资源开发的功与过

黄山以奇松、怪石、温泉、云海闻名天下,被联合国列入世界自然与文化遗产,与黄河、长江、长城齐名,成为我国壮丽河山和中华民族的又一象征。古往今来,黄山绝美的风光、奇特的景致,引来了无数骚人墨客,人们以诗歌、书画和其他艺术形式来赞美它、歌颂它。早在 1200 多年前,唐代"诗仙"李白赋诗道:"黄山四千仞,三十二莲峰,丹崖夹石柱,菡萏金芙蓉。"刘海粟老人生前十上黄山,称"黄山是我师"。1996 年 9 月联合国教科文组织世界遗产中心主任冯·德罗斯特,在考察黄山后留言称赞:"黄山,具有伟大的文化意义,拥有无与伦比的美丽,是特别的世界遗产。"

黄山是中国人的骄傲,是人类的瑰宝。随着黄山知名度的日益提高,海内外游客蜂拥而至,2008 年"十一"黄金周期间,黄山共接待中外游人 153 927 人,与去年同比增加了 37 346 人,增幅为 32.03%,其中,10 月 2 日接待人数为 37 415,与历年景区单日接待量最高值相比,增加了 6658 人,增幅为 21.6%。这个黄金周,创下了黄山风景区单日接待量、黄金周总接待量及增幅的多项新高。目前,黄山景区开发达到了鼎盛。但在开发的同时,也出现了一些令人担忧的隐患和问题,如何科学、合理、适度开发,在开发的同时,对旅游资源精心的保护,以持续利用,这是一个亟待解决的课题。

1. 问题及隐患

黄山为大型山岳旅游资源,以花岗岩地貌构成了风景的主体,无论是耸天立地的峰林,还是栩栩如生的巧石,都是由花岗岩塑造而成。因此,对花岗岩体的保护,是黄山风景区开发中值得高度重视的问题,如果开发建设中破坏了花岗岩体的原始自然形态,就损坏了黄山风景的美好背景。多年来,随着旅游业的蓬勃发展,黄山的基础建设也越来越规模宏大,新建索道、登山道、水库和宾馆等服务设施层出不穷,在建设中,使稳定的山体边坡和植被遭受不同程度的破坏,从而时有花岗岩山体滑坡、塌方和泥石流现象出现,不仅对植被和景观环境造成了破坏,同时对旅游活动的正常开展也影响很大。1991 年雨季,因山体塌方使数千名游客无法顺利出山。1996 年 6 月 30 日下午,百丈泉公路段在特大暴雨后发生大塌方,造成堵塞交通达 8 天之久,1 辆小车被砸毁,伤亡 2 人的惨重自然灾害。

在对花岗岩地貌的保护上要注重防止人为的和自然的 2 种因素的破坏作用,禁止在风景区内开石、淘沙、取土，严格控制工程施工规模，防止人为的破坏，以保护山体的自然神韵。同时，对一些脆弱的自然景点要采用有效的加固保护措施（如仙人晒靴、飞来石等），预防自然破坏作用的危害，使这些景观在遭遇地震或其他外力的作用下，尽可能保持原状不受毁坏。

人们常以"山水"2字作为风景的代名词。确实，水光山色相配合，构成了黄山的许多佳境，群山环抱的湖泊、水库，山间奔腾的溪流、瀑布，构成了绚丽多彩的天然美景。然而令人担忧的是，在黄山的旅游活动中，地下水和地表水一直遭受到人为的污染和破坏。地下热水的过量取用，使黄山温泉丧失了自流能力，几尽枯竭。桃花溪水的污染现象严重，经有关部门监测，水中含微生物等指标超标，已不能饮浴，损坏了黄山的美好形象。特别是被誉为"四绝"之一的黄山温泉，历史上曾受到人们的广泛咏诵，昔日的"泉沸如汤""热可点茗"状况已不复存在，温泉的流量和水温均已日渐下降，在旅游旺季，用水量大，泉眼已丧失自流能力，游客沐浴只能依赖抽水供应。造成温泉流量减少，温度降低的原因，除地质因素的自然演化外，主要是人为的过度取用所致，故应采取有力措施加以保护，以防步国内外许多名泉枯竭之后尘。

多年来，为解决黄山风景区生活用水的困难，修建了北海、天海、西海、云谷寺等几座水库，缓解了旅游旺季供水难的问题，但水库的建造带来了一些不利的影响，如水库的渗漏会使花岗岩山体产生失稳状况，引发岩石崩塌等。同时，水库的建造，在旱季会导致水库下游溪水断流，影响和破坏溪谷的生态环境。

名列"四绝"榜首的黄山松，以其形姿优美，造型百态，为黄山增添了无穷风采。然而，在旅游活动的开展中也受到了很大的损害和威胁，在人流涌动的山道两侧，许多松树已枯死，始信峰上大片古松被创伤或枯死，使黄山松不得不穿上了不雅观的竹"盔甲"；"梦笔生花"一景笔尖上的那株如花的奇松已不复存在，现已由塑料仿制而成。近年来，黄山风景区管理委员会采取了一系列的育林护林措施，建立了古树名木档案，并派专人守护，主要景区采取了轮流关闭休养制，使风景区内生态环境有明显好转。

旺季游客爆满，漫山遍野，人满为患，许多景点被人流践踏而土壤板结、渗水性差，树木根部受损，植被逐渐减少，天长日久，部分松树枯萎致死。特别是有些游客的不文明旅游行为，在不少名松古木的躯干上，留下了刀痕累累和攀爬留影的伤疤；同时，来自生活区大气中的二氧化硫等各类污染烟尘，也使一些名松古树受到很大的侵害，最近黄山地区已被列为酸雨控制观察区。

自古以来，火灾是森林的大敌，同样也严重威胁着黄山松的安全。1972年冬季，一个烟头引燃一场山火，使天都峰上的大片松树毁于一旦，迎客松危在旦夕，甚至惊动了周恩来总理。此后，天都峰又曾发生2次小火灾，至今大片焦枯松干立于崖边，令人触目惊心。1994年春季，玉屏楼火灾，使设施完备的宾馆楼化为灰烬，距楼旁咫尺的迎客松再次险遭罹难。近年来，黄山风景区建立了森林防火预测预报系统，加强了定点吸烟管理，有效地预防了火灾的发生。

松线虫病对黄山松的威胁也不容大意。20世纪80年代初从国外传入，首次在南京中山陵发现，90年代已蔓延到了马鞍山、芜湖等地，步步逼近黄山，为此，黄山风景区建立了植物检疫站，严格检查进入景区的木材和木制品，对松材线虫等病虫害实行严密防范。

除了上述的人类行为、火灾和松林线虫病对黄山构成很大威胁之外，还有来自然界的一些因素，如隆冬季节的大雪，往往使松枝不堪重负，枝干被压折，黄山迎客松就曾"断臂"，故在冬季大雪到来之前，要给一些重要名松古木搭起支撑架，以保安全越冬。

2. 开发与可持续利用及措施

黄山旅游资源的开发是一项综合性系统工程，包含了多方面技术和知识，其中，科学的规划管理是开发成功并可持续利用的前提和保证。

在开发和利用旅游资源过程中,要从系统观点、整体观点出发发展旅游、保护自然生态环境,使旅游资源的开发尽量不影响当地动植物的生活空间和养料系统,使之能继续繁衍生息;要严格控制旅游业的生产结构和消费结构,对因发展旅游业而修建的宾馆饭店,道路交通等设施,也应尽量减少用地;对所使用的水、电等能源的供应,污水、垃圾的处理,均应尽可能少地影响和破坏现场的生态环境。对于具有特殊价值的自然地段、自然遗迹、人文遗迹和珍稀动植物,坚持以观赏为主,尽量避免游客直接登临接触,只顾眼前的经济效益而牺牲长远利益,是不利于旅游业持续发展的。

旅游资源开发与可持续利用的另一重要内容,就是对旅游区的生态系统和社会系统的负载能力、客容量极限进行科学测定,弄清楚黄山风景区的生态系统能被人们利用的承受能力与极限。旺季超负荷的旅游活动给旅游生态环境带来很大压力,特别是鲫鱼背、天梯等一些旅客容量有限的危险景区,更是不堪重负。因此,必须在客容量极限之内实行科学的调控管理,使旅游业的发展不破坏生态环境系统,而使其在被利用之后还可以得到休养生息以至恢复平衡,从而达到旅游业的长期稳定的发展。

古人曰:"游山如读史","游山如读诗"。随着人们对精神、文化需求的提高,旅游的类型将由观光型向专题型发展;对旅游活动的文化内涵和特色的开发和保护,也是旅游业得以可持续发展的重要因素。

对黄山风景区的生态、地理、地质等自然环境的文化特征、野生动植物的文化特征、人文景观的历史特征,都必须予以保护;对于它由此而形成的文化特色,要保护它的延续和发展,而不予损坏、变形。

风景区的各种设施、建筑(如宾馆、饭店、办公楼和索道站等)的布局、造型、体量等应与自然、人文景观的文化特征协调一致,各项旅游服务(如导游、道路、交通、产品)都应显示其文化品位,切忌城市化、商业化的浓重气息损伤各种景观的原有文化内涵与特色。前些年,黄山管委会将温泉区的居民生活区下迁至黄山大门处,无疑是明智之举。

贯彻可持续发展思想,实施可持续发展战略,促进旅游业与经济、社会、资源、环境的协调发展,具体的措施有以下几个方面:

一是加强宣传教育,增强旅游从业人员、旅游者和旅游区居民的可持续旅游发展意识,改变那种认为"旅游业是无烟产业""旅游资源可再生"的观念,以及对旅游开发的环境效应评估认识不足的现象,切实把旅游环境当成旅游业的生命和形象,以可持续发展战略眼光,把发展旅游业的目标与立足点建立在是保证当代和几代、几十代人的旅游需要上,并以这种思想观念为指导,做好环境保护的各项具体工作。

利用各种新闻媒介,采用多种形式,营造保护环境的氛围,倡导绿色文明旅游,影响广大游客,使他们自觉遵守旅游管理规定,不丢一片纸屑,注重保护旅游环境,做绿色文明旅游者。黄山风景区近几年在清洁卫生上下了大力气,采取了一些有力措施,使卫生面貌大为改观,受到了海内外游人的一致赞誉。

二是制订可持续旅游发展战略和规划。在制订旅游发展规划时,多从环境适应性来考虑,适度开发旅游资源,考虑到生态环境的承受能力,防止掠夺性开发,严格控制容量,以免资源和环境的过量损失。

三是建立健全各项环保制度,明确保护职责范围,严格科学管理,旅游区一切开发建设项目必须包含生态建设与环境保护内容的可行性论证和总体规划制度,旅游区各项建设的审批制度,环境监测、监督制度,旅游资源有偿使用和合理收取环境补偿费的规定等。根据国家的政策和各项规章制度,根据"谁主管、谁负责"的原则,分类别、分层次、分范围地明确管理职责和保护的具体要求,列入岗位目标管理,切实加强管理与保护工作。

四是加大法制力度，依法保护旅游环境，合理利用旅游资源。我国先后颁布了《环境保护法》《森林法》《文物保护法》《自然保护区条例》《风景名胜区管理条例》等，只要有法必依、执法必严，旅游业的可持续发展就有了根本保障。认真处理好旅游资源开发与环境保护的关系，实现经济效益、社会效益和环境效益的有机统一，是一项值得我们深入研究的课题。资源的开发与环境保护是一对既对立又统一的矛盾，处理好它们之间的关系，可以实现旅游业可持续发展，功在当代，利在千秋。

【案例思考题】
1. 黄山旅游资源按照国标分类标准主要都有哪些类型？
2. 黄山旅游资源有什么特征？
3. 黄山旅游资源开发为什么会取得较大成功？
4. 黄山旅游资源开发过程存在哪些问题，如何保护才能实现可持续发展？

参考文献

爱德华·泰勒. 1992. 原始文化 [M]. 连树声，等译. 上海：上海文艺出版社.
安旭. 2002. 旅游文物艺术 [M]. 天津：南开大学出版社.
陈福义，范保宁. 2003. 中国旅游资源学 [M]. 北京：中国旅游出版社.
陈国生，黎霞. 2006. 旅游资源学概论 [M]. 武汉：华中师范大学出版社.
陈国生. 2006. 中国旅游资源学教程 [M]. 北京：外经贸大学出版社.
陈诗才. 1993. 自然风景旅游 [M]. 北京：地震出版社.
陈水云. 2001. 中国山水文化 [M]. 武汉：武汉大学出版社.
陈田，钟林生，刘家明. 2005. 旅游资源标准应用过程中的几个认识误区 [J]. 旅游学刊 (06)：6-7.
陈兴中，方海川，汪明林. 2005. 旅游资源开发与规划 [M]. 北京：科学出版社.
崔凤军. 2001. 风景旅游区的保护与管理 [M]. 北京：中国旅游出版社.
崔越. 2002. 旅游资源信息系统开发架构研究 [J]. 计算机工程与应用 (15)：211-213，221.
丁季华. 1999. 旅游资源学 [M]. 上海：上海三联书店.
甘枝茂，马耀峰. 2000. 旅游资源与开发 [M]. 天津：南开大学出版社.
高峻. 2007. 旅游资源规划与开发 [M]. 北京：清华大学出版社.
高曾伟，卢晓. 2006. 旅游资源学 [M]. 上海：上海交通大学出版社.
郭来喜，吴必虎，刘锋，范业正. 2000. 中国旅游资源分类系统与类型评价 [J]. 地理学报 (03)：294-301.
何小莲. 2002. 宗教与文化 [M]. 上海：同济大学出版社.
洪得娟. 2002. 景观建筑 [M]. 上海：同济大学出版社.
黄景略，叶学明. 1998. 中国历代帝王陵墓 [M]. 北京：商务印书馆.
黄锡荃. 2002. 水文学 [M]. 北京：高等教育出版社.
黄向. 2006. 旅游资源标准的理论盲点与解决方法 [J]. 旅游学刊 (01)：9.
黄艺农. 1998. 旅游审美 [J]. 湖南师范大学社会科学学报 (01)：24-28.
赖良杰. 2005. 旅游资源开发与规划 [M]. 北京：高等教育出版社.
李鼎新，艾艳丰. 2004. 旅游资源学 [M]. 北京：科学出版社.
李京颐. 1997. 模糊理论在旅游资源评价中的应用 [J]. 北京联合大学学报 (02)：81-85.
李娟文，游长江. 2002. 中国旅游地理 [M]. 大连：东北财经大学出版社.
李瑞，王义民. 2002. 旅游资源规划与开发 [M]. 郑州：郑州大学出版社.
李天元. 2004. 中国旅游可持续发展研究 [M]. 天津：南开大学出版社.
李燕琴，张茵，彭建. 2007. 旅游资源学 [M]. 北京：清华大学出版社，北京交通大学出版社.
李舟. 2006. 浅谈《国标》的是与非 [J]. 旅游学刊 (01)：11-12.
梁明珠. 2007. 旅游资源开发与规划 [M]. 北京：经济科学出版社.
刘成武，黄利民. 2004. 资源科学概论 [M]. 北京：科学出版社.
刘敦荣. 2002. 旅游商品学 [M]. 天津：南开大学出版社.

刘家明. 2006. 从规划实践看旅游资源开发评价 [J]. 旅游学刊（01）：9-11.
刘益. 2006. 从旅游规划角度论《旅游资源分类、调查与评价》的实践意义 [J]. 旅游学刊（01）：8-9.
楼庆西. 2002. 中国古建筑二十讲 [M]. 上海：上海三联书店.
罗秋菊. 2002. 事件旅游研究初探 [J]. 江西社会科学（9）：218-219.
骆高远，吴攀升，马骏. 2006. 旅游资源学 [M]. 杭州：浙江大学出版社.
骆高远. 2003. 旅游资源评价与开发 [M]. 杭州：浙江科学技术出版社.
马耀峰，宋保平，赵振斌. 2005. 旅游资源开发 [M]. 北京：科学出版社.
毛洪玉. 2005. 园林花卉学 [M]. 北京：化学工业出版社.
苗学玲. 2004. 旅游商品概念性定义与旅游纪念品的地方特色 [J]. 旅游学刊（1）：27-31.
母涛. 2006. 论旅游资源开发与旅游产业的关系 [J]. 经济体制改革（02）：179-181.
全华. 2006. 旅游资源开发及管理 [M]. 北京：旅游教育出版社.
苏文才，孙文昌. 1998. 旅游资源学 [M]. 北京：高等教育出版社.
万剑敏，陈少玲. 2007. 中国旅游资源概况 [M]. 北京：科学出版社.
汪应宏，汪云甲，王晓. 2005. 资源经济导论 [M]. 徐州：中国矿业大学出版社.
王德刚，何桂梅. 2005. 旅游资源开发与利用 [M]. 济南：山东大学出版社.
王建军. 2005. 旅游资源分类与评价问题的新思考 [J]. 旅游学刊（06）：7-8.
王良健. 2006. 现行旅游资源评价体系的改进与方法创新 [J]. 旅游学刊（02）：12.
吴必虎. 2001，区域旅游规划原理 [M]. 北京：中国旅游出版社.
吴涤新 等. 2004. 园林植物景观 [M]. 北京：中国建筑工业出版社.
吴正. 2001. 地貌学导论 [M]. 广州：广东高等教育出版社.
夏赞才. 2006. 旅游资源亟需美学价值评价 [J]. 旅游学刊（01）：12-13.
肖星，严江平. 2000. 旅游资源与开发 [M]. 北京：中国旅游出版社.
徐学书. 2007. 旅游资源保护与开发 [M]. 北京：北京大学出版社.
鄢志武. 2007. 旅游资源学 [M]. 武汉：武汉大学出版社.
严钦尚，曾昭璇. 2003. 地貌学 [M]. 北京：高等教育出版社.
颜亚玉. 2001. 旅游资源开发 [M]. 厦门：厦门大学出版社.
杨桂华，陶犁. 1994. 旅游资源学 [M]. 昆明：云南大学出版社.
杨湘兆. 2005. 风景地貌学 [M]. 长沙：中南大学出版社.
杨振之. 2002. 旅游资源开发与规划 [M]. 成都：四川大学出版社.
姚启润 等. 1983. 旅游与气候 [M]. 北京：中国旅游出版社.
喻学才. 2002. 旅游资源 [M]. 北京：中国林业出版社.
查良松. 2003. 旅游管理信息系统 [M]. 北京：高等教育出版社.
张伟强. 2005. 旅游资源开发与管理 [M]. 广州：华南工学院出版社.
赵黎明，黄安民，张立明. 2003. 旅游景区管理学 [M]. 天津：南开大学出版社.
郑耀星，储德平. 2004. 区域旅游规划、开发与管理 [M]. 北京：高等教育出版社.
中国科学院地球化学研究所. 1999. 资源环境与可持续发展 [M]. 北京：科学出版社.
周厚高. 2007. 绿篱植物景观 [M]. 贵阳：贵州科技出版社.